Luiz Manoel Gomes Junior

COMENTÁRIOS À LEI DA AÇÃO POPULAR

2ª Edição

Coordenador
Luiz Manoel Gomes Junior

COMENTÁRIOS À LEI DA AÇÃO POPULAR

2ª Edição

Autores

ALEX MATOSO SILVA • ALISSON ALVES PINTO • ANA CLÁUDIA DE PINHO GODINHO • ARTHUR MENDES LOBO • AYLLE DE ALMEIDA MENDES • BÁRBARA FABIANE ALVES E SILVA RESENDE • BRUNO MARTINS TEIXEIRA • CAMILO ZUFELATO • CELSO HIROSHI IOCOHAMA • DANIELE APARECIDA GONÇALVES DINIZ MARES • FABRICIO VEIGA COSTA • FERNANDA CAMPOS MARCIANO • FLÁVIO MARCOS DE OLIVEIRA VAZ • GILBERTO FERREIRA MARCHETTI FILHO • GREGÓRIO ASSAGRA DE ALMEIDA • HELENO VELOSO DE FARIA JÚNIOR • HORÁCIO MONTESCHIO • JÉSSICA CAMBUY • JUSSARA SUZI ASSIS BORGES NASSER FERREIRA • KELLY CARDOSO • LEANDRO PEREIRA GÓIS • LÍLIAN NÁSSARA M. CHEQUER BUENO • LORRANE QUEIROZ • LUANA PEDROSA DE FIGUEIREDO CRUZ • LUCAS DE SOUZA LEHFELD • LUIZ MANOEL GOMES JUNIOR • MÁRCIO EDUARDO SENRA NOGUEIRA PEDROSA MORAIS • MARCUS VINÍCIUS PINTO SANTOS • MARIA LAURA VARGAS CABRAL • MIRIAM FECCHIO CHUEIRI • PAULO RICARDO BRAGA MACIEL • RAFAELA BRANDÃO DE SÁ • SABRINA NUNES BORGES • TATIANE GONÇALVES MENDES FARIA • TATIANNY KARINY VELOSO GOMES • WANDERSON DIAS FERNANDES

GZ EDITORA

Universidade de Itaúna

Rio de Janeiro
2021

1ª edição – 2020
2ª edição – 2021

Presidente do Conselho Editorial
Nelson Nery Costa

Diagramação
Olga Martins

CIP – Brasil. Catalogação-na-fonte.
Sindicato Nacional dos Editores de Livros, RJ.

S578c
2. ed.

Silva, Alex Matoso
Comentários à Lei da Ação Popular / Alex Matoso Silva ... [et al.]; coordenação Luiz Manoel Gomes Junior. - 2. ed. - Rio de Janeiro: GZ, 2021.
358 p.; 24 cm.

Inclui bibliografia e índice
ISBN 978-65-5813-015-4

1. Brasil. [Lei n. 4.717, de 29 de junho de 1965]. 2. Ação popular - Brasil. I. Gomes Junior, Luiz Manoel. II. Título.
21-69506

CDU: 347.922.61(81)

Av. Erasmo Braga, 299 – sala 202
CEP: 20020-000 – Rio de Janeiro – RJ
Tels.: (0XX21) 2240-1406 / 2240-1416 – Fax: (0XX21) 2240-1511
contato@editoragz.com.br
www.editoragz.com.br

Impresso no Brasil
Printed in Brazil

Nota à 2ª Edição

Ficamos lisonjeados com a receptividade da 1ª edição destes comentários, que analisam os principais aspectos da Lei da Ação Popular.

Tivemos o cuidado de efetuar várias alterações, acolhendo sugestões e, também, reformulando algumas opiniões e ratificando, com vários argumentos, outras já emitidas, sempre tendo como parâmetro as ponderações da doutrina e as decisões dos Tribunais, especialmente o Supremo Tribunal Federal e o Superior Tribunal de Justiça. Todos os comentários aos diversos artigos sofreram modificações.

Como toda obra a proposta é de sempre evoluir, pensar e analisar as mais diversas posições em relação à primeira lei do Sistema Único de Ações Coletivas do Brasil.

Aqui há um adicional que é ser uma obra *gestada* na Universidade (Programas de Mestrado e Doutorado), mas com uma finalidade clara de auxiliar os aplicadores do direito na solução de problemas. A proposta é auxiliar a resolver dúvidas que possam e que surgem na aplicação de tão relevante norma.

Houve também a ampliação da bibliografia, sendo incluídas as obras lançadas sobre o tema ou com alguma correlação. Também fizemos uma análise dos julgados mais recentes, fonte de dados sempre relevante para os operadores do direito.

Tentamos, na medida do possível, melhorar este trabalho, seja com relação ao conteúdo, seja quanto à forma.

Só resta agradecer a generosa acolhida que estes comentários receberam, sendo certo que sugestões, críticas e observações serão sempre bem-vindas.

Luiz Manoel Gomes Junior
Coordenador

PREFÁCIO

São constantes e incessantes os desafios enfrentados pela Ação Popular, desde o seu nascedouro constitucional – Constituição de 1934 –, passando pela regulamentação infraconstitucional – Lei nº 4.717/1965, até hoje vigente – e, alcançando, enfim, o *status* de direito fundamental na Constituição de 1988, com todas as implicações que o constitucionalismo contemporâneo acarreta.

Trata-se do primeiro instrumento de defesa de direitos coletivos e difusos no direito brasileiro, garantia essencial ao cidadão contra atos abusivos, lesivos e imorais que venham a ser praticados por agentes do poder público.

Tal reflexo da democracia no processo ostenta, em todas as suas nuanças, as contradições inerentes à condição do indivíduo no exercício de qualquer direito cívico: é paradoxal reconhecer, a um só tempo, a necessidade de se prover o cidadão de mecanismos de defesa, e a impotência desse mesmo indivíduo face aos grandes violadores do interesse público.

Num período em que ainda não existiam os demais meios de defesa de direitos coletivos em sentido amplo, autorizada doutrina pátria chegou a defender a utilização da ação popular como instrumento processual capaz de exercer a proteção de todo e qualquer interesse difuso e coletivo.[1] Concomitantemente, apontava-se como deficiência – para tal fim – a legitimação do indivíduo isolado, cuja atuação em juízo, em contraposição aos poderosos adversários, poderia ser equiparada, metafórica, à luta travada por um Davi (sem a funda) e o gigante Golias...[2]

Atualmente, no contexto do microssistema de defesa de direitos coletivos, a Lei da Ação Civil Pública e o Código de Defesa do Consumidor, ao lado de inúmeros outros instrumentos de tutela de defesa de direitos coletivos de minorias, conferem legitimidade concorrente a diversos entes providos de representatividade adequada para oporem-se a adversários de tal monta.

Mas isso não retira, por óbvio, a importância da legitimação do indivíduo para a defesa dessa modalidade de direitos, especialmente no que se refere àqueles direitos emergentes de atos e omissões lesivos e ilegais praticados pelo poder público.

A representatividade individual é, ao mesmo tempo, democrática e republicana. Algo que não se alcança a partir de soluções estatais protecionistas ou paternalistas inerentes à legitimação dos entes públicos. Estas são necessárias – pedagógicas até – mas não se comparam, em termos políticos, à via da legitimação individual para a defesa da coisa pública.

Para resolver o paradoxo com eventual impotência do indivíduo, faz-se necessário, sobretudo, conhecer este precioso instrumento constitucional, suas especificidades, seu objetivo central de proteger a probidade administrativa, suas reais possibilidades de obter uma resposta satisfatória ao interesse público. Acima de tudo, é preciso reconhecer a necessidade de emancipação e empoderamento do cidadão e da sociedade civil como um

1 BARBOSA MOREIRA, José Carlos. Ação Civil Pública. *Revista Trimestral de Direito Público*, 3/93, São Paulo: Malheiros, p. 188.

2 *Ibidem*.

todo. Por outro lado, também é preciso respeitar as limitações ao exercício deste – como de qualquer outro – direito. Trata-se, digamos, de um empoderamento responsável e ético.

Essa tarefa não poderia estar em melhores mãos do que as que se uniram para compor a atualíssima obra que aqui prefaciamos, *Comentários à Lei da Ação Popular*.

Sob a coordenação do brilhante amigo e professor Luiz Manoel Gomes Junior, cuja trajetória acompanhamos desde os tempos de mestrado e doutorado na PUC-SP, uma equipe de pesquisadores e juristas renomados comenta e destrincha a Lei da Ação Popular.

Certamente é um trabalho que reflete o olhar constitucional sobre uma lei precursora da defesa do direito do cidadão a uma administração íntegra e proba. Da promulgação da citada lei aos dias atuais, inúmeros fatores influíram e influirão na aplicação do texto legal, sendo indispensáveis o olhar atento e a agudeza interpretativa dos mais gabaritados autores e dos pesquisadores que despontam nas mais renomadas instituições.

Ao reunir as pesquisas do Mestrado em Direito da Universidade de Itaúna – Minas Gerais àquelas implementadas por professores de diversas outras instituições de ensino, Luiz Manoel Gomes Junior concretiza um dos principais objetivos dos programas de pós-graduação em Direito existentes por todo o Brasil, que é a divulgação de produção acadêmica crítica, competente e útil, capaz de interferir na realidade social.

Não é simples comentar uma legislação que passou por tantas mudanças paradigmáticas ao longo de praticamente cinco décadas. Nesse livro, porém, a jovialidade e comprometimento dos pesquisadores novos, aliada à experiência e seriedade de doutrinadores de escol, constituem o passaporte para uma compreensão contemporânea e constitucional da Lei da Ação Popular.

Minhas congratulações ao coordenador da obra, professor Luiz Manoel Gomes Júnior, à editora GZ e à Universidade de Itaúna, cuja autuação conjunta propiciou a divulgação de tão valorosa obra.

São Paulo, 26 de abril de 2020.

Arruda Alvim

SOBRE OS AUTORES

ALEX MATOSO SILVA

Especialista em Direito Público (PUCMINAS), Mestre e Doutorando em Direito Fundamental com ênfase em Processo Coletivo pela Universidade de Itaúna (UIT-MG).

ALISSON ALVES PINTO

Mestre em Proteção aos Direitos Fundamentais pela Universidade de Itaúna (UIT-MG).

ANA CLÁUDIA DE PINHO GODINHO

Mestre em Proteção aos Direitos Fundamentais pela Universidade de Itaúna (UIT-MG). Bolsista pela Fundação de Amparo à Pesquisa do Estado de Minas Gerais (FAPEMIG).

ARTHUR MENDES LOBO

Mestre em Direitos Coletivos pela Universidade de Ribeirão Preto e Doutor em Direito pela PUC-SP. Advogado.

AYLLE DE ALMEIDA MENDES

Mestre em Direito pela Universidade de Itaúna (UIT-MG).

BÁRBARA FABIANE ALVES E SILVA RESENDE

Mestre em Proteção aos Direitos Fundamentais pela Universidade de Itaúna (UIT-MG). Pós-graduada em Direito Eleitoral pela Pontifícia Universidade Católica de Minas Gerais (PUC-Minas). Advogada. Advogada orientadora do Núcleo de Prática Jurídica da Universidade de Itaúna.

BRUNO MARTINS TEIXEIRA

Mestre em Proteção aos Direitos Fundamentais pela Universidade de Itaúna (UIT-MG). Servidor público. Advogado.

CAMILO ZUFELATO

Mestre em Direito pela *Università degli Studi di Roma – Tor Vergata.* Doutor em Direito Processual pela USP. Professor Associado da Faculdade de Direito de Ribeirão Preto da USP.

CELSO HIROSHI IOCOHAMA

Doutor em Direito (PUC-SP) e Doutor em Educação (USP).

DANIELE APARECIDA GONÇALVES DINIZ MARES

Mestre em Proteção aos Direitos Fundamentais pela Universidade de Itaúna (UIT-MG). Professora e Servidora Pública Estadual.

FABRICIO VEIGA COSTA

Professor dos Programas de Doutorado e Mestrado em Direito da Universidade de Itaúna. Doutor e Mestre em Direito pela PUC-MG. Pós-doutorado em Educação e Psicologia.

FERNANDA CAMPOS MARCIANO

Mestre em Proteção aos Direitos Fundamentais pela Universidade de Itaúna (UIT-MG). Tabeliã

FLÁVIO MARCOS DE OLIVEIRA VAZ

Mestre em Proteção aos Direitos Fundamentais pela Universidade de Itaúna (UIT-MG). Advogado. Professor Universitário.

GILBERTO FERREIRA MARCHETTI FILHO

Bacharel em Direito e pós-graduado em Direito Civil e Processo Civil pelo Centro Universitário da Grande Dourados (UNIGRAN). Mestre em Processo Civil e Cidadania pela Universidade Paranaense (UNIPAR). Assessor Jurídico do TJMS na Vara de Fazenda Pública. Professor de Direito Civil no Centro Universitário da Grande Dourados (UNIGRAN).

GREGÓRIO ASSAGRA DE ALMEIDA

Pós-doutor pela Faculdade de Direito da Universidade de Syracuse, NY, Estados Unidos, quando foi Bolsista Capes em Estágio Sênior. Graduado em Direito pela Universidade de Ribeirão Preto. Doutor em Direitos Difusos e Mestre em Direito Processual Civil Coletivo pela Pontifícia Universidade Católica de São Paulo. Promotor de Justiça do Ministério Público do Estado de Minas desde 1993. Foi diretor e Coordenador Pedagógico do Centro de Estudos e Aperfeiçoamento Funcional do Ministério Público do Estado de Minas Gerais. Foi membro da Comissão de Juristas do Ministério da Justiça que elaborou o Anteprojeto convertido no Projeto de Lei nº (PL) 5.139/2009 sobre a nova Lei de Ação Civil Pública. Foi professor e coordenador do Curso de Mestrado em Direitos Fundamentais da Universidade de Itaúna. Integrante, na vaga de jurista, da Câmara de Desenvolvimento Científico da Escola Superior do Ministério Público da União. Assessor de Projetos e de Articulação Interinstitucional da Secretaria de Reforma do Judiciário do Ministério da Justiça. Membro da Câmara Consultiva Temática de Política Regulatória do Ensino Jurídico. Autor de vários livros, com publicações no Brasil e no exterior. Recebeu em 2013 do Ministério da Justiça a Medalha Nacional de Acesso à Justiça. Organizador e coautor do livro Direitos fundamentais das pessoas em situação de rua, Editora D'Plácido, que ganhou em Primeiro Lugar, na Categoria Direito, o Prêmio Jabuti 2015.

HELENO VELOSO DE FARIA JÚNIOR

Mestre em Proteção aos Direitos Fundamentais pela Universidade de Itaúna (UIT-MG). 1º Tenente na PMMG.

HORÁCIO MONTESCHIO

Pós doutor na Universidade de Coimbra - Portugal e pelo UNICURITIBA, Paraná. Doutor em Direito pela Faculdade Autônoma de São Paulo- FADISP. Mestre em Direitos da Personalidade - UNICESUMAR. Professor de Direito e Processo Administrativo do UNICURITIBA. Professor do Programa de Mestrado em Direito da UNIPAR.

JÉSSICA CAMBUY

Mestre em Proteção aos Direitos Fundamentais pela Universidade de Itaúna (UIT-MG).

JUSSARA SUZI ASSIS BORGES NASSER FERREIRA

Docente do Mestrado em Direito Processual Civil e Cidadania da Universidade Paranaense - UNIPAR e do PPGD da UNIMAR. Advogada.

KELLY CARDOSO

Advogada. Doutora em Direito Privado pela PUC-MG. Mestre em Processo e Cidadania pela UNIPAR. Especialista em Direito Civil e Processo Civil, e Direito Constitucional pela UNIPAR. Pesquisadora bolsista Capes PNPD junto ao Programa de Mestrado em Processo e Cidadania da UNIPAR.

LEANDRO PEREIRA GÓIS

Mestre em Proteção aos Direitos Fundamentais pela Universidade de Itaúna (UIT-MG). Advogado.

LÍLIAN NÁSSARA MIRANDA CHEQUER BUENO

Mestre em Proteção aos Direitos Fundamentais pela Universidade de Itaúna (UIT-MG). Professora e Coordenadora do Curso de Direito da Universidade de Itaúna. Advogada.

LORRANE QUEIROZ

Mestre e Doutoranda no Programa de pós-graduação *Stricto Sensu* da Universidade de Itaúna (UIT-MG). Pesquisadora pela Fundação de Amparo à Pesquisa do Estado de Minas Gerais (FAPEMIG). Bacharel em Direito pela Universidade de Patos de Minas. Advogada.

LUANA PEDROSA DE FIGUEIREDO CRUZ

Doutora e Mestre em Direito Processual Civil pela PUC-SP. Professora dos Cursos de Mestrado e Doutorado em Direitos Fundamentais da Universidade de Itaúna – MG. Professora dos cursos de Pós-graduação em Direito Processual Civil da PUC/SP. Pesquisadora do Conselho Nacional de Justiça – CNJ (2013/2014). Membro do IBDP, Instituto Potiguar de Processo Civil – IPPC, CEAPRO e da ILA Brasil. Membro da Comissão de Direito Processual Civil da OAB/SP. Consultora do Projeto Cascudo JuriLab - UFRN. Professora do curso de especialização em Direito Processual Civil da PUC-SP. Advogada.

LUCAS DE SOUZA LEHFELD

Pós-Doutor em Direito pela Universidade de Coimbra (POR). Doutor em Direito pela PUC/SP. Advogado. Professor Universitário

LUIZ MANOEL GOMES JUNIOR

Mestre e Doutor em Direito pela PUC-SP. Professor nos Programa de Mestrado e Doutorado em Direito da Universidade de Itaúna (UIT-MG) e do Mestrado em Direito da Universidade Paranaense (Unipar-PR), dos cursos de Pós-graduação da PUC-SP (Cogeae) e da Escola Fundação Superior do Ministério Público do Mato Grosso (FESMP-MT). Consultor da Organização das Nações Unidas – Relator da Comissão Especial do Ministério da Justiça para elaboração do anteprojeto da nova Lei da Ação Civil Pública (2009/2010). Advogado.

MÁRCIO EDUARDO SENRA NOGUEIRA PEDROSA MORAIS

Professor no Programa de Pós-graduação em Direito da Universidade de Itaúna (UIT-MG).

MARCUS VINÍCIUS PINTO SANTOS

Mestre em Proteção aos Direitos Fundamentais pela Universidade de Itaúna (UIT-MG). Tabelião no Município de Redenção/PA.

MARIA LAURA VARGAS CABRAL

Mestre em Proteção aos Direitos Fundamentais pela Universidade de Itaúna (UIT-MG). Docente do curso de Direito pela Fundação Educacional de Oliveira (FEOL). Especialista em Direito Constitucional pela Universidade Cândido Mendes (UCAM). Bacharel em Direito pela Faculdade Pitágoras Divinópolis. Advogada.

MIRIAM FECCHIO CHUEIRI

Graduada em Letras Anglo-Portuguesa com habilitação em Português e Literatura pela Faculdade de Filosofia Ciências e Letras de Umuarama (1981). Bacharel em Direito pela Faculdade de Direito de Umuarama (1984). Graduada em Licenciatura nas Disciplinas Profissionais do 2º grau (Hab Dto usual-leg apl) pela Faculdade de Filosofia Ciências e Letras de Umuarama (1985). Mestre em Direito Negocial pela Universidade Estadual de Londrina (1999). Doutora em Direito Processual Civil pela Pontifícia Universidade Católica de São Paulo (2005). Professora Titular da Universidade Paranaense (UNIPAR) no Programa de Mestrado em Direito Processual e Cidadania da UNIPAR.

PAULO RICARDO BRAGA MACIEL

Mestre em Direito na Universidade de Itaúna (UIT-MG). Advogado.

RAFAELA BRANDÃO DE SÁ

Mestre em Proteção aos Direitos Fundamentais pela Universidade de Itaúna (UIT-MG).

SABRINA NUNES BORGES

Doutoranda em Direito na Universidade de Itaúna (UIT-MG).

TATIANE GONÇALVES MENDES FARIA

Mestre em Proteção aos Direitos Fundamentais pela Universidade de Itaúna (UIT-MG). Pós-graduada em Direito do Trabalho e Previdenciário. Advogada.

TATIANNY KARINY VELOSO GOMES

Mestre em Proteção aos Direitos Fundamentais pela Universidade de Itaúna (UIT-MG).

WANDERSON DIAS FERNANDES

Bacharel em Direito pela Universidade de Itaúna (UIT-MG). Especialista em Psicopedagogia e Interdisciplinaridade pela Universidade de Itaúna (UIT-MG). Mestre em Proteção aos Direitos Fundamentais pela Universidade de Itaúna (UIT-MG). Docente na Faculdade Pitágoras em Divinópolis/MG. Defensor Público do Estado de Minas Gerais.

SUMÁRIO

Nota à 2ª Edição V
Prefácio VII
Sobre os autores IX

Introdução 1
História da Ação Popular no Sistema Constitucional brasileiro: evolução até o julgamento do STF – RE com Agravo 824.781/MT – *Lorrane Queiroz / Luiz Manoel Gomes Junior* 5
Considerações iniciais 5
1. A ação popular na Constituição do Império 7
2. A ação popular na Constituição de 1891 9
3. A ação popular nas Constituições de 1934 e 1937 10
4. A ação popular na Constituição de 1946 13
5. A ação popular na Constituição de 1967 e na EC 1, de 1969 15
6. A Lei da Ação Popular (Lei nº 4.717/1965) 16
7. A ação popular na Constituição de 1988 20
9. A ação popular e a sua evolução decorrente do julgamento no STF do Recurso Extraordinário com Agravo 824-781/MT 23
Considerações finais 26
Bibliografia 28

Art. 1º – *Paulo Ricardo Braga Maciel / Lílian Nássara Miranda Chequer Bueno* 32
1. Introdução 32
2. Ação Popular – legitimidade ativa 33
2.1. Conceito de cidadania – para fins de propositura de Ação Popular 33
2.2. Menor de 18 anos 40
2.3. Atos passíveis de anulação ou de declaração de nulidade 41
3. Conceito de patrimônio público 44
4. Limites da Ação Popular 47
4.1. Limites do § 2º do art. 1º da Lei nº 4.717/1965 47
4.2. Limites à responsabilização dos atos praticados pelos ministros e conselheiros dos Tribunais de Contas 47
5. Material probatório inicial 49
6. Limites para o acesso 51
Bibliografia 52

Art. 2º – *Luiz Manoel Gomes Junior / Marcus Vinícius Pinto Santos* 55
1. Nulidade do ato 55
2. Requisitos do ato administrativo 58
  2.1. Competência 60
  2.2. Finalidade 62
  2.3. Forma 63
  2.4. Objeto 64
  2.5. Motivo 65
  2.6. Desvio de finalidade 68
3. Nulidade e convalidação do ato administrativo 68
Bibliografia 71

Art. 3º – *Aylle de Almeida Mendes / Sabrina Nunes Borges* 72
1. Atos nulos, anuláveis e inexistentes e os efeitos da sentença de anulação de atos lesivos ao patrimônio público 72
2. Princípio da Proteção da Confiança e a possibilidade de modulação dos efeitos da decisão que declara nulo o ato administrativo 78
3. Lei nº 13.655/2018 e os reflexos na anulação de ato da Administração lesivo ao patrimônio público 82
Bibliografia 83

Art. 4º – *Rafaela Brandão de Sá / Alex Matoso Silva* 87
1. Introdução 87
2. Atos nulos na Lei de Ação Popular 87
3. Conceito de lesividade 90
4. Lesividade como requisito da ação popular 93
4. Presunção e lesividade presumida na Lei de Ação Popular 97
5. Hipóteses elencadas na Lei de Ação Popular 106
6. Lesividade presumida na Lei de Responsabilidade Fiscal 110
Bibliografia 112

Art. 5º – *Flávio Marcos de Oliveira Vaz / Lucas de Souza Lehfeld* 114
1. Aspectos gerais da competência e a aplicabilidade de dispositivos constitucionais e processuais 114
2. Da derrogação de competência, conexão de interesses e competência por atração 120
Bibliografia 123

Art. 6º – *Leandro Pereira Góis / Luiz Manoel Gomes Junior* 124
1. Do litisconsórcio na ação popular – Lei nº 4.717/1965 124
1.1. Autoridade 127
1.2. Funcionário 127
1.3. Administrador 128
1.4. Beneficiário direto 128
2. Posicionamento da pessoa jurídica de direito público 130
3. A atuação do Ministério Público – limites 132
4. Do litisconsórcio ativo 134
Bibliografia 135

Art. 7º – *Tatiane Gonçalves Mendes Faria* 138
1. Despacho da inicial e providências preliminares 138
2. Da requisição de informações e documentos de ofício 142
2.1. Aplicação da Lei nº 12.527/2011 – prova do requerimento e negativa das informações 142
2.2. Consequências do não atendimento à determinação judicial 144
3. Da citação 145
3.1. Formas de citação no Código de Processo Civil 146
3.1.1. Citação pelo correio 146
3.1.2. Citação por meio do Oficial de Justiça 147
3.1.3. Citação pelo escrivão ou chefe de secretaria 147
3.1.4. Citação por edital 148
3.1.5. Citação por meio eletrônico 149
3.2. Consequências da ausência de citação 149
3.3. Da citação na ação popular – particularidades 150
3.3.1. Citação por edital – possibilidade na ação popular 150
4. Do conhecimento do beneficiário e ausência de denunciação da lide 153
5. Contestação 155
5.1. Da prorrogação do prazo para defesa 156
5.2. Prazo em dobro – aplicação do CPC 158
6. Das possibilidades de resposta 161
6.1. Reconvenção 161
6.2. Revelia 164
7. Alegações finais e julgamento antecipado da lide 165
8. Do pedido de produção de prova pelo revel 165

9. Da sentença fora do prazo 167
Bibliografia 168

Art. 8º – *Gilberto Ferreira Marchetti Filho / Miriam Fecchio Chueiri / Tatiane Gonçalves Mendes Faria* 169
1. O crime de desobediência no Código Penal 169
2. O crime de desobediência e sua alocação na Lei de Ação Popular 171
3. O prazo e o atraso ou demora no cumprimento da determinação 172
4. O crime de desobediência e a possibilidade de prisão em flagrante 174
5. O crime de desobediência e a possibilidade de cumulação de sanção penal e civil 175
Bibliografia 177

Art. 9º – *Bárbara Fabiane Alves e Silva Resende / Gregório Assagra de Almeida* 178
1. Hipóteses de incidência do art. 9º da Lei de Ação Popular 178
2. O momento da existência do processo (demanda em curso) para fins de aplicabilidade do dispositivo comentado: orientação interpretativa fundamentada em princípios específicos do direito processual coletivo comum (princípio da desistência motivada das demandas coletivas; e princípio da proibição da extinção do processo coletivo nos casos de abandono da demanda coletiva) 179
3. A desistência da ação da ação popular precisa ser motivada 183
4. Absolvição da instância na Lei de Ação Popular 184
4.1. Conceituação 184
4.2. Aplicação do art. 9º da LAP quanto às hipóteses de absolvição de instância. 185
5. O Ministério Público como sucessor processual nos processos coletivos instaurados por força do ajuizamento de ação popular 186
5.1. Atuação do Ministério Público na Lei de Ação Popular 186
5.2. A atuação do Ministério Público vs. autor popular 190
5.3. Limites à atuação do Ministério Público 192
5.4. A atuação do Ministério Público prevista no art. 9º da LAP 194
6. As pessoas jurídicas vs. autor popular 196
6.1. As pessoas jurídicas como sucessoras processuais 198
Bibliografia 200

Art. 10. As partes só pagarão custas e preparo a final – *Tatianny Kariny Veloso Gomes / Jussara Suzi Assis Borges Nasser Ferreira* 202
1. Conceito de custas e preparo 202
1.1. Abrangência do termo "custas" 203

1.2. Momento do pagamento das custas 205
2. Isenção do autor popular e revogação do art. 10 da Lei nº 4.717/1965 206
Bibliografia 211

Art. 11 – *Jéssica Cambuy / Márcio Eduardo Senra Nogueira Pedrosa Morais* 213
1. Aspectos gerais 213
2. Natureza da sentença de procedência do pedido na ação popular 214
3. Invalidação do ato impugnado 216
4. Condenação ao pagamento de perdas e danos 216
5. Ação regressiva 217
6. Transação na ação popular 218
Bibliografia 220

Art. 12 – *Jéssica Cambuy / Luiz Manoel Gomes Junior* 222
1. Sucumbência na ação popular 222

Art. 13 – *Tatianny Kariny Veloso Gomes / Celso Hiroshi Iocohama* 224
1. Exceção à isenção do autor popular vencido 224
2. Ônus impostos ao autor popular 226
3. Conduta caracterizadora da má-fé 228
4. Aplicação da sanção decorrente do art. 13 da Lei nº 4.717/1965 230
5. Responsabilidade do autor popular por dano processual 232
Bibliografia 235

Art. 14 – *Alisson Alves Pinto / Fabricio Veiga Costa* 237
1. Efeitos da sentença na ação popular: sobre o art. 14 237
2. Característica da sentença: líquida ou ilíquida 237
3. Liquidação e execução de sentenças coletivas 240
4. Liquidação e execução da pretensão individual 241
5. Quantificação do dano 243
6. Penhora de salários 244
7. Sequestro e penhora 244
8. Custas periciais 245
Bibliografia 247

Art. 15 – Wanderson Dias Fernandes 249
1. A ação popular como instrumento limitador da ação do poder público e de particulares 249

2. A ação popular como instrumento de defesa dos direitos públicos e difusos 251
3. Sistemas processuais 255
4. Infringência da legislação penal reconhecida em ação popular perante o sistema acusatório 257
Bibliografia 262

Art. 16 – *Fernanda Campos Marciano / Horácio Monteschio* 263
1. Atuação do Ministério Público na ação popular: breves comentários 263
2. Execução popular (cumprimento de sentença): aspectos gerais 265
2.1. Legitimados ativos concorrentes 265
2.2. Legitimação subsidiária do Ministério Público para a fase de cumprimento de sentença 267

Art. 17 – *Heleno Veloso de Faria Júnior / Arthur Mendes Lobo* 272
1. Legitimidade ativa para o cumprimento de sentença em ação popular 272
2. Legitimidade passiva e a necessidade de participação dos executados na fase de conhecimento 274
3. Prazo para início do cumprimento de sentença 275
4. Considerações sobre a legitimidade das pessoas jurídicas interessadas 276
5. Bibliografia 278

Art. 18 – *Daniele Aparecida Gonçalves Diniz Mares / Camilo Zufelato* 280
1. Delineamento da coisa julgada sob a perspectiva dos direitos tutelados na ação popular 280
2. A natureza jurídica da legitimação do autor popular e sua relação com a formação da coisa julgada 282
3. A expressão erga omnes e seu alcance na Lei de Ação Popular 285
4. A improcedência por insuficiência de provas como traço característico da coisa julgada na ação popular e no microssistema processual coletivo 290
Bibliografia 291

Art. 19 – *Bruno Martins Teixeira / Kelly Cardoso / Miriam Fecchio Chueiri* 294
1. A remessa obrigatória na ação popular 294
2. Remessa obrigatória na sentença de procedência do pedido 298
2.1. Remessa obrigatória na procedência parcial do pedido 299
3. Recursos em sede de ação popular 300
3.1. Legitimidade recursal do Ministério Público 301
4. Anotações relevantes 304

Bibliografia 304

Art. 20 – *Luiz Manoel Gomes Junior* 306
1. A necessidade de ajuizamento da demanda contra as entidades públicas 306
2. Entidades equiparadas aos entes públicos 307
Bibliografia 309

Art. 21 – *Ana Cláudia de Pinho Godinho / Luana Pedrosa de Figueiredo Cruz* 310
1. Prescrição e Segurança Jurídica 310
2. Decadência 312
3. Prescrição e decadência na ação popular 313
4. Aplicação do prazo prescricional de 5 anos nos pedidos de indenização por dano moral – atos de improbidade administrativa. 315
4. Prescrição na execução de sentença proferida em sede de ação popular 318
Bibliografia 319

Art. 22 – *Maria Laura Vargas Cabral* 320
1. Noções gerais 320
2. Legitimidade do autor popular 321
3. Instrução da petição inicial 322
4. Citação por edital 323
5. Contestação 324
6. Normas referentes às despesas e custas 326
7. Desistência da ação 328
8. Efeitos da sentença 329
9. Recursos 331
  9.1. Recurso ordinário constitucional 331
  9.2 Reexame necessário 332
Bibliografia 334

INTRODUÇÃO

Com o advento da Carta Política de 1988, em que vários Princípios Constitucionais restaram positivados[1] houve uma crescente preocupação com o erário, bem como a adoção de mecanismos tendentes a protegê-lo.

No ordenamento jurídico pátrio, consolidou-se o entendimento de que a Ação Popular é o instrumento adequado para atacar ato ilegal e lesivo aos cofres públicos, bem quando houver violação ao princípio constitucional da moralidade administrativa, sendo esta última hipótese uma previsão inovadora em termos de direito positivado.

Consoante posicionamento clássico, a Ação Popular é demanda de natureza constitucional, por meio da qual se objetiva atacar, não só ato comissivo, mas, também, a omissão administrativa, quando conjugados dois requisitos – ilegalidade e lesividade. Nesse sentido, Hely Lopes Meirelles[2] quando afirma, em obra clássica, que a "ação popular" é instituto de natureza constitucional, utilizado pelo cidadão, visando o reconhecimento judicial da invalidade de atos ou contratos administrativos, desde que ilegais e lesivos ao patrimônio federal, estadual ou municipal, incluindo-se as autarquias, entidades paraestatais e pessoas jurídicas que recebam subvenções públicas.

Tal lição é respaldada pela jurisprudência:[3]

> "[...] Para que possam ser respondidas tais colocações há necessidade de se refletir um pouco sobre os requisitos que constituem os pressupostos da demanda, sem os quais não se viabiliza a ação popular, que são, na lição de Hely Lopes Meirelles (in "Mandado de Segurança, Ação Popular, Ação Civil Pública, Mandado de Injunção, Habeas Data", Malheiros Editores, 14ª ed., atualizada por Arnoldo Wald, 1992, São Paulo, ps. 88/89), os seguintes: 'a) condição de eleitor, isto é, que o autor seja cidadão brasileiro, no gozo dos seus direitos cívicos e políticos; 'b) ilegalidade ou ilegitimidade, vale dizer, que o ato seja contrário ao direito por infringir as normas específicas que regem sua prática ou se desviar dos princípios gerais que norteiam a Administração Pública' (fls. 88); e, 'c) lesividade,

---

1 Segundo a doutrina, é essencial que o princípio esteja positivado para que possa ser validamente invocado (CANARIS, Claus-Wilhelm. *Pensamento sistemático e conceito de sistema na ciência do direito*. Tradução da 2ª edição alemã. Lisboa: Fundação Calouste Gulbekian. 1996), lição a qual aderimos, pois somente havendo previsão normativa é que poderia haver a incidência e obrigatoriedade daquele, isso sob pena de subjetivismos inaceitáveis.

2 *Mandado de segurança, ação popular, ação civil pública, mandado de injunção, "habeas data"*. São Paulo: Malheiros, 1992. p. 85.

3 STJ, REsp 28.833-6, rel. Min. Cesar Asfor Rocha – *RSTJ* 54/203.

> isto é, há necessidade de que o ato ou a omissão administrativa desfalquem o erário ou prejudiquem a Administração, ou que ofendam bens ou valores artísticos, cívicos, culturais, ambientais ou históricos da comunidade' (fls. 88).
> Aliás, a jurisprudência é firme nessa mesma convicção de que a ação popular só se viabiliza com a presença simultânea da ilegalidade e da lesividade do ato impugnado, conforme fixado nos RREE 92.326 (Rel. Min. Rafael Mayer, *RDA* 143/122), 65.486 (Rel. Min. Amaral Santos, *RTJ* 54/95) e no voto do Min. Nelson Hungria, quando justifica que 'não basta a lesividade do ato impugnado, referida ao patrimônio da entidade de direito público ou de economia mista, senão também a sua nulidade ou anulabilidade' (*RDA*, 54/325), todos referidos por Péricles Prade (in "Ação Popular", Saraiva, 1986, p. 28).
> De todos esses ensinamentos, doutrinários e jurisprudenciais, conclui-se que a ação popular só pode ser julgada procedente se o ato por ela atacado contiver os vícios da ilegalidade e da lesividade".

Forçoso reconhecer que a Ação Popular, de igual modo, possui, em regra, um aspecto político, uma valoração subjetiva do indivíduo sob tal ótica, pois, como sempre, no polo passivo estará uma autoridade ou um agente público, o que leva a uma análise na qual não impera apenas o aspecto econômico, como ocorre, de regra, em outras espécies de feitos.

Diz Elival Silva Ramos que a Ação Popular é instrumento de atuação do cidadão enquanto agente fiscalizador do poder público, sendo essa faculdade de evidente natureza jurídica.[4]

Como argumentado por Cândido Rangel Dinamarco,[5] visando o cidadão a anulação de um ato por meio da Ação Popular, atua como membro ativo da sociedade, evidenciando uma preocupação com a utilização da *res* pública. Atualmente, segundo este, o próprio acionamento da função jurisdicional teria um conteúdo político (não só jurídico), sendo importante a abertura de vias para a participação de tal natureza pelo cidadão, enquanto objetivo fundamental da garantia do direito de ação.

A Ação Popular, sob o ponto de vista de um conceito positivo do termo "político", é uma forma de o indivíduo, enquanto participante da sociedade, atuar isoladamente, como fiscalizador dos atos dos governantes e daqueles que recebem, sob qualquer justificativa, dinheiro, bens ou valores públicos.[6]

---

4 *A ação popular como instrumento de participação política*. São Paulo: Ed. RT, 1991. p. 198.

5 *Fundamentos do processo civil moderno*. São Paulo: Malheiros, 2000. v. 1, pp. 424-425.

6 Por tal razão, sem consistência jurídica, contestações em que os réus afirmam que a única motivação do autor popular é de natureza política, pois é justamente com base em tal prerrogativa que esse tipo de demanda é ajuizada.

E nem poderia ser diferente; se é público, mais do que óbvio que não poderia ser restringida a possibilidade de o cidadão fiscalizar a sua aplicação, sob a ótica da legalidade e lesividade, além da moralidade administrativa.

Estes comentários são fruto da pesquisa de Mestrandos do Curso de Mestrado em Direito da Universidade de Itaúna – Minas Gerais e da atuação de vários professores e juristas vinculados a outras instituições de ensino. Há um lema que temos como correto: pesquisa sem utilidade prática sequer deveria ser feita. Todo estudo e análise devem ser úteis.

Assim, objetivamos nesta obra tecer comentários a todos os dispositivos da Lei da Ação Popular, o primeiro diploma normativo no Sistema Jurídico Nacional a trazer uma disciplina ampla de uma ação coletiva, com a análise das posições adotadas pela doutrina e pela jurisprudência, esperando que sejam úteis para todos os aplicadores do Direito.

Itaúna, fevereiro de 2021.

Luiz Manoel Gomes Junior
Coordenador

História da Ação Popular no Sistema Constitucional brasileiro: evolução até o julgamento do STF – RE com Agravo 824.781/MT

Lorrane Queiroz

Luiz Manoel Gomes Junior

Sumário: Considerações iniciais. **1.** A Ação Popular na Constituição do Império. **2.** A Ação Popular na Constituição de 1891. **3.** A Ação Popular nas Constituições de 1934 e 1937. **4.** A Ação Popular na Constituição de 1946. **5.** A Ação Popular na Constituição de 1967 e na EC 1, de 1969. **6.** A Lei da Ação Popular (Lei nº 4.717/65). **7.** A Ação Popular na Constituição de 1988. **8.** A Ação Popular e a sua evolução decorrente do julgamento no STF do Recurso Extraordinário com Agravo 824.781-MT. Considerações finais. Bibliografia.

Considerações iniciais

A ação popular resguardada hoje pela CF/1988 e pela Lei nº 4.717/1965, Lei da Ação Popular, que estabelece seu contorno processual-procedimental, é uma importante aliada na fiscalização e no combate à má gestão da coisa pública no Brasil, sendo o primeiro instrumento jurídico previsto para a tutela do patrimônio público.

A Constituição de 1988 teve como objetivo tornar a ação popular um instrumento da democracia participativa, que proporciona verdadeira participação popular na formação do Estado Democrático de Direito, mediante o controle externo da Administração Pública, que deve sempre pautar sua atuação na moralidade e na legalidade de seus atos.

Embora atualmente exista sua previsão legal e constitucional, a ação popular é um instrumento pouco conhecido e utilizado pela população brasileira, o que demonstra um déficit de participação popular no controle da Administração Pública e da moralidade administrativa, que resulta, na prática, num cenário de corrupção endêmica e de descrédito na honestidade das instituições públicas. O fato é que a falta de atuação do cidadão como agente de fiscalização é uma omissão que não pode ser mais admitida na sociedade.

Podemos apontar as dificuldades do cidadão, mesmo nos tempos modernos, de enfrentar sozinho a Administração Pública, arcando com despesas e todo o desgaste que decorre da nossa pouca maturidade política e da falta de visão em termos do que é público e da necessidade de proteção daquilo que é de todos.

O exercício da cidadania e a defesa dos interesses e bens pertencentes a todos são realizados via ação popular desde Roma,[1] ainda que não existisse a noção de Estado bem definida como hoje, já existia um espírito cívico que autorizava o cidadão dirigir-se ao magistrado para requerer uma tutela de um bem, valor ou interesse que beneficiasse a coletividade, mesmo que não lhe fosse relacionado diretamente.

Dessa forma, as ações populares são originárias do direito romano e eram exercitáveis por qualquer cidadão romano para a proteção do interesse coletivo. Com a consolidação da modernidade e o império da lei, a ideia de controle de juridicidade do poder da atividade estatal ganha consistência a partir da divisão das funções e das competências do Estado, da submissão de suas ações à lei e do surgimento das garantias e das liberdades constitucionais, bem como dos direitos fundamentais.

A ação popular possui inegável essência democrática, visto que, por meio dela, permite-se ao cidadão participar ativamente da vida pública; sua abrangência ampliou-se ao longo dos anos e, hoje, é instrumento hábil à disposição dos cidadãos para a tutela do patrimônio público em todas as suas dimensões, incluindo a moralidade administrativa, para que estes busquem efetivar e proteger seus direitos nos casos em que haja lesividade da moral administrativa, dos cofres públicos, do meio ambiente ou do patrimônio cultural.

Muito embora historicamente tenham havido discussões quanto à natureza de sua pretensão, atualmente é pacífico que a ação popular está inserida somente no âmbito civil. Dessa maneira, apenas quatro constituições promoveram a ação popular como verdadeiro instrumento civil e coletivo: a Constituição da República de 1934, a Constituição da República de 1946, a Constituição da República de 1967, Emenda Constitucional 1, de 1969, e a Constituição da República de 1988.

Importante observar que, devido à incompatibilidade da natureza da ação popular, nos períodos de governos autoritários e não democráticos houve a sua supressão, como na Carta Constitucional de 1937, ou a redução do alcance de seu objeto, como, por exemplo, na Constituição de 1967 e na EC 1/1969.

As evoluções constitucionais e filosóficas do Direito trouxeram inovações ao campo da participação popular no exercício da cidadania por meio da ação

---

1 CLEMENTONI, Myriam Benarrós. Actio popularis *no direito romano e sua recepção no direito brasileiro.* Orientador Hélcio Maciel França Madeira. Dissertação apresentada na Universidade de São Paulo. São Paulo, 2016. pp. 145-146. Disponível em: [2016.www.teses.usp.br/.../Versao_Completa_Dissertacao_Myriam_Benarros_Clementoni.pdf]. Acesso em: 20.10.2018.

popular. Por isso a importância do estudo da história desse instituto no Brasil, ante a necessidade da promoção de sua utilização como instrumento de inibição ou reparação de atos lesivos aos bens públicos, a fim de favorecer a ética e a moralidade na Administração Pública, bem como fomentar a necessidade de uma aproximação real do cidadão na vida pública.

Nesse sentido, mais uma vez, a relevância de traçar um histórico sobre a evolução da ação popular no processo brasileiro e o seu tratamento na defesa dos interesses coletivos ao longo dos anos. No entanto, o estudo aqui desenvolvido não tem por escopo esgotar todas as questões referentes ao tema. Indicará, ainda, os contornos necessários para a compreensão do instituto em análise, dando enfoque ao seu processo histórico.

1. A ação popular na Constituição do Império

No cenário jurídico brasileiro, podemos destacar a existência de uma concepção de ação popular já na Constituição do Império de 1824, com sua previsão no art. 157, no capítulo único entitulado "Dos Juízes, e Tribunaes de Justiça", do título 6º que tratava "Do Poder Judicial". Entretanto, muito embora fosse utilizada sob o termo "ação popular", tinha caráter disciplinar e penal, por assim dispor:

> "Art. 157. Por suborno, peita, peculato e concussão haverá contra eles a ação popular, que poderá ser intentada dentro de ano e dia pelo próprio queixoso ou por qualquer do povo, guardada a ordem do processo estabelecido na lei".

Conforme explica Myriam Benarrós,[2] esse artigo criou uma ação popular dirigida contra a prevaricação de juízes, salientando o alto teor moralizador do preceito quanto ao comportamento daqueles que eram encarregados da administração da Justiça, pois asseverava a garantia da probidade dos juízes, no sentido de defesa e resguardo da integridade da jurisdição.

Dessa forma, tratava-se de um crime tão vergonhoso a honradez do julgador, que era possível a qualquer do povo o direito de intentar uma ação criminal, reivindicando e promovendo a punição do autor pela prática de su-

2 CLEMENTONI, Myriam Benarrós. Actio popularis *no direito romano e sua recepção no direito brasileiro.* Orientador Hélcio Maciel França Madeira. Dissertação apresentada na Universidade de São Paulo. São Paulo, 2016. p. 145. Disponível em: [2016.www.teses.usp.br/.../Versao_Completa_Dissertacao_Myriam_Benarros_Clementoni.pdf]. Acesso em: 20.10.2018.

borno, peita, peculato ou concussão,[3] e seu julgamento era realizado pelo próprio Imperador.[4]

O interesse postulado nesse tipo de demanda não era pessoal, mas público, consistente na fiscalização e controle da jurisdição, de forma a torná-la proba e honesta, sendo importante para o delineamento da ação popular no seu antecedente histórico identificar que esta ação popular tinha natureza jurídica criminal, haja vista que não possuía intuito reparatório, mas apenas o de punição penal.

Na legislação do Império, além da menção à ação popular criminal no art. 157 da Constituição, também podiam ser encontrados casos em que a lei autorizava o uso de ações a qualquer um do povo (legitimidade difusa), entretanto, tais casos não poderiam ser considerados tipos de ação popular, uma vez que o âmbito de sua proteção era subjetiva[5] e não coletiva, precipuamente. Dessa forma, é preciso considerar que faltavam a tais ações, pelas matérias que envolviam, a repercussão dos assuntos em interesses difundidos.

---

3 É fundamental a análise do tipo penal incriminador para a correta compreensão da intenção do legislador. Os elementos que compõem o tipo objetivo, terminologicamente, podem ser conceituados da seguinte maneira: "Peita" era o presente oferecido como forma de suborno; Peculato tratava-se de crime consistente na subtração ou desvio, por abuso de confiança, de dinheiro público para proveito próprio ou alheio, por funcionário público que os administra ou guarda, por abuso de confiança pública; Concussão seria a percepção de dinheiro indevido ou obtenção de vantagens, serviços ou qualquer outra coisa, por parte de funcionário público, para si ou para terceiros, exercendo ou não suas funções, mas com abuso de influência do seu posto ou com utilização de ameaças ou violência, desvio.

4 Constituição do Império, art. 154. "O Imperador poderá suspendelos por queixas contra elles feitas, precedendo audiencia dos mesmos Juizes, informação necessaria, e ouvido o Conselho de Estado. Os papeis, que lhes são concernentes, serão remettidos á Relação do respectivo Districto, para proceder na fórma da Lei."

5 Como é o caso do Decreto 2.691, de 14 de novembro de 1860, relativo aos casos de falência dos Bancos e outras Companhias e sociedades anônimas, e o processo que em tais casos devia-se seguir; tal decreto permitia, quando houvesse emissão ou conservação na circulação de títulos ilegais por parte de Banco, ao lado das providências a serem tomadas pela autoridade policial e fiscal, no seu art. 4º, que a apreensão judicial pudesse ocorrer "por denúncia, ou a requerimento de qualquer pessoa do povo". Podemos encontrar, também, na Lei nº 173, de 10 de setembro de 1893, relativa à ação de dissolução de associações de fins religiosos, morais, científicos, artísticos, políticos ou de simples recreio, a concessão de uma legitimação difusa, pois, o art. 13 dispõe que "as associações que promoverem fins illicitos ou que se servirem de meios illicitos ou immoraes, serão dissolvidas por sentença, mediante denúncia de qualquer pessoa do povo ou do ministério publico [...]" (CLEMENTONI, Myriam Benarrós. Actio popularis *no direito romano e sua recepção no direito brasileiro.* Orientador Hélcio Maciel França Madeira. Dissertação apresentada na Universidade de São Paulo. São Paulo, 2016. pp. 145-146. Disponível em: [2016.www.teses.usp.br/.../Versao_Completa_Dissertacao_Myriam_Benarros_Clementoni.pdf]. Acesso em: 20.10.2018).

Assim, tratava-se de crime de caráter tão ofensivo da honradez do julgador que injuriava a lei e a sociedade, atingindo a moral pública, sendo que qualquer do povo poderia ajuizar a ação popular almejando, por si mesmo, obter a devida punição atuando na defesa e resguardo da pureza da jurisdição.

2. A ação popular na Constituição de 1891

A Constituição Republicana de 1891 não acolheu a ação popular, sequer aquela de caráter penal prevista na Constituição imperial. A questão da sobrevivência das ações populares de natureza civil foi tema muito debatido pela doutrina brasileira nos anos posteriores à entrada em vigor do Código Civil de 1916, art. 76, com o seguinte teor:

> "Art. 76. Para propor, ou contestar uma ação, é necessário ter legítimo interesse econômico, ou moral.
> Parágrafo único. O interesse moral só autoriza a ação quando toque diretamente ao autor, ou à sua família".

Conforme anota Myriam Benarrós,[6] o autor do Código de 1916, Clóvis Beviláqua, havia sustentado, quando se discutia o projeto de código, que as ações cíveis populares que tinham existido no direito romano e dele passado para as legislações dos países só se justificariam nos Estados em que sua organização política não fosse suficientemente desenvolvida e, por isso, a necessidade de que os particulares velassem pelos interesses públicos.

Desse modo, Clóvis Beviláqua entendia que não seriam necessárias ações populares nas organizações políticas modernas, pois que os atos que davam sua origem se tornaram crimes reprimidos pelo Código Penal e protegidos nas legislações especiais. Tal posição foi seguida por muitos autores da época que afirmavam não mais existir lugar para o exercício das ações populares.

O art. 76 do Código Civil de 1916 foi projetado para a limpeza do sistema e pensado para afastar do direito civil, marcadamente individualista, centrado no proprietário e na autonomia da vontade do cidadão, qualquer possibilidade de abertura para as tutelas coletivas, ou seja, a intenção do legislador era extinguir

---

6 CLEMENTONI, Myriam Benarrós. Actio popularis *no direito romano e sua recepção no direito brasileiro.* Orientador Hélcio Maciel França Madeira. Dissertação apresentada na Universidade de São Paulo. São Paulo, 2016. p. 146. Disponível em: [2016.www.teses.usp.br/.../Versao_Completa_Dissertacao_Myriam_Benarros_Clementoni.pdf]. Acesso em: 20.10.2018.

as ações populares que remanesciam no sistema jurídico pátrio, a partir do direito romano.[7]

Nesse sentido, o preceito da lei civil excluiu do direito brasileiro as ações tipicamente populares. Não obstante, parcela dos juristas, como Carvalho Santos,[8] entendia que as ações populares em certos e determinados casos não tinham sido de todo proscritas do direito brasileiro, isto é, discordavam do entendimento de Clóvis Beviláqua, defendendo que o conceito do interesse não impedia a admissibilidade das ações populares, quando o indivíduo, ao promover a ação em defesa do interesse público, assume indiretamente a defesa de seu próprio interesse pessoal.

Em que pese o entendimento doutrinário contrário à ação popular ser majoritário, esse instituto resistiu timidamente e se impôs expressamente na legislação brasileira posteriormente.

3. A ação popular nas Constituições de 1934 e 1937

Foi com a Constituição da República de 1934 que a ação popular recebeu o tratamento adequado, sendo inserida na ordem jurídica, enquadrando-se nos moldes que se apresenta atualmente. Disposta no título Dos Direitos e das Garantias Individuais, § 38 do art. 113 da Constituição de 1934, designava:

> "Art. 113. A Constituição assegura a brasileiros e a estrangeiros residentes no país a inviolabilidade dos direitos concernentes à liberdade, à subsistência, à segurança individual e à propriedade, nos termos seguintes:
> [...]
> § 38. Qualquer cidadão será parte legítima para pleitear a declaração de nulidade ou anulação dos atos lesivos do patrimônio da União, dos Estados ou dos Municípios".

No estudo do artigo percebe-se uma clara alusão do texto ao patrimônio da Administração Direta, isto é, da União, Estados e Municípios, não mencionando à época estatais ou sociedades de economia mista.

A intenção do legislador constituinte foi utilizar esse meio processual para uma maior efetivação do controle popular da atividade administrativa, mas não

7 DIDIER JR., Fredie; ZANETI JR., Hermes. *Curso de direito processual civil*. Processo coletivo. 9ª ed. Salvador: JusPodium, 2014. p. 25.

8 CARVALHO SANTOS, João Manuel de. *Código Civil interpretado.* 9ª ed. Rio de Janeiro: Freitas Bastos, 1964. v. II, pp. 252-253.

somente à legalidade dos atos administrativos, inclusive, da moralidade administrativa. Como defendido por José Frederico Marques:

> "A ação popular é uma projeção, no campo da moralidade administrativa, dêsse direito ao processo. Se é direito da coletividade ter um govêrno decente e sem mazelas, e se cada cidadão pode fazer valer em Juízo êsse direito, porque é também de seu interêsse que a coisa pública não seja malbaratada pela cupidez ou improbidade administrativa, cabe a qualquer do povo a faculdade de invocar o Judiciário para que restaure o império da lei e da dignidade das funções públicas, sempre que algum improbus administrator venha a lesar o erário ou patrimônio público, com atos indevidos. O direito a um govêrno honesto, que tem tôda a comunhão, está, assim, devidamente tutelado. Qualquer cidadão pode fazer valer em Juízo êsse direito, como parte legítima, para que o Judiciário, dando a cada um o que é seu, torne também imperativo o *honeste vivere*".[9]

José Afonso da Silva[10] afirma que, durante os trabalhos legislativos não faltaram vozes censuradoras à inserção da ação popular no texto constitucional alegando os "perigos da ação popular", demonstrando desde já uma resistência ao uso do instituto, e, considerando a duração efêmera da Constituição de 1934 com o advento do Estado Novo, a sua utilização não foi possível.

O § 38 do art. 113 da Carta constitucional de 1934 permaneceu sem regulamentação, uma vez que os órgãos legislativos pouco se preocupavam com direitos e garantias fundamentais. A proximidade da instauração de um Estado autoritário demonstrava não haver motivos para prever limitações ou consequências de seus atos que cada vez mais se distanciavam da legalidade constitucional, outorgando ao Executivo novos e quase absolutos poderes. Nas palavras de José Frederico Marques:[11]

> "A carta totalitária do Estado Novo (1937) não manteve o instituto, e a ação popular desapareceu, desta forma, de nosso Direito Constitucional, tal como acontecera com o 'mandado de segurança', disciplinada, no entanto, de maneira mutilada, nas normas de legislação ordinária do Código de Processo Civil. Não causa espanto que isto tenha acontecido. No longo hiato político autoritário a

---

9 MARQUES, José Frederico. As ações populares no direito brasileiro. *RDA*, nº 52, pp. 43-44, 1958. Disponível em: [http://bibliotecadigital.fgv.br/ojs/index.php/rda/article/view/18118/16863]. Acesso em: 20.10.2018.

10 SILVA, José Afonso da. *Ação popular constitucional:* doutrina e processo. São Paulo: Malheiros, 2007. p. 36.

11 MARQUES, José Frederico. As ações populares no direito brasileiro. *RDA*, nº 52, p. 42, 1958. Disponível em: [http://bibliotecadigital.fgv.br/ojs/index.php/rda/article/view/18118/16863]. Acesso em: 20.10.2018.

que nossa República foi submetida, as *actiones populares* constituíam um corpo estranho, algo de incompatível com o desprêzo pelos direitos individuais, que é inerente aos governos reacionários".

A não utilização da ação contava com o fato de o texto não possuir lei que lhe regulamentasse e uma realidade política hostil para sua aplicabilidade, sendo possível concluir que "sob a longa noite da ditadura, não havia clima para o ressurgimento das ações populares [...] possibilitar 'a peleja individual pelo interêsse coletivo', e o regime de arbítrio; sob o qual se queria destroçada e para sempre, a vigilância democrática da Nação".[12]

Nesse cenário, a jurisprudência tinha dificuldade de lidar com esse novo instituto, temendo sua utilização como instrumento de disputas políticas, e a doutrina, em sua maioria, criticava a inserção da ação popular, como, por exemplo, Clóvis Beviláqua, que considerava que instituições como o Ministério Público poderiam desempenhar melhor função do que o autor popular. Em suas palavras:

> "A theoria e a classificação dos bens foram, ao de leve, attingidas pela Constituição, que melhor se apreciará ao tratarmos do direito das coisas. No livro referente aos factos juridicos, surgem as acções populares, que não tiveram entrada na codificação civil, após detido exame da sua desnecessidade. 'Qualquer cidadão, determina o art. 113 nº 38 da Constituição, será parte legitima para pleitear a declaração de nullidade ou annullação dos actos lesivos do patrimonio da União, dos Estados ou dos Municípios.' Sem negar o caracter democratico dessa resurreição, receio que nos venham dahi inconvenientes, que a bôa organização do Ministerio Publico evita. Para funcções déssa classe, a sociedade possue orgãos adequados, que melhor as desempenham do que qualquer do povo".[13]

Assim, ante a falta de efetividade do instituto, que resultava em letra morta na legislação brasileira, acabou por ser suprimido na Carta outorgada em 1937, a qual não trouxe qualquer previsão quanto à ação popular, tendo em vista o regime totalitário da era Vargas instalado no País, contrário à possibilidade de valorização de direitos e de os atos do governo serem questionados.

---

12 CARNEIRO, Nelson. Das ações populares civis no direito brasileiro. *RDA*, Rio de Jaqneiro, nº 25, p. 472, jul./set. 1951. Disponível em: [http://bibliotecadigital.fgv.br/ojs/index.php/rda/article/view/12141]. Acesso em: 20.10.2018.

13 BEVILAQUA, Clóvis. A Constituição e o Código Civil. *Revista dos Tribunais,* nº 35, p. 4. Disponível em: [http://www.direitocontemporaneo.com/wp-content/uploads/2018/03/BEVILAQUA-Constituicao-e-codigo-civil.pdf]. Acesso em: 20.10.2018.

4. A ação popular na Constituição de 1946

A ação popular só veio a ser reavivada na Constituição de 1946, com a restauração democrática prevista no capítulo II, art. 141, § 38:

> "CAPÍTULO II – Dos Direitos e das Garantias Individuais. Art. 141. A Constituição assegura aos brasileiros e aos estrangeiros residentes no País a inviolabilidade dos direitos concernentes à vida, à liberdade, a segurança individual e à propriedade, nos termos seguintes: [...] § 38 – Qualquer cidadão será parte legítima para pleitear a anulação ou a declaração de nulidade de atos lesivos do patrimônio da União, dos Estados, dos Municípios, das entidades autárquicas e das sociedades de economia mista".

Retirada da Constituição de 1937, durante o Estado Novo, a ação popular renasce na Constituição de 1946 e segue presente durante todas as novas Constituições brasileiras até a atual, não deixando, todavia, de passar por mudanças.

Podemos observar a ampliação de seu campo de abrangência, mediante a modificação de seu objeto contemplando tanto a administração direta quanto a administração indireta, quando possibilita a qualquer cidadão requerer a anulação ou a declaração de nulidade de atos lesivos aos entes da Administração Direta, e das "entidades autárquicas e das sociedades de economia mista".

Destacamos ainda, conforme lições de José Afonso da Silva,[14] a importância do texto constitucional em trazer a previsão de "autarquias", das "empresas públicas" e das "sociedades de economia mista", o que expressa o momento de expansão e desenvolvimento que o Brasil à época enfrentava, que ocasionava a necessidade do desenvolvimento de instrumentos jurídicos de fiscalização e controle ao erário público.

A ação popular que a Constituição de 1946 consagra, não abrange a ação popular penal, "o texto do art. 141, § 38, não se estende à Justiça Criminal, como facilmente se depreende de simples leitura de seu conteúdo".[15] Consigne-se o instituto, nas palavras de José Frederico Marques:[16]

---

14 SILVA, José Afonso da. *Ação popular constitucional:* doutrina e processo. São Paulo: Malheiros, 2007. p. 38.

15 MARQUES, José Frederico. As ações populares no direito brasileiro. *RDA*, nº 52, p. 47, 1958. Disponível em: [http://bibliotecadigital.fgv.br/ojs/index.php/rda/article/view/18118/16863]. Acesso em: 20.10.2018.

16 MARQUES, José Frederico. As ações populares no direito brasileiro. *RDA*, nº 52, pp. 48-49, 1958. Disponível em: [http://bibliotecadigital.fgv.br/ojs/index.php/rda/article/view/18118/16863]. Acesso em: 20.10.2018.

> "Na ação popular, aquêle que vai a Juízo pleitear a anulação ou declaração de nulidade de um ato lesivo ao patrimônio público, atua em nome próprio, mas para obter o reconhecimento, através da aplicação da lei, de um direito da coletividade. [...] Com a 'ação popular', temos um eficiente instrumento para o contrôle da honestidade administrativa, a fim de compelir os agentes ou órgãos do Estado a atenderem aos cânones morais do 'bom administrador'. O seu uso e emprêgo, quando generalizados e depois que a lei ordinária regulamentar devidamente o texto constitucional, será a melhor das armas que o cidadão terá em mãos para dar combate ao peculato, ao nepotismo, aos abusos contínuos de preferências e privilégios que muitos governantes praticam impunemente".

Entretanto, o acolhimento da ação popular após o período da era Vargas, na Constituição de 1946, repropôs o problema da ausência de regulamentação da ação desde a Constituição de 1934, posto que se discutia se o dispositivo constitucional era ou não de aplicação imediata.

A doutrina não era unânime para a aplicação do instituto; segundo Alexandre de Morais[17] o direito de propor ação popular dependia de regulamentação, não podendo, por isso, ser esse direito exercido. Já José Frederico Marques[18] aderia à opinião de que o preceito constitucional era autoexecutável, mas que o dispositivo constitucional sem a devida regulamentação não ensejava uma aplicação eficiente que traçasse limites da ação e da interferência do Judiciário.

Dessa forma, sobrevinham intensas discussões sobre os critérios de interpretação dos termos do tipo, como, por exemplo, relativo à definição de "cidadão". Pontes de Miranda,[19] comentando a Constituição de 1946, leciona que o direito à ação popular é um direito público subjetivo dos brasileiros natos ou naturalizados, sendo também um direito político, portanto, dele não podem gozar os brasileiros que se achavam nas condições de suspensão ou perda dos direitos políticos (art. 135, §§ 1º e 2º, da Constituição de 1946).

Ao que discorda José Afonso da Silva,[20] em sua perspectiva, afirmando que a ação popular na Constituição de 1946 não é mera questão de deferimento do

---

17 MORAIS, Antão de. Ato administrativo – poder discricionário da administração – contrôle jurisdicional – ação popular. *RDA*, nº 16, pp. 327-329, 1949.

18 MARQUES, José Frederico. As ações populares no direito brasileiro. *RDA*, nº 52, p. 47, 1958. Disponível em: [http://bibliotecadigital.fgv.br/ojs/index.php/rda/article/view/18118/16863]. Acesso em: 20.10.2018.

19 PONTES DE MIRANDA, Francisco Cavalcanti. *Comentários à Constituição de 1946*. Rio de Janeiro: Imprensa Nacional, 1947. v. III, pp. 380-381.

20 SILVA, José Afonso da. *Ação popular constitucional:* doutrina e processo. São Paulo: Malheiros, 2007.

ius actionis a qualquer cidadão, essa é apenas uma de suas características conceituais, posto que historicamente "o que lhe dá a conotação essencial é a natureza impessoal do interesse a defender por meio dela; interesse da coletividade".

Portanto, a sobrevinda da ação popular na Constituição de 1946 demonstrou que a boa administração pública seria bem jurídico de relevância para proteção via judicial, bem como que a participação política do cidadão seria essencial na determinação dos caminhos a serem seguidos pelo Estado, não obstante, revelou, à época, a necessidade de amadurecimento de uma concepção de democracia participativa a fim de corretamente interpretar o instrumento.

5. A ação popular na Constituição de 1967 e na EC 1, de 1969

A Carta Republicana de 1967 e a EC 1/1969, apesar de editadas em período ditatorial, mantiveram a previsão da ação popular, porém com nova redação, conforme podemos observar pelo disposto no Capítulo IV – Dos Direitos e Garantias Individuais – da Constituição de 1967:

> "Art. 150. A Constituição assegura aos brasileiros e aos estrangeiros residentes no país a inviolabilidade dos direitos concernentes à vida, à liberdade, à segurança e à propriedade, nos termos seguintes: [...] § 31. Qualquer cidadão será parte legítima para propor ação popular que vise a anular atos lesivos ao patrimônio de entidades públicas".

A inovação veio com a inclusão pela primeira vez do termo "ação popular", e com modificação da nomenclatura utilizada para se referir à Administração indireta, de modo que a antiga expressão "entidades autárquicas e sociedades de economia mista" foi alterada para "entidades públicas".

Dessa forma, ao usar a expressão genérica "patrimônio de entidades públicas", não se compreendendo as sociedades de economia mista e empresas públicas que têm natureza e estrutura de entidades privadas, foi retirada a previsão quanto a tais entidades estarem sujeitas à fiscalização em sede de ação popular.

A ação popular brasileira prevista, até 15 de março de 1967, no § 38 do art. 141 da Constituição de 1946, foi repetida *ipsis litteris* no § 31 do art. 153 da Constituição de 1969 (EC 1/1969). À época, já vigorava a Lei nº 4.717, de 1965, a qual até hoje regula a ação popular, que definiu quais seriam as entidades públicas e, conforme pode se verificar no próximo capítulo, já havia o interesse de reparar ou evitar lesão a bem artístico, estético ou histórico antes mesmo de o Texto Constitucional mencioná-los.

Isso posto, o propósito da ação popular era a de anular os atos administrativos que lesassem o patrimônio da União, dos Estados e dos Municípios.

Somente com a Lei nº 6.513/1977 foi ampliado o seu alcance, prevendo que a ação popular também se destinava à proteção do patrimônio turístico, antecipando, em parte, a tutela que seria concedida, no âmbito constitucional, pela Constituição de 1988.

6. A Lei da Ação Popular (Lei nº 4.717/1965)

Conforme demonstrado no desenvolver deste trabalho, procurava-se desde 1934 regulamentar a mencionada ação constitucional; várias tentativas foram feitas para que se disciplinasse o processo da ação popular. Entretanto, somente após a revolução industrial e o sindicalismo é que se iniciou uma superação do individualismo jurídico e predominou a ideia de pessoa inserida em uma sociedade com interesses mútuos e comuns, o que proporcionou a ascensão de um novo pensamento coletivo e de democracia participativa.

Em interessante e bem fundamentado estudo, Maria Luisa Costa Magalhães[21] esclarece que a primeira tentativa de disciplinar a ação popular teve origem em proposta do Deputado Teotônio Monteiro de Barros, isso no ano de 1936, com um debate sobre o art. 113, nº 38, da Constituição de 1934, com o fundamento de que havia a necessidade de uma regulamentação do seu processamento.[22]

Mesmo com esforço de alguns parlamentares, restaram frustradas as tentativas de aprovação de um projeto de regulamentação da Ação Popular, sendo que o tema somente foi novamente analisado em 1952, no Senado (Projeto de Lei nº 2.466/1952).

Houve a apresentação de um substitutivo, de lavra do Deputado Federal Bilac Pinto, utilizado como elemento essencial para uma propositura, agora de autoria do Poder Executivo, sendo que em 1965 houve o seu envio pelo Ministro da Justiça Milton Campos (Projeto 2.726, de 1965) que teve a colaboração de Hely Lopes Meirelles e de Miguel Seabra Fagundes.

Nesse contexto, no dia 29 de junho de 1965 foi editada a Lei nº 4.717, conhecida por Lei da Ação Popular (LACP), que se encontra vigente até os dias de

---

21 *Cidadania e ação popular no Brasil:* uma crítica à concepção autoritária de cidadania no tratamento da legitimação para a propositura da ação popular. Disponível em: [http://ambito-juridico.com.br/site/?n_link=revista_artigos_leitura&artigo_id=10571&revista_caderno=21]. Acesso em: 04.06.2019.

22 CARNEIRO, Nelson. Das ações populares civis no direito brasileiro. *RDA*, Rio de Jaqneiro, nº 25, p. 469, jul./set. 1951. Disponível em: [http://bibliotecadigital.fgv.br/ojs/index.php/rda/article/view/12141]. Acesso em: 20.10.2018.

hoje, disciplinando a matéria em questão. Em seu § 1º do art. 1º a lei definiu e conceituou a ação popular:

> "Art. 1º Qualquer cidadão será parte legítima para pleitear a anulação ou a declaração de nulidade de atos lesivos ao patrimônio da União, do Distrito Federal, dos Estados, dos Municípios, de entidades autárquicas, de sociedades de economia mista (Constituição, art. 141, § 38),[23] de sociedades mútuas de seguro nas quais a União represente os segurados ausentes, de empresas públicas, de serviços sociais autônomos, de instituições ou fundações para cuja criação ou custeio o tesouro público haja concorrido ou concorra com mais de cinqüenta por cento do patrimônio ou da receita ânua, de empresas incorporadas ao patrimônio da União, do Distrito Federal, dos Estados e dos Municípios, e de quaisquer pessoas jurídicas ou entidades subvencionadas pelos cofres públicos".

A Lei da Ação Popular foi a primeira lei a tratar da tutela coletiva no ordenamento brasileiro, com significativas inovações propostas, tais como a diferenciada forma de legitimação ativa, a possibilidade de réu virar autor, a causa julgada *secundum eventum probationis,* a obrigatoriedade de execução da sentença de procedência, entre outras significativas novidades procedimentais para a época. Aliás, até os dias atuais a disciplina nela prevista é muito moderna.

Dessa forma, a lei veio para regulamentar a ação popular e estabeleceu que, para a invalidação do ato havia o pressuposto simultâneo de que este fosse ilegal e lesivo, o Cidadão era o eleitor, pessoa física e natural, de forma que o acesso à cidadania no direito brasileiro era limitado ao brasileiro nato, ao brasileiro naturalizado, e ao português equiparado que preenchesse os requisitos constitucionais e legais. Bem como, nessa época, já se estabelecia que o autor embora vencido não estava sujeito ao pagamento de honorários advocatícios, custas e demais despesas processuais.

A lei ampliou o texto constitucional de 1946, estabelecendo o controle judicial da legalidade e lesividade dos atos de todas as entidades estatais, autárquicas e paraestatais, bem como das pessoas jurídicas privadas, a eles equiparadas por estarem subvencionadas pelo erário, desde que viessem a lesar o patrimônio público material ou imaterial, como são os valores estéticos, artísticos ou históricos. Se há utilização de dinheiro público, deve haver controle.

---

23 CF/1946: "Capítulo II – Dos Direitos e das Garantias Individuais. Art. 141. A Constituição assegura aos brasileiros e aos estrangeiros residentes no país a inviolabilidade dos direitos concernentes à vida, à liberdade, a segurança individual e à propriedade, nos termos seguintes: [...] § 38. Qualquer cidadão será parte legítima para pleitear a anulação ou a declaração de nulidade de atos lesivos do patrimônio da União, dos Estados, dos Municípios, das entidades autárquicas e das sociedades de economia mista."

Dessarte, a Lei da Ação Popular, vigente dois anos antes da Constituição de 1967, ante à falta de previsão no texto constitucional dos atos da administração indireta, manteve a enumeração abrangente de tais entidades de forma explícita no âmbito da ação popular.

Com a utilização dessa lei, além das entidades da administração direta e indireta, foram incluídas entidades não pertencentes à administração pública, mas que fossem subvencionadas por ela de alguma forma, abrangendo os atos de todas as pessoas jurídicas de direito privado em que o poder público tivesse interesse econômico predominante.

Assim, a lei, além de regulamentar as condições e requisitos para o exercício da ação, ampliou o controle dos atos para aquelas entidades não previstas na Constituição, acrescentando outras entidades sujeitas ao controle por via da ação popular.

Ocorre que, por consequência, surgiu o problema quanto ao fato de a lei ordinária poder validamente fazer esse acréscimo. A doutrina de forma majoritária assentou o entendimento de que se tratava de um acréscimo legítimo e válido, conforme aduz José Afonso da Silva:

> "É perfeitamente legítimo que uma lei ordinária traga tais inovações, sempre que não conflitem com qualquer princípio constitucional; onde houver patrimônio público, existe o interesse da coletividade em que ele seja administrado com probidade, fundamento do remédio popular".[24]

Entretanto, ousamos provocar: não teria a Constituição de 1967 revogado parte da Lei da Ação Popular de 1965 ante a sua incompatibilidade? Caso a resposta seja positiva, é possível repristinação de legislação ordinária, ante a recepção da lei pela Constituição Federal de 1988?

Necessário observar que, conforme este estudo, a Lei da Ação Popular em 1965 ampliou o controle dos atos das entidades mencionadas na Constituição de 1946 que já o previa em relação às atividades das autarquias e sociedades de economia mista.

Não obstante, com a instauração de uma nova ordem constitucional autoritária e ditatorial de 1967, a Constituição passa a prever o controle das "entidades públicas", claramente visando a restrição e limitação do controle do Estado pelo povo:

24 SILVA, José Afonso da. *Ação popular constitucional:* doutrina e processo. São Paulo: Malheiros, 2007. p. 4.

> Constituição de 1946
> Art. 141. [...] § 38. Qualquer cidadão será parte legítima para pleitear a anulação ou a declaração de nulidade de atos lesivos do patrimônio da União, dos Estados, dos Municípios, *das entidades autárquicas e das sociedades de economia mista* (destaques nossos).
> Constituição de 1967
> Art. 150. A Constituição assegura aos brasileiros e aos estrangeiros residentes no país a inviolabilidade dos direitos concernentes à vida, à liberdade, à segurança e à propriedade, nos termos seguintes: [...]
> § 31. Qualquer cidadão será parte legítima para propor ação popular que vise a *anular atos lesivos ao patrimônio de entidades públicas* (destaques nossos).

Como antes indicado, a inovação veio com a inclusão pela primeira vez do termo "ação popular", e com modificação da nomenclatura utilizada para se referir à Administração indireta, de modo que a antiga expressão "entidades autárquicas e sociedades de economia mista" foi alterada para "entidades públicas".

> Lei nº 4.717/1965:
> "Art. 1º Qualquer cidadão será parte legítima para pleitear a anulação ou a declaração de nulidade de atos lesivos ao patrimônio da União, do Distrito Federal, dos Estados, dos Municípios, de entidades autárquicas, de sociedades de economia mista (Constituição, art. 141, § 38),[25] de sociedades mútuas de seguro nas quais a União represente os segurados ausentes, de empresas públicas, de serviços sociais autônomos, de instituições ou fundações para cuja criação ou custeio o tesouro público haja concorrido ou concorra com mais de cinqüenta por cento do patrimônio ou da receita ânua, de empresas incorporadas ao patrimônio da União, do Distrito Federal, dos Estados e dos Municípios, e de quaisquer pessoas jurídicas ou entidades subvencionadas pelos cofres públicos."

Dessa forma, tais perguntas precisam ser enfrentadas, dentro de um raciocínio lógico-jurídico, não há outra conclusão que não seja pela revogação parcial da Lei da Ação Popular pela Constituição de 1967, considerando que o legislador não poderia infringir Constituição futura e que esta produz efeitos revogatórios a leis anteriores com ela conflitantes.

Seria ilógico, uma contradição em si, que a lei fundamental, por ser suprema, não revogasse, ao ser promulgada, leis ordinárias com ela incompatíveis.

---

25 CF/1946: "CAPÍTULO II – Dos Direitos e das Garantias Individuais. Art 141. A Constituição assegura aos brasileiros e aos estrangeiros residentes no país a inviolabilidade dos direitos concernentes à vida, à liberdade, a segurança individual e à propriedade, nos termos seguintes: [...] § 38. Qualquer cidadão será parte legítima para pleitear a anulação ou a declaração de nulidade de atos lesivos do patrimônio da União, dos Estados, dos Municípios, das entidades autárquicas e das sociedades de economia mista."

Ademais, nesse raciocínio, não seria possível que a Constituição de 1988 recepcionasse a Lei da Ação Popular, tendo em vista que no sistema brasileiro infraconstitucional não é possível repristinação de norma revogada, o que somente seria possível através da recriação da norma revogada.

A Lei da Ação Popular trouxe ao ordenamento jurídico uma série de preceitos inovadores, que inspiram toda a legislação metaindividual elaborada desde então. No início, a Ação Popular tutelava apenas a dimensão pecuniária do patrimônio público, entretanto, a partir de 1977 a lei foi alterada e com a modificação do § 1º do art. 1º,[26] o conceito de patrimônio público para fins da lei passou a abranger bens e direitos de valor estético, artístico, histórico e turístico.

7. A ação popular na Constituição de 1988

Com o advento da Constituição de 1988, foi incorporado ao ordenamento jurídico pátrio a plena tutela das liberdades, trazendo em seu bojo a previsão quanto à ação popular, prestigiando a democracia e, não se limitando a repetir os enunciados anteriores, concedeu-lhe uma nova formulação por meio da ampliação de seu objeto amparando novos interesses:

> "Art. 5º. Todos são iguais perante a lei, sem distinção de qualquer natureza, garantindo-se aos brasileiros e aos estrangeiros residentes no País a inviolabilidade do direito à vida, à liberdade, à igualdade, à segurança e à propriedade, nos termos seguintes: [...] LXXIII – qualquer cidadão é parte legítima para propor ação popular que vise a anular ato lesivo ao patrimônio público ou de entidade de que o Estado participe, à moralidade administrativa, ao meio ambiente e ao patrimônio histórico e cultural, ficando o autor, salvo comprovada má-fé, isento de custas judiciais e do ônus da sucumbência."

Trata-se de um instrumento constitucional, colocado à disposição de qualquer cidadão como forma de defesa dos interesses da coletividade, sendo fun-

---

26 Art. 1º Qualquer cidadão será parte legítima para pleitear a anulação ou a declaração de nulidade de atos lesivos ao patrimônio da União, do Distrito Federal, dos Estados, dos Municípios, de entidades autárquicas, de sociedades de economia mista (Constituição, art. 141, § 38), de sociedades mútuas de seguro nas quais a União represente os segurados ausentes, de empresas públicas, de serviços sociais autônomos, de instituições ou fundações para cuja criação ou custeio o tesouro público haja concorrido ou concorra com mais de cinqüenta por cento do patrimônio ou da receita ânua, de empresas incorporadas ao patrimônio da União, do Distrito Federal, dos Estados e dos Municípios, e de quaisquer pessoas jurídicas ou entidades subvencionadas pelos cofres públicos.
§ 1º Consideram-se patrimônio público para os fins referidos neste artigo, os bens e direitos de valor econômico, artístico, estético, histórico ou turístico. (Redação dada pela Lei nº 6.513, de 1977)."

damentalmente um remédio contra a lesividade perpetrada contra o patrimônio público. Conforme indicado por um dos subscritores deste trabalho:

> "No ordenamento jurídico pátrio, consolidou-se o entendimento de que a ação popular é o instrumento adequado para atacar ato ilegal e lesivo aos cofres públicos, bem quando houver violação ao princípio constitucional da moralidade administrativa, sendo esta última hipótese uma previsão inovadora em termos de direito positivado".[27]

Com sua abrangência ampliada, a ação popular hoje é um instrumento hábil para a tutela do patrimônio público em todas as suas dimensões, bens e direitos de valor econômico, artístico, estético ou histórico, incluindo a moralidade administrativa.[28] Sendo que, conforme apresentado neste estudo, tal previsão já existia antes mesmo de o Texto Constitucional mencioná-los, tendo em vista a Lei nº 6.513, de 1977, que alterou o conceito de patrimônio público para incluir também bens e direitos de valor turístico.

Houve, ainda, menção explícita aos direitos de terceira geração, tutelados pela ação popular, sendo eles o *patrimônio histórico e cultural* e o *meio ambiente*. De outro modo, o texto reformulou às entidades que deveriam ser tuteladas, dessa vez retirando o termo restritivo "entidade pública" e substituindo-o pela expressão "entidade de que o Estado participe".

Separou ainda o termo "lesão ao patrimônio público" da entidade tutelada, permitindo a proteção de lesão ao patrimônio público sem este estar associado a qualquer entidade da Administração Pública. Visando evitar o chamado denuncismo irresponsável, com objetivo de obter promoção pessoal ou visando a perseguição política, admitiu a cobrança de custas judiciais e ônus de sucumbência quando seu autor agir de má-fé.

A Carta de 1988 autorizou o uso da ação popular nos casos de lesão à moralidade administrativa, tendo em vista que a Constituição de 1988 contemplou uma série de valores que ganharam força de princípios constitucionais orientadores das funções do Estado e do exercício das atividades de Governo.

Entre esses princípios, destaca-se a *moralidade administrativa*, prevista no art. 37 da CF, que erigiu em nível constitucional a lisura da conduta dos *agentes públicos*. Dessa forma, o Estado quando pratica um ato ou uma ação deve orientar-se a partir de valores concernentes à moralidade, como a boa-fé e a probidade.

---

27 GOMES JUNIOR, Luiz Manoel. *Ação popular:* aspectos polêmicos. 2ª ed. Rio de Janeiro: Forense, 2004.

28 A moralidade é um dos princípios da Administração ao lado da legalidade, impessoalidade e publicidade.

Não resta dúvida, portanto, de que a moralidade administrativa tem amplo conteúdo jurídico, consagrada como princípio autônomo da legalidade, sendo requisito indispensável de validade do ato administrativo, de modo que, o ato administrativo imoral deverá ser revisto pela administração ou anulado pelo Judiciário.

A moralidade administrativa como pressuposto do ato emanado do administrador, cuja anulação se pleiteia, não necessariamente está ligada ao conceito de legalidade, pois existem atos que, mesmo dentro dos limites legais, ultrapassam a ideia comum de honestidade e bom senso e infringem as regras da boa administração.

Assim, há autores que consideram que a moralidade administrativa, por si só, já é suficiente para que a ação popular seja manejada, não necessitando que haja prejuízo ao patrimônio público, pois o prejuízo seria a própria ruptura da moralidade que deve ser a orientação primária da Administração Pública. Há, entretanto, posicionamentos contrários, que exigem a existência de lesão concreta ao erário, além de o ato ofender a moralidade pública.

Em relação aos requisitos da ação popular, uma polêmica resiste há décadas: A lesividade, por si só, basta para a propositura da ação? É necessário que simultaneamente seja provado pelo autor popular a existência de ato nulo ou anulável (binômio: ilegalidade e lesividade)?[29]

A redação da Constituição de 1946, igualmente como a Constituição de 1988, trazia o termo ato lesivo, estabelecendo em seu art. 141, § 38, que "qualquer cidadão será parte legítima para pleitear a anulação ou a declaração de nulidade de atos lesivos do patrimônio da União, dos Estados, dos Municípios, das entidades autárquicas e das sociedades de economia mista".

Desde a década de 1940 há divergência sobre os requisitos para a propositura da ação popular, ainda hoje persiste tal discussão. Entretanto, a doutrina

29 STF, RE 92.326/SP, rel. Min. Rafael Mayer, j. 11.11.1986: "[...]. 1) A forma contracta da redação do art. 150 § 31 da Constituição, comparativamente ao art. 141, § 38, da Carta de 1946, não elide a exigência de duplo pressuposto da ação popular, constante do art. 1º da Lei nº 4.717, de 1965". No mesmo sentido: STJ, REsp. 250.593/SP, rel. Min. Garcia Vieira, j. 13.06.2000, *DJU* 04.09.2000. Na doutrina: ARRUDA ALVIM, Teresa. *Ação popular e seus requisitos*. São Paulo: Ed. RT, 2012. Pareceres – v. 1, 19-37; e GOMES JÚNIOR, Luiz Manoel; FERREIRA, Jussara Suzi Assis Borges Nasser; CHUEIRI, Miriam Fecchio. O problema da natureza jurídica da lesividade na ação popular. *Revista de Processo*, São Paulo, nº 170, pp. 181-193, 2009: "Se o ato não for ilegal, mas ainda que lesivo, não poderá ser anulado em sede de ação popular. Adotar outra conclusão seria permitir um subjetivismo inaceitável, a nosso ver, que traria mais conseqüências negativas que positivas. Há certas opções políticas que ainda que lesivas são legais, não havendo a possibilidade de controle apenas sob o prisma econômico, isso sob pena de substituição dos critérios do administrador pelos do julgador".

e a jurisprudência dos tribunais, de forma majoritária, consideram ser elementos para fins de ação popular a ilegalidade (ou ilegitimidade) e a lesividade. Desse modo, o entendimento majoritário é o de que para existir a invalidação do ato administrativo atacado é necessário ao mesmo tempo que o ato seja ilegal e lesivo.

Em conclusão, a Constituição Federal de 1988 é a que melhor aperfeiçoou o instrumento, porque ampliou a participação popular no que se refere aos direitos políticos da população e também na fiscalização do Poder Público. De modo que, mediante uma análise histórica da ação popular constata-se que o instituto sofreu muitos avanços e atualmente apresenta-se como um instrumento verdadeiramente democrático, que deve ser utilizado e prestigiado por todos os cidadãos, afinal, em sua essência demonstra um verdadeiro mecanismo em prol da democracia.

9. A ação popular e a sua evolução decorrente do julgamento no STF do Recurso Extraordinário com Agravo 824-781/MT

Em última análise da ação popular, destacamos o julgamento pelo Supremo Tribunal Federal do Recurso Extraordinário com Agravo de Instrumento 824.781[30] oriundo do Mato Grosso, cujo relator foi o Ministro Dias Toffoli. O cerne da discussão trazida no recurso supracitado dizia respeito aos requisitos da ação popular, mais notadamente à lesividade ao patrimônio público. Consigne-se a ementa do acórdão:

> "Direito constitucional e processual civil. Ação popular. Condições da ação. Ajuizamento para combater ato lesivo à moralidade administrativa. Possibilidade. Acórdão que manteve sentença que julgou extinto o processo, sem resolução

30 Para melhor compreensão do tema, entenda o caso: João Batista Benevides da Rocha ingressou com ação popular em 5 de janeiro de 2007, na Vara Especializada em Ação Civil Pública e Ação Popular da Comarca de Cuiabá-MT em face da Prefeitura Municipal de Cuiabá e Conselho Regional de Economia 14ª Região-MT-CORECON/MT, visando à declaração de nulidade do Decreto Municipal 4.399/06, de 10 de março de 2006, que reajustou a tarifa de transporte coletivo. O autor baseava-se no fato de o art. 206, da Lei Orgânica do Município de Cuiabá, dispor que as tarifas do transporte coletivo somente podiam ser reajustadas na mesma periodicidade do reajuste salarial dos servidores públicos municipais e num percentual nunca superior a este reajuste, sendo que, em seu entendimento, o Decreto Municipal 4.399/06 agiu em desacordo com esta disposição. A sentença de primeiro grau extinguiu o processo, sem resolução de mérito, sob o fundamento de carência da condição de ação ante a não comprovação da lesão ao patrimônio público por parte do autor. No segundo grau o tribunal manteve a sentença recorrida, razão pela qual o autor interpôs Recurso Extraordinário que não foi admitido na origem, tendo em sequência interposto agravo, o qual foi julgado juntamente com o mérito do recurso interposto. O relator do recurso, Ministro Dias Toffoli, conferiu repercussão geral, tendo em vista a relevância social e jurídica do tema.

do mérito, por entender que é condição da ação popular a demonstração de concomitante lesão ao patrimônio público material. Desnecessidade. Conteúdo do art. 5º, inciso LXXIII, da Constituição Federal. Reafirmação de jurisprudência. Repercussão geral reconhecida. 1. O entendimento sufragado no acórdão recorrido de que, para o cabimento de ação popular, é exigível a menção na exordial e a prova de prejuízo material aos cofres públicos, diverge do entendimento sufragado pelo Supremo Tribunal Federal. 2. A decisão objurgada ofende o art. 5º, inciso LXXIII, da Constituição Federal, que tem como objetos a serem defendidos pelo cidadão, separadamente, qualquer ato lesivo ao patrimônio material público ou de entidade de que o Estado participe, ao patrimônio moral, ao cultural e ao histórico. 3. Agravo e recurso extraordinário providos. 4. Repercussão geral reconhecida com reafirmação da jurisprudência".[31]

Atendendo aos requisitos do art. 5º, inciso LXXIII, da CF/88, seriam essenciais para o ajuizamento de uma ação popular: a) a condição de cidadão do autor;[32] b) a ilegalidade e a lesividade do ato administrativo que se pretender invalidar. Ocorre que, no caso em análise, em sede de primeiro e segundo graus de jurisdição a ação popular foi extinta sem resolução de mérito sob o argumento de que o autor não havia comprovado o prejuízo financeiro ocorrido na espécie, ou seja, não havia comprovado o prejuízo financeiro que o Decreto havia trazido para as contas públicas.

Dessa forma, o autor interpôs recurso extraordinário, requerendo que os autos retornassem à primeira instância para julgamento, sustentando, em síntese, que o Município havia malferido os preceitos da legalidade e moralidade administrativa ao instituir o aumento na tarifa do transporte público sem observar a Lei Orgânica do Município. Outrossim, argumentou que os prejuízos ao patrimônio público foram devidamente comprovados na petição inicial e que, ainda que assim não se entendesse, a ilegalidade do ato e a ofensa ao princípio da moralidade administrativa já se mostrariam suficientes para amparar a propositura da presente ação popular.

O recurso extraordinário não foi admitido na origem, tendo o autor interposto agravo, o qual foi julgado junto ao mérito do recurso interposto. O relator do recurso, seguido por maioria do Tribunal, conferiu repercussão geral pela relevância social e jurídica do tema, sendo que no mérito, por maioria, o Tribunal reafirmou a jurisprudência dominante sobre a matéria, vencidos os Ministros Marco Aurélio e Teori Zavascki.

---

31 STF, ARE 824.781, rel. Min. Dias Toffoli, j. 27.08.2015.

32 Pode ser comprovada pela apresentação do título de eleitor ou, na falta deste, certidão de nascimento.

Conforme asseverou o Ministro Dias Tofoli no voto proferido, a ação popular visa não apenas impugnar atos lesivos ao erário como também aqueles lesivos aos princípios norteadores da administração pública, quais sejam, legalidade, impessoalidade, moralidade, publicidade e eficiência. De tal maneira que, compreendeu que bastaria a ilegalidade do ato administrativo sendo dispensável a demonstração do efetivo prejuízo material aos cofres públicos, uma vez que a ação popular também, em seu entendimento, abarca o patrimônio moral, o cultural e o histórico.

Nesse sentido, justificou que a ação popular foi constitucionalmente ampliada a fim de proteger a moralidade administrativa, o meio ambiente e o patrimônio histórico e cultural, de tal forma que exigir a prova do prejuízo financeiro se revelaria descabido. Assim, em seu posicionamento, a compreensão da moralidade administrativa como fundamento para anular ato que a lese é no sentido de que todo ato lesivo ao patrimônio agrediria a moralidade administrativa.

Portanto, em conclusão, para a maioria do Supremo Tribunal Federal, para se lesar o patrimônio bastaria a ilegalidade do ato administrativo quando violado o postulado constitucional da moralidade administrativa, sendo dispensável a demonstração do efetivo prejuízo material aos cofres públicos, uma vez que a ação popular também abarca o patrimônio moral, o cultural e o histórico.

Sob esses fundamentos o agravo foi conhecido e o recurso extraordinário provido no sentido de os autos retornarem à primeira instância para o devido processamento e julgamento da ação popular. Nesse sentido, é importante o estudo do caso[33] em análise, devido ao Supremo Tribunal Federal (STF) ter reafirmado a jurisprudência no entendimento de que, não é necessária a comprovação de prejuízo material (prejuízo financeiro) aos cofres públicos como condição para a propositura de ação popular.

Portanto, a conclusão a que chegamos é a de que a participação da sociedade no processo político deve ser incentivada pelo ordenamento e pela jurisprudência, precipuamente em um momento de profunda crise moral e de credibilidade das instituições de função pública, de forma que impelir ao cidadão à comprovação de prejuízo aos cofres públicos como requisito para propositura da ação popular é o mesmo que inutilizar o instrumento constitucional,

33 Em outro aspecto, somente com a finalidade de argumentar, tendo em vista o lapso temporal do julgamento dos tribunais não ser o foco da análise do caso neste trabalho, representa um desafio o fato de que passaram-se oito anos entre o ingresso da ação e o julgamento do recurso extraordinário interposto, de forma que até o trânsito em julgado da ação o Decreto questionado (4.399/2006) considerado ilegal ou não, já há muito produziu seus efeitos, podendo, inclusive, já ter sido substituído, restando por ineficiente a ação popular proposta.

muitas vezes pela dificuldade da preliminar obtenção da prova pelo cidadão comum.

Medidas ou requisitos restritivos que venham a acarretar a limitação do acesso da sociedade à ação popular, instrumento democrático de controle da atividade política, como no caso em tela em que se exigia a comprovação do prejuízo material, representa retrocesso num tema que ainda precisamos avançar, e muito, a nosso sentir.

A ilegalidade do ato e a ofensa ao princípio da moralidade administrativa por si sós mostram-se suficientes para amparar a propositura da ação popular que, conforme este estudo, visa à defesa não apenas dos cofres públicos, mas também de princípios da Administração Pública, como a moralidade administrativa; entender de forma diversa significaria ignorar o contexto inaugural estabelecido pela Constituição de 1988.[34]

Considerações finais

Se observarmos a história da ação popular civil no direito brasileiro, constata-se que seus aspectos democráticos foram se consolidando ao longo do tempo; recepcionada como instrumento de participação do cidadão na gestão da coisa pública, seu surgimento se dá na época republicana, com a Constituição de 1934, desaparece com a Constituição de 1937, na era Vargas, e retorna com maior alcance na Constituição de 1946.

A Constituição de 1988 traz a ação popular como parte de um arcabouço da participação cidadã, exercendo grande função de aperfeiçoamento da democracia, pois se trata de um mecanismo que permite aprimorar a participação popular no processo político, sobretudo no que concerne ao Poder instituído ao permitir a fiscalização e o controle de eventuais abusos e desvios de poder.

Vale ressaltar, porém, que, conquanto o instituto da ação popular tenha sido recepcionado por várias Constituições, em particular, de forma ampla pela Constituição de 1988, quando tratamos do processo coletivo, ainda é necessário superar vários paradigmas, especialmente o viés privativista e individualista do sistema processual, resultando na urgente necessidade de superação do rígi-

34 Constituição Federal de 1988. "Art. 5º Todos são iguais perante a lei, sem distinção de qualquer natureza, garantindo-se aos brasileiros e aos estrangeiros residentes no País a inviolabilidade do direito à vida, à liberdade, à igualdade, à segurança e à propriedade, nos termos seguintes: [...] LXXIII – qualquer cidadão é parte legítima para propor ação popular que vise a anular ato lesivo ao patrimônio público ou de entidade de que o Estado participe, à moralidade administrativa, ao meio ambiente e ao patrimônio histórico e cultural, ficando o autor, salvo comprovada má-fé, isento de custas judiciais e do ônus da sucumbência".

do dualismo existente entre estado e indivíduo, da dicotomia público-privado, interesse privado-público, principalmente porque não subsiste mais ante às realidades de uma sociedade de litigiosidade de massa.

Poder-se-ia dizer muito mais da ação popular brasileira, mas escaparíamos dos propósitos deste trabalho, contudo, não podemos deixar de observar que a história da ação popular revela um instrumento com função altamente democrática, à disposição do cidadão para a efetivação da sua participação na gestão da coisa pública.

Como observamos no decorrer desta pesquisa, há um desinteresse pelo estudo da ação popular devido à falta de conscientização dos estudiosos quanto às conexões importantes que o tema propicia, como a relação entre a ação popular e o papel do cidadão, entre ação popular e a dicotomia público-privado, e entre a ação popular e a coisa pública.

De outra forma, a ação popular, enquanto valor constitucional a ser implementado na realidade concreta, depende da ampla participação popular na coisa pública, o que somente ocorrerá utilizando-se de um olhar sociológico, por meio de uma evolução democrática, proporcionada por uma educação voltada à conscientização dos interesses sociais instaurados pelo texto constitucional, bem como com a participação efetiva do cidadão na vida pública, no exercício de uma função que lhe pertence primariamente.

A ação popular, portanto, ao longo da história esteve no centro do debate moderno sobre a categoria de Estado, sobre a relação entre Estado e cidadão e sobre a soberania popular, haja vista se tratar de um instrumento eficaz de poder nas mãos do cidadão que deve ter um papel ativo de participação e de controle da atividade da administração pública.

Da mesma forma, precipuamente em função do novo movimento provocado pelas demandas de massa e pelos novos direitos previstos pelo texto constitucional, houve uma obrigatoriedade de revisão e interpretação da ação popular ao longo dos anos, resultando no alargamento e invocação de novas concepções e estruturas que atendessem às novas conformações exigidas e oferecer uma tutela adequada às novas situações e direitos tutelados.

Nas lições de Rodolfo de Camargo Mancuso "pensar e agir coletivamente *é*, antes de mais nada, conduzir-se inteligentemente, porque a reunião dos esforços individuais *é* o instrumento mais eficaz para a consecução do fim comum".[35]

---

35 MANCUSO, Rodolfo de Camargo. *Interesses difusos:* conceito e legitimação para agir. 7ª ed. São Paulo: Ed. RT, 2011. p. 57.

Conclui-se, assim, que à luz da nova ordem constitucional a ação popular é um instrumento de participação política que consagra a soberania popular, de forma que permite a qualquer cidadão exercer a função fiscalizatória do Poder Público. Constatou-se que sofreu evolução ao longo do tempo, abarcando atualmente a defesa do patrimônio público em sentido amplo, tanto em sua dimensão material e pecuniária (erário) quanto em sua dimensão imaterial (valores e princípios do Estado), entretanto, para a real concretização de seus valores pugna-se por uma educação que propicie a tomada de consciência jurídica do cidadão quanto a sua função e atuação perante o Estado.

Bibliografia

ALMEIDA, Gregório Assagra. *Manual das ações constitucionais.* Belo Horizonte: Del Rey, 2007.

ALMEIDA, José Luiz Gavião de. Ação popular e a Constituição de 1988. *Revista dos Tribunais,* São Paulo, nº 729, p. 75.

AMORIM ASSUMPÇÃO NEVES, Daniel. *Ações constitucionais.* Rio de Janeiro, Forense, 2011. Disponível em: [https://forumdeconcursos.com/wp-content/uploads/wpforo/attachments/2/2025-Aes-Constitucionais-Daniel-Assumpo-1.pdf]. Acesso em: 20.10.2018.

ARRUDA ALVIM, José Manoel de; ALBERTI NETTO, Antonio. Ação popular. *Revista de Processo*, São Paulo, nº 45, 1987.

ARRUDA ALVIM, Teresa. *Ação popular e seus requisitos.* São Paulo: Ed. RT, 2012. Pareceres – v. 1.

BARBOSA DE CAMPOS FILHO, Paulo. A ação popular constitucional. *RDA*, nº 38, 1954. Disponível em: [http://bibliotecadigital.fgv.br/ojs/index.php/rda/article/view/14251/13123]. Acesso em: 20.10.2018.

BARROSO, Luís Roberto. A ação popular como instrumento de defesa ambiental. *Cadernos de Direito Constitucional e Ciência Política*, nº 11, abr.-jun. 1995.

BEVILAQUA, Clóvis. A Constituição e o Código Civil. *Revista dos Tribunais,* nº 35, p. 97. Disponível em: [http://www.direitocontemporaneo.com/wp-content/uploads/2018/03/BEVILAQUA-Constituicao-e-codigo-civil.pdf]. Acesso em: 20.10.2018.

CAMPOS FILHO, Paulo Barbosa. *Ensaio sobre a ação popular.* São Paulo: Saraiva, 1939.

CARNEIRO, Nelson. Das ações populares civis no direito brasileiro. *RDA*, Rio de Jaqneiro, nº 25, pp. 468-495, jul./set. 1951. Disponível em: [http://bibliotecadigital.fgv.br/ojs/index.php/rda/article/view/12141]. Acesso em: 20.10.2018.

CARVALHO SANTOS, João Manuel de. *Código Civil interpretado.* 9ª ed. Rio de Janeiro: Freitas Bastos, 1964. v. II.

CAVALCANTI, Themístocles Brandão. *A Constituição Federal comentada*. 2ª ed. Rio de Janeiro: José Konfino, 1952.

CLEMENTONI, Myriam Benarrós. Actio popularis *no direito romano e sua recepção no direito brasileiro.* Orientador Hélcio Maciel França Madeira. Dissertação apresentada na Universidade de São Paulo. São Paulo, 2016. Disponível em: [2016.www.teses.usp.br/.../Versao_Completa_Dissertacao_Myriam_Benarros_Clementoni.pdf]. Acesso em: 20.10.2018.

DIDIER JR., Fredie; ZANETI JR., Hermes. *Curso de direito processual civil*. Processo coletivo. 9ª ed. Salvador: JusPodium, 2014.

DINAMARCO, Pedro da Silva. Comentário ao art. 1º da Lei nº 4.717/65. In: COSTA, Susana Henrique da (coord.). *Lei de ação civil pública e lei de ação popular*. São Paulo: Quartier Latin, 2006.

FERREIRA, Luís Pinto. Ação popular (verbete). *Enciclopédia Saraiva do Direito*. São Paulo: Saraiva, 1977.

FIGUEIREDO, Lucia Valle. *Curso de direito administrativo*. 2ª ed. São Paulo: Malheiros, 1995.

FIORILLO, Celso Antônio Pacheco. Os sindicatos e a defesa dos interesses difusos no direito processual civil brasileiro. São Paulo: Ed. RT, 1995.

GOMES JUNIOR, Luiz Manoel. *Curso de direito processual civil coletivo*. Rio de Janeiro: Forense, 2005.

GOMES JUNIOR, Luiz Manoel. *Ação popular:* aspectos polêmicos. 2ª ed. Rio de Janeiro: Forense, 2004.

GOMES JUNIOR, Luiz Manoel; FERREIRA, Jussara Suzi Assis Borges Nasser; CHUEIRI, Miriam Fecchio. O problema da natureza jurídica da lesividade na ação popular. *Revista de Processo*, São Paulo, nº 170, 2009.

GUIMARÃES, Ary Florêncio. *Aspectos da ação popular de natureza civil*. Dissertação. Faculdade de Direito da Universidade do Paraná, em concurso para livre docência da cadeira de Direito Judiciário Civil, Curitiba, 1957. Disponível em: [http://acervodigital.ufpr.br/bitstream/handle/1884/24843/D?sequence=1]. Acesso em: 20.10.2018.

MAGALHÃES, Maria Luisa Costa. *Cidadania e ação popular no Brasil:* uma crítica à concepção autoritária de cidadania no tratamento da legitimação para a propositura da ação popular. Disponível em: [http://ambito-juridico.com.br/site/?n_link=revista_artigos_leitura&artigo_id=10571&revista_caderno=21]. Acesso em: 04.06.2019.

MANCUSO, Rodolfo de Camargo. *Ação popular.* 8ª ed. rev., atual. e ampl. São Paulo: Ed. RT, 2015.

MANCUSO, Rodolfo de Camargo. *Interesses difusos:* conceito e legitimação para agir. 7ª ed. São Paulo: Ed. RT, 2011.

MARQUES, José Frederico. As ações populares no direito brasileiro. *RDA*, nº 52, 1958. Disponível em: [http://bibliotecadigital.fgv.br/ojs/index.php/rda/article/view/18118/16863]. Acesso em: 20.10.2018.

MEIRELLES, Hely Lopes. Mandado de segurança, ação popular, ação civil pública, mandado de injunção, habeas data, ação direta de inconstitucionalidade, ação declaratório de constitucionalidade e arguição de descumprimento de preceito fundamental. 23ª ed. atual. por Arnoldo Wald e Gilmar Ferreira Mendes. São Paulo: Malheiros, 2001.

MELO, Gustavo de Medeiros. A legitimidade ativa na ação popular. Revendo o conceito de cidadania quarenta anos depois. In: GOMES JÚNIOR, Luiz Manoel; SANTOS FILHO, Ronaldo Fenelon (coord.). *Ação popular:* aspectos relevantes e controvertidos. São Paulo: RCS, 2006.

MORAES, Alexandre de. *Direito constitucional.* São Paulo: Atlas, 2015.

MORAIS, Antão de. Ato administrativo – poder discricionário da administração – contrôle jurisdicional – ação popular. *RDA*, nº 16, pp. 327-329, 1949.

MOREIRA, José Carlos Barbosa. Ação popular do direito brasileiro como instrumento de tutela jurisdicional dos chamados interesses difusos. In: GRINOVER, Ada Pellegrini et. al. (coord.). *Processo coletivo:* do surgimento à atualidade. São Paulo: Ed. RT, 2014.

PINTO, Francisco Bilac Moreira. *Enriquecimento ilícito no exercício de cargos públicos.* Rio de Janeiro: Forense, 1960.

PONTES DE MIRANDA, Francisco Cavalcanti. *Comentários à Constituição de 1946.* Rio de Janeiro: Imprensa Nacional, 1947. v. III.

SAAD NETO, Patrícia. A lesividade como causa de pedir da ação popular. In: GOMES JÚNIOR, Luiz Manoel; SANTOS FILHO, Ronaldo Fenelon (coord.). *Ação popular:* aspectos relevantes e controvertidos. São Paulo: RCS, 2006.

SIDOU, J. M. Othon. *As garantias ativas dos direitos coletivos: habeas corpus,* ação popular, mandado de segurança. Rio de Janeiro: Forense, 1977.

SILVA, Flávia Regina Ribeiro da. *Ação popular ambiental.* São Paulo: Ed. RT, 2006.

SILVA, José Afonso da. *Ação popular constitucional:* doutrina e processo. São Paulo: Malheiros, 2007.

SOARES, Mário Bento Martins .*Curso de direito constitucional positivo.* São Paulo: 2014.

SOARES, Mário Bento Martins. Ação popular: singularidades e controvérsias do instituto. *RDP*, 53-54.

THEODORO JÚNIOR, Humberto. Ação popular – Defesa de interesses de investidores – Títulos de capitalização – Descabimento – Carência da ação. *Revista Jurídica*, nº 272, 2000.

Art. 1º Qualquer cidadão será parte legítima para pleitear a anulação ou a declaração de nulidade de atos lesivos ao patrimônio da União, do Distrito Federal, dos Estados, dos Municípios, de entidades autárquicas, de sociedades de economia mista (Constituição, art. 141, § 38), de sociedades mútuas de seguro nas quais a União represente os segurados ausentes, de empresas públicas, de serviços sociais autônomos, de instituições ou fundações para cuja criação ou custeio o tesouro público haja concorrido ou concorra com mais de cinqüenta por cento do patrimônio ou da receita ânua, de empresas incorporadas ao patrimônio da União, do Distrito Federal, dos Estados e dos Municípios, e de quaisquer pessoas jurídicas ou entidades subvencionadas pelos cofres públicos.

§ 1º Consideram-se patrimônio público para os fins referidos neste artigo, os bens e direitos de valor econômico, artístico, estético, histórico ou turístico. (Redação dada pela Lei nº 6.513, de 1977)

§ 2º Em se tratando de instituições ou fundações, para cuja criação ou custeio o tesouro público concorra com menos de cinqüenta por cento do patrimônio ou da receita ânua, bem como de pessoas jurídicas ou entidades subvencionadas, as conseqüências patrimoniais da invalidez dos atos lesivos terão por limite a repercussão deles sobre a contribuição dos cofres públicos.

§ 3º A prova da cidadania, para ingresso em juízo, será feita com o título eleitoral, ou com documento que a ele corresponda.

§ 4º Para instruir a inicial, o cidadão poderá requerer às entidades, a que se refere este artigo, as certidões e informações que julgar necessárias, bastando para isso indicar a finalidade das mesmas.

§ 5º As certidões e informações, a que se refere o parágrafo anterior, deverão ser fornecidas dentro de 15 (quinze) dias da entrega, sob recibo, dos respectivos requerimentos, e só poderão ser utilizadas para a instrução de ação popular.

§ 6º Somente nos casos em que o interesse público, devidamente justificado, impuser sigilo, poderá ser negada certidão ou informação.

§ 7º Ocorrendo a hipótese do parágrafo anterior, a ação poderá ser proposta desacompanhada das certidões ou informações negadas, cabendo ao juiz, após apreciar os motivos do indeferimento, e salvo em se tratando de razão de segurança nacional, requisitar umas e outras; feita a requisição, o processo correrá em segredo de justiça, que cessará com o trânsito em julgado de sentença condenatória.

Paulo Ricardo Braga Maciel
Lílian Nássara Miranda Chequer Bueno

Sumário: 1. Introdução **2.** Ação Popular – legitimidade ativa. **2.1.** Conceito de Cidadania – para fins de propositura de Ação Popular. **2.2.** Menor de 18 anos. **2.3.** Atos passíveis de anulação ou de declaração de nulidade. **3.** Conceito de patrimônio público. **4.** Limites da Ação Popular. **4.1.** Limites do § 2º do art. 1º da Lei nº 4.717/1965. **4.2.** Limites à responsabilização dos atos praticados pelos ministros e conselheiros dos Tribunais de Contas. **5.** Material probatório inicial. **6.** Limites para o acesso.

1. Introdução

A ação popular está prevista na Lei nº 4.717/65 e também conta com previsão constitucional no art. 5º, inciso LXXIII, da Constituição Federal Brasileira de 1988, no capítulo que trata dos direitos e garantias fundamentais

Com a finalidade de assegurar direitos fundamentais, protegendo o indivíduo perante o Estado, a ação popular se faz de fundamental importância. Ada Pellegrini Grinover[1] assevera que "a ação popular garante, em última análise, o direito democrático de participação do cidadão na vida pública, baseando-se no princípio da legalidade dos atos administrativos e no conceito de que a coisa pública é patrimônio do povo". É um instrumento de defesa dos interesses da coletividade, tendo o povo como o seu titular.

José Afonso da Silva[2]conceitua ação popular destacando ser um importante mecanismo de controle dos atos do poder público, sendo certo que qualquer cidadão em pleno gozo de seus direitos políticos, poderá se valer da ação cons-

---

1 *A tutela jurisdicional dos interesses difusos*. nº 14-15. São Paulo, 1979, p. 38.

2 *Ação popular constitucional: doutrina e processo*. 2ª Ed. São Paulo: Malheiros Editores, 2013.p. 100.

titucional para invalidar ato ou contrato imoral ou lesivo ao patrimônio público, da moralidade administrativa, do meio ambiente e do patrimônio histórico e cultural.

Assim, reconhecida a importância desse remédio constitucional e dos direitos que por ele são tutelados, sua legitimidade prevista no art. 1º da Lei nº 4.717/1965 é conferida ao cidadão, não sendo mera coicidência ser chamada de "Ação Popular".

2. Ação Popular – legitimidade ativa

De acordo com o art. 1º da Lei nº 4.717/1965, será legitimado para o manejo da Ação Popular qualquer cidadão. É o que também prevê o texto constiticonal (art. 5º, LXXIII, da CF/88).

Mas quem é cidadão para fins de propositura de Ação Popular?

No § 3º do art. 1º da Lei nº 4.717/1965 há a disposição de que a "prova da cidadania, para ingresso em juízo, será feita com o título eleitoral ou com documento que a ele corresponda".

Todavia, a resposta para a pergunta *supra* não se encontra com a facilidade que se apresenta na simples leitura do citado dispositivo legal.

2.1. Conceito de cidadania – para fins de propositura de Ação Popular

A teor do que dispõe o art. 5º, inciso LXXIII, da Constituição Federal, "qualquer cidadão é parte legítima para propor ação popular", todavia, o texto constitucional não define (deixa claro) o que se entende por cidadão ou cidadania.

Por sua vez, o § 3º do art. 1º da Lei nº 4.717/1965 vem estabelecer que a "prova da cidadania" é feita por meio da apresentação do título eleitoral ou de outro documento que a ele corresponda.[3]

Ocorre que, para fins de manejo da Ação Popular há interpretações do conceito de cidadania que são mais abrangentes – às quais nos filiamos – e mais restritivas.

Há autores, como é o caso de Luís Pinto Ferreira[4] e Francisco Bilac Moreira Pinto,[5] que se filiam ao entendimento de que a expressão "cidadão" deve sem-

---

3 Em nosso entendimento, este outro documento pode ser substituído pela certidão de quitação eleitoral, devidamente atualizada (e válida), bem como de *print* (impresso) de aplicativo da Justiça Eleitoral comprovando a regularidade do "eleitor".

4 Ação popular (verbete). *Enciclopédia Saraiva do Direito*. São Paulo: Saraiva, 1977. p. 402.

5 *Enriquecimento ilícito no exercício de cargos públicos*. Rio de Janeiro: Forense, 1960. p. 233.

pre ter uma interpretação mais restritiva, uma vez que, para fins de propositura de ação popular, é parte legítima somente a pessoa física que seja eleitor, ou seja, que tenha o *status activae civitatis*, que esteja em pleno gozo de seus direitos políticos.

Restringindo também o conceito de cidadão, José Afonso da Silva[6] sustenta que o texto constitucional, quando diz qualquer cidadão, acabou por atribuir a legitimidade ativa na ação popular apenas ao nacional no gozo dos direitos políticos, sendo vedada a legitimidade às pessoas jurídicas[7] e aos partidos políticos.

Embora este não seja o entendimento do Supremo Tribunal Federal,[8] o Ministro Celso de Mello já decidiu no sentido de dar a interpretação mais restritiva à expressão "cidadão" para a legitimidade ativa em sede de Ação Popular, asseverando que cidadão é somente o eleitor.

> "Decisão: Trata-se de 'conflito parcial positivo de competência' (fls. 4/18), [...] Como se sabe, a ação popular somente pode ser promovida por cidadão (CF, art. 5º, LXXIII), vale dizer, por qualquer pessoa física que possua o *status activae civitatis*, eis que se trata de prerrogativa constitucional inerente à condição político-jurídica de quem é eleitor (*RTJ* 89/240 – *RT* 436/131, *v.g.*)".

Em igual sentido,[9] no Superior Tribunal de Justiça, o Ministro Mauro Campbell Marques[10] já julgou entendendo que o termo "cidadão", para a legitimidade ativa em sede de ação popular, necessita de prova de condição de eleitor.

> "Processual civil. Ação popular. Eleitor com domicílio eleitoral em município estranho àquele em que ocorreram os fatos controversos. Irrelevância. Legitimidade ativa. Cidadão. Título de eleitor. Mero meio de prova. 1. Tem-se, no início, ação popular ajuizada por cidadão residente e eleitor em Itaquaíra/MS em razão de fatos ocorridos em Eldorado/MS. O magistrado de primeiro grau entendeu que esta circunstância seria irrelevante para fins de caracterização da legitimidade ativa *ad causam*, posição esta mantida pelo acórdão recorrido – proferido em agravo de instrumento.
> 2. Nas razões recursais, sustenta a parte recorrente ter havido violação aos arts. 1º, § 3º, da Lei nº 4.717/65 e 42, p. único, do Código Eleitoral, ao argumento de

6 Curso de direito constitucional positivo, p. 404.

7 Nesse sentido, súmula 365 do STF: "Pessoa jurídica não tem legitimidade para propor ação popular".

8 STF, CC 7.123, rel. Min. Celso de Mello, j. 14.05.2002. *DJe* 2005/2002.

9 Tanto o Supremo Tribunal Federal quanto o Superior Tribunal de Justiça têm o entendimento de que a interpretação do termo "cidadão" deve ser feita da forma mais abrangente.

10 STF, REsp 1.242.800-MS, rel. Min. Mauro Campbell Marques, j. 07.06.2011, *DJe* 14.06.2011.

que a ação popular foi movida por eleitor de Município outro que não aquele onde se processaram as alegadas ilegalidades.
3. A Constituição da República vigente, em seu art. 5º, inc. LXXIII, inserindo no âmbito de uma democracia de cunho representativo eminentemente indireto um instituto próprio de democracias representativas diretas, prevê que '*qualquer cidadão é parte legítima para propor ação popular que vise a anular ato lesivo ao patrimônio público ou de entidade de que o Estado participe, à moralidade administrativa, ao meio ambiente e ao patrimônio histórico e cultural, ficando o autor, salvo comprovada má-fé, isento de custas judiciais e do ônus da sucumbência*' (destaque acrescentado).
4. Note-se que a legitimidade ativa é deferida a cidadão. A afirmativa é importante porque, ao contrário do que pretende o recorrente, a legitimidade ativa não é do eleitor, mas do cidadão.
5. O que ocorre é que a Lei nº 4.717/65, por seu art. 1º, § 3º, define que a cidadania será provada por título de eleitor.
6. Vê-se, portanto, que a condição de eleitor não é condição de legitimidade ativa, mas apenas e tão-só meio de prova documental da cidadania, daí por que pouco importa qual o domicílio eleitoral do autor da ação popular. Aliás, trata-se de uma exceção à regra da liberdade probatória (sob a lógica tanto da atipicidade como da não-taxatividade dos meios de provas) previsto no art. 332, CPC.
7. O art. 42, p. único, do Código Eleitoral estipula um requisito para o exercício da cidadania ativa em determinada circunscrição eleitoral, nada tendo a ver com prova da cidadania. Aliás, a redação é clara no sentido de que aquela disposição é apenas para efeitos de inscrição eleitoral, de alistamento eleitoral, e nada mais.
8. Aquele que não é eleitor em certa circunscrição eleitoral não necessariamente deixa de ser eleitor, podendo apenas exercer sua cidadania em outra circunscrição. Se for eleitor, é cidadão para fins de ajuizamento de ação popular.
9. O indivíduo não é cidadão de tal ou qual Município, é 'apenas' cidadão, bastando, para tanto, ser eleitor.
10. Não custa mesmo asseverar que o instituto do 'domicílio eleitoral' não guarda tanta sintonia com o exercício da cidadania, e sim com a necessidade de organização e fiscalização eleitorais.
11. É que é entendimento pacífico em doutrina e jurisprudência que a fixação inicial do domicílio eleitoral não exige qualquer vínculo especialmente qualificado do indivíduo com a circunscrição eleitoral em que pretende se alistar (o art. 42, p. único, da Lei nº 4.737/65 exige tão-só ou o domicílio ou a simples residência, mas a jurisprudência eleitoral é mais abrangente na interpretação desta cláusula legal, conforme abaixo demonstrado) – aqui, portanto, dando-se ênfase à organização eleitoral.
12. Ainda de acordo com lições doutrinárias e jurisprudências, somente no que tange a eventuais transferências de domicílio é que a lei eleitoral exige algum tipo de procedimento mais pormenorizado, com demonstração de algum tipo de vínculo qualificado do eleitor que pretende a transferência com o novo local de alistamento (v. art. 55 da Lei nº 4.737/65) – aqui, portanto, dando-se ênfase à fiscalização para evitação de fraude eleitoral.

> 13. Conjugando estas premissas, nota-se que, mesmo que determinado indivíduo mude de domicílio/residência, pode ele manter seu alistamento eleitoral no local de seu domicílio/residência original.
> 14. Neste sentido, é esclarecedor o REsp 15.241/GO, Rel. Min. Eduardo Alckmin, *DJU* 11.6.1999.
> 15. Se é assim – vale dizer, se não é possível obrigar que à transferência de domicílio/residência siga a transferência de domicílio eleitoral –, é fácil concluir que, inclusive para fins eleitorais, o domicílio/residência de um indivíduo não é critério suficiente para determinar sua condição de eleitor de certa circunscrição.
> 16. Então, se até para fins eleitorais esta relação domicílio-alistamento é tênue, quanto mais para fins processuais de prova da cidadania, pois, onde o constituinte e o legislador não distinguiram, não cabe ao Judiciário fazê-lo – mormente para restringir legitimidade ativa de ação popular, instituto dos mais caros à participação social e ao controle efetivos dos indivíduos no controle da Administração Pública.
> 17. Recurso especial não provido."

Para esses defensores da interpretação restritiva, o legislador foi bem claro em estabelecer, na própria Lei da Ação Popular (art. 1º, § 3º), que a legitimidade ativa é somente do cidadão, situação que é comprovada com a utilização do título de eleitor ou outro documento que a ele corresponda (certidão eleitoral, por exemplo), sendo este um dos documentos indispensáveis para o recebimento da petição inicial. Caso fosse o contrário, entendem que o legislador teria utilizado a expressão "pessoa natural" (ou outro sinônimo).

Sustentam que, não bastasse a clareza do texto legal, na esteira do raciocínio de Pedro da Silva Dinamarco,[11] cidadania é um atributo político e, por ser a Ação Popular um instrumento essencialmente político, demanda que, para o seu manejo, seu autor esteja em pleno gozo dos seus direitos políticos. Se uma pessoa natural[12] não tem capacidade jurídica de escolher seu representante, quiçá terá para manejar uma ação que visa controlar[13] os atos deste representante político.

Nessa corrente, mais restritiva, têm-se a hipótese do cidadão com os seus direitos políticos suspensos, em que se questiona: este cidadão, teria legitimidade ativa para a propositura da Ação Popular? Seguindo um raciocínio lógico e coerente com essa interpretação restritiva, outra resposta não seria coesa que não fosse a negativa, ou seja, aquele cidadão que esteja temporariamente com

---

11 Comentário ao art. 1º da Lei nº 4.717/65. In: COSTA, Susana Henrique da (Coord.). *Lei de Ação Civil Pública e Lei de Ação Popular*. São Paulo: Quartier Latin, 2006. p. 43.

12 Brasileiro nato ou naturalizado e em pleno gozo da capacidade cívico-política.

13 Pleitear a anulação ou a declaração de nulidade de atos lesivos.

seus direitos políticos suspensos, está momentaneamente impedido de ser autor da Ação Popular, por falta do requisito legal, cidadania, em sentido restrito, uma vez que se trata de uma hipótese de "perda temporária da cidadania".

Do outro lado, temos Rodolfo de Camargo Mancuso,[14] o qual, fazendo referência a Gregório Assagra de Almeida,[15] aduz que o art. 1º da Lei nº 4.717/1965 deve ser relido, partindo de uma concepção mais abrangente e garantista, de modo a afastar qualquer interpretação que venha a restringir a concepção abrangente da expressão "cidadão", prevista na Constituição Federal de 1988 (a chamada Constituição Cidadã).

José Afonso da Silva[16] aduz que a legitimidade ativa demanda uma "dupla exigência de cidadão-eleitor", pois que a Constituição Federal vincula a capacidade processual à capacidade político-eleitoral.[17]

Para Gustavo de Medeiros Melo,[18] dar uma interpretação mais restritiva à expressão "cidadão" vai no sentido contrário à moderna ciência do Direito Constitucional, a qual tem como objetivo primordial, para o exercício da cidadania, justamente essa ampliação do conceito de cidadania, para que atinja não somente os eleitores, mas todas as pessoas naturais com a nacionalidade brasileira.

Cumpre trazer à baila o entendimento – mais abrangente ainda – de lavra de José Luiz Gavião de Almeida,[19] o qual entende que a legitimidade ativa para a propositura da Ação Popular deve se estender, além das pessoas naturais com nacionalidade brasileira, ao Ministério Público, pois que "não seria, então, sustentável que o Ministério Público pudesse iniciar a ação popular, já que o mesmo objetivo poderia ser por ele atingido através da ação civil pública?". Para o referido autor apenas a nomenclatura das ações que possuem divergência, posto que o objeto é idêntico.

---

14 *Ação Popular.* 8ª ed. rev., atual. e ampl. São Paulo: Ed. RT, 2015. p. 106.

15 *Manual das ações constitucionais.* Belo Horizonte: Del Rey, 2007. p. 367.

16 *Ação popular constitucional:* doutrina e processo. São Paulo: Malheiros, 2007. p. 158.

17 José Afonso da Silva embora faça essa conceituação da dupla exigência, filia-se à corrente de interpretação mais abrangente, uma vez que afirma que: "A palavra cidadão empregada no art. 5º, inciso LXXIII, da Constituição, como também o fazia as Constituições anteriores, a nosso ver, só teve como finalidade excluir estrangeiros e pessoas jurídicas da legitimidade para propor a ação popular. Enfim, como diz Pontes de Miranda, cidadão ali é o brasileiro, qualquer brasileiro".

18 A legitimidade ativa na ação popular. Revendo o conceito de cidadania quarenta anos depois. In: GOMES JUNIOR, Luiz Manoel; SANTOS FILHO, Ronaldo Fenelon (Coords.). *Ação popular* – Aspectos relevantes e controvertidos. São Paulo: RCS, 2006. p. 186.

19 Ação popular e a Constituição de 1988. *Revista dos Tribunais*, 729/75, p. 78.

Independentemente de se considerar correto ou não esse entendimento, consideramos que esta discussão da legitimidade ativa do Ministério Público não possui relevância prática, uma vez que, se o magistrado que for receber a Ação Popular, proposta pelo Ministério Público, alegar que o referido Órgão não possui legitimidade ativa, esta pode ser recebida como Ação Civil Pública, haja vista que o nome atribuído pelo autor à ação não impede que esta seja recebida com outro nome, diverso do atribuído pelo autor. A relevância reside no pedido e nas causas de pedir.

Nesse viés mais alargado, temos também o entendimento de Lucia Valle Figueiredo,[20] a qual defende a "extensão da legitimidade ativa para a propositura da Ação Popular às associações de classe e à Ordem dos Advogados do Brasil, que se têm manifestado tão atuantes ao logo desses anos", a exemplo da Ação Popular Portuguesa,[21] que confere a legitimidade a

> "quaisquer cidadãos no gozo dos seus direitos civis e políticos e as associações e fundações defensoras dos interesses do artigo anterior (artigo 1º), independentemente de terem ou não interesse directo na demanda, sendo igualmente titulares dos direitos referidos, as autarquias locais em relação aos interesses de que sejam titulares residentes na área da respectiva circunscrição".[22]

Celso Antônio Pacheco Fiorillo[23] também entende que a expressão "cidadão" deve sempre ter uma interpretação mais extensiva, pois que, a referida expressão, prevista em nosso Texto Constitucional, refere-se às pessoas humanas[24] em pleno exercício de seus direitos constitucionais e não exclusivamente os direitos políticos. Com essa interpretação mais extensiva, essa corrente possibilita que toda e qualquer pessoa humana com a nacionalidade brasileira[25] possam ser autoras da Ação Popular, pois estas também "são cidadãs".

---

20 *Curso de direito administrativo.* 2ª ed. São Paulo: Malheiros, 1995. p. 281.

21 Na ação popular portuguesa a OAB não tem legitimidade ativa.

22 Art. 2º da Lei 83, de 31.08.1995.

23 *Os sindicatos e a defesa dos interesses difusos no direito processual civil brasileiro.* São Paulo: Ed. RT, 1995.

24 Para Fábio Konder Comparato (*Direito público, estudos e pareceres*. São Paulo: Saraiva, 1996. p. 10), a interpretação da expressão "cidadão" para finalidade da Lei da Ação Popular deve ser no sentido de que todo e qualquer integrante da população brasileira seja parte legítima para manejar a referida ação coletiva.

25 Entendemos que, tanto nesse caso, de interpretação mais extensiva, quanto no caso de interpretação mais restritiva, a pessoa, que pretende ser autora da Ação Popular, deve ser capaz e habilitada à prática de todos os atos da vida civil, ou seja, deve ser maior de 18 anos ou ser emancipada para tal, em consonância com o art. 5º do Código Civil brasileiro.

Aliás, é o entendimento do Tribunal de Justiça de São Paulo,[26] em voto do Desembargador Prado Fraga, o qual entende que o termo "cidadão", para a legitimidade ativa em sede de ação popular, não necessita de prova de condição de eleitor, uma vez que não cabe ao Judiciário fazer interpretações restritivas da legitimidade ativa de ação popular.

> "Ação popular. Declaração de nulidade de ato prejudicial ao patrimônio do Município. Propositura por brasileiro não eleitor – ilegitimidade de parte. Falta de qualidade de cidadão. Aplicação do art. 141, § 38, da Constituição Federal (1946). É parte legítima para propor ação popular de que cogita o art. 141, § 38, da Constituição Federal o indivíduo não eleitor, porque por esse motivo não é considerado cidadão".

Ressaltando a importância de uma interpretação mais abrangente da condição de cidadão, Gregório Assagra de Almeida[27] entende que a concepção de cidadão deve ser extraida de um dos mandamentos nucleares da Constituição Federal, qual seja, o princípio da Dignidade da Pessoa Humana, que é um dos fundamentos do Estado Democrático de Direito (art. 1º, III, da CF/88). Assim, segundo o autor, todos os que devem ser respeitados na sua dignidade de pessoa humana têm legitimidade ativa para ajuizamento de ação popular[28].

Entendemos ser esta última a posição correta a se filiar, não só por ter a maioria dos doutrinadores, mas por ter a interpretação mais coerente com o atual texto constitucional brasileiro, como assevera Tereza Arruda Alvim,[29] bem como Luiz Manoel Gomes Junior,[30] o qual sustenta que "cidadão é qualquer integrante da população brasileira e não apenas eleitor, havendo, assim, uma ampla gama de pessoas (toda a população) legitimadas a defenderem os direitos tuteláveis em sede de Ação Popular".[31]

Os novos tempos exigem sempre um maior cuidado do intérprete, especialmente quando em discussão direitos constitucionais, como na espécie.

---

26 TJSP, Rel. Des. Prado Fraga, *RT* 186/648.

27 Manual das ações constitucionais. Belo Horizonte: Del Rey, 2007. p. 367

28 Como exemplos, o autor menciona: o analfabeto que não se alistou; os maiores de 70 (setenta) anos; cujo voto também é facultative; os que não estejam em dia com o serviço eleitoral; os presos.

29 WAMBIER, Teresa Arruda Alvim. *Controle das decisões judiciais por meio de recursos de estrito direito e de ação rescisória* – Recurso especial, recurso extraordinário e ação rescisória: O que é uma decisão contrária à Lei? São Paulo: Ed. RT, 2001. p. 91, nota 159.

30 *Curso de direito processual civil coletivo.* Rio de Janeiro: Forense, 2005. p. 73.

31 *Ação popular* – Aspectos polêmicos. 2ª ed. Rio de Janeiro: Forense, 2004. p. 214.

A natureza da legitimidade com que atua o cidadão-autor na ação popular é tema bastante discutido na doutrina. Para alguns trata-se de legitimidade extraordinária, para outros de legitimidade ordinária, já que o cidadão-autor estaria a defender direito difuso de que também é titular. Contudo, Gregório Assagra de Almeida[32] traz importante observação quando afirma que a natureza da legitimidade ativa, em torno das ações coletivas em geral merecem uma nova análise, pois não é razoável aplicar disposições da legitimidade ordinária e extraordinária trabalhadas pelo direito processual de tutela de direitos individuais, nas relações de direito coletivo.

Assim, para o autor, seguindo a linha da doutrina alemã, a legitimidade para agir nas ações coletivas para tutela de direitos difusos e coletivos é a legitimação autônoma para a condução do processo.

De qualquer modo, o fato é que há uma legitimidade diferenciada, a possibilidade de defender direito coletivo, uma legitimidade processual coletiva[33], não sendo adequada a *importação* de conceitos do direito processual individual.

2.2. Menor de 18 anos

No *caput* do art. 1º da Lei nº 4.717/1965, há a previsão de que qualquer cidadão será parte legítima para pleitear a anulação ou a declaração de nulidade de atos lesivos ao patrimônio dos referidos entes públicos, citados no alusivo dispositivo legal.

No Brasil a condição de eleitor pode ser exercida facultativamente entre os 16 e 18 anos de idade. Ocorre que, para postular em juízo, esses cidadãos com idade entre 16 e 18 anos têm capacidade processual?

Parcela da doutrina, como é o caso de Rodolfo de Camargo Mancuso,[34] José Afonso da Silva[35] e Paulo Barbosa Campos Filho,[36] entende que a norma (Lei da Ação Popular) que estabelece que o cidadão (eleitor) tem capacidade de postular[37] em juízo, o permite ser autor popular, mesmo sendo maior de 16 e menor de 18 anos, sem que haja a assistência de um representante legal, uma vez que a ação popular tem natureza cívico-política, tal como o direito ao voto. Para

32 *Manual das ações constitucionais*. Belo Horizonte: Del Rey, 2007. p. 368.

33 GOMES JUNIOR, Luiz Manoel. *Curso de direito processual civil coletivo*. Rio de Janeiro: Forense, 2005. p. 35.

34 *Ação popular*. 8ª ed. rev., atual. e ampl. São Paulo: Ed. RT, 2015. p. 106.

35 *Ação popular constitucional:* doutrina e processo. São Paulo: Malheiros, 2007. p. 158.

36 *Ensaio sobre a ação popular*. São Paulo: Saraiva, 1939. p. 119.

37 Devidamente representado por advogado.

esses autores, esta norma geral (CPC) sofre parcial derrogação em face dessa norma especial (Lei da Ação Popular). Nesse sentido, também Nelson Nery Jr[38]:

> "O eleitor com dezesseis anos é parte legítimapara propor a ação popular, estando capacitado para o exercício desse poder que decorre de sua condição de eleitor. Poderá agir em juízo, praticando atos processuais, sem assistência dos pais ou representantes legais, pois o exercício plano dos direitos políticos de eleitor não pode ser feito por representação, nem se coaduna com a submissão ao poder familiar."

Desse modo, filiamo-nos ao entendimento de que o cidadão eleitor entre 16 e 18 anos tem capacidade para propor ação popular sem que haja necessidade de ser assistido por seus representantes legais, uma vez que, conforme leciona Gregório Assagra de Almeida,[39] trata-se de uma espécie de "emancipação para o ato".

2.3. Atos passíveis de anulação ou de declaração de nulidade

No *caput* do art. 1º da Lei nº 4.717/1965, há a previsão de que qualquer cidadão será parte legítima para pleitear a anulação ou a declaração de nulidade de atos lesivos ao patrimônio dos referidos entes públicos, citados no alusivo dispositivo legal.

Mas, enfim, quais atos são passíveis de anulação ou de declaração de nulidade? São todo e qualquer ato desses entes públicos? São somente atos lesivos ou atos lesivos e ilegais/ilegítimos?

Antes de apresentarmos as variáveis sobre a interpretação desse tema, cumpre afirmar que somos do entendimento de que são passíveis de controle (anulação/nulidade) todo e qualquer ato praticado pelos entes públicos descritos no *caput* do art. 1º da Lei nº 4.717/1965, desde que causem lesão ao patrimônio público e forem ilegais ou ilegítimos.

Essa tese que entende, em regra,[40] ser indispensável o binômio ilegalidade-lesividade, foi identificada pela primeira vez em uma sentença proferida por

---

38 *Código de Processo Civil comentado e legislação processual civil extravagante em vigor.* 3ª ed, São Paulo: RT, 2003, p. 348.

39 *Manual das ações constitucionais.* Belo Horizonte: Del Rey, 2007. p. 367.

40 O art. 4º da Lei da Ação Popular prevê situações em que a lesividade é presumida. Todavia, esse tema não é objeto de estudo deste capítulo, o qual será abordado mais adiante em capítulo próprio.

José Frederico Marques,[41] logo após a entrada em vigor da Constituição Federal de 1946. Na referida decisão judicial o magistrado entendeu que o autor carecia da ação, tendo em vista que a ação invocava apenas a lesividade, não havendo a ilegalidade (nulidade ou anulabilidade).[42]

Nessa senda de raciocínio, Humberto Theodoro Júnior[43] cita um precedente do STJ, no qual o Egrégio Tribunal decidiu que "se inexiste ilegalidade e lesividade patrimonial para ser reparada na ação popular, não se conhece do recurso especial".[44]

Por sua vez, Hely Lopes Meirelles[45] aduzia que:

> "na conceituação atual, lesivo é todo ato ou omissão administrativa que desfalca o erário ou prejudica a administração, assim como o que ofende bens ou valores artísticos, cívicos, culturais, ambientais ou históricos da comunidade. E essa lesão tanto pode ser efetiva quanto legalmente presumida, visto que a lei regulamentar estabelece casos de presunção relativa de lesividade (art. 4º), para os quais basta a prova de prática do ato naquelas circunstâncias, para considerar-se lesivo e nulo de pleno direito (STF, *RTJ*, 103/683). Nos demais casos impõe-se a dupla demonstração da ilegalidade e da lesão efetiva ao patrimônio protegível pela ação popular. Sem estes três requisitos – condição de eleitor, ilegalidade e lesividade – que constituem os pressupostos da demanda, não se viabiliza a ação popular".

Todavia, há outros doutrinadores, como é o caso de Ary Florêncio Guimarães,[46] R. R. Amaral Vieira,[47] Themístocles Brandão Cavalcanti[48] e Mário Bento Martins Soares,[49] os quais, em linhas gerais, afirmam que basta a existência de lesividade que ela por si só implica vício, haja vista que ato lesivo é um

---

41 "Sentença em ação popular. *Revista dos Tribunais*, nº 181, p. 842.

42 Basicamente a diferença entre nulidade e anulabilidade consiste em que a nulidade é vício insanável, nem mesmo o decurso do tempo a convalesce, por sua vez a anulabilidade pode convalescer (ser confirmado ou ratificado).

43 Ação popular – Defesa de interesses de investidores – Títulos de capitalização – Descabimento – Carência da ação. *Revista Jurídica*, nº 272, p. 74 e nota de rodapé 27, 2000.

44 STF, REsp 13.652-0-RS, rel. Min. José de Jesus Filho, *DJU* 30.11.1992.

45 *Mandado de segurança, ação popular, ação civil pública, mandado de injunção,* habeas data, *ação direta de inconstitucionalidade, ação declaratório de constitucionalidade e arguição de descumprimento de preceito fundamental.* 23ª ed. atual. por Arnoldo Wald e Gilmar Ferreira Mendes. São Paulo: Malheiros, 2001. pp. 120-121.

46 *Aspectos da ação popular de natureza civil.* Dissertação. Curitiba, 1957.

47 Ação popular. *RDP*, v. 89, p. 458.

48 *A Constituição Federal comentada.* 2ª ed. Rio de Janeiro: José Konfino, 1952.

49 Ação popular – Singularidades e controvérsias do instituto. *RDP*, nº 53-54, p. 182.

ato eivado de vício, sustentando que a própria lesividade do ato dispensa outras causas de nulidade.

Michel Temer[50] filia-se a essa corrente, porém por fundamentos diversos, nos quais o autor entende que "embora o texto constitucional não aluda à ilegalidade, ela está sempre presente nos casos de lesividade ao patrimônio de entidades públicas".

Vale ressaltar que essa matéria, conforme leciona Rodolfo de Camargo Mancuso, "revela-se complexa e intrincada, não tendo, até agora, encontrado, em sede doutrinária ou jurisprudencial um critério suficientemente consistente capaz de fixar, *in abstracto*, um parâmetro genérico e razoavelmente seguro na matéria".[51]

Todavia, mesmo diante dessa nuvem cinzenta que aparenta ser a controvérsia dessa matéria, na mesma linha de raciocínio de Rodolfo de Camargo Mancuso[52] e Luís Roberto Barroso,[53] temos nosso entendimento no qual, em regra, para que o ato seja passível de anulação ou nulidade, há a necessidade de haver o binômio lesividade-ilegalidade.

Para tanto, trazemos o posicionamento mais convincente sobre o tema, de lavra de Luiz Manoel Gomes Junior,[54] o qual aduz que:

> "[...] não há como dispensar o requisito da ilegalidade, sob pena de violação ao princípio da separação de poderes. Se o ato não for ilegal, mas ainda que lesivo, não poderá ser anulado em sede de ação popular. Adotar outra conclusão seria permitir um subjetivismo inaceitável, ao nosso ver, que traria mais consequências negativas que positivas. Há certas opções políticas que, ainda que lesivas, são legais, não havendo a possibilidade de controle apenas sob o prisma econômico, isto sob pena de substituição dos critérios do administrador pelo do julgador".

A título de exemplo, podemos citar uma hipótese em que o Prefeito de determinada cidade ordene que um de seus secretários viaje a Brasília-DF para se reunir com Deputados com a finalidade de se firmar convênios, todavia este não logra êxito, por circunstâncias alheias a sua vontade.

---

50 *Elementos do direito constitucional*. 12ª ed. São Paulo: Malheiros, 1996. p. 234.

51 *Ação popular*. 8ª ed. rev., atual. e ampl. São Paulo: Ed. RT, 2015. p. 128.

52 Idem, p. 126.

53 A ação popular como instrumento de defesa ambiental. *Cadernos de Direito Constitucional e Ciência Política*, nº 11, p. 195, abr.-jun. 1995.

54 *Ação popular* – Aspectos polêmicos. 2ª ed. Rio de Janeiro: Forense, 2004. p. 37.

O ato é legal, porém foi lesivo, uma vez que houve a despesa pública, como, por exemplo, os gastos com o transporte. Nesse caso, caberia a propositura de Ação Popular? Entendemos que não, pois que, em que pese ser lesivo o ato, ele foi praticado dentro da legalidade, sobretudo por ter sido praticado pelo Secretário em cumprimento de uma ordem legítima do Prefeito. O fato de não se firmar o convênio não torna ilegal o ato.

Referido exemplo deixa claro que a interpretação mais ampla, dispensando a ilegalidade, realmente poderia trazer graves consequências para o administrador, cujo efeito seria uma paralisação já que todos e qualquer ato, ainda que legal, poderia ser sindicado via Ação Popular.

Gregório Assagra de Almeida[55] leciona que a lesividade ao erário não pode ser elencada como fundamento de admissibilidade da ação popular, sob pena de violação do texto constitucional que não protege somente o patrimonônio em seu sentido econômico ou material. O autor ainda destaca que é necessária uma revis**ão da doutrina tradicional, pois a proteção da moralidade administ**rativa poderá ser vulnerada sempre que haja, diretamente, violação da lei ou lesão ao patrimônio.

Contudo, seguindo o entendimento por nós defendido, a necessidade de demonstração do binômio lesividade – ilegalidade ainda é pressuposto para a propositura da ação penal defendido pela jurisprudência dos Tribunais e do Superior Tribunal de Justiça, além de grande parte da doutrina, conforme acima mencionado[56].

3. Conceito de patrimônio público

A teor do que dispõe o § 1º do art. 1º da Lei nº 4.717/1965, cuja nova redação foi dada pela Lei nº 6.513, de 1977,[57] "consideram-se patrimônio público para os fins referidos neste artigo, os bens e direitos de valor econômico, artístico, estético, histórico ou turístico".[58]

55 *Manual das ações constitucionais*. Belo Horizonte: Del Rey, 2007. p. 407.

56 AÇÃO POPULAR. PROVA EFETIVA. LESIVIDADE. ATO ADMINISTRATIVO. Para o cabimento da ação popular, é necessário que se demonstre a ilegalidade do ato administrativo, bem como se prove sua lesividade seja sob o aspecto material seja sob o moral. Não se deve adotar a lesividade presumida em função da irregularidade formal do ato. No caso, não existe prova efetiva de lesão ao patrimônio público. Logo a Seção, por maioria, deu provimento aos embargos. (STJ - EREsp 260.821-SP, Rel. originário Min. Luiz Fux, Rel. para acórdão Min. João Otávio de Noronha, julgados em 23/11/2005).

57 Anteriormente a essa reforma na Lei da Ação Popular, não havia proteção, pela citada lei, do patrimônio Turístico.

58 O Patrimônio Turístico foi incluído pela lei que dispõe sobre a criação de Áreas Especiais e de Locais de Interesse Turístico, sobre o Inventário com finalidades turísticas dos bens de valor cultural e natural, uma vez que, até esta data, tal patrimônio não gozava de proteção legal.

Referido dispositivo legal é bem claro em estabelecer o que é patrimônio público,[59] ou seja, patrimônio público são todos os bens (móveis e imóveis) e direitos (materiais e imateriais) que tenham valor econômico, artístico, estético, histórico ou turístico. Tal conceito não possui divergência entre a doutrina e a jurisprudência pátrias, nas quais a interpretação é simplesmente literal, no que tange ao que foi positivado.

Nessa mesma esteira de raciocínio, José Carlos Barbosa Moreira aduz que:

> "cuidou a lei de fixar o conceito de patrimônio, com o fito de dilatar a área de atuação do instrumento processual para fora do restrito círculo das lesões meramente pecuniárias. É talvez essa peculiaridade que torna a ação popular mais interessante na perspectiva em que nos situamos aqui, sabido como é que os denominados 'interesses difusos' não raro se mostram insuscetíveis de redução a valores monetariamente expressos – característica com a qual se relaciona de maneira direta a insuficiência, a seu respeito, da 'tutela ressarcitória': é inconcebível que se compense mediante simples prestação em dinheiro o prejuízo consistente, v.g., na destruição da paisagem, na mutilação de monumentos históricos, na poluição do ambiente, etc. [...] é possível pleitear a invalidação de ato praticado por qualquer das entidades acima referidas, não só quando cause prejuízo pecuniário, mas também quando lese bens imateriais ou refratários a uma avaliação em termos de moeda, como são, em regra, aqueles que constituem objeto dos chamados 'interesses difusos'".[60]

Cumpre ressaltar que o art. 1º do Decreto-Lei nº 25/1937, estabelece o que vem a ser patrimônio histórico e artístico propriamente dito e por equiparação:

> "Art. 1º Constitue o patrimônio histórico e artístico nacional o conjunto dos bens móveis e imóveis existentes no país e cuja conservação seja de interesse público, quer por sua vinculação a fatos memoráveis da história do Brasil, quer por seu excepcional valor arqueológico ou etnográfico, bibliográfico ou artístico.
> § 1º Os bens a que se refere o presente artigo só serão considerados parte integrante do patrimônio histórico o artístico nacional, depois de inscritos separada ou agrupadamente num dos quatro Livros do Tombo, de que trata o art. 4º desta lei.

---

59 Patrimônio Público não é sinônimo de coisa pública (*res publica*), este termo normalmente se refere a uma coisa que não é considerada propriedade privada, mas a qual é, em vez disso, mantida em conjunto por muitas pessoas; tampouco é sinônimo de bem público, os quais são todos os bens móveis ou imóveis pertencentes à União, Estados, Distrito Federal, Municípios e suas respectivas autarquias e associações públicas.

60 Ação popular do direito brasileiro como instrumento de tutela jurisdicional dos chamados interesses difusos. In: GRINOVER, Ada Pellegrini et al. (Coord.). *Processo coletivo:* do surgimento à atualidade. São Paulo: Ed. RT, 2014. p. 30.

> § 2º Equiparam-se aos bens a que se refere o presente artigo e são também sujeitos a tombamento os monumentos naturais, bem como os sítios e paisagens que importe conservar e proteger pela feição notável com que tenham sido dotados pelo natureza ou agenciados pelo indústria humana".

Dessa forma, tal dispositivo legal vem estabelecer qual o procedimento para que tal bem venha a ser incluído como pertencente ao patrimônio histórico e artístico nacional, no qual faz-se necessária a inscrição separada ou agrupadamente num dos quatro Livros do Tombo.

A Constituição de 1988[61] também ampliou o rol de abrangência da Ação Popular, ao prever a proteção do meio ambiente, que veio a ser chamado de Ação Popular Ambiental, concedendo o direito do cidadão, enquanto titular da ação popular, exercer seu poder fiscalizador sob direitos inerentes ao meio ambiente, incumbindo, portanto, a partir desse momento ao cidadão o direito de impugnar atos da administração pública, de maneira preventiva ou repressiva que apresentem riscos ao meio ambiente.

Celso Antônio Pacheco Fiorillo[62] discorre sobre o cabimento da ação popular para a tutela ambiental fazendo a ressalva de que quando tratar-se da defesa do meio ambiente, o procedimento a ser adotado será o previsto na Lei de Ação Civil Pública e no Código de Defesa do Consumidor como base da jurisdição civil coletiva, sendo possível a ação popular quando tratar-se de defesa de bem de natureza pública. Acrescenta ainda o autor:

> "A ação popular não tem por escopo único a só fiscalização da conduta dos atos da Administração. Isso porque, ao colocar o meio ambiente como um dos seus objetos transfere ao Poder Público o dever de preservá-lo e protegê-lo, por conta do dispositivo no art. 225, caput, da Constituição Federal. A palavra ato deve, pois, ter um conteúdo mais elástico, abarcando tanto o ato comissivo como o omissivo, porquanto é imposto ao Poder Público o dever de prevenção e proteção ao meio ambiente. A finalidade da ação popular trazida pelo art. 5º, LXXIII, da Constituição é anular o ato lesivo, portanto, desconstituir o já praticado. No entanto, se for um ato material propriamente dito, v.g., se uma empresa sem licença para funcionar desrespeitar a norma e poluir o ambiente, a pretensão da ação popular será extirpar o ato que está sendo praticado, de modo a prescrever a abstenção da prática"(p. 598).

61 Art. 5º [...] LXXIII – qualquer cidadão é parte legítima para propor ação popular que vise a anular ato lesivo ao patrimônio público ou de entidade de que o Estado participe, à moralidade administrativa, ao meio ambiente e ao patrimônio histórico e cultural, ficando o autor, salvo comprovada má-fé, isento de custas judiciais e do ônus da sucumbência.

62 *Curso de Direito Ambiental Brasileiro.* 11 ed. São Paulo: Saraiva, 2010. pp. 595-98.

Contudo, deve ser destacado que a Lei da Ação Popular não é aplicada, ao menos como fonte primária (mas obviamente pode ser de forma subsidiária), tratando-se de Ação Popular Ambiental, mas sim a Lei da Ação Civil Pública. São institutos totalmente diversos, com disciplina diferenciada, ainda que ambas integram o Sistema Único de Ações Coletivas.

Gregório Assagra de Almeida[63] sustenta, ainda, o cabimento da ação popular para tutela das realções de consumo, com fundamento na combinação do art. 5º, LXXIII, da CF com os arts. 22, do CDC, e art. 1º da LACP. Contudo, o autor ressalta que nesses casos somente seria possível o pedido de pretensão decorrente de direito difuso, como é da própria essência da ação popular como garantia processual constitucional fundamental do cidad**ão**[64].

4. Limites da Ação Popular

4.1. Limites do § 2º do art. 1º da Lei nº 4.717/1965

O § 2º do art. 1º da Lei nº 4.717/1965 dispõe que

> "Em se tratando de instituições ou fundações, para cuja criação ou custeio o tesouro público concorra com menos de cinqüenta por cento do patrimônio ou da receita ânua, bem como de pessoas jurídicas ou entidades subvencionadas, as conseqüências patrimoniais da invalidez dos atos lesivos terão por limite a repercussão deles sobre a contribuição dos cofres públicos".

A Lei da Ação Popular instituiu um limite para a repercussão dos efeitos que uma ação popular pode acarretar, tratando-se de atos lesivos às instituições, fundações, pessoas jurídicas ou entidades subvencionadas pelo poder público, desde que para a sua criação ou seu custeio o tesouro público participe com menos da metade do capital ou receita ânua. Nesses casos, havendo atos lesivos reputados inválidos (nulos ou anulados), todas as consequências patrimoniais, como, por exemplo, o ressarcimento ao erário, limitar-se-ão ao percentual de contribuição dos cofres públicos.

4.2. Limites à responsabilização dos atos praticados pelos ministros e conselheiros dos Tribunais de Contas

Apesar de a legitimidade passiva não ser objeto de estudo neste capítulo, a qual será aprofundada em parte própria, urge trazer à baila uma breve análise

63 *Manual das ações constitucionais*. Belo Horizonte: Del Rey, 2007. p. 359.

64 Posição doutrinária também defendida por Rodolfo de Camargo Mancuso em Ação Popular. 4 ed. São Paulo: Revista dos Tribunais, 2001, pp. 43-4.

se os ministros e conselheiros dos Tribunais de Contas devem figurar no polo passivo da Ação Popular, bem como os limites à responsabilização dos atos praticados por estes.

Conforme leciona Luiz Manoel Gomes Junior,[65] o STJ não tem tido uma posição uniforme em relação ao tema, uma vez que em voto de lavra do Ministro Edson Vidigal,[66] sustentou-se não haver base legal para a legitimidade passiva de ministros e conselheiros dos Tribunais de Contas visto que estes não participavam do nascimento do ato a ser atacado em sede de Ação Popular; por sua vez a Primeira Seção[67] do mesmo Tribunal já decidiu em sentido contrário no qual

> "[...] Também se inscrevem no rol de litisconsortes passivos necessários os integrantes do Tribunal de Contas que participaram do acórdão que aprovou ato sujeito à ação popular. É logicamente impossível descontinuar ato administrativo aprovado pelo Tribunal de Contas, sem rescindir a decisão do colegiado que o aprovou; e para rescindi-la é necessário que nela se constatem irregularidades formais ou ilegalidades manifestas".

Por sua vez, o Supremo Tribunal Federal, no julgamento do RE 729.744-MG,[68] fixou o entendimento de que o parecer proferido por Tribunal de Contas é meramente opinativo, ou seja, não vincula, apenas recomenda:

> "Repercussão geral. Recurso extraordinário representativo da controvérsia. Competência da Câmara Municipal para julgamento das contas anuais de prefeito. 2. Parecer técnico emitido pelo Tribunal de Contas. Natureza jurídica opinativa. 3. Cabe exclusivamente ao Poder Legislativo o julgamento das contas anuais do chefe do Poder Executivo municipal. 4. Julgamento ficto das contas por decurso de prazo. Impossibilidade. 5. Aprovação das contas pela Câmara Municipal. Afastamento apenas da inelegibilidade do prefeito. Possibilidade de responsabilização na via civil, criminal ou administrativa. 6. Recurso extraordinário não provido".

Ante esse impasse, tanto na doutrina quanto na jurisprudência o referido autor propõe uma solução uniforme, na qual, havendo juízo explícito (formação de apartados) do Tribunal de Contas não há como afastar a responsabilidade de tais ministros ou conselheiros, posto que estes de forma consciente e expressa aprovaram ou ratificaram o ato; por sua vez, havendo "aprovação em bloco" das contas de determinado ente público, não há que se falar em responsabilidade

---

65 *Ação popular* – Aspectos polêmicos. 2ª ed. Rio de Janeiro: Forense, 2004. pp. 99-102.

66 STJ, REsp 171.317-RJ, rel. Min. Edson Vidigal, j. 18.02.1999, *DJU* 29.03.1999.

67 STJ, REsp 8.970-SP, rel. Min. Humberto Gomes de Barros, j. 18.12.1991, *RSTJ* 30/279.

68 STF, REsp 729.744- MG, rel. Min. Gilmar Mendes, j. 10.08.2016, *DJe* 05.09.2017.

de tais ministros ou conselheiros, já que estes não agiram de forma consciente e expressa.

Este autor entende que, nessa segunda hipótese, não estamos diante de uma espécie de responsabilização objetiva, uma vez que, havendo litisconsorte passivo, este é apenas simples, o que possibilita decisões diferentes a todos os réus na Ação Popular. O autor fundamenta que a Lei da Ação Popular visou responsabilizar quem de forma consciente e expressa tenha praticado ou participado da formação do ato lesivo e ilegal.

5. Material probatório inicial

Os §§ 3º, 4º e 7º do art. 1º da Lei nº 4.717/1965, mencionam alguns dos documentos necessários a ser juntados com a inicial, prevendo exceções.

Rodolfo de Camargo Mancuso sustenta que o autor popular deverá demonstrar, no ato da propositura da referida ação, os seguintes documentos:

> "a) que é legitimado ativo, juntando prova documental da condição de brasileiro eleitor; b) que a propositura da ação atende ao trinômio 'necessidade-utilidade--adequação', por outras palavras, que precisa da ação popular para demonstração idônea da situação de ilegalidade/lesividade/imoralidade do ato/fato/omissão que intenta judicializar; c) que concorre o quesito da possibilidade jurídica do pedido, ou seja, que a *fattispecie* é uma daquelas que se subsumem no objeto da ação popular, dadas as restrições (ainda) existentes à aferição judicial de tais condutas".[69]

No que tange à prova da condição de cidadania, logo no § 3º o legislador deixou expressa a forma da prova de cidadania,[70] a qual é realizada mediante a juntada de cópia do título eleitoral ou qualquer outro documento[71] que a ele corresponda.

Parte da doutrina entende que essa disposição legal não foi recepcionada pelo texto constitucional, que não limita a concepção de cidadão somente que esteja em dia com seus direitos políticos ou que tenha capacidade para votar.

---

69 *Ação popular.* 8ª ed. rev., atual. e ampl. São Paulo: Ed. RT, 2015. p. 281.

70 No que tange ao conceito de cidadão para fins de legitimidade ativa para ajuizamento de ação popular, filiamo-nos ao entendimento de que tal expressão deve ser interpretada sempre por um viés mais extensivo, de forma a abranger todas as pessoas humanas de nacionalidade brasileira, ou seja, cidadão é qualquer integrante da população brasileira e não apenas eleitor.

71 Conforme já mencionado alhures, em nosso entendimento, esse outro documento pode ser substituído pela certidão de quitação eleitoral, devidamente atualizada (e válida), bem como de *print* (impresso) de aplicativo da Justiça Eleitoral comprovando a regularidade do "eleitor".

Assim, para os defensores desse conceito amplo de cidadão, a juntada de cópia do titulo de eleitor ou documento similar, é desnecessário[72].

Já em relação à prova do objeto[73] da ação popular em si, o autor popular deve, no momento da petição inicial, juntar toda e qualquer prova documental de que disponha, inclusive fazer uso do disposto no § 4º do art. 1º da Lei nº 4.717/1965, o qual prevê que: "para instruir a inicial, o cidadão poderá requerer às entidades, a que se refere este artigo, as certidões e informações que julgar necessárias, bastando para isso indicar a finalidade das mesmas".

Vale ressaltar que as certidões e informações, a que se refere o § 4º do art. 1º da Lei nº 4.717/1965, só poderão ser utilizadas para a instrução de ação popular.

Nas palavras de José Afonso da Silva, o "autor popular deve provar a ocorrência do ato lesivo por ele alegado como fundamento da demanda. Enfim, incumbe-lhe comprovar a efetiva verificação dos fundamentos de fato da demanda, para que possa obter os efeitos pretendidos".[74]

A ação popular somente poderá ser proposta desacompanhada das certidões ou informações, caso estas sejam negadas, devendo o juiz apreciar os motivos do indeferimento e julgar se irá requisitar umas e outras. Ressalta-se que se for feita a requisição, o processo poderá tramitar em segredo de justiça (art. 189, I, Código de Processo Civil), que cessará com o trânsito em julgado de sentença condenatória. Todavia, o conteúdo dessas certidões pode não ser divulgado em razão do interesse público, dependendo de cada caso e de decisão motivada de forma expressa quanto ao ponto.

Todos os meios de provas permitidos no direito podem ser utilizados em sede de ação popular, porém, conforme leciona J. M. Othon Sidou,[75] "a ação popular é densamente documental e, em menor densidade, pericial. A perícia ainda aqui é supletiva, ou corroborativa da prova documental".

Dessa forma, apesar de a ação popular ser eminentemente uma ação cujo principal meio de prova é o documental (título de eleitor do autor, certidões, contratos, fotografias, plantas, croquis etc.), cabem todos os meios de provas, entre eles a pericial, testemunhal, depoimento das partes, exibição de documento ou coisa, inspeção judicial etc.

72 Nesse sentido Gregório Assagra de Almeida. *Manual das ações constitucionais*. Belo Horizonte: Del Rey, 2007. p. 378.

73 Ato lesivo e ilegal (ilegítimo).

74 *Ação popular constitucional:* doutrina e processo. São Paulo: Malheiros, 2007. p. 216.

75 *As garantias ativas dos direitos coletivos:* habeas corpus*, ação popular, mandado de segurança.* Rio de Janeiro: Forense, 1977, p. 498.

Dessa forma, urge ressaltar que toda a produção das provas documentais, em sede de ação popular, devem, em regra, ser produzidas (juntadas) com a petição inicial. Já as provas periciais e testemunhais devem ter seu pedido feito na própria petição inicial ou até o despacho saneador (art. 7º da Lei da Ação Popular).

6. Limites para o acesso

A teor do que dispõe o § 4º do art. 1º da Lei nº 4.717/1965, "para instruir a inicial, o cidadão poderá requerer às entidades, a que se refere este artigo, as certidões e informações que julgar necessárias, bastando para isso indicar a finalidade das mesmas".

Ocorre que o § 6º do art. 1º da Lei nº 4.717/1965 prevê hipóteses em que é possível limitar o acesso a essas certidões/informações, uma vez que, "nos casos em que o interesse público, devidamente justificado, impuser sigilo, poderá ser negada certidão ou informação".

Todavia, nos termos do § 7º do art. 1º da Lei nº 4.717/1965, acontecendo essa situação, "a ação poderá ser proposta desacompanhada das certidões ou informações negadas, cabendo ao juiz, após apreciar os motivos do indeferimento, e salvo em se tratando de razão de segurança nacional, requisitar umas e outras; feita a requisição, o processo correrá em segredo de justiça, que cessará com o trânsito em julgado de sentença condenatória".[76]

Vale ressaltar que as entidades de direito público e privado têm a obrigação de fornecer as certidões e informações ou documentos requeridos pelo cidadão, com a finalidade de propor uma ação popular. Referidas entidades somente podem se negar a fornecer tais documentos se o interesse público impuser sigilo, devendo este interesse público ser devidamente justificado.

Ocorrendo motivo de indeferimento da certidão, o juiz poderá requisitar tais documentos, exceto no caso de ser assunto de segurança nacional, em que a lei considera que o interesse defendido deve ceder em favor da segurança nacional, disposição esta que entendemos ter sido recepcionada pela Constituição Federal de 1988, a qual não prevê hipóteses em que a segurança nacional deve ceder em favor do controle dos atos praticados por autoridades.

Urge esclarecer que a autoridade ou o administrador dessas entidades possuem o dever funcional de fornecer as referidas certidões, no prazo de 15 dias,

---

76 Entendemos que o legislador decidiu que, em caso de sentença absolutória, o segredo de justiça não cessa com o trânsito em julgado.

respondendo por crime de desobediência caso assim não o faça, salvo as exceções legais (art. 1º, § 6º, da Lei da Ação Popular).

Conforme leciona José Afonso da Silva, para que o autor popular tenha deferido o pedido de requisição de certidões e informações ou documentos requeridos junto às entidades de direito público ou privado, este

> "precisa instruir a inicial com recibo de seu requerimento, pedindo os documentos, demonstrando que, passados quinze dias, não lhe foram entregues nos termos do artigo 1º, § 5º, da Lei nº 4.717/65; no caso de os documentos não terem sido fornecidos com base no sigilo, deverá juntar prova disso".[77]

Em arremate, diante do postulado constitucional da publicidade, o acesso a dados públicos deve ser o mais amplo possível. Conforme bem ponderado por Marcelo Lei[78] (*Efeito VLS*. São Paulo: Folha de São Paulo, Caderno *Mais*, 08.02.2004, p. 18), há mais de 200 anos que Immanuel Kant *"(...) ensinou ao mundo o princípio da publicidade, segundo o qual todo ato de governo que necessite de segredo para se realizar é contrário à moralidade pública, mas muitos funcionários públicos brasileiros (...) ainda carecem de aprender essa lição básica"*.

O segredo deve ser sempre uma absoluta exceção em uma República.

Bibliografia

ALMEIDA, Gregório Assagra. *Manual das ações constitucionais.* Belo Horizonte: Del Rey, 2007.

ALMEIDA, José Luiz Gavião de. Ação popular e a Constituição de 1988. *Revista dos Tribunais*, São Paulo, v. 729, p. 75.

AMARAL VIEIRA, R. R. Ação popular. *RDP*, v. 89.

BARROSO, Luís Roberto. A ação popular como instrumento de defesa ambiental. *Cadernos de Direito Constitucional e Ciência Política*, n. 11, abr.-jun. 1995.

CAMPOS FILHO, Paulo Barbosa. *Ensaio sobre a ação popular.* São Paulo: Saraiva, 1939.

CAVALCANTI, Themístocles Brandão. *A Constituição Federal comentada.* 2ª ed. Rio de Janeiro: José Konfino, 1952.

COMPARATO, Fábio Konder. *Direito público, estudos e pareceres*. São Paulo: Saraiva, 1996.

DINAMARCO, Pedro da Silva. Comentário ao art. 1º da Lei nº 4.717/65. In: COSTA, Susana Henrique da (Coord.). *Lei de Ação Civil Pública e Lei de Ação Popular*. São Paulo: Quartier Latin, 2006.

---

77 *Ação popular constitucional:* doutrina e processo. São Paulo: Malheiros, 2007. p. 219.

78 *Efeito VLS*. São Paulo: Folha de São Paulo, Caderno *Mais*, 08.02.2004, p. 18.

FERREIRA, Luís Pinto. Ação popular (verbete). *Enciclopédia Saraiva do Direito*. São Paulo: Saraiva, 1977.

FIGUEIREDO, Lucia Valle. *Curso de direito administrativo*. 2ª ed. São Paulo: Malheiros, 1995.

FIORILLO, Celso Antônio Pacheco. *Os sindicatos e a defesa dos interesses difusos no direito processual civil brasileiro*. São Paulo: Ed. RT, 1995.

FIORILLO, Celso Antônio Pacheco. *Curso **de** Direito Ambiental Brasileiro*. 11 ed. São Paulo: Saraiva, 2010.

GOMES JUNIOR, Luiz Manoel. *Ação popular* – Aspectos polêmicos. 2ª ed. Rio de *Janeiro: Forense, 2004.*

GOMES JUNIOR, Luiz Manoel. *Curso de direito processual civil coletivo*. Rio de Janeiro: Forense, 2005.

GRINOVER, Ada Pellegrini. *A tutela jurisdicional dos interesses difusos*. nº 14-15. São Paulo, 1979.

GUIMARÃES, Ary Florêncio. *Aspectos da ação popular de natureza civil*. Dissertação (Mestrado). Curitiba, 1957.

LEI, Marcelo. *Efeito VLS*. São Paulo: Folha de São Paulo, Caderno *Mais*, 08.02.2004.

MANCUSO, Rodolfo de Camargo. Ação Popular. 4 ed. São Paulo: revista dos tribunais, 2001.

MANCUSO, Rodolfo de Camargo. *Ação popular*. 8ª ed. rev., atual. e ampl. São Paulo: Ed. RT, 2015.

MARQUES, José Frederico. Sentença em ação popular. *Revista dos Tribunais*, n. 181, p. 842.

MEIRELLES, Hely Lopes. *Mandado de segurança, ação popular, ação civil pública, mandado de injunção,* habeas data, *ação direta de inconstitucionalidade, ação declaratório de constitucionalidade e arguição de descumprimento de preceito fundamental*. 23ª ed. atual. por Arnoldo Wald e Gilmar Ferreira Mendes. São Paulo: Malheiros, 2001.

MELO, Gustavo de Medeiros. A legitimidade ativa na ação popular. Revendo o conceito de cidadania quarenta anos depois. In: GOMES JUNIOR, Luiz Manoel; SANTOS FILHO, Ronaldo Fenelon (Coords.). *Ação popular* – Aspectos relevantes e controvertidos. São Paulo: RCS, 2006.

MOREIRA, José Carlos Barbosa. Ação popular do direito brasileiro como instrumento de tutela jurisdicional dos chamados interesses difusos. In: GRINOVER, Ada Pellegrini et. al. (Coord.). *Processo coletivo:* do surgimento à atualidade. São Paulo: Ed. RT, 2014.

NERY JR, Nelson; ANDRADE, Rosa Maria. Código de Processo Civil comentado e legislação processual civil extravagante em vigor. 3ª ed, São Paulo: RT, 2003.

PINTO, Francisco Bilac Moreira. *Enriquecimento ilícito no exercício de cargos públicos*. Rio de Janeiro: Forense, 1960.

SIDOU, J. M. Othon. *As garantias ativas dos direitos coletivos:* habeas corpus*, ação popular, mandado de segurança*. Rio de Janeiro: Forense, 1977.

SILVA, José Afonso da. *Ação popular constitucional:* doutrina e processo. São Paulo: Malheiros, 2007.

SILVA, José Afonso da. *Ação popular constitucional: doutrina e processo*. 2ª Ed. São Paulo: Malheiros Editores, 2013.

SILVA, José Afonso da. *Curso de direito constitucional positivo*. 19ª ed. Rev. e atual. São Paulo: Malheiros, 2001.

SOARES, Mário Bento Martins. Ação popular – Singularidades e controvérsias do instituto. *RDP*, n. 53-54.

TEMER, Michel. *Elementos do direito constitucional*. 12ª ed. São Paulo: Malheiros, 1996.

THEODORO JÚNIOR, Humberto. Ação popular – Defesa de interesses de investidores – Títulos de capitalização – Descabimento – Carência da ação. *Revista Jurídica*, n. 272, 2000.

WAMBIER, Teresa Arruda Alvim. *Controle das decisões judiciais por meio de recursos de estrito direito e de ação rescisória* – Recurso especial, recurso extraordinário e ação rescisória: O que é uma decisão contrária à Lei? São Paulo: Ed. RT, 2001.

Art. 2º São nulos os atos lesivos ao patrimônio das entidades mencionadas no artigo anterior, nos casos de:

a) incompetência;

b) vício de forma;

c) ilegalidade do objeto;

d) inexistência dos motivos;

e) desvio de finalidade.

Parágrafo único. Para a conceituação dos casos de nulidade observar-se-ão as seguintes normas:

a) a incompetência fica caracterizada quando o ato não se incluir nas atribuições legais do agente que o praticou;

b) o vício de forma consiste na omissão ou na observância incompleta ou irregular de formalidades indispensáveis à existência ou seriedade do ato;

c) a ilegalidade do objeto ocorre quando o resultado do ato importa em violação de lei, regulamento ou outro ato normativo;

d) a inexistência dos motivos se verifica quando a matéria de fato ou de direito, em que se fundamenta o ato, é materialmente inexistente ou juridicamente inadequada ao resultado obtido;

e) o desvio de finalidade se verifica quando o agente pratica o ato visando a fim diverso daquele previsto, explícita ou implicitamente, na regra de competência.

Luiz Manoel Gomes Junior
Marcus Vinícius Pinto Santos

Sumário: 1. Nulidade do ato. **2.** Requisitos do ato administrativo. **2.1.** Competência. **2.2.** Finalidade. **2.3.** Forma. **2.4.** Objeto. **2.5.** Motivo. **2.6.** Desvio de finalidade. **3.** Nulidade e convalidação do ato administrativo.

1. Nulidade do ato

O art. 2º da Lei Federal 4.717/1965 elenca as causas de nulidade dos atos lesivos aos interesses público e da coletividade na ação popular. O conteúdo desse dispositivo foi adotado, reconhecido e elevado pela doutrina e jurisprudência à condição de requisitos ou elementos de validade dos atos administrativos em geral; em outras palavras, qualquer ato administrativo que não contiver algum desses tais requisitos ou apresentar defeitos nestes encontrar-se-á desprovido de validade.

É preciso destacar que a matéria relativa à nulidade dos atos administrativos é tema tortuoso e objeto de diversas controvérsias e imprecisões e encontra-se distante de uma pacificação e unidade, tanto na doutrina quanto na jurisprudência.

Não há concordância sequer quanto à existência de distinção entre a nulidade, anulabilidade e irregularidade do ato administrativo. Hely Lopes Meirelles,[1] administrativista pioneiro, já detinha o entendimento de que não há possibilidade de se "fracionar" a validade do ato administrativo, este não pode ser meio válido e meio inválido; para esse autor, ou o ato administrativo é totalmente válido ou totalmente nulo, não havendo que se falar em ato anulável ou mesmo ato irregular, conforme defendem outros administrativistas; com o passar do tempo, a inflexibilidade da regra da impossibilidade de existência da nulidade relativa não pareceu coadunar com a ideia de convalidação dos atos nem com o postulado segundo o qual não há nulidade sem prejuízo (*pas de nullité sans grief*).

Apesar de ainda também apresentar celeumas e dissensões, a teoria das nulidades dos atos de Direito Privado parece encontrar-se em estágio mais avançado e evoluído que a matéria correspondente no Direito Público e a doutrina administrativista costuma socorrer-se de tais fontes como uma espécie de referência para construção desse tema na seara pública.

Inicialmente, é preciso lembrar de que, enquanto no Direito Público toda a conduta da Administração Pública está amarrada à lei, de forma que só é permitido praticar os atos anteriormente previstos na legislação, na esfera privada só não se poderão praticar os atos que a legislação expressamente proibir; ou seja, na seara pública vigora o princípio da indisponibilidade, enquanto que no setor privado vige, em regra, os princípios da disponibilidade do interesse e da liberdade das formas.

Dessa disponibilidade inerente aos atos e negócios privados, podem-se extrair diversos conceitos e conclusões a respeito do sistema de nulidades dos atos jurídicos na área privada. Assim, é consagrado na doutrina civilista que, devido à predominância do interesse disponível na esfera privada, é possível que vícios relevantes que acometam determinados atos jurídicos sejam superados em razão dessa disponibilidade do interesse, bem como pela incidência de

---

1 MEIRELLES, Hely Lopes. *Direito administrativo brasileiro*. 33ª ed. Atualizada por Eurico de Andrade Azevedo, Délcio Balestero Aleixo e José Emmanuel Burle Filho. São Paulo: Malheiros, 2007.

princípios próprios do Direito Privado, tais como os princípios da conservação do negócio jurídico e da boa-fé.

Contrariamente ao postulado da disponibilidade do interesse no Direito Civil, há algumas situações nas quais os atos jurídicos privados são praticados com a exigência de observância de normas que protegem um interesse maior, da coletividade, ou protegendo determinado interesse específico que o ordenamento jurídico elegeu como merecedor de diferenciada proteção, em exceção à regra da disponibilidade do interesse privado. Nessas hipóteses, a gravidade do vício é tamanha que não há possibilidade de sua aceitação no mundo jurídico e os atos que infringem essas mencionadas normas são fulminados com os efeitos da nulidade absoluta.

No direito privado, costuma-se atribuir esse efeito insanável aos atos jurídicos nulos e aos atos jurídicos inexistentes. O Código Civil elenca nos seus dispositivos a previsão da nulidade, anulabilidade e ineficácia dos atos, mas não faz menção ao plano da inexistência desses, sendo essa uma construção doutrinária amplamente aceita.

No tocante à nulidade dos atos jurídicos privados, sua previsão encontra-se nos arts. 166 e 167 do Código Civil, os quais consideram nulo o negócio jurídico quando: 1) a lei taxativamente o declarar nulo; 2) houver simulação; 3) celebrado por absolutamente incapaz; 4) for ilícito, impossível ou indeterminável o seu objeto; 5) o motivo determinante, comum a ambas as partes, for ilícito; 6) não revestir a forma prescrita em lei; 7) tiver por objetivo fraudar lei imperativa.

As razões ensejadoras de nulidade previstas em tais dispositivos assim o são pelo fato de elas tutelarem interesses indisponíveis, tais como a ordem jurídica e a proteção aos incapazes. Mencionadas normas representam exceção à regra da disponibilidade do interesse e sancionam com nulidade os atos e negócios jurídicos maculados com tais defeitos. Essas causas de nulidade se resumem a uma proteção à ordem jurídica e ao interesse dos incapazes que, diferentemente das causas de anulabilidade ou eficácia do ato, não podem ser relativizadas nem descumpridas pelos agentes privados envolvidos no ato ou negócio jurídico.

Dessa forma, a partir desse rigor com a observância à lei de determinados atos privados, é possível visualizar uma relação entre as causas de nulidade destes com as previstas como causas de nulidade do ato administrativo. Entretanto, é preciso ressaltar que aquilo que seja comum à teoria das nulidades nas duas esferas seja aplicado com observância das peculiaridades e total respeito à natureza jurídica de cada um dos dois ramos.

Assim, por exemplo, de forma alguma seria possível a convalidação de uma licitação ilegal, pela simples anuência tácita das partes, como ocorre nos atos e negócios privados anuláveis em que diversos vícios são sanados pela omissão das partes envolvidas durante determinado prazo legal ou pela ratificação posterior.

Conforme dito, diferentemente da maior parte dos casos da esfera privada, no Direito Público a atuação é vinculada àquilo que predetermina a lei, de forma que, em regra, há barreiras intransponíveis que não poderão ser relativizadas se assim a lei não o determinar.

2. Requisitos do ato administrativo

Os requisitos ou elementos do ato administrativo estão previstos no art. 2º da Lei de Ação Popular (Lei Federal 4.717/1965) e são eles: a competência, a forma, o motivo, o objeto legal e a finalidade condizente com o interesse público.

O mencionado diploma normativo trouxe uma definição legal de cada um desses elementos que a doutrina administrativista se encarregou de aperfeiçoar no decorrer dos anos. A falta ou defeito de algum desses elementos do ato acarretam a nulidade do ato administrativo; no tocante à ação popular, ainda há de se estar presente a lesividade ao patrimônio (material ou imaterial) público ou de interesse público.

Aliás, o próprio *caput* do art. 2º da mencionada lei já exige a lesividade do ato para caracterizar a sua nulidade. E o parágrafo único do mencionado artigo traz a conceituação legal de cada um dos elementos:

> "Parágrafo único. Para a conceituação dos casos de nulidade observar-se-ão as seguintes normas:
> *a)* a incompetência fica caracterizada quando o ato não se incluir nas atribuições legais do agente que o praticou;
> *b)* o vício de forma consiste na omissão ou na observância incompleta ou irregular de formalidades indispensáveis à existência ou seriedade do ato;
> *c)* a ilegalidade do objeto ocorre quando o resultado do ato importa em violação de lei, regulamento ou outro ato normativo;
> *d)* a inexistência dos motivos se verifica quando a matéria de fato ou de direito, em que se fundamenta o ato, é materialmente inexistente ou juridicamente inadequada ao resultado obtido;
> *e)* o desvio de finalidade se verifica quando o agente pratica o ato visando a fim diverso daquele previsto, explícita ou implicitamente, na regra de competência."

Há de se frisar que, apesar de os requisitos previstos no art. 2º da Lei de Ação Popular terem sido consagrados e elevados à condição de elementos de validade dos atos administrativos em geral, é preciso ressaltar que, no caso da ação popular, ainda há de se exigir, conjuntamente a tais requisitos, a lesividade ou potencialidade lesiva do ato. Essa lesividade não se restringe ao patrimônio material, mas se estende a todo e qualquer bem que se traduza como de interesse cultural, histórico, artístico e ao meio ambiente, bem como à moralidade administrativa.

Tal elemento não é imprescindível para a anulação dos demais atos administrativos contrariamente ao que se exige para a anulação dos atos lesivos na ação popular. Dessa forma, é totalmente viável a propositura de ação popular para anular ato que não se traduza em prejuízo econômico, mas que viole a moralidade administrativa.

O conceito de tais requisitos elencados na Lei de Ação Popular não revela as complexidades e os desdobramentos decorrentes destes; ou seja, por trás de cada um dos elementos do ato supramencionado há uma série de definições que precisam ser melhor trabalhadas e esclarecidas. Apesar dos conceitos trazidos pela lei, é inevitável um aprofundamento a fim de que não haja maiores prejuízos para a boa técnica jurídica e para a própria legalidade. Dessa forma, há de se pormenorizar cada um deles, pelo menos para fornecer um pouco mais de detalhes do que os trazidos pela lei.

É de bom alvitre fazer menção que há alguma imprecisão na doutrina quanto à denominação do elemento "competência", de forma que existe uma divergência da definição clássica de "competência"; por exemplo, Fernanda Marinela[2] define tal elemento como sujeito competente, Marçal Justen Filho[3] e Maria Sylvia Zanella Di Pietro[4] como, simplesmente, sujeito. Não há maiores dificuldades quanto à adoção de uma ou outra terminologia; entretanto, vale a pena destacar a classificação trazida por Celso Antônio Bandeira de Mello[5] que define competência como sujeito do ato administrativo e o elenca como um dos pressupostos de validade desse ato, destoando, assim, significativamente, da celebrada classificação doutrinária e do próprio art. 2º da Lei Federal 4.717/1965.

No tocante aos demais elementos do ato administrativo previstos nesse dispositivo legal, o mencionado autor também apresenta estrutura distinta

2 MARINELA, Fernanda. *Direito administrativo*. 10ª ed. São Paulo: Saraiva, 2016. pp. 323-324.

3 JUSTEN FILHO, Marçal. *Curso de direito administrativo*. São Paulo: Saraiva, 2005.

4 DI PIETRO, Maria Sylvia Zanella. *Direito administrativo*. 20. ed., 2ª reimpr. Atlas, São Paulo: 2007.

5 BANDEIRA de MELLO, Celso Antônio. *Curso de direito administrativo*. 31ª ed. São Paulo: Malheiros Editores, 2013.

daquela consagrada na doutrina: ele desmembra e divide a estrutura do ato administrativo em elementos e pressupostos do ato, sendo que o primeiro é subdividido em conteúdo e forma e o segundo em pressupostos de existência e validade e, neste último, estão inseridos os sujeitos, motivo, requisitos procedimentais, finalidade, causa e formalização.

A lesividade deve ser consequência do ato para que se possa utilizar da ação popular para combatê-lo. Há de se socorrer do art. 5º, inciso LXXIII, da CF/1988 que prevê a lesividade ao patrimônio público, bem como à moralidade administrativa.

O binômio lesividade e ilegalidade são exigidos para a utilização de tal mecanismo jurídico, entretanto, há de se ressaltar que há entendimento favorável à possibilidade de que determinado ato administrativo legal, mas imoral, seja atacado por ação popular.

Diversas condutas podem se encontrar regulares no aspecto da legalidade, mas desconformes com a moralidade administrativa, utilizando-se como parâmetros para tal aferição a moralidade administrativa, os princípios da razoabilidade e da proporcionalidade, bem como os deveres de probidade, honestidade e eticidade.

2.1. Competência

É competente para o ato aquele a quem a legislação assim definir, ressalvada a possibilidade das situações de delegação e avocação de competência, conforme dispõe o art. 12 da Lei Federal 9.784/1999.

O ato administrativo somente poderá ser praticado, salvo nas hipóteses de delegação e avocação de competência, pelo agente a quem a lei outorgou a respectiva competência. Enquanto diversos atos jurídicos privados podem ser praticados por qualquer agente capaz, no direito público o agente público praticará o ato específico para o qual a lei lhe concedeu a mencionada atribuição; é semelhante à legitimidade dos atos da esfera privada, ou seja, no direito privado qualquer agente capaz pode praticar os mais diversos atos, exceto os atos específicos para os quais a Lei restringe a capacidade para a sua prática, como ocorre com a autorização para casamento de filho menor, consentimento para a venda de um imóvel etc.

Semelhantemente, é o que ocorre com os atos administrativos, os quais só terão validade se forem praticados pelo agente ao qual a lei concedeu competência específica. Maria Sylvia Zanella Di Pietro bem ressalta que as competências das pessoas jurídicas políticas são distribuídas pela Constituição enquanto as competências dos órgãos e servidores são distribuídas pela Lei; daí decorre a sua definição de competência como "o conjunto de atribuições das pessoas jurídicas, órgãos e agentes, fixados pelo direito positivo".[6]

Há um poder-dever no exercício da competência de forma que esta se traduza em atribuições irrenunciáveis e vinculadas àquilo que já determina a lei. Essa irrenunciabilidade da competência não proíbe que ela seja episodicamente delegada a outro agente para a prática do ato; o que se quer dizer é que o agente não pode se furtar do exercício da função estabelecida anteriormente, salvo de forma esporádica, por meio da sua delegação. Existe um dever de acatamento e cumprimento de tais funções e os agentes que desempenham estas não possuem a prerrogativa de renunciá-las.

Existe previsão expressa na Lei Federal 9.784/1999 bem como no art. 12 do Decreto-lei 200/1967 (decreto que dispõe sobre a Organização da Administração Pública Federal) quanto à possibilidade de delegação e avocação de competência de determinado ato, ressalvados os casos de proibição de tais práticas previstas no art. 13 da mencionada lei, que exclui a delegação para a edição de atos de caráter normativo, para a decisão de recursos administrativos e para as matérias de competência exclusiva do órgão ou autoridade.

A delegação é possível quando se dá no mesmo plano hierárquico, ou quando é feita para órgão de hierarquia inferior de competência. Convém frisar que o agente delegante não perde a competência para o ato, de modo que a atribuição poderá ser exercida concomitantemente pela autoridade delegante ou pelo agente delegado.

Quanto à avocação de competência, é possível afirmar que ocorre fenômeno oposto à delegação, de modo que a autoridade de plano hierárquico superior traz para si determinada atribuição conferida pela Lei à agente de plano hierárquico inferior. É preciso mencionar que a avocação só será possível quando avocada por agente de plano hierárquico superior e não se tratar de caso de competência exclusiva.

O rigor com o formalismo na atuação da Administração Pública nos leva a presumir que a regra seria a exceção da delegação e avocação de competência e a sua ocorrência deveria ser episódica; entretanto, Di Pietro ensina que o poder de delegar e avocar a competência é ínsito à organização hierárquica que caracteriza a Administração Pública, tornando-se, muitas vezes, uma providência necessária para a eficiência e agilidade na rotina dos trabalhos da Administração Pública.

O princípio da legalidade não permite dispensar formalidades necessárias ao exercício da delegação de competência, quais sejam: publicação no Diário

---

6 DI PIETRO, Maria Sylvia Zanella. *Direito administrativo.* 20. ed., 2ª reimpr. Atlas, São Paulo: 2007.

Oficial do ato de delegação e especificação das matérias e dos poderes transferidos, definindo os limites de atuação do delegado, a duração e a motivação da delegação.

A competência é irrenunciável, inderrogável, improrrogável, em razão da impossibilidade de ser prorrogada ou anulada por omissão ou ajuste das partes; é, também, imprescritível no sentido de que a competência da autoridade delegante jamais se extinguirá pelo decurso do tempo, mas apenas por determinação legal.

Ainda no tocante à delegação de competência, é oportuno comentar sobre a possibilidade de delegação de competência para a prática de atos de exercício do Poder de Polícia. O Supremo Tribunal Federal já se manifestou, na ADI 1.717,[7] pela impossibilidade de delegação de atividades de fiscalização e sanção próprias do Estado e inerentes ao Poder de Polícia; na oportunidade, o STF reconheceu a proibição de se delegar a pessoas jurídicas de direito privado o Poder de Polícia na regulação e fiscalização das profissões que atualmente é exercido pelos conselhos profissionais, também conhecidos como autarquias corporativas ou profissionais, como o Conselho Federal de Medicina.

O Superior Tribunal de Justiça também tem entendimento[8] no sentido da indelegabilidade do Poder de Polícia para pessoas de direito privado; porém, com a ressalva de tal possibilidade da delegação dos atos de consentimento e fiscalização contidos no Poder Polícia; para tanto, o STJ desmembrou tal poder-dever em 4 prerrogativas: 1) competência legislativa; 2) atos fiscalizatórios; 3) atos de consentimento; 4) atos sancionatórios.

Dessas prerrogativas inerentes ao Poder de Polícia, o STJ entendeu passível de delegação a pessoas privadas a competência para a prática de atos de fiscalização e atos sancionatórios; a fundamentação e a justificativa são em razão da impessoalidade de tais atos e a sua estrita observância à legalidade.

2.2. Finalidade

A finalidade legítima prevista na definição do art. 2º da Lei de Ação Popular é o interesse público, de forma que todos os atos administrativos devem ser norteados pela decisão que melhor coadune com o interesse da coletividade.

---

7 STF, ADI 1.717/DF, Tribunal Pleno, Rel. Min. Sydney Sanches, julgamento 07.11.2002, *DJe* 28.03.2003.

8 STJ, REsp 817.534/MG, 2ª Turma, Rel. Min. Mauro Campbell Marques, julgamento10.11.2009, *DJe* 10.12.2009.

Pode-se dizer que todo ato administrativo detém, sempre, como finalidade genérica, ou sentido amplo, o atingimento do interesse público e, como finalidade específica, ou em sentido estrito, aquela cujo efeito a lei se propõe a produzir.

Há de se ressalvar, entretanto, que todo ato administrativo deve alcançar, além da finalidade genérica (interesse público), a sua finalidade específica, que será sempre aquela ensejadora da prática do ato; num processo expropriatório de um imóvel, por exemplo, tal ato descumprirá sua finalidade específica se for promovido com a intenção de prejudicar adversário político (que, de alguma forma, tenha interesse econômico envolvido na situação), ainda que em tal bem sejam realizadas obras de interesse público.

Quando as finalidades geral e específica não são observadas, tem-se o desvio de poder ou desvio de finalidade, e o ato praticado com esse vício deve ser declarado nulo; isso ocorre quando, por exemplo, determinado Prefeito de determinado Município procede à desapropriação de determinado adversário político com o intuito de prejudicá-lo; nessa situação, é flagrante a mácula na finalidade geral do ato, tendo em vista que não há qualquer interesse público envolvido nessa desapropriação.

Ocorrerá, também, desvio de finalidade na hipótese em que a finalidade específica for vilipendiada, ainda que haja interesse público geral, como o ato de desapropriação que expropria determinado terreno para construir hospital e, posteriormente, passa-se a construir uma praça pública; nesse último caso, a construção de praça pública é obra de interesse coletivo e obedeceu ao regular processo de expropriação; entretanto, como houve uma violação na finalidade geral do ato, este deve ter a sua nulidade declarada.

2.3. Forma

Para que um ato administrativo seja válido e cumpra os seus efeitos, ele deve passar por todas as formalidades e formalismos que a lei assim exigir; a forma é um dos elementos que permite e facilita o controle e a fiscalização do ato administrativo; é uma condição para a realização de seus efeitos. A forma é o meio ou instrumento exigido em lei para a exteriorização do conteúdo e realização dos efeitos do ato administrativo.

Nos atos e negócios jurídicos privados, por via de regra, vigora o princípio da liberdade das formas, ou seja, a validade e a eficácia dos atos e negócios jurídicos privados independem de forma específica, salvo previsão legal específica; é o que dispõe o art. 108 do Código Civil de 2002.

Num sentido oposto a tais regras dos atos privados, os atos administrativos dependem da observância de forma específica para a validade e eficácia de tais atos. Opostamente ao que ocorre quanto aos atos privados, a forma se traduz num elemento vinculado em todos os atos administrativos, de maneira que a sua inobservância ou irregularidade macula o ato administrativo por completo.

Tal rigor com a observância da forma é justificável em decorrência do fato de que esta permite um maior controle das atividades do Estado por parte do cidadão, dando a este um maior poder fiscalizatório dos atos praticados por aquele, além de conceder maior segurança e transparência na atividade administrativa; a forma, porém, poderá ser relativizada quando a lei assim dispor, sendo possível que, nos casos previstos em lei, até o silêncio por parte do Estado represente observância da forma do ato, como na hipótese em que um dispositivo legal determine que o silêncio da Administração represente concordância desta em determinada situação.

Não é pacífica a regra de que o silêncio administrativo possa representar validade à forma do ato administrativo; de qualquer modo, tal hipótese somente ganharia legitimidade jurídica se houvesse a previsão específica em Lei.

Determinados defeitos de forma podem representar vícios de menor gravidade e critérios fundamentados nos princípios da razoabilidade, proporcionalidade, eficiência e boa-fé nos permitem sugerir hipóteses de convalidação do ato viciado quando o vício de forma não acarretar prejuízo a terceiros e não atingir e comprometer o conteúdo do ato, conforme dispõe o art. 55 da Lei Federal 9.784/1999; pode-se ilustrar como exemplo de possibilidade de convalidação de tais atos a hipótese em que um ato é externado por meio de portaria quando deveria ter sido por ordem de serviço.

2.4. Objeto

O objeto, também chamado de conteúdo, é o efeito ou resultado prático que o ato alcança. É aquilo que o ato administrativo produz no sentido de criar, adquirir, modificar ou extinguir direitos; é o resultado efetivo no mundo fático daquilo que se pretende, como, por exemplo, na concessão de licença para construir, o objeto é a autorização para a realização de construção nos moldes em que foi solicitada a autorização.

Semelhantemente ao que acontece com relação à observância do objeto na verificação da legalidade dos atos jurídicos privados, o objeto do ato administrativo deve ser lícito, possível, certo e determinado pela determinação que a lei assim dispor.

Além disso, o objeto deve ser moralmente aceito. Trata-se aqui da moral administrativa e não da moral comum da sociedade civil; a moral administrativa determina que o comportamento do agente público seja probo, ético e honesto, com postura condizente com o interesse público e com os conceitos de boa administração.

Quanto ao aspecto da licitude do objeto, não basta que ele, tal como nos atos jurídicos privados, apenas não contrariem a lei, é necessário, ainda, que o objeto esteja expressamente previsto em lei; segue-se lógica diversa dos atos privados nos quais se é permitido fazer tudo aquilo que a lei não expressamente proibir; nos atos administrativos, inversamente, só se pode fazer aquilo que a lei assim dispuser e dentro de todos os limites trazidos por ela.

Vale a pena fazer alusão à definição trazida por Celso Antônio Bandeira de Mello[9] quanto ao objeto do ato; esse autor apresenta uma classificação bastante distinta dos requisitos do ato administrativo na qual ele desmembra o objeto do ato de forma que esse requisito passa a apresentar duas perspectivas, as quais ele classifica como pressupostos de existência; na primeira perspectiva, o objeto é visto como o ato em si, a sua natureza intrínseca como a concessão de uma autorização para porte de arma; na segunda perspectiva, o objeto seria o efeito prático no plano fático gerado por tal autorização, qual seja, a permissão e possibilidade de o beneficiário da mencionada autorização carregar consigo arma de fogo.

Há doutrina que ainda elenca o conteúdo como um dos requisitos do ato a ser desmembrado do que é conhecido hoje como objeto; segundo esse entendimento, conteúdo seria o que o ato efetivamente produziria e o objeto seria aquilo sobre o que o ato recai ou dispõe; numa desapropriação, por exemplo, conteúdo seria a transferência do bem para o Poder Público, enquanto objeto seria a perda da propriedade específica de um bem determinado.

2.5. Motivo

Motivo são as razões de fato e de direito que desencadeiam e determinam a realização do ato. São pressupostos de fato e de direito que desencadeiam a prática de determinado ato; como razão de fato seria a circunstância fática, o acontecimento de determinado fato no qual se fundamenta o ato e a razão de direito seria o enquadramento de tal situação fática a determinado dispositivo legal desencadeador do ato.

Há de se distinguir o motivo da motivação, que é a justificação e a exposição das razões da prática de determinado ato; por meio da motivação, o agente expõe a fundamentação da sua decisão; isso proporciona ao interessado o

9 BANDEIRA DE MELLO, Celso Antônio. *Curso de direito administrativo*. 31ª ed. São Paulo: Malheiros, 2013.

conhecimento das razões da decisão em dado sentido, além de possibilitar um controle da legalidade de tal.

Doutrina e jurisprudência divergem sobre a necessidade de motivação dos atos administrativos em geral; sendo que há aqueles que, como José dos Santos Carvalho Filho, entendem que apenas os atos vinculados estariam sujeitos à obrigatoriedade de motivação em razão da maior margem decisória exigida pelos atos discricionários; todavia, salvo as hipóteses de atos administrativos que, pela própria natureza, dispensam a sua motivação (como ocorre com os cargos em comissão que são atos de livre nomeação e livre exoneração de agentes públicos, também conhecidos como *ad nutum*), prevalece na doutrina e na jurisprudência o entendimento de que todos os atos administrativos devem ser motivados; há dispositivo normativo que fundamenta tal posicionamento tanto no art. 50 da Lei Federal 9.784/1999, como no inciso X do art. 93 da Constituição Federal de 1988.

Nos atos em que a motivação é exigida, ela pode ser feita com o embasamento de outra motivação realizada; é o que se denomina motivação aliunde, também conhecida como *per relationem*, que se fundamenta no § 1º do art. 50 da Lei Federal 9.784/1999:

> "§ 1º A motivação deve ser explícita, clara e congruente, podendo consistir em declaração de concordância com fundamentos de anteriores pareceres, informações, decisões ou propostas, que, neste caso, serão parte integrante do ato".

A motivação aliunde faz menção à motivação realizada em outro ato e nela tem a sua referência e consta o seu fundamento e justificativa; ou seja, é feita a motivação de um ato utilizando-se da exposição de motivos (motivação) constante em outro ato.

Não obstante a existência de determinados atos que dispensam a motivação como a nomeação para cargo em comissão, é preciso frisar que, caso tais atos sejam motivados, a sua validade fica condicionada à legalidade e veracidade daquela exposição de motivos constante da motivação; é o que se denomina "Teoria dos Motivos Determinantes"; em razão dela, a Administração fica vinculada às razões expostas na motivação, de forma que comprovada a sua não correspondência, o ato deve ter a sua nulidade declarada.

Pela teoria dos motivos determinantes, realizada a motivação, os motivos expostos passam a integrar o ato, e a comprovação de que eles não procederam é causa de nulidade do ato; assim, se em determinada exoneração de agente comissionado motiva-se o ato com a justificativa de ser em razão de contenção de despesas e, posteriormente, ao nomear novo agente comissionado, ficar comprovado que a exoneração não se deu em razão de contenção de gastos, tal ato deve ser anulado; isso em razão de a ocorrência da contenção de gastos passar a ser requisito de validade do ato de exoneração.

No mês de abril de 2018, foi promulgada a Lei Federal 13.665/2018 que alterou a Lei de Introdução às Normas do Direito Brasileiro e introduziu nesta os arts. 20 a 30 que, aparentemente, dispõem sobre a adoção de novos critérios de interpretação e o empenho à preservação da segurança jurídica. No tocante ao motivo e à motivação, é oportuno trazer a lume a redação constante do art. 20 de tal diploma, após a mencionada alteração:

> "Art. 20. Nas esferas administrativa, controladora e judicial, não se decidirá com base em valores jurídicos abstratos sem que sejam consideradas as consequências práticas da decisão.
> "Parágrafo único. A motivação demonstrará a necessidade e a adequação da medida imposta ou da invalidação de ato, contrato, ajuste, processo ou norma administrativa, inclusive em face das possíveis alternativas".

Uma primeira análise da redação de tal dispositivo permite sugerir algum reflexo na matéria relativa aos requisitos do ato administrativo. Chama a atenção a redação do *caput* que determina que, na prática do ato, as consequências práticas devem ser levadas em consideração na decisão; parece haver uma indução a uma relativização do motivo do ato a fim de se prestigiar a realidade fática do caso concreto.

Apesar de o art. 20 dessa lei recomendar a mitigação da aplicação de valores abstratos, sem observar as suas consequências no caso concreto, esse fato parece reduzir a distância do formalismo existente entre os atos públicos e privados, sendo possível até mesmo uma remissão às cláusulas abertas e aos princípios informadores do Código Civil da eticidade, concretude e socialidade nos quais se dá margem ao aplicador do Direito para decidir com critérios discricionários de acordo com cada caso concreto.

O parágrafo único do mencionado artigo reforça a regra da motivação e ainda parece condicioná-la a um critério de proporcionalidade e razoabilidade ao apontar que a motivação deve indicar a necessidade e adequação do ato praticado ou desconstruído.

A discricionariedade e a proporcionalidade são elevados e recebem maior destaque, enquanto há uma mitigação da legalidade e o formalismo. Trata-se de texto normativo extremamente recente e, obviamente, a interpretação e aplicação prática de tal dispositivo só poderão ser verificadas com o tempo.

2.6. Desvio de finalidade

O vício decorrente do desvio de finalidade é mais sutil de ser verificado, pois aqui o agente exerce sua competência nos limites da lei, com uma aparência de legalidade. O problema é na real intenção do agente na prática do ato, ou seja, a sua finalidade não é o interesse público, ainda que o ato *exteriormente* pareça ao administrado ser legal.[10]

O fato é que o agente não pode agir visando seu benefício, ou mesmo de terceiros, mas apenas o interesse público. Ao objetivar interesses *alheios* ao interesse público e às regras de competência, estará presente o desvio de finalidade.[11]

Alguns exemplos podem ser citados: a) transferência de servidor com a finalidade de punição;[12] b) deferimento de benefícios financeiros a aliados políticos, como aumentos de salário ou gratificações específicos;[13] c) abertura de processo disciplinar com a finalidade de perseguir adversários políticos ou pessoais; d) emissão de decreto visando a desapropriação de imóvel com a finalidade de causar prejuízo a terceiros etc.

Nessa hipótese há uma dificuldade na prova, mas o autor popular poderá utilizar qualquer elemento externo, especialmente manifestações do agente público, para demonstrar o desvio de finalidade.

3. Nulidade e convalidação do ato administrativo

Conforme exposto anteriormente, é menos controversa na seara privada a distinção entre o ato nulo do anulável e os seus efeitos, tendo em vista que a própria lei civil já estipula os vícios que inquinam cada espécie de anulação dos atos.

---

10 "Daí porque Caio Tácito, invocado à fl. 853, pondera que 'se inexiste motivo ou se dele o administrador extraiu conseqüências incompatíveis com o princípio de direito aplicado, o ato será nulo por violação da legalidade' (v. "Direito Administrativo", Editora Saraiva, 1975, p. 69) [...]" (TJSP, Apelação Cível 87.335-5/SP, rel. Des. Paulo Dimas Mascaretti, j. 20.12.2000 – *RT* 787/61).

11 OLIVEIRA, Regis Fernandes de. *Responsabilidade fiscal.* São Paulo: Ed. RT, 2001. pp. 6-7.

12 COELHO, Paulo Magalhães da Costa. *Controle jurisdicional da Administração Pública.* São Paulo: Saraiva, 2002. p. 27.

13 Em caso concreto foi acolhido o pedido em ação popular na qual ex-prefeito tinha aprovado aumento de salário e modificação de cargo para aliado político. A justificativa foi aumento do serviço, mas o servidor estava afastado para exercer o cargo de Presidente do Legislativo (TJSP, Apelação Cível 575.784-5/4-00, rel. Des. Antônio Carlos Malheiros, j. 31.03.2009). Típica hipótese de desvio de finalidade, como reconhecido judicialmente, mesmo que houvesse uma aparência de legalidade, como em regra em todas as situações em que ocorra o desvio de finalidade. OLIVEIRA, Regis Fernandes de. *Responsabilidade fiscal.* São Paulo: Ed. RT, 2001. pp. 6-7.

Já quanto ao tema correspondente à invalidação dos atos administrativos, não há consenso na doutrina a respeito da existência de categorias diversas de anulabilidades. Hely Lopes Meirelles, que sempre foi um autor festejado no tocante à matéria "atos administrativos", citado por Fernanda Marinela,[14] entendia incabível essa separação entre atos nulos e anuláveis; ou seja, ou o ato administrativo era nulo ou válido, não havendo espaço para atos meio válidos ou meio nulos; opostamente a tal posicionamento, Celso Antônio Bandeira de Mello sustenta a possibilidade de se dividir os atos administrativos inválidos em atos inexistentes, atos nulos, atos anuláveis e atos irregulares, tendo como parâmetro para tal distinção a gravidade do vício que atinge tais atos.

Semelhante a tal tese, Seabra Fagundes, citado por José Afonso da Silva,[15] defende que o ato administrativo pode ser nulo, anulável ou irregular, a depender da intensidade da violação dos requisitos de validade do ato administrativo. A Lei Federal 9.784/1997 parece dar respaldo a posicionamento antagônico ao de Hely Lopes Meirelles, tendo em vista que tal diploma normativo prevê a possibilidade de convalidação dos atos administrativos que apresentarem defeitos dotados de menor gravidade, nos casos em que for recomendável tal providência como forma de promoção do interesse público. Eis o que dispõe tal dispositivo:

> "Art. 55. Em decisão na qual se evidencie não acarretarem lesão ao interesse público nem prejuízo a terceiros, os atos que apresentarem defeitos sanáveis poderão ser convalidados pela própria Administração".

Uma interpretação sistemática permite concluir que optou-se por prestigiar a segurança jurídica das relações jurídicas em detrimento do formalismo puro e simples; deve-se prezar pela estabilidade dos atos jurídicos produzidos durante determinado período de tempo até mesmo para se preservar a ordem e eficácia das relações jurídicas; ou seja, naqueles atos nos quais não haja efetivo prejuízo a terceiros e o vício representar mera irregularidade passível de retificação, deve ser buscada a permanência do ato como forma de favorecer a segurança jurídica; caso contrário, eventuais relações jurídicas e negociais seriam tolhidas e desestimuladas em razão da total insegurança destas, sempre passíveis de futura desconstituição em decorrência de qualquer inobservância formal. Tal fato desencadearia imensuráveis prejuízos, tanto para o Estado quanto para o cidadão.

Dessa forma, é plenamente justificável e legítima essa opção legislativa, tendo em vista que não seria razoável desconstituir relações jurídicas constituídas le-

---

14 MARINELA, Fernanda. *Direito administrativo*. 10ª ed. São Paulo: Saraiva, 2016. p. 367.

15 SILVA, José Afonso da. *Ação popular constitucional*. 2ª ed. São Paulo: Malheiros, 2007. p. 133.

gitimamente e estabilizadas no tempo com o único objetivo da estrita e rigorosa observância da lei.

A prerrogativa de declaração de nulidade dos próprios atos viciados decorre do poder de autotutela, inerente à Administração Pública que, diferentemente da revogação dos atos na qual a conduta do Estado é regida pela discricionariedade, detém o poder-dever de promover o desfazimento dos seus atos ilegais e o consequente desaparecimento dos seus efeitos.

Presente aqui também a dissonância a respeito da possibilidade de convalidação; contudo, prevalece o entendimento de que os vícios de competência e de forma que não gerarem prejuízos para terceiros ou para o Estado são passíveis de convalidação.

Os elementos ou requisitos do ato administrativo previstos na Lei de Ação Popular sempre foram caracterizados pela indisponibilidade ou inflexibilidade no tocante à possibilidade de inobservância dos seus comandos.

Entretanto, passou-se a prevalecer o entendimento de que, em nome da preservação do melhor interesse público, é possível a relativização de algum dos tais requisitos se essa inobservância for de diminuta gravidade, não gerar prejuízo e for o mais condizente e conveniente ao interesse público. Assim, a tese de que não existe a possibilidade de existência de ato administrativo anulável revela sinais de ter sido superada, até mesmo pelo fato de que a própria Lei Federal 9.784/1999 prevê a convalidação do ato administrativo.

Parece haver uma mitigação dos princípios da legalidade e uma proeminência dos princípios da proporcionalidade, razoabilidade, boa-fé e segurança jurídica.

É provável que as novas disposições introduzidas na Lei de Introdução às Normas do Direito Brasileiro impactem a temática dos atos jurídicos administrativos em geral, principalmente no seu aspecto interpretativo, visando à preservação daqueles atos administrativos que melhor resguardem o interesse público; contudo, a aplicação de tal matéria só poderá ser melhor elucidada e esclarecida com o decorrer do tempo; até mesmo por se tratar de diploma normativo de promulgação extremamente recente.

O aprofundamento em tal conteúdo a ser realizado pela doutrina e pela jurisprudência é o que aperfeiçoará a matéria e estabelecerá os seus limites e enquadramento e sua aplicabilidade prática.

São conhecimentos introdutórios do Direito Administrativo e do Direito Civil os conceitos que evidenciam o maior rigor com o formalismo dos atos jurídicos administrativos, ainda mais se estes forem confrontados com os atos e negócios jurídicos privados, os quais são regidos, em regra, pelos princípios da disponibilidade e da liberdade das formas. Entretanto, tal matéria parece sofrer mutações ao longo do tempo, no sentido de se relativizarem tais inflexibilidades dos atos públicos a fim de se homenagear uma realidade fática que não gere prejuízos e que possa mais coadunar com interesse público; ou seja, diante de uma realidade que não gere efetivos prejuízos nem a terceiros nem ao Estado, é possível que as consequências práticas do caso concreto possam ter tamanha relevância para o interesse público a ponto de recomendar que se reconheça como mais viável ao interesse público a manutenção de determinada situação acometida de vício de menor gravidade passível de convalidação.

Bibliografia

ALMEIDA, Gregório Assagra de. *Manual das ações constitucionais*. São Paulo: Del Rey, 2007.

BANDEIRA DE MELLO, Celso Antônio. *Curso de direito administrativo*. 31ª ed. São Paulo: Malheiros, 2013.

BRASIL. Lei nº 13.655, de 25 de abril de 2018. Disponível em: http://www.planalto.gov.br/ccivil_03/_ato2015-2018/2018/lei/L13655.htm. Acesso em: 21 set. 2018.

BRASIL. Lei nº 4.717, de 29 de junho de 1965. Disponível em: http://www.planalto.gov.br/ccivil_03/LEIS/L4717.htm. Acesso em: 20 set. 2018.

BRASIL. Lei nº 9.784, de 29 de janeiro de 1999. Disponível em: http://www.planalto.gov.br/ccivil_03/LEIS/L9784.htm. Acesso em: 20 set. 2018.

CÂMARA, Alexandre Freitas. *Novo processo civil brasileiro*. 3ª ed. São Paulo: Atlas, 2017.

COELHO, Paulo Magalhães da Costa. *Controle jurisdicional da Administração Pública*. São Paulo: Saraiva, 2002.

DI PIETRO, Maria Sylvia Zanella. *Direito administrativo*. 20ª ed., 2 ª reimpr. Atlas, São Paulo: 2007.

JUSTEN FILHO, Marçal. *Curso de direito administrativo*. São Paulo: Saraiva, 2005.

MANCUSO, Rodolfo de Camargo. *Ação popular*. 8ª ed. São Paulo: Ed. RT, 2015.

MARINELA, Fernanda. *Direito administrativo*. 10ª ed. São Paulo: Saraiva, 2016.

MEIRELLES, Hely Lopes. *Direito administrativo brasileiro*. 33ª ed. Atualizada por Eurico de Andrade Azevedo, Délcio Balestero Aleixo e José Emmanuel Burle Filho. São Paulo: Malheiros, 2007.

MEIRELLES, Hely Lopes. *Direito administrativo brasileiro*. 36ª ed. São Paulo: Malheiros, 2010.

OLIVEIRA, Regis Fernandes de. *Responsabilidade fiscal*. São Paulo: Ed. RT, 2001.

SILVA, José Afonso da. *Ação popular constitucional*. 2ª ed. São Paulo: Malheiros, 2007.

Art. 3º Os atos lesivos ao patrimônio das pessoas de direito público ou privado, ou das entidades mencionadas no art. 1º, cujos vícios não se compreendam nas especificações do artigo anterior, serão anuláveis, segundo as prescrições legais, enquanto compatíveis com a natureza deles.

Aylle de Almeida Mendes

Sabrina Nunes Borges

Sumário: **1.** Atos nulos, anuláveis e inexistentes e os efeitos da sentença de anulação de atos lesivos ao patrimônio público. **2.** Princípio da Proteção da Confiança e a possibilidade de modulação dos efeitos da decisão que declara nulo o ato administrativo. **3.** Lei nº 13.655/2018 e os reflexos na invalidação de ato da Administração lesivo ao patrimônio público.

1. Atos nulos, anuláveis e inexistentes e os efeitos da sentença de anulação de atos lesivos ao patrimônio público

É pressuposto da invalidação do ato administrativo que ele tenha um vício de legalidade. Os requisitos de validade do ato administrativo estão presentes no art. 2º da Lei de Ação Popular, que são: competência; finalidade; forma; motivo; e objeto. Para processar a invalidade do ato, necessário que esteja ausente um desses requisitos do ato administrativo.[1]

Segundo o art. 3º da Lei de Ação Popular, os "atos lesivos ao patrimônio público [...], cujos vícios não se compreendam no art. 2º, serão anuláveis, segundo as prescrições legais, enquanto compatíveis com a natureza deles".

Conforme as lições de José Afonso da Silva, o art. 3º da Lei de Ação Popular "traz, à incidência, os princípios de anulabilidade e de nulidade dos atos jurídicos privados, previstos na legislação correspondente".[2] Maria Silva Zanella Di Pietro, no mesmo sentido, entende que esse artigo tem por objetivo os casos de ilegalidade, não só os constantes do art. 2º da Lei de Ação Popular, como também qualquer outro tipo de vício, ainda que estruturado nos termos do Código Civil.[3]

No direito privado, o ato nulo diz respeito ao interesse da coletividade e é de ordem pública. Pode ser alegado por qualquer interessado ou pelo Ministério

1 CARVALHO FILHO, José dos Santos. *Manual de direito administrativo*. 14ª ed. Rio de Janeiro: Lumen Juris, 2005. p. 130.

2 SILVA, José Afonso da. *Ação popular constitucional*. 2ª ed. São Paulo: Malheiros, 2007. p. 207.

3 DI PIETRO, Maria Sylvia Zanella. *Direito administrativo*. 31ª ed. Rio de Janeiro: Forense, 2018. p. 990.

Público, quando lhe couber intervir. As nulidades podem ser pronunciadas de ofício pelo juiz, quando conhecer do negócio jurídico ou de seus efeitos e as encontrar provadas, não lhe sendo permitido supri-las (art. 168, parágrafo único, do CC/2002). "O negócio jurídico nulo não é suscetível de confirmação, nem convalesce pelo decurso do tempo" (art. 169 do CC/2002). Quando faltar algum dos requisitos do negócio jurídico (agente capaz; objeto lícito, possível, determinado ou determinável; forma prescrita ou não defesa em lei), ele será inválido. A manifestação judicial é meramente declaratória da nulidade. Não cabe convalidação do negócio jurídico nulo.

A nulidade relativa, no direito privado, está relacionada a interesses particulares, são vícios menos graves. Ocorre nos casos de: incapacidade relativa do agente; vício resultante de erro, dolo, coação, estado de perigo, lesão ou fraude contra credores. O negócio jurídico anulável pode ser convalidado, e sua anulação é decretada no interesse do particular e pode ser suprida pelo juiz a requerimento das partes. A decisão, que decreta a anulação, é desconstitutiva.

No direito administrativo, a invalidade dos atos administrativos é sempre de interesse público. A legalidade é princípio que rege a Administração Pública, nos termos do art. 37, *caput*, da Constituição Federal de 1988. Os atos eivados de vício, mas suscetíveis de convalidação, são atos anuláveis, enquanto os atos, cujos vícios são mais graves e que não caiba convalidação, são os atos nulos.

Há, entretanto, divergência na doutrina quanto à existência de atos administrativos anuláveis. Para Hely Lopes Meirelles, não há que falar em ato administrativo anulável; ou o ato administrativo é válido ou é inválido; se ele for inválido, caberá a ele a nulidade. A Administração não teria a prerrogativa de anular ou não um ato administrativo, quando eivado de vício, como ocorre no direito privado. Ela está adstrita ao interesse público. Assim, se o ato administrativo for contrário à lei, ou não obedecer aos requisitos previstos em lei, o ato será nulo. Um ato ilegal ou ilegítimo só pode ser culminado com sua extirpação do ordenamento jurídico. Para ele, os efeitos da anulação dos atos nulos são idênticos aos da anulação dos atos inexistentes.[4]

4 Segundo Hely Lopes Meirelles (*Direito administrativo brasileiro*. 36ª ed. São Paulo: Malheiros, 2010. pp. 209-210): "Quando o ato é de exclusivo interesse dos particulares – o que só ocorre no Direito Privado –, embora ilegítimo ou ilegal, pode ser mantido ou invalidado segundo o desejo das partes; quando é de interesse público – e tais são todos os atos administrativos –, sua legalidade impõe-se como condição de validade e eficácia do ato, não se admitindo o arbítrio dos interessados para sua manutenção ou invalidação, porque isto ofenderia a exigência de legitimidade da atuação pública. O ato administrativo é legal ou ilegal; é válido ou inválido. Jamais poderá ser legal ou meio-legal; válido ou meio-válido, como ocorreria se se admitisse a nulidade relativa ou anulabilidade, como pretendem alguns autores que transplantam teorias

Celso Antônio Bandeira de Mello, contudo, tem entendimento diferente. Para ele, os atos administrativos inválidos são: atos nulos, anuláveis e inexistentes. Os atos administrativos anuláveis diferem dos atos administrativos nulos porque aqueles podem ser convalidados. "A convalidação é o suprimento da invalidade de um ato com efeitos retroativos." A Administração corrige o defeito do ato eivado de vício com outro ato, o qual produz de forma consonante com o Direito, visando legitimar os efeitos pretéritos do ato inválido. A convalidação só poderá ocorrer se o vício do ato inválido não impedir a reprodução do ato válido.[5] Nessa ótica, a diferença entre os atos administrativos nulos e anuláveis é a capacidade de convalidação existente no ato anulável e que não se configura no ato nulo.

A Lei nº 9.784/1999 (que regula o processo administrativo no âmbito da Administração Pública Federal), em seu art. 55, corrobora o entendimento de que o legislador optou pela existência de atos anuláveis na Administração, que poderão ser aproveitados, porque eivados de vícios sanáveis, desde que não acarretem lesão ao interesse público nem prejuízo a terceiros.

De acordo com Celso Antônio Bandeira de Mello, se um ato anulável já foi impugnado, administrativa ou judicialmente, não caberá mais a convalidação pela administração do ato viciado. Caso contrário, a extinção dos efeitos dependeria da vontade da Administração, e não do dever de obediência à ordem jurídica. Aponta uma exceção para o caso de motivação do ato vinculado expedido tardiamente. A demonstração, mesmo que tardia, de que os motivos preexistem e que a lei exigia que o ato fosse praticado é razão para a convalidação.[6]

Ruy Armando Gessinger, entretanto, citado por Mancuso, tem posicionamento diferente. Para ele, se a Administração convalidasse o ato, mesmo tendo iniciado a ação popular, esta ficaria sem objeto e estaria atingido o fim a que o cidadão se propôs, ficando ressalvado o efeito condenatório em perdas e danos, se houvesse.[7]

---

do Direito Privado para o Direito Público sem meditar na inadequação aos princípios específicos da atividade estatal. Pode, como vimos, haver a convalidação, desde que não haja lesão ao interesse público nem prejuízos a terceiros. Pode haver a correção de mera irregularidade que não torna o ato nem nulo nem anulável, mas simplesmente defeituoso ou ineficaz até sua retificação".

5 BANDEIRA DE MELLO, Celso Antônio. *Curso de direito administrativo*. 31ª ed. São Paulo: Malheiros, 2013. pp. 481-482.

6 BANDEIRA DE MELLO, Celso Antônio. *Curso de direito administrativo*. 31ª ed. São Paulo: Malheiros, 2013. p. 482.

7 MANCUSO, Rodolfo de Camargo. *Ação popular*. 8ª ed. São Paulo: Ed. RT, 2015. p. 301.

A Administração não tem a faculdade de convalidar os atos eivados de vício, mas o dever. Se diante de um ato anulável, ou seja, que possa ser convalidado, a Administração terá o dever de convalidar. Entretanto, se o ato for insuscetível de convalidação, a Administração terá a obrigação de invalidá-lo,[8] em razão do interesse público. Caso a Administração não o faça, caberá ao Poder Judiciário a anulação de tal ato. No caso de ato anulável, distingue-se do direito privado, porque, neste, as partes podem suscitar ou não o vício a depender de seus interesses. Não o suscitando, o negócio jurídico se convalida.

Ressalta-se que para a anulação do ato administrativo, pela Administração Pública, utilizando-se do seu poder de autotutela, há a necessidade do procedimento administrativo, em que haja contraditório e ampla defesa do administrado. Fundamenta-se esse procedimento administrativo na presunção de legitimidade do ato administrativo e também na segurança jurídica. O administrado não pode ser pego de surpresa com a anulação de um ato administrativo, que gozava de presunção de veracidade. O ato administrativo está acobertado, em princípio, pela legalidade.

A invalidação do ato administrativo pode ocorrer: por meio do Poder Judiciário, por exemplo, mediante ação popular, ou por meio do poder de autotutela da Administração Pública, sendo que quando afete direitos de terceiros atendidos os postulados do contraditório e da ampla defesa. A convalidação do ato administrativo fundamenta-se no princípio da legalidade. Admite-se, geralmente, a convalidação quando o defeito é de competência e de forma.

A anulação do ato pela Administração pode esbarrar no limite temporal, dado pelo art. 54 da Lei nº 9.784/1999, que estabelece o prazo decadencial de "cinco anos, contados da data em que foram praticados, salvo comprovada má-fé".

Merece destaque o recente julgamento do Supremo Tribunal Federal, no qual a Corte julgou o Tema 839[9] de repercussão geral e reconheceu a possibilidade de um ato administrativo ser anulado pela Administração Pública, mesmo quando decorrido o prazo decadencial (Lei nº 9.784/1999). O tema foi decidido no RE 817.338[10], em que se debatia a possibilidade de rever-se ato de anistia po-

---

8 Celso Antônio Bandeira de Mello aponta uma exceção: quando se tratar em vício de competência emanado de conteúdo discricionário, cabe ao superior hierárquico, a quem competiria expedi-lo, decidir se confirma o ato ou se reputa inconveniente fazê-lo, quando, então, será obrigado a invalidá-lo (*Curso de direito administrativo*. 31ª ed. São Paulo: Malheiros, 2013. p. 483).

9 "Tema: As situações flagrantemente inconstitucionais não devem ser consolidadas pelo transcurso do prazo decadencial previsto no art. 54 da Lei nº 9.784/99, sob pena de subversão dos princípios, das regras e dos preceitos previstos na Constituição Federal de 1988. Precedentes."

10 STF, RE n° 817.338.- DF, rel. Min Dias Toffoli, j. em 16.10.2019, *DJU* de 31.07.2020.

lítica. O ponto central da decisão foi afastar o prazo decadencial de cinco anos, para rever um ato que seja flagrantemente contrário à Constituição Federal.

Não se pode confundir a convalidação com a conversão de atos nulos. A conversão ocorre quando um ato de uma categoria para a qual seria inválido é transpassado a outra categoria, na qual seria válido. "[...] ao contrário da convalidação, em que o ato inválido tem salvaguardados os mesmos efeitos, na conversão o ato produz, retroativamente, efeitos próprios de outro ato: aquele que seria possível."[11]

Quanto aos atos inexistentes, Celso Antônio Bandeira de Mello entende que eles teriam a mesma consequência dos atos nulos, que são insuscetíveis de convalidação. Para ele, os atos inexistentes são aqueles que se encontram fora do possível jurídico e radicalmente vedados pelo Direito, por exemplo, ordem de uma autoridade para que seu subordinado torture um preso; autorização para que alguém explore trabalho escravo.[12]

Teresa Arruda Alvim, ao abordar o sistema de nulidades processuais, esclarece que estas pertencem ao ramo do direito público e que o sistema de nulidade do direito civil pode ser assimilado ao direito processual, mas não integralmente. Aquelas são governadas por princípios diferentes. O direito processual é público; assim, o sistema de nulidade a reger é atinente ao direito público. Elucida a processualista que nulidade está ligada à validade, e a eficácia à produção de efeitos. Um ato nulo ou anulável pode produzir efeitos, mesmo que vulnerável e passível de deixar de produzir seus efeitos ou destruir os já produzidos. Um ato nulo pode ser eficaz, mas destituído de validade, uma vez que "valer" é uma qualidade que não depende da existência real do ato ou norma. Ademais, o sistema de nulidades existe para evitar que o ato inválido produza efeitos ou para fazer cessar os efeitos que eventualmente já estejam sendo produzidos, e a vinculação entre a sanabilidade e a nulidade relativa somente ocorre no direito privado.[13]

Assim, não caberia chamar a nulidade de sanção. "A nulidade é um estado de irregularidade que leva (ou tende a levar) à ineficácia. A ineficácia é, pois, neste sentido, uma consequência da decretação de nulidade, que é, direta ou indiretamente, uma infração à lei."[14]

---

11 Idem, ibidem.

12 BANDEIRA DE MELLO, Celso Antônio. *Curso de direito administrativo*. 31ª ed. São Paulo: Malheiros, 2013. p. 480.

13 ALVIM, Teresa Arruda. *Nulidades do processo e da sentença*. São Paulo: Revista dos Tribunais, 2015, p. 113.

14 Idem, ibidem.

No direito privado, a anulabilidade do ato está ligada ao interesse privado, e, uma vez não suscitada pelas partes, o negócio jurídico se convalesce pelo decurso do tempo. Sendo ainda anulável, o negócio jurídico pode ser confirmado pelas partes, salvo direito de terceiro (art. 172 do CC/2002). A nulidade é de ordem pública, não cabendo às partes decidir pela sua invalidação ou não. A nulidade pode até mesmo ser pronunciada, de ofício, pelo magistrado. Já no direito público a invalidação do ato administrativo está ligado ao interesse público, que vai nortear toda a atividade da Administração Pública. Assim, a adequação do sistema de nulidade do direito privado ao direito público não se perfaz integralmente, tendo em vista os princípios peculiares que regem cada ramo do direito.

O ato inexistente, dentro do sistema de nulidade processual (ou seja, nulidade da sentença), é aquele que não tem aptidão para sua estabilidade, ainda que possa produzir efeitos, por exemplo, uma sentença proferida em um processo em que não tenha havido a citação da parte. Nesse caso, como a relação jurídica não chegou a existir, uma vez que uma das partes não participou do processo, não pode ter havido coisa julgada. A ação necessária para atingir essa sentença é declaratória.

Por seu turno, quando se tratar de sentença nula, como transitou em julgado e está protegido pelo manto da legalidade, há a necessidade de uma ação desconstitutiva. Essa seria uma diferença também do sistema de nulidades do direito processual e do direito civil. Neste, as nulidades são declaradas e as anulabilidades desconstituídas.[15]

No âmbito do direito administrativo, diferentemente do direito privado, a sentença que declara a nulidade do ato é desconstitutiva, e não meramente declaratória. Na ação popular, o autor pede uma sentença constitutiva negativa, que desconstitui o ato, operando efeitos retroativos, *ex tunc,* se o ato for nulo. Este entra para o mundo jurídico e, se não for impugnado, continua surtindo efeitos. Se o ato julgado inválido for ato anulável, o efeito de sua invalidação será *ex nunc,* para o futuro.

Entretanto, percebe-se uma atenuação desses feitos quando, por exemplo, a invalidação do ato nulo, com efeitos *ex tunc,* possa trazer prejuízos maiores do que os benefícios que teriam com tal nulidade. O art. 27 da Lei nº 9.868/1999 (que dispõe sobre a ação direta de inconstitucionalidade e a ação direta declaratória de constitucionalidade) prescreve que, em razão de segurança jurídica ou de excepcional interesse social, o Supremo Tribunal Federal, por maioria de dois terços de seus membros, poderá restringir os efeitos da declaração ou de-

15 Idem, pp. 129-130.

cidir que ela só tenha eficácia a partir de seu trânsito em julgado ou de outro momento que venha a ser fixado.

Percebe-se uma preocupação com os efeitos já gerados com o ato nulo ou anulável e os reflexos que o ato produziu na vida dos administrados, atenuando, assim, o princípio da legalidade, em razão da segurança jurídica. O tema será visto adiante, de forma mais detalhada.

2. Princípio da Proteção da Confiança e a possibilidade de modulação dos efeitos da decisão que declara nulo o ato administrativo

O poder-dever de a Administração anular seus próprios atos, decorrentes do princípio da autotutela e em cumprimento ao princípio da legalidade, se contrapõe não só ao princípio da segurança jurídica, mas também ao princípio da confiança legítima, que caracteriza o aspecto subjetivo do princípio da segurança jurídica.

Segundo J. J. Gomes Canotilho, "o homem necessita de segurança jurídica para conduzir, planificar e conformar autônoma e responsavelmente a sua vida. Por isso, desde cedo se consideravam os princípios da segurança jurídica e proteção à confiança como elementos constitutivos do Estado de direito".[16]

Em que pese o princípio da confiança legítima ser tratado muitas vezes como sinônimo do princípio da segurança jurídica e boa-fé, Almiro do Couto e Silva[17] afirma que não é mais assim. Para o autor, estas expressões foram criando especificidades, sem que, no entanto, umas se afastem completamente das outras. Fala o autor, assim, em princípio da segurança jurídica "quando designa o que prestigia o aspecto objetivo da estabilidade das relações jurídicas, e em princípio da proteção à confiança, quando alude ao que atenta para o aspecto subjetivo".

Esse princípio tem suas raízes no direito alemão, sendo consagrado no famoso caso da "viúva de Berlim" julgado pelo Tribunal Administrativo de Berlim em decisão proferida em 14 de novembro de 1956 e, posteriormente, confirmada pelo Tribunal Administrativo Federal. Concomitantemente à consolidação da proteção da confiança no direito alemão, houve seu ingresso nos demais países da União Europeia, sendo consagrado como "regra superior de Direito" e "prin-

---

16 CANOTILHO, J. J. Gomes. *Direito Constitucional e Teoria da Constituição*. Coimbra: Almedina, 2000,p.256.

17 SILVA, Almiro do Couto e. O princípio da segurança jurídica (proteção à confiança) no direito público brasileiro e o direito da administração pública de anular seus próprios atos administrativos: o prazo decadencial do art. 54 da lei do processo administrativo da União (Lei nº 9.784/99). *Revista Brasileiro de Direito Público - RBDP*, v. 2, nº 6, pp. 7-59, jul./set. 2004.

cípio fundamental do direito comunitário" em decisões da Corte de Justiça das Comunidades Europeias[18].

O Ministro Luiz Fux,[19] afirma que o princípio da proteção da confiança "se revela como um instituto idôneo a obstar intervenções estatais que possam comprometer projetos de vida já iniciados, esvaziando-os substancialmente, notadamente quando estes se orientam por uma prévia manifestação estatal". Ele visa preservar a posição jurídica alcançada pelo particular e assegurar uma continuidade das normas do ordenamento. "Serve como uma justa medida para confinar o poder das autoridades estatais e prevenir violações dos interesses de particulares que atuaram com esteio na confiança"[20].

Os atos da Administração possuem presunção de legitimidade e veracidade, passando para o administrado a certeza de que a Administração sempre age de acordo com a lei, não produzindo atos nulos ou que possam ser anulados. Desta forma, o princípio tem por escopo proteger o particular em caso de anulação do ato administrativo que possui vício de legalidade. A defesa do particular é necessária, já que indivíduo acreditou na validade de ato da Administração Pública que mais tarde se revelou ilegal.[21] Afinal, houve uma expectativa legítima no que tange à correção do comportamento da Administração Pública, sendo que tal confiança foi frustrada.

---

18 De acordo com o caso, a viúva de um funcionário público que morava na Alemanha Oriental foi informada, por meio de uma notificação oficial do responsável pela Administração de Berlim, que teria direito a uma pensão. Entretanto, a pensão seria concedida somente se a viúva se mudasse para Alemanha Ocidental. Iinteressada, assim o fez. Porém, algum tempo após, foi constatada a existência de irregularidades na concessão do benefício. Alguns requisitos legais não foram preenchidos. Dessa forma, a Administração suspendeu o pagamento da pensão e exigiu a devolução dos valores pagos indevidamente. Inconformada, a viúva ingressou com uma ação judicial e o Tribunal, analisando o caso, entendeu que na hipótese, o princípio da proteção da confiança se sobrepunha ao da legalidade, decidindo, portanto, pela continuidade da pensão. LAGO, Laone. Confiança legítima, leis de procedimento e processo administrativo latino-americanos e jurisprudência brasileira: diálogo possível e necessário. *Revista CEJ*. Brasília, Ano XXI, nº 73, pp. 40-52.

19 BRASIL. Supremo Tribunal Federal. *Agravo Regimental na medida cautelar em Mandado de Segurança 26.387*. Distrito Federal. Relator: Ministro Luiz Fux. 12 de fev. 2015. Disponível em: http://redir.stf.jus.br/paginadorpub/paginador.jsp?docTP=TP&docID=14222067. Acesso em 18 de outubro de 2020.

20 ARAÚJO, Valter Shuenquener. *O princípio da proteção da confiança: uma nova forma de tutela do cidadão diante do Estado*. Rio de Janeiro: Impetus, 2009, p. 159.

21 TILKIAN, Guilherme. *O princípio da confiança legítima sob a perspectiva das práticas reiteradamente observadas pelas autoridades administrativas em matéria tributária*. 2014. 162 f. Dissertação de Mestrado. Universidade de São Paulo, São Paulo, 2014. Disponível em: https://www.teses.usp.br/teses. Acesso em 18 de outubro de 2020.

Só há que falar-se em proteção da confiança se levar em conta a boa-fé do administrado que tem certeza que os atos praticados pela Administração serão sempre válidos e que, por isso, serão mantidos e respeitados pela Administração e pelos particulares.

O Superior Tribunal de Justiça formulou uma tese que ilustra bem o poder-dever de a Administração anular seus próprios atos, ao mesmo tempo garantindo a segurança jurídica, especialmente no seu aspecto de proteção da confiança legitima. De acordo com a tese 531, "quando a Administração Pública interpreta erroneamente uma lei, resultando em pagamento indevido ao servidor, cria-se uma falsa expectativa de que os valores recebidos são legais e definitivos, impedindo, assim, que ocorra desconto dos mesmos, ante a boa-fé do servidor público".[22]

Sobre o tema, ressalta-se que, recentemente, a Primeira Seção do Superior Tribunal de Justiça (STJ) acolheu questão de ordem para rever o Tema 531 e discutir a exata compreensão dos limites da tese citada. O objetivo é analisar se a tese abrange, ou não, a não devolução de valores recebidos por servidor público, de boa-fé, quando o erro operacional foi atribuído exclusivamente à Administração Pública. A decisão do Tribunal da Cidadania levou em consideração os princípios da segurança jurídica, da proteção da confiança e da isonomia[23].

Veja que não se impede a anulação do ato concessivo, mas apenas modula os efeitos da anulação para, ao contrário da regra geral, produzir efeitos *ex nunc*, ou seja, será cessado o pagamento a partir da anulação, mantendo-se os efeitos já produzidos, desde que haja boa-fé por parte do servidor.

Outro exemplo corriqueiro nos tribunais é a análise de legalidade, para fins de registro, dos atos de aposentadoria dos servidores públicos pelos Tribunais de Contas, previsto no inciso III do art. 71 da Constituição Federal. Não raro, identificam-se situações em que os Tribunais de Contas se deparam com ilegalidades nas concessões de aposentadoria, anulando o ato de concessão. Entretanto, conforme já dito, o poder-dever de a Administração rever seus próprios atos tem freio temporal (cinco anos) em nome da segurança jurídica e da proteção da confiança legítima.

---

22 STJ, REsp. 1.244.182 - PB, Rel. Ministro Benedito Gonçalves, Primeira Seção, *DJe* de 19/10/2012.

23 Tais princípios são requisitos fundamentais para a modificação de tema em recurso repetitivo, conforme art. 927, parágrafo 4º do CPC/15. Fonte: http://www.stj.jus.br/sites/portalp/Paginas/Comunicacao/Noticias/Primeira-Secao-discutira-abrangencia-de-tese-sobre-nao-devolucao--de-valores-recebidos-de-boa-fe-por-servidor.aspx

Luciano Ferraz, em comentário à tese supracitada, lembra que

> "a doutrina nacional e a estrangeira têm anotado que a incidência do princípio da segurança jurídica - como derivação do princípio do estado de direito tem sido destacada em importantes temas da atualidade, tais como: (a) irretroatividade das leis e demais atos estatais, bem assim das interpretações já realizadas pelos órgãos administrativos e judiciais acerca da legislação aplicável; (b) dever do Estado dispor sobre regras transitórias em razão de alterações abruptas de regimes jurídicos setoriais; (c) responsabilidade do Estado pelas promessas firmes feitas por seus agentes; (e) manutenção no mundo jurídico de atos administrativos inválidos".[24]

Percebe-se, assim, que a anulação além de produzir efeitos *ex tunc* e *ex nunc*, também pode ter os seus efeitos deslocados para um momento no futuro. Assim como as leis inconstitucionais podem ter os seus efeitos projetados no futuro, em respeito à segurança jurídica[25].

O Direito Administrativo evoluiu para reconhecer a possibilidade de o administrador público, que se depara com um ato administrativo ilegal, agir de variadas formas. Afinal, nem sempre a anulação do ato ilegal será a solução.

É necessário analisar o caso concreto e criar diretrizes para orientar os administradores públicos na escolha do melhor caminho a ser trilhado na hipótese de se deparar com um ato administrativo ilegal[26]. Busca-se, com isso, diminuir a oscilação nas soluções da Administração Pública e prestigiar a segurança jurídica e proteção da confiança, pilares estruturantes do ordenamento jurídico.

---

24 FERRAZ, Luciano. Segurança jurídica e remuneração percebida indevidamente por servidores públicos de boa-fé. In: DI PIETRO, Maria Sylvia Zanella; NOHARA, Irene Patrícia (Coord.). *Teses Jurídicas dos Tribunais Superiores. Direito Administrativo*. v. III. São Paulo: Revista dos Tribunais, 2017. pp. 505-514.

25 A modulação temporal já é admitida pela lei de processo administrativo do estado do Rio de Janeiro, Lei estadual 5.427/09, desde 2009. O artigo 53 diz que, tendo em vista razões de segurança jurídica ou de excepcional interesse social, será possível restringir os efeitos da declaração de nulidade de ato administrativo ou decidir que ela só tenha eficácia a partir de determinado momento que venha a ser fixado. ARAÚJO, Valter Shuenquener. *Segurança jurídica diante de atos administrativos ilegais.* 22 de março de 2020. Disponível em: https://www.conjur.com.br/2020-mar-22/valter-araujo-seguranca-juridica-diante-atos-administrativos-ilegais. Acesso em 18 de outubro de 2020.

26 Idem.

3. Lei nº 13.655/2018 e os reflexos na anulação de ato da Administração lesivo ao patrimônio público

A Lei nº 13.655, de 25 de abril de 2018, acrescentou alguns artigos na Lei de Introdução às Normas do Direito Brasileiro (LINDB), que incidem diretamente no controle da Administração pelo Poder Judiciário. As alterações da LINDB estão diretamente relacionadas ao art. 3º da Lei nº 4.717/1965, uma vez que este artigo dispõe que os atos que não estão contidos no art. 2º serão anuláveis, segundo as prescrições legais. Esses artigos impactam a Administração Pública e o controle de seus atos lesivos ao patrimônio público.

O art. 20 dessa lei prescreve que, "nas esferas administrativa, controladora e judicial, não se decidirá com base em valores jurídicos abstratos sem medir as consequências práticas da decisão". E o parágrafo único acrescenta que "a motivação demonstrará a necessidade e adequação da medida, inclusive em face das possíveis alternativas".

O Judiciário, ao exercer o controle dos atos administrativos, não poderá decidir com base em valores abstratos, terá que fazer uma análise das consequências práticas da decisão. Determina, assim, que o juiz, por exemplo, ao julgar nulo e lesivo um ato da Administração, considerará as consequências práticas da decisão e a motivará, demonstrando a necessidade e a adequação da medida imposta ou da invalidação do ato, inclusive em face das possíveis alternativas. O juiz terá que avaliar as alternativas possíveis e verificar a real necessidade da invalidação diante das consequências criadas.

O art. 24 da Lei nº 13.655/2018 prescreve:

> "A revisão, nas esferas administrativa, controladora ou judicial, quanto à validade de ato, contrato, ajuste, processo ou norma administrativa cuja produção já se houver completado levará em conta as orientações gerais da época, sendo vedado que, com base em mudança posterior de orientação geral, se declarem inválidas situações plenamente constituídas".

O parágrafo único desse dispositivo esclarece que se consideram orientações gerais as interpretações e especificações contidas em atos públicos de caráter geral ou em jurisprudência judicial ou administrativa majoritária, e ainda as adotadas por prática administrativa reiterada e de amplo conhecimento público.

O projeto de lei – enviado ao Senado Federal, sob o nº 349 de 2015, para votação e que deu origem à Lei nº 13.655/2018 – apontou como justificativa da alteração da LINDB a segurança jurídica e o fato "de que os desafios da ação do Poder Público demandam que a atividade de regulamentação e aplicação das leis seja submetida a novas balizas de segurança interpretativas, processuais e de controle, a serem seguidas pela administração pública federal, estadual e municipal".[27]

O projeto de lei resume as diretrizes, referentes a alguns artigos, da seguinte forma: na consagração de alguns princípios gerais a serem observados pelas autoridades nas decisões baseadas em normas indeterminadas (arts. 20 e 21); estabelecem o regime jurídico para negociação entre autoridades públicas e particulares (art. 23); criam a ação civil pública declaratória de validade, com efeito *erga omnes*, para dar estabilidade a atos, contratos, ajustes, processos e normas administrativas (art. 24).

Percebe-se que essas alterações vão ao encontro da "modulação dos efeitos da declaração de inconstitucionalidade" e também da "estabilização de efeitos" do ato, que vinham sendo adotados em razão de princípios como os da segurança jurídica, da confiança e da boa-fé.

Houve uma clara opção pelo postulado da segurança jurídica.

A estabilização de efeitos considera que o dever de legalidade não é absoluto, e, caso a retirada do ato comprometa outras regras e princípios tão importantes quanto ele, o ato será mantido, mesmo que viciado, em razão de outras regras constitucionais.[28]

Por outro lado, também há que levar em conta a boa-fé ou má-fé dos agentes públicos que produziu o ato viciado. Entretanto, somente com o decurso do tempo é que se poderão avaliar, na prática, as consequências das recentes alterações da LINDB no direito administrativo construído no Brasil e na lisura e administração dos recursos públicos.

Bibliografia

ALMEIDA, Gregório Assagra de. *Manual das ações constitucionais.* Belo Horizonte: Del Rey, 2007.

ALVIM, Teresa Arruda. *Nulidades do processo e da sentença*. São Paulo: Revista dos Tribunais, 2015.

ARAÚJO, Valter Shuenquener. *Segurança jurídica diante de atos administrativos ilegais.* 22 de março de 2020. Disponível em: https://www.conjur.com.br/2020-mar-22/valter-araujo-seguranca-juridica-diante-atos-administrativos-ilegais. Acesso em 18 de outubro de 2020.

27 Disponível em: [https://legis.senado.leg.br/sdleg-getter/documento?dm=4407647&ts=1543020954210&disposition=inline]. Acesso em: 20.10.2019.

28 MARINELA, Fernanda. *Direito administrativo*. 10ª ed. São Paulo: Saraiva, 2016. p. 374.

ARAÚJO, Valter Shuenquener. *O princípio da proteção da confiança: uma nova forma de tutela do cidadão diante do Estado.* Rio de Janeiro: Impetus, 2009, p. 159.

BANDEIRA DE MELLO, Celso Antônio. *Curso de direito administrativo.* 31ª ed. São Paulo: Malheiros, 2013.

BRASIL. Supremo Tribunal Federal. *Agravo Regimental na medida cautelar em Mandado de Segurança 26.387.* Distrito Federal. Relator: Ministro Luiz Fux. 12 de fev. 2015. Disponível em: http://redir.stf.jus.br/paginadorpub/paginador.jsp?docTP=TP&docID=14222067. Acesso em 18 de outubro de 2020.

CÂMARA, Alexandre Freitas. *Novo processo civil brasileiro.* 3ª ed. São Paulo: Atlas, 2017.

CANOTILHO, J. J. Gomes. *Direito Constitucional e Teoria da Constituição.* Coimbra: Almedina, 2000,p.256.

CARVALHO FILHO, José dos Santos. *Manual de Direito Administrativo.* 14 ed. Rio de Janeiro: Lumen juris, 2005.

DI PIETRO, Maria Sylvia Zanella. *Direito administrativo.* 31ª ed. Rio de Janeiro: Forense, 2018.

FERRAZ, Luciano. Segurança jurídica e remuneração percebida indevidamente por servidores públicos de boa-fé. In: DI PIETRO, Maria Sylvia Zanella; NOHARA, Irene Patrícia (Coord.). *Teses Jurídicas dos Tribunais Superiores. Direito Administrativo.* v. III. São Paulo: Revista dos Tribunais, 2017. pp. 505-514.

LAGO, Laone. Confiança legítima, leis de procedimento e processo administrativo latino-americanos e jurisprudência brasileira: diálogo possível e necessário. *Revista CEJ.* Brasília, Ano XXI, nº 73, pp. 40-52.

MANCUSO, Rodolfo de Camargo. *Ação popular.* 8ª ed. São Paulo: Ed. RT, 2015.

MARINELA, Fernanda. *Direito administrativo.* 10ª ed. São Paulo: Saraiva, 2016.

MARINONI, Luiz Guilherme; ARENHART, Sérgio Cruz; MITIDIERO, Daniel. *Novo Código de Processo Civil comentado.* 3ª ed. São Paulo: Ed. RT, 2017.

MEIRELLES, Hely Lopes. *Direito administrativo brasileiro.* 36ª ed. São Paulo: Malheiros, 2010.

MEIRELLES, Hely Lopes. *Mandado de segurança, ação popular, ação civil pública, mandado de injunção,* habeas data, *ação direta de inconstitucionalidade, ação declaratória de constitucionalidade, ação direta de inconstitucionalidade por omissão, arguição de descumprimento de preceito fundamental, o controle incidental ou concreto de normas no direito brasileiro, a representação interventiva, a reclamação constitucional no STF.* 30ª ed. São Paulo: Malheiros, 2007.

PAULA NETO, Joaquim José de. A ação popular como instrumento de controle da administração pública e o denuncismo irresponsável. *Revista de Direito Constitucional*, v. 90, pp. 247-264, jan.-mar. 2015.

SILVA, José Afonso da. *Ação popular constitucional.* 2ª ed. São Paulo: Malheiros, 2007.

SILVA, Almiro do Couto e. O princípio da segurança jurídica (proteção à confiança) no direito público brasileiro e o direito da administração pública de anular seus próprios atos administrativos: o prazo decadencial do art. 54 da lei do processo administrativo da

União (Lei nº 9.784/99). *Revista Brasileiro de Direito Público - RBDP*, v. 2, nº 6, pp. 7-59, jul./set. 2004.

TILKIAN, Guilherme. *O princípio da confiança legítima sob a perspectiva das práticas reiteradamente observadas pelas autoridades administrativas em matéria tributária*. 2014. 162 f. Dissertação de Mestrado. Universidade de São Paulo, São Paulo, 2014. Disponível em: https://www.teses.usp.br/teses. Acesso em 18 de outubro de 2020.

Art. 4º São também nulos os seguintes atos ou contratos, praticados ou celebrados por quaisquer das pessoas ou entidades referidas no art. 1º.

I – A admissão ao serviço público remunerado, com desobediência, quanto às condições de habilitação, das normas legais, regulamentares ou constantes de instruções gerais.

II – A operação bancária ou de crédito real, quando:

a) for realizada com desobediência a normas legais, regulamentares, estatutárias, regimentais ou internas;

b) o valor real do bem dado em hipoteca ou penhor for inferior ao constante de escritura, contrato ou avaliação.

III – A empreitada, a tarefa e a concessão do serviço público, quando:

a) o respectivo contrato houver sido celebrado sem prévia concorrência pública ou administrativa, sem que essa condição seja estabelecida em lei, regulamento ou norma geral;

b) no edital de concorrência forem incluídas cláusulas ou condições, que comprometam o seu caráter competitivo;

c) a concorrência administrativa for processada em condições que impliquem na limitação das possibilidades normais de competição.

IV – As modificações ou vantagens, inclusive prorrogações que forem admitidas, em favor do adjudicatário, durante a execução dos contratos de empreitada, tarefa e concessão de serviço público, sem que estejam previstas em lei ou nos respectivos instrumentos.

V – A compra e venda de bens móveis ou imóveis, nos casos em que não cabível concorrência pública ou administrativa, quando:

a) for realizada com desobediência a normas legais, regulamentares, ou constantes de instruções gerais;

b) o preço de compra dos bens for superior ao corrente no mercado, na época da operação;

c) o preço de venda dos bens for inferior ao corrente no mercado, na época da operação.

VI – A concessão de licença de exportação ou importação, qualquer que seja a sua modalidade, quando:

a) houver sido praticada com violação das normas legais e regulamentares ou de instruções e ordens de serviço;

b) resultar em exceção ou privilégio, em favor de exportador ou importador.

VII – A operação de redesconto quando sob qualquer aspecto, inclusive o limite de valor, desobedecer a normas legais, regulamentares ou constantes de instruções gerais.

VIII – O empréstimo concedido pelo Banco Central da República, quando:

a) concedido com desobediência de quaisquer normas legais, regulamentares, regimentais ou constantes de instruções gerais;

b) o valor dos bens dados em garantia, na época da operação, for inferior ao da avaliação.

IX – A emissão, quando efetuada sem observância das normas constitucionais, legais e regulamentadoras que regem a espécie.

Rafaela Brandão de Sá
Alex Matoso Silva

Sumário: 1. Introdução. **2.** Atos nulos na Lei de Ação Popular. **3.** Conceito de lesividade. **4.** Lesividade como requisito da ação popular. **5.** Presunção e lesividade presumida na Lei de Ação Popular. **6.** Hipóteses elencadas na Lei de Ação Popular. **7.** Lesividade presumida na lei de responsabilidade fiscal.

1. Introdução

O art. 4º, ora em estudo, contempla uma sequência lógica e necessária daquilo que a Lei nº 4.717/65 tratou no art. 2º, relativamente à nulidade dos atos lesivos ao patrimônio público, e no art. 3º, que se ocupou da anulabilidade dos atos lesivos ao patrimônio das pessoas jurídicas de direito público ou privado (estas que sejam subvencionadas com recursos públicos) cujos vícios não se compreenderam no regramento do art. 2º; é dizer, a normatização contida no art. 4º é específica em relação às regras estabelecidas nos artigos precedentes citados, estabelecendo hipóteses concretas com presunção de invalidade.

2. Atos nulos na Lei de Ação Popular

O art. 4º da Lei nº 4.717/65 – Lei de Ação Popular – dispõe que são nulos os atos ou contratos que se enquadrem nas situações ali elencadas e que sejam praticados por quaisquer das pessoas e entidades mencionadas no art. 1º, abrangendo assim tanto as pessoas jurídicas de direito público quanto quaisquer pessoas jurídicas ou entidades subvencionadas pelos cofres públicos.

Assinale-se que a ação popular é instrumento por meio do qual se busca a declaração de nulidade de ato que padeça de determinado vício que a lei estabelece como causa de sua invalidade e que, além disso, tenha causado lesão ao patrimônio público. Nesse sentido é a lição de Hely Lopes Meirelles[1]:

> *Ação Popular* **é o meio constitucional posto à disposição de** *qualquer cidadão* para obter a invalidação de atos ou contratos administrativos – ou a eles equiparados – *ilegais* e *lesivos* do patrimônio federal, estadual e municipal, ou de suas autarquias, entidades paraestatais e pessoas jurídicas subvencionadas com dinheiros públicos.

Sobre a invalidade dos atos ou negócios jurídicos, Francisco Amaral[2] leciona:

> Este é nulo quando o agente for absolutamente incapaz, o objeto for ilícito, impossível ou indeterminável, o seu objeto, o motivo determinante comum a ambas as partes for ilícito, não revestir a forma prescrita em lei, for preterida alguma solenidade que a lei considere essencial para sua validade, tiver por objeto fraudar lei imperativa, ou ainda quando a lei, expressamente, o declare nulo ou proibir-lhe a prática, sem cominar sanção (CC, art. 166).

E, em complemento, no tocante à validade dos atos administrativos, consoante Seabra Fagundes,[3] cinco são os elementos a serem considerados: manifestação de vontade competente (competência), motivo, objeto, finalidade e forma; que os atos podem ser nulos, anuláveis ou irregulares, de acordo com a intensidade da violação das regras referentes aos elementos mencionados.

Então, com base nessas premissas, quais seriam os vícios capazes de fundamentar o pedido de invalidação de ato lesivo ao patrimônio público?

Conforme assinalado alhures, a Lei de Ação Popular dispõe as normas conceituais a caracterizarem a invalidade dos atos lesivos ao patrimônio público, estabelecendo no art. 2º as causas que geram nulidade dos atos e que estão re-

---

1 MEIRELLES, Hely Lopes. *Mandado de segurança, ação popular, ação civil pública, mandado de injunção,* habeas data, *ação direta de inconstitucionalidade, ação declaratória de constitucionalidade e arguição de descumprimento de preceito fundamental.* 29ª ed. atual. por Arnoldo Wald e Gilmar Ferreira Mendes. São Paulo: Malheiros, 2006. pp. 129-130.

2 AMARAL, Francisco. *Direito civil: introdução*. 5ª ed. – Rio de Janeiro: Renovar, 2003. p. 528.

3 SEABRA FAGUNDES, Miguel. *O controle dos atos administrativos pelo Poder Judiciário,* Forense, 2010, pp. 13-46.

lacionadas à incompetência, vício de forma, ilegalidade do objeto, inexistência dos motivos, desvio de finalidade.

Além do disposto no art. 2º, a lei que regulamenta a ação popular enuncia no art. 4º uma série de situações especiais que invalidam o ato, causando sua nulidade e sob as quais incidem a presunção de lesividade do ato, bastando que este se encaixe em qualquer das circunstâncias elencadas para que fique dispensada a comprovação da lesividade.[4]

São atos que importam na admissão ao serviço público remunerado, com desobediência, quanto às condições de habilitação, das normas legais, regulamentares ou constantes de instruções gerais (inc. I); na operação bancária ou de crédito real, realizada em desconformidade com as normas legais (inc. II); na empreitada, a tarefa e a concessão do serviço público, sem a realização de concorrência, ou que prejudique a igualdade entre os concorrentes (inc. III); nas modificações ou vantagens, sem que estejam elas previstas em lei ou nos respectivos instrumentos (inc. IV); na compra e venda de bens móveis ou imóveis realizada em desacordo com as normas legais ou cujo preço seja inferior ou superior ao real (inc. V); na concessão irregular de licença de exportação ou importação (inc. VI); a operação de redesconto realizada de forma irregular (inc. VII); no empréstimo irregular concedido pelo Banco Central da República; e a emissão, quando efetuada sem observância das normas constitucionais, legais e regulamentadoras que regem a espécie (inc. IX).

São situações específicas em que a lei expressamente considerou como situações que causam nulidade do ato e, vale apontar, que várias das hipóteses constituem a prática de atos administrativos que não estejam de acordo com as normas legais, regulamentares.

Consoante José Afonso da Silva,[5] as situações enumeradas no art. 4º da Lei nº 4.717/1965 são "casos, sobre os quais a experiência ensina ter sido sempre campo de abusos danosos ao patrimônio público. Certamente, nem tudo está aí compreendido, mas a enumeração procura cercar o quanto possa, casuisticamente". Mais adiante, o autor aponta que estas são hipóteses de lesividade legal e a ocorrência de qualquer uma delas consubstancia a lesão justificativa da demanda popular, não havendo necessidade de verificação de outro prejuízo.[6]

---

4 SILVA, José Afonso da. *Ação popular constitucional*: doutrina e processo. São Paulo: Malheiros, 2013. p. 136.

5 Idem, ibidem.

6 Idem, p. 142.

Ao interpretar o art. em comento (art. 4º da Lei nº 4.717/65), José Afonso da Silva[7] esclarece que a redação dele não menciona a nulidade dos atos lesivos como o fazem os art. 2º e 3º da mesma lei, porque a lesividade já está ínsita na prática dos atos nas condições indicadas em seu texto, sem necessidade de ocorrência de outra espécie de lesão.

Tratando-se de uma presunção legal, cabe questionar se nas hipóteses de nulidade previstas no art. 4º da Lei nº 4.717/1965 admite-se ou não prova em contrário no que se refere à lesividade, o que será abordado em item próprio, cabendo, por ora, trazer alguns esclarecimentos acerca do conceito de lesividade.

3. Conceito de lesividade

A ação popular é o instrumento conferido a qualquer cidadão e apropriado para atacar ato ilegal e lesivo aos cofres públicos, seja por ato comissivo ou omissivo do Poder Público. Assim, nos termos do art. 5º, LXXIII, da Constituição Federal e art. 1º da Lei nº 4.717/1965, por meio da ação popular, qualquer cidadão pode pleitear a anulação ou declaração de nulidade de atos lesivos ao patrimônio público.

Nesse passo, visto que a legislação ordinária foi omissa acerca do conceito de lesividade, necessário buscar esclarecimento doutrinário.

Consoante Hely Lopes Meirelles,[8] lesivo "é todo ato ou omissão administrativa que desfalca o erário ou prejudica a Administração, assim como ofende bens ou valores artísticos, cívicos, culturais, ambientais ou históricos da comunidade".

Além disso, há que se considerar a ampliação do objeto da ação popular, que passou a abarcar a moralidade administrativa, com o advento da Constituição de 1988, a respeito do que José Luiz Gavião de Almeida, citado por Rodolfo de Camargo Mancuso,[9] preconiza:

> "(...) a lesão, que antes tinha restrita natureza econômica, hoje foi sensivelmente ampliada, para a correção de prejuízos morais sem consequência patrimonial. Sustentava-se, então, ser necessário para a propositura de uma ação popular a existência de duplo requisito: a ilegalidade do ato e a lesividade de cunho eco-

7 Idem.

8 MEIRELLES, Hely Lopes. *Mandado de segurança, ação popular, ação civil pública, mandado de injunção,* habeas data, *ação direta de inconstitucionalidade, ação declaratória de constitucionalidade e arguição de descumprimento de preceito fundamental.* 29ª ed. atual. por Arnoldo Wald e Gilmar Ferreira Mendes. São Paulo: Malheiros, 2006. pp. 132-133.

9 MANCUSO, Rodolfo de Camargo. *Ação popular.* 8ª ed. São Paulo: Ed. RT, 2015. pp. 99-100.

> nômico. Agora, como já visto acima, dispensável é o requisito da ilegalidade, eis que a ofensa à moralidade por si permite o desfazimento do ato pela ação popular. Resta, então, como requisito, apenas a lesividade, mas não, necessariamente, de cunho patrimonial.

Humberto Theodoro Júnior[10] assevera que o patrimônio protegido mediante ação popular não é apenas o econômico, mas o patrimônio que engloba todos os valores, econômicos ou não. Também, nesse sentido, interessante a observação de José dos Santos Carvalho Filho[11]:

> "Por isso, advogamos o entendimento de que o tradicional pressuposto da *lesividade*, tido como aquele causador de dano efetivo ou presumido ao patrimônio público, restou bastante mitigado diante do novo texto constitucional na medida em que guarda maior adequação à tutela do patrimônio em seu sentido econômico. Quando a Constituição se refere a atos *lesivos* à moralidade administrativa, deve entender-se que a ação é cabível pelo simples fato de ofender esse princípio, independentemente de haver ou não efetiva lesão patrimonial".

Para Seabra Fagundes,[12] "o caráter lesivo do ato administrativo só poderá ser devidamente apreciado em espécie". O autor ainda aponta que a legislação ordinária poderia "fixar critérios genéricos capazes de servir de base à apreciação da lesividade das medidas, que onerem o patrimônio das pessoas de direito público ou de sociedades nas quais o Estado componha também o capital". Entretanto, a legislação não forneceu tais critérios.

Vale transcrever trecho do voto do Ministro Herman Benjamin[13] proferido no REsp 719.548/PR, no qual há uma explanação acerca do sentido que se deve atribuir à lesividade:

> "Tenho para mim que a própria Constituição encarrega-se de deixar claro que a *lesividade* (= 'ato lesivo', na fórmula empregada pelo constituinte) é, realmente, um dos pressupostos da Ação Popular. A questão que se põe, e que causa divergência na doutrina e jurisprudência, tem a ver com o sentido que se deve em-

10 THEODORO JÚNIOR, Humberto. Ação popular e *habeas data* na nova Constituição brasileira. *Revista da Faculdade de Direito da Universidade Federal de Minas Gerais*, nº 33, pp. 157-158, out. 1991.

11 CARVALHO FILHO, José dos Santos. *Manual de direito administrativo.* 32ª ed. – São Paulo: Atlas, 2018, p. 23.

12 SEABRA FAGUNDES, Miguel. Da ação popular. *RDA*, Rio de Janeiro, v. 6, pp. 18-19, 1946.

13 STJ, REsp 719.548/PR, rel. Min. Eliana Calmon, j. 03.04.2008, *DJe* 21.11.2008, trecho do voto do Min. Herman Benjamin.

prestar a essa lesividade. Lesividade agora, na nova sistemática constitucional, não é apenas ofensa ao patrimônio financeiro da Administração (núcleo I do dispositivo constitucional) e ao patrimônio histórico e cultural (núcleo IV) – ambos já previstos na Lei nº 4.717/1965 –, mas também à moralidade administrativa (núcleo II do texto constitucional) e ao meio ambiente (núcleo III). Comparando-se os núcleos I (patrimônio público) e II (moralidade administrativa), tem-se que, lá, trata-se de ofensa normalmente associada a prejuízos monetários; aqui, é ofensa dirigida, como regra, à principiologia que informa a boa administração e ao *due process* administrativo, instituído e organizado para dar transparência e previsibilidade à atividade da Administração Pública, sobretudo no seu relacionamento contratual com terceiros. Lá é ataque ao 'tesouro público' ou 'cofres públicos', para usar a expressão do art. 1º, *caput*, da Lei nº 4.717/1965, prejuízo portanto monetário ou monetarizável; aqui, é incursão indevida no terreno dos bens abstratos, igualmente abrigados pelo Direito Público moderno. Lá é lesão material, aqui pode ser simples lesão formal. Naquela, o dano é palpável ou visível, pois afeta bens concretos; nesta, o dano é amiúde de cunho imaterial (fala-se inclusive em 'patrimônio moral'), na medida em que agride bens intangíveis do Estado democrático. Na *lesão material*, exige-se que o autor prove o dano; na *lesão formal*, muitas vezes a prova do dano é dispensada, já que o próprio ordenamento jurídico se contenta com a mera constatação de violação das exigências legais estabelecidas para o ato".

Discorrendo sobre a lesividade, José Afonso da Silva[14] afirma:

"Afora essas hipóteses do art. 4º, porém, o conceito de lesividade é empírico e depende de apreciação de cada caso concreto. Para isso, há o juiz que entrar no mérito da atividade administrativa, para, em confronto com fatores econômicos subjacentes, constatar a efetividade do prejuízo. [...] Deve-se ter como lesiva ao patrimônio das pessoas e entidades sindicáveis (salvo os casos do art. 4º) a oneração desarrazoada do respectivo orçamento, erário ou tesouro, indicando certo favoritismo, imoralidade ou proveito indevido. E isso obtém num paralelo de situações de fato que demonstrem que, se o ato não houvesse sido praticado, ou tivesse sido realizado de outra forma, o interesse patrimonial daquelas pessoas ou entidades não teria sido prejudicado, ou não teria sido lesado. Tudo isso desde que tenha havido também ofensas aos requisitos de validade do ato impugnado, o que já é um indício de lesividade".

Percebe-se que, na concepção do autor supracitado, para a análise da lesividade, o juiz está autorizado, de certo modo, a adentrar no mérito do ato administrativo, o qual se refere à conveniência e oportunidade para sua prática.

---

14 SILVA, José Afonso da. *Ação popular constitucional*: doutrina e processo. São Paulo: Malheiros, 2013. p. 142.

Das explanações expostas é de se concluir que a ação popular visa a coibir a lesão que atente contra o patrimônio público, pertencente a toda a coletividade, e que a Constituição de 1988 inovou ao ampliar o objeto de tutela, não se restringindo a atacar apenas os atos que provoquem dano ao patrimônio economicamente considerado, lesividade ao patrimônio material, mas, também, abarcou os atos que provoquem lesão ao patrimônio imaterial (bens ou valores artísticos, cívicos, culturais, históricos da comunidade), bem como que produzam lesão à moralidade administrativa e ao meio ambiente.

Contudo, deve ser alertado sempre que há diferença entre a Ação Popular e a Ação Popular Ambiental, como descrito nos comentários ao art. 1º, retro.

4. Lesividade como requisito da ação popular

A lesividade e a ilegalidade do ato constituem os requisitos para propositura da ação popular, cabendo registrar que há dissenso doutrinário e jurisprudencial quanto à necessidade da presença do binômio ilegalidade-lesividade ou se somente a presença de um dos requisitos, ilegalidade ou lesividade, poderia constituir causa autônoma para o manejo da ação popular.

O dissenso doutrinário nesse tema foi anotado por José dos Santos Carvalho Filho, nos seguintes termos[15]:

> "A respeito da natureza do ato impugnado, tem lavrado controvérsia a respeito da necessidade, ou não, de comprovar-se a *lesividade* do ato, além de sua ilegalidade. Tanto a Constituição como a Lei nº 4.717/1965 aludem à anulação de *atos lesivos*, mas o diploma regulador inclui hipóteses em que, sem embargo da ilegalidade, não há propriamente lesividade. Por tal razão, entendem alguns que, ocorrida a hipótese de ilegalidade prevista na lei, haverá *lesividade concreta* ou *presumida*; o que não se pode é relegar a segundo plano o requisito da lesividade, sobretudo porque a lei não contém palavras inúteis. Para outros, porém, não basta a ilegalidade formal do ato, exigindo-se que a lesividade seja demonstrada sob o aspecto material ou moral, o que exclui, em consequência, a presunção de lesividade. Para outroa, ainda, pode haver ilegalidade *ou* lesividade".

Contudo, no entender do referido autor:

> "(...) melhor é a primeira interpretação. Se o legislador considerou passíveis de ação popular atos nulos e anuláveis, ao mesmo tempo em que se preocupou em proceder à enumeração de várias hipóteses consideradas como de nulidade

15 CARVALHO FILHO, José dos Santos. *Manual de direito administrativo*. 32ª ed. – São Paulo: Atlas, 2018, p. 1125.

> (art. 4º), com certeza as reputou sempre *concreta* ou *presumivelmente lesivas*, seja material, seja moralmente. Ocorrendo qualquer delas, portanto, à sentença caberá anular o ato".

Sustentando o posicionamento de que a lesividade do ato, por si só, seria suficiente para a ação popular, Mário Bento Martins Soares[16] aponta que a Constituição, "eliminando os termos anulação e declaração de nulidade, literalmente sugere, isto sim, a dispensa de outras causas de nulidade além da própria lesividade do ato".

Celso Ribeiro Bastos[17] assevera que a ilegalidade está contida na lesividade, configurando a lesividade requisito único para a propositura da ação popular, ao afirmar que:

> "A condição de natureza objetiva para o exercício da ação popular é que o ato a ser invalidado seja lesivo ao patrimônio público. O Texto Constitucional deixa claro que se trata de ação que visa a anular atos lesivos ao patrimônio de entidades de que o Estado participe. A lesividade, contudo, pressupõe a ilegalidade".

Referidos posicionamentos fundam-se na ideia de que a Constituição não mencionou a ilegalidade como pressuposto para a ação popular, não cabendo interpretação que configure obstáculo ao exercício da ação popular. Assim, sustentam o entendimento de que a lesividade é requisito suficiente para viabilizar a ação popular, sendo prescindível, a exigência da ilegalidade.

Defendendo o entendimento de que a lesividade é pressuposto bastante para a propositura da ação popular, Maria Garcia[18] aduz que:

> "Provada a lesividade, não importa se advinda de ato conforme aos requisitos legais para a sua existência, volta-se ao *statu quo ante*, se possível, ou à compensação indenizatória aos bens atingidos: o patrimônio público, a moralidade administrativa, o meio ambiente, o patrimônio histórico e cultural, conforme ao mandamento constitucional. Não se trata aqui, portanto, de uma declaração de nulidade a qual tem a sua via própria, infraconstitucional, e sim de tornar o ato sem efeito, pela determinação da responsabilidade de reposição – esta, sim, a finalidade da previsão constitucional, eis que esta exige, tão somente, a existência de lesividade".

---

16 SOARES, Mário Bento Martins. Ação popular: singularidades e controvérsias do instituto. *RDP*, São Paulo, v. 53-54, p. 182, 1984.

17 BASTOS, Celso Ribeiro. *Curso de direito constitucional.* 16ª ed. São Paulo: Saraiva, 1995. p. 224.

18 GARCIA, Maria. A interpretação constitucional e os requisitos da ação popular. *Revista de Direito Constitucional e Internacional,* São Paulo, nº 30, p. 94, 2000.

Em sentido contrário, Hely Lopes Meirelles[19] preceitua que a lesão pode ser efetiva ou legalmente presumida e, ressalvadas as hipóteses do art. 4º da Lei de Ação Popular, afirma que:

> "(...) nos demais casos impõe-se a dupla demonstração da ilegalidade e da lesão efetiva ao patrimônio protegível pela ação popular. Sem estes três requisitos – condição de eleitor, ilegalidade e lesividade –, que constituem os pressupostos da demanda, não se viabiliza a ação popular.

Apontando que é indispensável a conjugação da ilegalidade e lesividade, Humberto Theodoro Júnior[20] ressalta que "nem a lesividade, nem a ilegalidade, por si só, é suficiente para autorizar a ação popular. Para que o remédio constitucional incida, com êxito, é indispensável que o ato impugnado seja ao mesmo tempo ilegal e lesivo (arts. 2º e 3º da Lei nº 4.717/65)".

Luiz Manoel Gomes Junior[21] compartilha desse entendimento, ao explanar sobre a necessidade de comprovação do binômio ilegalidade-lesividade:

> "Em primeiro lugar, temos como necessária a existência, concomitante, tanto da ilegalidade como da lesividade para o acolhimento do pedido em sede de ação popular. Esta interpretação emerge da análise do art. 5º, LXXIII, da CF/1988 e do art. 1º da Lei nº 4.717/65.
> Se o ato não for ilegal, mas ainda que lesivo, não poderá ser anulado em sede de ação popular. Adotar outra conclusão seria permitir um subjetivismo inaceitável, a nosso ver, que traria mais consequências negativas que positivas. Há certas opções políticas que, ainda que lesivas, são legais, não havendo a possibilidade de controle apenas sob o prisma econômico, isto sob pena de substituição dos critérios do administrador pelo do julgador".

Interessante colacionar os esclarecimentos de Alfredo Buzaid[22] ao discorrer sobre ilegalidade e lesividade em ação popular:

---

19 MEIRELLES, Hely Lopes. *Mandado de segurança, ação popular, ação civil pública, mandado de injunção,* habeas data, *ação direta de inconstitucionalidade, ação declaratória de constitucionalidade e arguição de descumprimento de preceito fundamental.* 23ª ed. atual. por Arnoldo Wald e Gilmar Ferreira Mendes. São Paulo: Malheiros, 2001. pp. 120-121.

20 THEODORO JÚNIOR, Humberto. Ação popular e *habeas data* na nova Constituição brasileira. *Revista da Faculdade de Direito da Universidade Federal de Minas Gerais*, nº 33, p. 159, out. 1991.

21 GOMES JUNIOR, Luiz Manoel. O problema da natureza jurídica da lesividade na ação popular. *Revista de Processo,* São Paulo, v. 7, p. 185, abr. 2099.

22 BUZAID, Alfredo. Parecer Jurídico, *RDA*, v. 84, p. 331, 1957.

"Esses dois requisitos hão de concorrer necessariamente, porque não basta que o ato seja nulo para que os cidadãos sub-rogando-se função que é própria do Poder Público, lhe demande nulidade, nem basta, igualmente, que o ato seja lesivo para que o cidadão, nas mesmas condições, lhe reclame a nulidade. Sem que concorram os dois requisitos a ação não procede".

No sentido da demonstração do binômio ilegalidade-lesividade, o Supremo Tribunal Federal, sob a relatoria de Nélson Hungria, já se manifestou afirmando que "não basta a lesividade do ato impugnado, referida ao patrimônio da entidade de direito público ou de economia mista, senão também a sua nulidade ou anulabilidade".

Nessa linha de entendimento, o Superior Tribunal de Justiça[23] posicionou-se, consoante a ementa do REsp 121.431:

> Processual civil. Ação popular. Requisitos. Ausência de lesividade. Liquidação de sentença. Apuração de danos. 1. A orientação do STJ é reiterada no sentido de que a procedência da ação popular pressupõe nítida configuração da existência dos requisitos da ilegalidade e da lesividade.
> 2. Fere a sistemática processual civil decisão em ação popular que posterga a comprovação da inexistência de lesividade ao patrimônio público para a fase de liquidação de sentença, porquanto tal fase, nos termos do art. 603 do Código de Processo Civil, serve à apuração do *quantum debeatur* não individuado na condenação.
> 3. A realização dos procedimentos previstos nos arts. 603[24] e seguintes (capítulo VI, Título II, Livro)[25] do Código de Processo Civil pressupõe prévia condenação, sendo, portanto, procedimento incompatível com a extinção da ação sem julgamento do mérito, nos termos do art. 267, IV, do CPC [1973][26].
> 4. Recurso especial conhecido e provido.

Consideradas as ponderações doutrinárias e jurisprudenciais expostas, compreende-se que nas situações mencionadas nos arts. 2º e 3º da referida lei é necessária prova da lesividade, pois a lesão deve ser efetiva e concreta.

Entretanto, nas hipóteses elencadas no art. 4º da Lei nº 4.717/1965, para a propositura da demanda, o autor não precisa demonstrar a lesividade, pois se presume a lesão com a prática dos atos descritos em tal artigo. Cabe esclarecer que, por se tratar de uma presunção, pode o réu produzir prova em contrário.

---

23 STJ, REsp 121.431/SP, rel. Min. João Otávio de Noronha, j. 15.02.2005, *DJe* 25.04.2005. As referências são a artigos do CPC/1973.

24 Artigo do Código de Processo Civil de 1973, revogado pela Lei 11.232/2005.

25 Trata-se do Título I do Livro II do CPC de 1973.

26 Refere-se art. 485, IV, ao CPC de 2015.

4. Presunção e lesividade presumida na Lei de Ação Popular

O instituto das presunções constitui um tema importante no âmbito do direito e o recurso a alguns tipos de presunções está presente no nosso ordenamento jurídico, possibilitando a formulação de uma convicção a partir de raciocínios lógicos inerentes às presunções.

Consoante Florence Haret,[27] a presunção no direito encontra-se como "noção substitutiva, originária de um juízo antecipado e provisório". Trata-se de um juízo dedutivo, em que a experiência respaldada na realidade admite um fato por outro.

Para Ana Maria Margarida Faria de Andrade[28]:

> "A presunção consiste no resultado de uma dedução lógica, que tem como ponto de partida um facto conhecido e pretende demonstrar a realidade desse ou de outro facto.
> Esta dedução é o resultado da elaboração de um raciocínio lógico, sendo que a presunção será a base da conclusão e explicação do outro facto que se pretende provar, não esquecendo que o facto que serve de ponto de partida já é um facto conhecido ou provado, em que apenas se pretende alcançar um facto desconhecido. No entanto, não podemos considerar que as presunções são meios de prova, pois consistem em apenas inferências lógicas ou declarações baseadas nas máximas da experiência".

Também calha a propósito o magistério de Daniel Assumpção[29] sobre presunção:

> "(...) a presunção representa o resultado de um processo mental que, partindo de um fato demonstrado como ocorrido, permite a conclusão de que outro fato, ainda que não provado, seja também considerado como existente ou ocorrido. Há uma relação entre fato indiciário (provado) e fato presumido (não provado), decorrente da constatação lógica de que, se o primeiro ocorreu, muito provavelmente o segundo também terá ocorrido".

Aliás, no âmbito das presunções, têm-se as presunções legais e as presunções judiciais. Ao presente comentário importante discorrer sobre as presun-

---

27 HARET, Florence. Por um conceito de presunção. *Revista da Faculdade de Direito de São Paulo*, São Paulo, v. 104, p. 734, jan./dez. 2009.

28 ANDRADE, Ana Maria Margarida Faria de. *A prova por presunção no direito civil e processual civil*: as presunções judiciais e o recurso ao senso comum e às máximas da experiência. 2016. Dissertação (Mestrado) – Universidade Nova de Lisboa, Lisboa, 2016, p. 14.

29 NEVES, Daniel Amorim Assumpção. *Manual de direito processual civil*. 8ª ed. Salvador: JusPodivm, 2016. p. 2948.

ções legais, que são aquelas que decorrem da própria lei e nela encontram sua previsão, subdividindo-se em presunções legais absolutas ou presunções legais relativas.

Na lição de Teresa Arruda Alvim,[30] "é o legislador que, *a priori*, estabelece a correlação entre os fatos, dispondo que, diante da comprovação de determinado fato, é razoável supor a ocorrência de outro".

Discorrendo sobre a presunção legal, Florence Haret[31] aponta que:

> "(...) a presunção legal orienta a formulação das normas de direito no sentido de permitir a construção de determinados fatos jurídicos, ou melhor, fazer julgamento sobre fatos, que se demonstram de difícil prova e investigação. Logo, a presunção legal admite um fato por outro, como se fossem um só, ou o mesmo. Nesta medida, o fato presumido A pode não ser, mas será tido, para o universo do direito, como se fosse; assim como da mesma forma pode ser, no mundo real, mas será observado como se não fosse no domínio das normas jurídicas. Lembremos que o direito cria sua própria realidade. Não está restrito ao senso dos eventos reais, da causalidade física, mas ao senso jurídico, do vínculo implicacional. Assim dizendo, o direito pode tratar um fato tanto como se fosse quanto como se não fosse, estando nele as fórmulas que guiam, no mundo jurídico, a sua própria criação, alteração e extinção, dentro do que se chama autopoise do sistema jurídico".

E prossegue afirmando que:

> "(...) a presunção legal favorece uma das partes do processo, a esta não compete a prova do facto que conduziu à presunção, no entanto, há que ter sempre em consideração que as presunções podem ser refutadas, com prova em contrário, mas apenas nos casos em que a lei o permite".[32]

As presunções impactam o ônus da prova na medida em que a espécie de presunção absoluta não admite prova em contrário, enquanto a presunção relativa impõe àquele que milita contra ela a produção de prova robusta em sentido contrário, valendo ressaltar ainda que os atos administrativos, em linhas gerais, gozam de presunção relativa de legalidade e legitimidade.

---

30 *Primeiros comentários ao novo Código de Processo Civil*: artigo por artigo. São Paulo: Ed. RT, 2015. p. 374.

31 HARET, Florence. Por um conceito de presunção. *Revista da Faculdade de Direito de São Paulo*, São Paulo, v. 104, p. 734, jan./dez. 2009.

32 ANDRADE, Ana Maria Margarida Faria de. *A prova por presunção no direito civil e processual civil*: as presunções judiciais e o recurso ao senso comum e às máximas da experiência. 2016. Dissertação (Mestrado) – Universidade Nova de Lisboa, Lisboa, 2016, p. 15.

Nesse sentido, Andrade[33] afirma que, "quanto a presunção *iuris et de iure*, esta verifica-se nos casos em que a presunção é considerada absoluta e irrefutável, ou seja, que a sua validade não pode ser questionada e em que nem é admitida prova em contrário".

Daniel Assumpção[34] aponta que a "presunção absoluta é fundada numa grande probabilidade de o fato presumido ter realmente ocorrido...".

Permite-se, a partir dessas manifestações doutrinárias analisar a lesividade presumida na Lei de Ação Popular e verificar se se trata de presunção absoluta ou presunção relativa.

Luiz Manoel Gomes Junior[35] considera acertado "que tais presunções somente podem decorrer de expressa previsão legal, considerando os seus efeitos, devendo o autor popular apenas provar a prática do ato, dispensada a comprovação da lesividade, que é tida como presumida".

Vale colacionar trecho do voto da Ministra Eliana Calmon[36], no Recurso Especial 719.548/PR, em que, respondendo ao questionamento se a lesão ao patrimônio público deverá ser provada ou se poderá ser presumida, afirma que o art. 4º enumera taxativamente as hipóteses em que há presunção de lesividade:

> "Em uma análise sistemática da Lei da Ação Popular, pode-se concluir que ela deverá, via de regra, ser provada, admitindo-se a presunção somente nas hipóteses previstas na lei. E isto porque o art. 4º da Lei nº 4.717/65 elenca em *numerus clausus* as hipóteses de ilegalidade de ato administrativo em que se dispensa a comprovação de efetiva lesão".

Diante da explanação supracitada cumpre ressaltar que, além das hipóteses de lesividade presumida especificadas na Lei de Ação Popular, pode haver presunção de lesividade em outras leis, como é o caso da lesividade presumida na Lei de Responsabilidade Fiscal, que será abordado em item próprio. Assim, frisa-se, a presunção de lesividade somente pode decorrer da lei, mas não exclusivamente da Lei de Ação Popular.

---

33 Idem, p. 16.

34 NEVES, Daniel Amorim Assumpção. *Manual de direito processual civil*. 8ª ed. Salvador: JusPodivm, 2016. p. 2954.

35 GOMES JUNIOR, Luiz Manoel. *Ação popular*: aspectos polêmicos. 2ª ed. Rio de Janeiro: Forense, 2004. p. 112.

36 STJ, REsp 719.548/PR, rel. Min. Eliana Calmon, j. 03.04.2008, *DJe* 21.11.2008, trecho do voto da Min. Eliana Calmon.

Ainda sobre a lesividade presumida, importante consignar as ponderações de Rodolfo de Camargo Mancuso[37] ao citar José Ignácio Botelho de Mesquita:

> "Ainda a propósito dos casos de lesividade presumida, elencados no art. 4º da Lei nº 4.717/65, José Ignácio Botelho de Mesquita esclarece que eles 'não se referem em momento algum à responsabilidade pelo ressarcimento de danos; limitam-se, exclusivamente, a dispor sobre os vícios que autorizam a anulação do ato mediante a ação popular'. E, na sequência, aduz: 'Assim, o tema da lesividade presumida, a que estaria preso o art. 4º da Lei, também nada tem a ver com responsabilidade dos réus pela reparação das perdas e danos. A discriminação, aliás, entre lesividade provada e lesividade presumida não está na lei. É criação doutrinária destinada a harmonizar o texto da lei com a Constituição. Como, na Constituição, a ação popular é ação para anular o ato lesivo, a única forma de conciliar o disposto no art. 4º da lei com o preceito constitucional é dar como presumida a lesividade nas hipóteses de nulidade por ele elencadas. O art. 4º simplesmente dispensou a prova da lesão como requisito autônomo para a anulação do ato. Vale dizer, a lesividade só se presume para os efeitos da Constituição e esta, por sua vez, só se refere à anulação, ou declaração da nulidade do ato. Em outras palavras: apenas para a declaração da nulidade do ato, nos casos do art. 4º, ficou dispensada a prova da lesividade. Não para a condenação".

Dessa lição, percebe-se que a lesividade presumida do art. 4º refere-se somente à possibilidade de anulação do ato, não à responsabilização do réu pelo ressarcimento ao erário, inferindo-se que basta que o autor da ação popular prove a prática do ato para que este seja desconstituído, mas não há presunção de lesividade quanto ao conteúdo condenatório da ação popular, pois para que haja recomposição do erário necessária a demonstração da lesividade real, o prejuízo econômico.

Assim também é o magistério de José dos Santos Carvalho Filho[38]:

> "Permitimo-nos, contudo, distinguir: se a lesão não for aferida pecuniariamente, a decisão limitar-se-á à anulação do ato; caso possível essa aferição, aí sim, a sentença, além do conteúdo anulatório, terá também *conteúdo condenatório*, em ordem a responsabilizar os agentes e terceiros que deram ensejo à lesão, o que é expressamente autorizado pelo art. 11 da Lei nº 4.717/1965".

---

37 MANCUSO, Rodolfo de Camargo. *Ação popular.* 8ª ed. São Paulo: Ed. RT, 2015. pp. 126-127.

38 CARVALHO FILHO, José dos Santos. *Manual de direito administrativo.* 32ª ed. – São Paulo: Atlas, 2018, p. 1125.

Nessa linha de raciocínio, Eros Roberto Grau[39] aduz que:

> "Pode-se distinguir, nitidamente, dois efeitos na ação popular: (1) a anulação ou declaração da nulidade do ato lesivo (lesividade provada ou lesividade presumida) e (2) a condenação dos réus ao pagamento de perdas e danos decorrentes da prática do ato. Ao primeiro efeito respeitam os arts. 2º e 4º da Lei nº 4.717/65; ao segundo, o art. 11 da mesma Lei nº 4.717/65. Admite-se, nos casos do art. 4º, a declaração de nulidade independentemente da comprovação da lesividade do ato. Não se pode admitir, contudo, a condenação dos réus ao pagamento de perdas e danos decorrentes de lesão apenas presumida. Essa condenação reclama a efetiva comprovação da lesividade do ato. Sem dano comprovado inexiste responsabilidade civil, ainda que possa haver a declaração da nulidade do ato, nos casos do art. 4º".

Aqui, importante destacar o argumento de que inexiste responsabilidade civil sem a comprovação do dano. consoante alertado por Maria Elisa Perrone dos Reis[40]: "contudo, a simples configuração da lesividade nos termos a que se refere o art. 4º da LAP não autoriza o ressarcimento ao erário, corolário do reconhecimento da lesão". A mesma autora, mais adiante, ainda aponta que "a ação popular tem por finalidade o ressarcimento ao erário dos prejuízos que lhe foram causados. Logo, presumir lesividade é presumir responsabilidade civil e, como se sabe, a responsabilidade civil precisa ser provada".

De se entender, pois, nesse ponto, que a condenação em perdas e danos decorrente de lesão presumida, se inexistente o prejuízo econômico ao erário, configuraria um enriquecimento sem causa aos cofres públicos.

Assim, infere-se que, para a propositura da ação popular com fundamento no art. 4º da Lei nº 4.717/1965, basta a demonstração da ocorrência de qualquer dos casos mencionados no referido artigo, ficando dispensada a prova da lesividade, que é presumida; todavia, tal presunção apenas dispensa a prova da lesividade como requisito para a declaração de nulidade do ato, não alcançando a condenação em ressarcimento ao erário, a qual necessitaria da ocorrência de lesão econômica efetiva.

É nessa mesma toada o magistério de Luiz Manoel Gomes Junior[41], para quem:

---

39 GRAU, Eros Roberto. Requisitos da lesividade na ação popular. *Estudos em homenagem a Geraldo Ataliba*. Organização Celso Antônio Bandeira de Mello. São Paulo: Malheiros, 1996. p. 341.

40 PERRONE DOS REIS, Maria Elisa. *A presunção de lesividade do artigo 4º da Lei nº 4.77 de 29.06.65.* 2008. Dissertação (Mestrado) – Universidade de Ribeirão Preto, Ribeirão Preto, 2008, pp. 102 e 107.

41 GOMES JUNIOR, Luiz Manoel. Temas de direito processual – A lesividade como requisito da ação popular. *Revista de Processo,* São Paulo, v. 226, p. 272, dez. 2013.

> "A lesividade presumida, como causa de pedir veiculada em sede de ação popular, a nosso ver, serve apenas como condição para anular o ato administrativo, tido como ilegal. Esta, em regra, não se presta à demanda que tem por objetivo finalidade reparatória, exceto se comprovado dano efetivo. Nesse caso, em verdade, nem se poderia falar em lesividade presumida, mas efetiva.
> "(...) Não obstante, situações existem no dispositivo *retro* que, conquanto seja o ato considerado ilegal, nem sempre a lesividade se fará presente (devendo ser analisado caso a caso), pois, havendo a contraprestação dos serviços (incs. I e II) ou o investimento público contratado, ainda que o ato ou contrato seja declarado nulo, não haverá lesividade real, não se podendo também falar em lesividade presumida.

Da lição do autor citado vale destacar que, ainda que o ato seja ilegal, nem sempre haverá lesividade, como podem ser os casos de uma contratação de pessoal ao serviço público remunerado, operação bancária sem observância das normas legais ou a concessão de serviço público sem prévia licitação, hipóteses, respectivamente, previstas nos incisos I, II e III do art. 4º da Lei nº 4.717/1965, pois, restando comprovado que houve a contraprestação de serviços ou que o investimento público contratado tenha sido revertido em benefício da coletividade, não haverá lesividade real, ou seja, não haverá prejuízo ao erário.

Nesse sentido, anote-se a ementa do julgado proferido pelo Superior Tribunal de Justiça,[42] por ocasião do Recurso Especial 407.075/MG:

> Processual civil. Ação popular. Lei nº 4.717/65. Requisitos. Ausência da lesividade. Improcedência.
> 1. A ação popular reclama com requisitos de procedência a ilegalidade e a lesividade do ato oriundo do poder público. A lesividade presumida admite a contraprova, máxime no âmbito pecuniário, mercê da 'lesividade à ordem jurídica'. A lesividade que impõe o ressarcimento é aquela que onera, sem benefícios, o erário público.
> 2. A contratação de servidores temporários, sem concurso público, na hipótese em tela, não preenche o requisito da ocorrência da lesividade, razão por que não há que se falar em nulidade de tais contratos, mormente porque os contratados se beneficiaram dos salários auferidos e a municipalidade da mão-de-obra prestada. Ausência de lesividade. Precedentes.
> 3. A contratação de mão-de-obra temporária em razão de situação excepcional, comprovada pela existência de mais de uma centena de ações trabalhistas nas quais os juízos reconheceram a excepcionalidade e a necessidade das referidas contratações para não paralisar os serviços públicos, é matéria fática, cujo conhecimento esbarra na Súmula nº 07/STJ. Não obstante, verossímil a alegação, a contratação de profissionais temporários enquadra-se no disposto no inciso IX,

42 STJ, REsp 407.075/MG, rel. Min. Luiz Fux, j. 27.08.2002, *DJe* 23.09.2002.

> do art. 37, da CF, *in casu* coadjuvado pela Lei Municipal 1.137/90. Contratação temporária com o escopo de atender o interesse público até a realização de concurso que efetivamente se operou. Lesividade inexistente. Precedentes. 4. Recurso especial provido.

Note-se que, no caso versado nesse julgamento, houve a contraprestação de serviços por parte dos contratados em favor da Administração, de modo que a condenação ao ressarcimento ao erário da remuneração paga aos contratados configuraria enriquecimento sem causa da Administração.

Ainda, nesse sentido, colaciona-se a ementa do Recurso Especial 15.463/RS, em que o Superior Tribunal de Justiça[43] descaracterizou a lesão:

> Ação popular. Obra municipal. Contrato para construção de ginásio de esportes. Discussão sobre a legalidade do ajuste. Irregularidades na edificação, que levariam a invalidar o contrato. Lesividade não demonstrada. Pedido improcedente. Não havendo elementos probatórios que demonstrem a lesividade ao patrimônio público, pela obra impugnada, já inteiramente concluída e em utilização há vários anos, não se apresenta como desarrazoada a decisão que concluiu pela improcedência da ação popular, mesmo que constatadas irregularidades na contratação.

Note-se, no caso, que, embora o contrato tenha sido efetivado sem a devida licitação pública, situação de lesividade presumida prevista no art. 4º, III, "a", da Lei nº 4.717/1965, a obra foi concluída, sendo utilizada há vários anos, não se podendo dizer que teria havido lesão ao erário, porque a obra resultante da contratação se converteu em benefício à coletividade.

Oportuno, ainda, transcrever a ementa do acórdão proferido pelo Superior Tribunal De Justiça[44] em embargos de divergência em Recurso Especial 260.821:

> Administrativo. Ação popular. Cabimento. Ilegalidade do ato administrativo. Lesividade ao patrimônio público. Comprovação do prejuízo. Necessidade.
> 1. O fato de a Constituição Federal de 1988 ter alargado as hipóteses de cabimento da ação popular não tem o efeito de eximir o autor de comprovar a lesividade do ato, mesmo em se tratando de lesão à moralidade administrativa, ao meio ambiente ou ao patrimônio histórico e cultural.
> 2. Não há por que cogitar de dano à moralidade administrativa que justifique a condenação do administrador público a restituir os recursos auferidos por meio

---

43 STJ, REsp. 15.463/RS, rel. Min. Hélio Mosimann, j. 07.03.1994, *DJe* 25.04.1994

44 STJ, EDiv no REsp 260.821/SP, rel. Min. Luiz Fux, rel. p/ acórdão Min. João Otávio de Noronha, j. 23.11.2005, *DJe* 13.02.2006

> de crédito aberto irregularmente de forma extraordinária, quando incontroverso nos autos que os valores em questão foram utilizados em benefício da comunidade.
> 3. Embargos de divergência providos.

Nesse julgamento, em voto-vista, o Ministro João Otávio de Noronha ressaltou:[45]

> "(...) contentou-se o magistrado em acolher a tese da lesividade presumida, em função da irregularidade formal do ato, conforme conclusões de relatório do Tribunal de Contas do Estado. Não teve sequer o cuidado de adentrar nos aspectos relativos aos resultados materiais da medida que, conforme comprovado documentalmente, repita-se, segundo consignado na própria sentença de primeiro grau – e aqui sim haveria que se aplicar o óbice da Súmula nº 7 da Corte – não demonstraram nenhuma lesão efetiva aos cofres públicos.

Também, do mesmo julgamento, oportuno transcrever trecho do voto do Ministro Castro Meira[46], que oferece esclarecimentos sobre a lesividade presumida:

> A Lei de Ação Popular (Lei nº 4.717/65) traz implícita a noção de lesividade do ato objeto de impugnação. Regra geral, a lesão precisa ser demonstrada pelo auto popular (lesividade provada). Como exceção, situam-se as hipóteses constantes do art. 4º da referida Lei, em que a lesividade é presumida. Nesse caso, a presunção é apenas relativa, já que admite prova em contrário a cargo do réu.
> Em ambas as espécies não se afasta o requisito da lesividade. Na primeira, a prova competirá ao autor, na segunda, por força da presunção legal e da inversão do ônus da prova, caberá ao réu que deverá demonstrar a ausência de lesão.
>
> (...) É incorreto falar-se, portanto, em lesividade presumida quanto ao conteúdo condenatório da ação.
>
> Anoto, por fim, que não se deve aderir de forma categórica e imperativa a qualquer das teses consagradas nos arestos em confronto. É preciso temperamento. A solução adequada demanda análise caso a caso. A controvérsia deve ser apreciada à luz de cada um dos pedidos formulados pelo autor popular, para se concluir se é exigível ou não prova da lesividade.

---

45 STJ, EDiv no REsp 260.821/SP, rel. Min. Luiz Fux, rel. p/ acórdão Min. João Otávio de Noronha, j. 23.11.2005, *DJe* 13.02.2006, trecho do voto do Min. João Otávio de Noronha.

46 STJ, EDiv no REsp 260.821/SP, rel. Min. Luiz Fux, rel. p/ acórdão Min. João Otávio de Noronha, j. 23.11.2005, *DJe* 13.02.2006, trecho do voto do Min. Castro Meira.

Portanto, importante observar que, para os casos em que a lesividade é presumida, mesmo sendo nulo o ato praticado, se os serviços ou valores decorrentes desse ato nulo foram empregados em benefício da coletividade, sem desfalque ao erário, não haveria o ressarcimento ao erário, pois em tais casos, se houvesse, configuraria enriquecimento sem causa por parte da Administração. Ainda, consoante apontado na ementa do REsp 407.075/MG "a lesividade que impõe o ressarcimento é aquela que onera, sem benefícios, o erário público".

Maria Elisa Perrone dos Reis[47] alerta que "a nova sistemática, de outro lado, firmou posição na qual os atos previstos no art. 4º da LAP são presumidamente lesivos, presunção que tornada relativa, admite prova em contrário, (...)". E segue explicando:

> "(...) assim, uma vez comprovado que não houve a lesão, esta deixa de existir (*v.g.* dispensa de licitação – lesividade presumida de acordo com o artigo 4º, mas se restar provado que a compra feita sem licitação foi por valor menor, e que não houve lesão e sim lucro, fica elidida a lesão por prova em contrário)".

Também, Roberto Senise Lisboa[48] assinala que:

> "(...) os casos arrolados pelo art. 4º da Lei nº 4.717/65 não precisam ser demonstrados. Basta a presunção da ilegalidade e lesividade. Incumbirá ao demandado, destarte, demonstrar a inocorrência da lesividade presumida pelo legislador, que é relativa (presunção *juris tantum*)".

De se ver, seguindo esse raciocínio, que as hipóteses elencadas no art. 4º são casos de presunção relativa de lesividade, cabendo prova em contrário, cujo ônus recai sobre quem impugna a presunção. Nesse sentido, ao autor da ação popular basta demonstrar a prática de ato que se encaixe numa das situações mencionadas no art. 4º, presumindo-se a lesividade, cuja impugnação imporá ao réu o ônus de provar que o ato praticado não causou prejuízo ao erário, especialmente nas situações que, embora tido como nulo, o ato reverteu em benefício para a coletividade, sem desfalque ou diminuição do erário, para afastar a condenação em ressarcimento em perdas e danos.

---

47 PERRONE DOS REIS, Maria Elisa. *A presunção de lesividade do artigo 4º da Lei nº 4.77 de 29.06.65.* 2008. Dissertação (Mestrado) – Universidade de Ribeirão Preto, Ribeirão Preto, 2008, p. 106.

48 LISBOA, Roberto Senise. *Contratos difusos e coletivos*: a função social do contrato. 4ª ed. São Paulo: Saraiva, 2012. p. 582.

Rodolfo de Camargo Mancuso[49] ressalta que há uma mútua implicação entre a ilegalidade e a lesividade e que a imbricação entre esses pressupostos "revela-se complexa e intrincada, não tendo, até agora, encontrado, em sede doutrinária ou jurisprudencial um critério suficientemente consistente capaz de fixar, *in abstracto*, um parâmetro genérico e razoavelmente seguro na matéria".

5. Hipóteses elencadas na Lei de Ação Popular

Estabelecido o entendimento de que é necessária a configuração do binômio ilegalidade-lesividade do ato para a propositura da ação popular e assinalado que a lesividade presumida consiste numa presunção legal relativa, podendo o réu produzir prova em contrário, cumpre explanar sobre as situações previstas mencionadas no art. 4º da Lei nº 4.717/1965.

Referido artigo dispõe que são nulos os seguintes atos ou contratos, praticados ou celebrados por quaisquer das pessoas ou entidades referidas no art. 1º, nas seguintes hipóteses:

> "I – A admissão ao serviço público remunerado, com desobediência, quanto às condições de habilitação, das normas legais, regulamentares ou constantes de instruções gerais".

Refere-se às contratações de servidores sem a observância do disposto em normas legais relativas ao ingresso no serviço público, por exemplo: contratação de servidores sem a realização prévia de concurso público exigida no art. 37, II, da CF, ou a contratação temporária sem observância dos requisitos legais e das circunstâncias em que é permitida, estabelecidas no art. 37, IX, da CF. Consoante a exposição de motivos da Lei de Ação Popular, a inserção desse inciso visava a atacar os atos de favoritismo no ingresso aos quadros do serviço público.

"II – A operação bancária ou de crédito real, quando:

a) for realizada com desobediência a normas legais, regulamentares, estatutárias, regimentais ou internas;

b) o valor real do bem dado em hipoteca ou penhor for inferior ao constante de escritura, contrato ou avaliação."

---

49 MANCUSO, Rodolfo de Camargo. *Ação popular.* 8ª ed. São Paulo: Ed. RT, 2015. p. 128.

As operações bancárias podem ser passivas ou ativas. Aquelas, as passivas, são caracterizadas como operações de captação, em que a instituição bancária recebe dinheiro das pessoas por meio de depósitos bancários, tornando-se devedora, como o depósito pecuniário.

Já as operações ativas são aquelas em que as instituições bancárias praticam na qualidade de credores, como os empréstimos e financiamentos.

No que tange às operações de crédito, estas se dividem em operações de empréstimo e financiamento, nas quais um consumidor assume um compromisso financeiro com uma instituição bancária que passa a ser credora. Assim, se tais operações forem praticadas em desacordo com as normas legais, estará caracterizada a lesividade presumida.

"III – A empreitada, a tarefa e a concessão do serviço público, quando:

a) o respectivo contrato houver sido celebrado sem prévia concorrência pública ou administrativa, sem que essa condição seja estabelecida em lei, regulamento ou norma geral;

b) no edital de concorrência forem incluídas cláusulas ou condições, que comprometam o seu caráter competitivo;

c) a concorrência administrativa for processada em condições que impliquem na limitação das possibilidades normais de competição."

A Lei nº 8.666/1993 estabelece no art. 6º, VIII, que a execução indireta é aquela em que o órgão ou entidade contrata com terceiros sob os regimes de empreitada ou tarefa. Esta última, a contratação por tarefa se configura quando se ajusta mão de obra para pequenos trabalhos por preço certo, com ou sem fornecimento de materiais.

Já a empreitada pode ser: por preço global, quando se contrata a execução da obra ou do serviço por preço certo e total; por preço unitário, quando se contrata a execução da obra ou do serviço por preço certo de unidades determinadas; ou empreitada integral, quando se contrata um empreendimento em sua integralidade, compreendendo todas as etapas das obras, serviços e instalações necessárias, sob inteira responsabilidade da contratada até a sua entrega ao contratante em condições de entrada em operação, atendidos os requisitos técnicos e legais para sua utilização em condições de segurança estrutural e operacional e com as características adequadas às finalidades para que foi contratada.

A concessão de serviço público tem por objetivo transferir a gestão e execução de um serviço do Poder Público ao particular, por sua conta e risco e por prazo determinado. Tal concessão realizar-se mediante licitação na modalidade concorrência, consoante a Lei nº 8.987/1995.

Assim, se os atos de empreitada, tarefa e concessão forem praticados nas situações previstas nas alíneas "a", "b" e "c", a lesividade será presumida.

> ***"IV – As modificações ou vantagens, inclusive prorrogações que forem admitidas, em favor do adjudicatário, durante a execução dos contratos de empreitada, tarefa e concessão de serviço público, sem que estejam previstas em lei ou nos respectivos instrumentos."***

Se durante a execução dos contratos de empreitada, tarefa e concessão de serviço público (conceituados anteriormente) houver modificações, vantagens ou prorrogações em favor do adjudicatário em desrespeito a previsão legal ou ao respectivo instrumento de contrato, tais modificações, vantagens ou prorrogações concedidas serão consideradas presumidamente lesivas ao patrimônio público.

> ***"V – A compra e venda de bens móveis ou imóveis, nos casos em que não cabível concorrência pública ou administrativa, quando:***
>
> ***a) for realizada com desobediência a normas legais, regulamentares, ou constantes de instruções gerais;***
>
> ***b) o preço de compra dos bens for superior ao corrente no mercado, na época da operação;***
>
> ***c) o preço de venda dos bens for inferior ao corrente no mercado, na época da operação."***

No tocante à alienação de bens da Administração Pública, tratando-se de bens imóveis, deve-se respeitar o disposto no art. 17 da Lei nº 8.666/1993, realizando-se licitação na modalidade de concorrência, havendo casos específicos, estabelecidos no art. 19 da mencionada lei, que poderão ocorrer na modalidade licitatória leilão.

O leilão é a modalidade de licitação para a venda de bens móveis inservíveis para a administração, conforme expresso no art. 22, § 5º, da Lei nº 8.666/1993. Assim, devem-se observar as disposições legais para que a compra e venda de bens móveis ou imóveis nas situações mencionadas não seja presumidamente lesiva.

> ***"VI – A concessão de licença de exportação ou importação, qualquer que seja a sua modalidade, quando:***
>
> ***a) houver sido praticada com violação das normas legais e regulamentares ou de instruções e ordens de serviço;***
>
> ***b) resultar em exceção ou privilégio, em favor de exportador ou importador."***

A exportação consiste na saída temporária ou definitiva do território nacional de bens ou serviços originários ou procedentes do País, a título oneroso ou gratuito, e a importação caracteriza-se pela entrada temporária ou definitiva em território nacional de bens ou serviços originários ou procedentes de outros países, a título oneroso ou gratuito. Se a licença para qualquer dessas modalidades for concedida nas situações descritas nas alíneas "a" ou "b", operar-se-á a presunção de lesividade do ato de concessão.

> ***"VII – A operação de redesconto quando sob qualquer aspecto, inclusive o limite de valor, desobedecer a normas legais, regulamentares ou constantes de instruções gerais."***

A operação de redesconto é concedida a critério exclusivo do Banco Central do Brasil, conforme a Circular 3.105, de 5 de abril de 2002, e consiste em operação cujo acesso é facultado às instituições financeiras titulares de conta Reservas Bancárias ou de Conta de Liquidação, compreendendo as modalidades de compra com compromisso de revenda e de redesconto.

Registre-se que podem ser objeto do redesconto, na modalidade de compra com compromisso de revenda, os títulos públicos federais registrados no Sistema Especial de Liquidação e de Custódia – Selic e outros títulos e valores mobiliários, créditos e direitos creditórios, preferencialmente com garantia real, e outros ativos. Já a modalidade de redesconto contempla títulos e valores mobiliários e direitos creditórios descontados integrantes do ativo da instituição financeira interessada.

Se concedido o redesconto sem observância das disposições legais, restará configurada a lesividade presumida.

"VIII – O empréstimo concedido pelo Banco Central da República, quando:

a) concedido com desobediência de quaisquer normas legais, regulamentares, regimentais ou constantes de instruções gerais;

b) o valor dos bens dados em garantia, na época da operação, for inferior ao da avaliação."

O empréstimo, modalidade de operação de crédito, consiste em operação bancária ativa, na qual a instituição bancária passa a ser credora de um consumidor, que se torna devedor, ao disponibilizar recursos financeiros em troca da devolução da quantia em determinado prazo, acrescido de juros e encargos, consoante condições previamente contratadas e, se concedido pelo Banco Central nas situações descritas nas alíneas "a" ou "b", ficará caracterizada a lesividade presumida.

"IX – A emissão, quando efetuada sem observância das normas constitucionais, legais e regulamentadoras que regem a espécie."

A emissão de papel-moeda é um processo econômico que visa a colocar moeda em circulação, que ficará à disposição dos bancos e da sociedade. O Banco Central é responsável pela emissão de moeda, atuando de forma a regular a quantidade de moeda em circulação a fim de manter a estabilidade de preços e do poder de compra da moeda nacional, bem como controlar a inflação.

Nessa hipótese, ficará caracterizada a lesividade se a emissão de moeda se fizer em desacordo com normas constitucionais, legais e regulamentadoras que regem a espécie, aliás, conforme claramente previsto no inciso em comento.

6. Lesividade presumida na Lei de Responsabilidade Fiscal

Consoante apontado anteriormente, as hipóteses de lesividade presumida decorrem de disposição legal, mas não exclusivamente as que estão mencionadas na Lei de Ação Popular, pois, além destas, existem situações previstas em outra legislação que configurem caso de lesividade presumida.

A Lei Complementar 101, de 5 de maio de 2000, denominada Lei de Responsabilidade Fiscal, estabelece normas de finanças públicas voltadas para a responsabilidade na gestão fiscal e representa um avanço no controle dos gastos públicos, destacando a importância de cumprimento de metas de resultados entre receitas e despesas, observando-se os limites de gastos com pessoal e outras despesas.

Cabe explanar sobre a influência que referida lei exerce na ação popular, pois o art. 15 estabelece que "serão consideradas não autorizadas, irregulares e lesivas ao patrimônio público a geração de despesa ou assunção de obrigação que não atendam o disposto nos arts. 16 e 17".

Assim, o ato que importe aumento de despesa deve ser acompanhado de estimativa do impacto orçamentário-financeiro no exercício em que deva entrar em vigor e nos dois subsequentes, bem como da respectiva declaração de que o ato tem adequação orçamentária e financeira com a lei orçamentária anual, além da compatibilidade com o plano plurianual e com a lei de diretrizes orçamentárias.

Nesse sentido, consoante a redação do § 4º do art. 16 da Lei de Responsabilidade Fiscal, tais normas estabelecidas no *caput* devem ser observadas para: empenho e licitação de serviços, fornecimento de bens ou execução de obras e desapropriação de imóveis urbanos que devam ser feitas com prévia e justa indenização em dinheiro. Dessa forma, a prática desses atos sem observar as condições prévias estabelecidas no art. 16, I e II, da mencionada Lei, caracterizam atos lesivos que dispensam a prova da lesividade, operando a presunção de lesividade e que podem ser impugnados por meio da ação popular.

Acerca da influência que a Lei de Responsabilidade Fiscal tem na ação popular, Luiz Manoel Gomes Junior[50] assevera que:

> *"Efetivada uma licitação ou desapropriação sem o atendimento do disposto nos incisos I e II do art. 16 da Lei de Responsabilidade Fiscal, será a mesma considerada lesiva, haja vista a presunção legal.*
>
> *"(...)*
>
> *"Houve, assim, um 'cerco' para evitar tais tipos de atos. Se praticados, a ilegalidade estará presente pelo desatendimento dos preceitos da Lei de Responsabilidade Fiscal, sendo dispensada a prova da lesividade, considerando que a mesma é tida como presumida.*

50 GOMES JUNIOR, Luiz Manoel. *Ação popular*: aspectos polêmicos. 2ª ed. Rio de Janeiro: Forense, 2004. p. 116.

"Assim, presentes os requisitos exigidos para o acolhimento do pedido em sede de Ação Popular todas as vezes que desatendidos os preceitos dos arts. 16 e 17 da Lei de Responsabilidade Fiscal, situação esta séria e que não pode ser ignorada pelo administrador".

Corroborando o entendimento do autor supracitado, entende-se que a redação do art. 15 da Lei de Responsabilidade Fiscal estabeleceu casos em que a lesividade será presumida, bastando a prática da desapropriação prevista no art. 182, § 3º, da CF, por exemplo, sem a observância das condições previstas na referida lei para que se possa manejar a ação popular.

Bibliografia

AMARAL, Francisco. Direito civil: introdução. 5ª ed. – Rio de Janeiro: Renovar, 2003.

ANDRADE, Ana Maria Margarida Faria de. *A prova por presunção no direito civil e processual civil*: as presunções judiciais e o recurso ao senso comum e às máximas da experiência. 2016. Dissertação (Mestrado) – Universidade Nova de Lisboa, Lisboa, 2016. Disponível em: [http://repositorio.ual.pt/bitstream/11144/2744/1/UNIVERSIDADE%20AUT%C3%93NOMA%20DE%20LISBOA%20LU%C3%8DS%20DE%20CAM%C3%95ES%20-%20tese%20final.pdf]. Acesso em: 12.09.2018.

BASTOS, Celso Ribeiro. *Curso de direito constitucional.* 16ª ed. São Paulo: Saraiva, 1995.

BUZAID, Alfredo. Parecer Jurídico. *RDA*, v. 84, p. 331, 1957.

CARVALHO FILHO, José dos Santos. *Manual de direito administrativo.* 32ª ed. – São Paulo: Atlas, 2018.

GARCIA, Maria. A interpretação constitucional e os requisitos da ação popular. *Revista de Direito Constitucional e Internacional,* São Paulo, nº 30, 2000.

GOMES JUNIOR, Luiz Manoel. *Ação popular*: aspectos polêmicos. 2ª ed. Rio de Janeiro: Forense, 2004.

GOMES JUNIOR, Luiz Manoel. O problema da natureza jurídica da lesividade na ação popular. *Revista de Processo,* São Paulo, v. 7, pp. 181-193, abr. 2099.

GOMES JUNIOR, Luiz Manoel. Temas de direito processual – A lesividade como requisito da ação popular. *Revista de Processo,* São Paulo, v. 226, pp. 269-278, dez. 2013.

GRAU, Eros Roberto. Requisitos da lesividade na ação popular. *Estudos em homenagem a Geraldo Ataliba*. Organização Celso Antônio Bandeira de Mello. São Paulo: Malheiros, 1996.

HARET, Florence. Por um conceito de presunção. *Revista da Faculdade de Direito de São Paulo,* São Paulo, v. 104, jan./dez. 2009. Disponível em: [file:///C:/Users/rra/Downloads/67876-Texto%20do%20artigo-89307-1-10-20131125%20(1).pdf]. Acesso em: 12.09.2018.

LISBOA, Roberto Senise. *Contratos difusos e coletivos*: a função social do contrato. 4ª ed. São Paulo: Saraiva, 2012.

MANCUSO, Rodolfo de Camargo. *Ação popular.* 8ª ed. São Paulo: Ed. RT, 2015.

MEIRELLES, Hely Lopes. *Mandado de segurança, ação popular, ação civil pública, mandado de injunção,* habeas data, *ação direta de inconstitucionalidade, ação declaratória de constitucionalidade e arguição de descumprimento de preceito fundamental.* 23ª ed. atual. por Arnoldo Wald e Gilmar Ferreira Mendes. São Paulo: Malheiros, 2001.

NEVES, Daniel Amorim Assumpção. *Manual de direito processual civil.* 8ª ed. Salvador: JusPodivm, 2016.

PERRONE DOS REIS, Maria Elisa. *A presunção de lesividade do artigo 4º da Lei nº 4.77 de 29.06.65.* 2008. Dissertação (Mestrado) – Universidade de Ribeirão Preto, Ribeirão Preto, 2008. Disponível em: [https://www.unaerp.br/documentos/408-maria-elisa-perroni/file]. Acesso em: 12.09.2018.

SEABRA FAGUNDES, Miguel. Da ação popular. *RDA*, Rio de Janeiro, v. 6, pp. 1-19, 1946.

SEABRA FAGUNDES, Miguel. *O controle dos atos administrativos pelo Poder Judiciário.* Rio de Janeiro, Forense, 2010.

SILVA, José Afonso da. *Ação popular constitucional*: doutrina e processo. São Paulo: Malheiros, 2013.

SILVA, José Afonso da. Curso de Direito Constitucional Positivo. 36ª ed. São Paulo: Malheiros, 2013b.

SOARES, Mário Bento Martins. Ação popular: singularidades e controvérsias do instituto. *RDP*, São Paulo, v. 53-54, 1980.

THEODORO JÚNIOR, Humberto. Ação popular e *habeas data* na nova Constituição brasileira. *Revista da Faculdade de Direito da Universidade Federal de Minas Gerais*, nº 33, pp. 153-176, out. 1991. Disponível em: [https://www.direito.ufmg.br/revista/index.php/revista/article/view/1425/1354]. Acesso em: 06.09.2018.

WAMBIER, Teresa Arruda Alvim. *Primeiros comentários ao novo Código de Processo Civil*: artigo por artigo. São Paulo: Ed. RT, 2015.

Art. 5º Conforme a origem do ato impugnado, é competente para conhecer da ação, processá-la e julgá-la o juiz que, de acordo com a organização judiciária de cada Estado, o for para as causas que interessem à União, ao Distrito Federal, ao Estado ou ao Município.

§ 1º Para fins de competência, equiparam-se atos da União, do Distrito Federal, do Estado ou dos Municípios os atos das pessoas criadas ou mantidas por essas pessoas jurídicas de direito público, bem como os atos das sociedades de que elas sejam acionistas e os das pessoas ou entidades por elas subvencionadas ou em relação às quais tenham interesse patrimonial.

§ 2º Quando o pleito interessar simultaneamente à União e a qualquer outra pessoa ou entidade, será competente o juiz das causas da União, se houver; quando interessar simultaneamente ao Estado e ao Município, será competente o juiz das causas do Estado, se houver.

§ 3º A propositura da ação prevenirá a jurisdição do juízo para todas as ações, que forem posteriormente intentadas contra as mesmas partes e sob os mesmos fundamentos.

§ 4º Na defesa do patrimônio público caberá a suspensão liminar do ato lesivo impugna*do.* **(Incluído pela Lei nº 6.513, de 1977.)**

Flávio Marcos de Oliveira Vaz
Lucas de Souza Lehfeld

Sumário: 1. Aspectos gerais da competência e a aplicabilidade de dispositivos constitucionais e processuais. **2.** Da derrogação de competência, conexão de interesses e competência por atração. Bibliografia.

1. Aspectos gerais da competência e a aplicabilidade de dispositivos constitucionais e processuais

A Lei nº 4.717, de 29 de junho de 1965, regulamenta a Ação Popular e, em seu art. 5º, discorre sobre a competência. No dispositivo normativo sob análise, notam-se regras essenciais e especiais para a competência da ação popular.

Ressalta-se que o seu modo de aplicação também encontra respaldo em outros diplomas, como na Constituição Federal de 1988 (art. 5º, inciso LXXIII) e Código de Processo Civil (Título III – Da Competência Interna, do Livro II – Da Função Jurisdicional, da Lei nº 13.105, de 16 de março de 2015).

Apesar de a Lei nº 4.717/1965 traçar regras para a competência, a legislação que instituiu a Justiça Federal de primeira instância (Lei nº 5.010, de 20 de maio de 1966, em especial seu Capítulo III, Seção I – Da Jurisdição e Competência) modificou regras antes previstas. Ademais, no decorrer dos anos, outras alterações foram feitas pelo legislador constitucional e ordinário quanto ao próprio cabimento e competência da ação popular. Sob esse contexto, vide o próprio art. 5º, LXXIII, da Constituição Federal de 1988, que ampliou significativamente o escopo da ação popular (além do erário público, moralidade administrativa, meio ambiente e patrimônio histórico e cultural); e a reforma do Poder Judiciário decorrente da Emenda Constitucional nº 45, de 30 de dezembro de 2004, com as alterações, por exemplo, da competência da Justiça Federal.

Inicialmente, a ação popular possui requisitos e características que merecem destaque. Mancuso, neste sentido, esclarece:

> "Ocorre que a ação popular apresenta certa peculiaridades, *v.g.*, o fato de lobrigar questões de ordem pública, indisponíveis; fato de sempre envolver ato ou omissão de autoridade, servidores, e mesmo de terceiros; as circunstâncias de apresentar um polo passivo subjetivamente completo, abrangendo autoridades e agentes públicos de mais de um nível de governo e até de mais de um Poder; o fato de seu objeto, por vezes, concernir a mais de um Estado da Federação, ou a mais de um nível do governo. Singularidades essas que, tomadas em conjunto, induziram o legislador a regular a competência para essa ação através de certos critérios especiais, por vezes derrogatórias das regras do CPC".[1]

No *caput* do art. 5º da Lei nº 4.717/1965 encontra-se previsto que, de acordo com a origem do ato impugnado, definir-se-á a competência da ação, conforme a organização judiciária de cada Estado, para as causas que interessem à União, ao Distrito Federal, ao Estado ou ao Município.

Cumpre ressaltar que as causas que interessam à União são de competência dos juízes federais, em consonância com o art. 109, inciso I, da Constituição Federal de 1988:

> "Art. 109. Aos juízes federais compete processar e julgar: I – as causas em que a União, entidade autárquica ou empresa pública federal forem interessadas na condição de autoras, rés, assistentes ou oponentes, exceto as de falência, as de acidentes de trabalho e as sujeitas à Justiça Eleitoral e à Justiça do Trabalho".

1 MANCUSO, Rodolfo de Camargo. *Ação popular*. 8ª ed. São Paulo: RT, 2015. p. 339.

Logo, deve-se analisar a competência de acordo com o *princípio da competência territorial*, uma vez que o supracitado dispositivo normativo constitucional apresenta várias possibilidades, interesses e condições, desde competência relacionada com a parte autora, até em relação às pessoas jurídicas que compõem a Administração Pública Federal direta e indireta (União, entidade autárquica ou empresa pública).

Sobre o princípio da competência territorial, especificamente tratando-se de sua aplicabilidade na ação popular, José Afonso da Silva apresenta características sobre o seu *modus operandi*:

> "Em síntese, aí encontraremos a aplicação dos princípios da competência territorial em razão da origem do ato (em razão da pessoa), competência por equiparação de atos (derrogação da competência comum); regras de competência por conexão material (conexão de interesses); regras de competência por conexão de causas (conexão formal), competência funcional vertical; interrogação sobre a competência em razão do valor, referentes à possibilidade de causas de alçada".[2]

O art. 44 do Código de Processo Civil estabelece limites constitucionais sobre a competência; vejamos:

> "Obedecidos os limites estabelecidos pela Constituição Federal, a competência é determinada pelas normas previstas neste Código ou em legislação especial, pelas normas de organização judiciária e, ainda, no que couber, pelas constituições dos Estados".

Apesar de a Lei da Ação Popular prever requisitos específicos sobre a competência, bem como a aplicabilidade da Constituição Federal e do Código de Processo Civil, uma regra é fixada de acordo com a jurisprudência do Supremo Tribunal Federal, nos termos da Ação Originária 859 – QO (Questão de Ordem), de relatoria da Ministra Ellen Gracie e publicada no *Diário de Justiça* em 1º de agosto de 2003:

> Ação originária. Questão de Ordem. Ação popular. Competência originária do Supremo Tribunal Federal: não ocorrência. Precedentes. 1. A competência para julgar ação popular contra ato de qualquer autoridade, até mesmo do Presidente da República, é, via de regra, do juízo competente de primeiro grau. Precedentes. 2. Julgado o feito na primeira instância, se ficar configurado o impedimento de mais da metade dos desembargadores para apreciar o recurso voluntário ou a

2 SILVA, José Afonso da. *Ação popular constitucional*: doutrina e processo. 2ª ed. São Paulo: Malheiros, 2007. p. 201.

> remessa obrigatória, ocorrerá a competência do Supremo Tribunal Federal, com base na letra *n* do inciso I, segunda parte, do artigo 102 da Constituição Federal. 3. Resolvida a Questão de Ordem para estabelecer a competência de um dos juízes de primeiro grau da Justiça do Estado do Amapá.[3]

Assim, conforme jurisprudência do Supremo Tribunal Federal, a qual a competência para julgar a ação popular, por via de regra, é do juízo competente de primeiro grau. Não há prerrogativa de foro quando se tratar de Ação Popular, ainda que o réu esteja sujeito a julgamento, em ações penais, na própria Suprema Corte. Corroborando com esse entendimento, em decisão mais recente:

> Competência originária do Supremo Tribunal para as ações contra o CNJ e contra o Conselho Nacional do Ministério Público (CF, art. 102, I, *r*, com a redação da EC 45/2004): inteligência: não inclusão da ação popular, ainda quando nela se vise à declaração de nulidade do ato de qualquer um dos conselhos nela referidos. *Tratando-se de ação popular, o STF* – com as ressalvas de incidência da alínea *n* do art. 102, I, da Constituição ou de a lide substantivar conflito entre a união e Estado-membro – *jamais admitiu a própria competência originária: ao contrário, a incompetência do Tribunal para processar e julgar a ação popular tem sido invariavelmente reafirmada*, ainda quando se irrogue a responsabilidade pelo ato questionado a dignitário individual – *a exemplo do presidente da República – ou a membro ou membros de órgão colegiado de qualquer dos Poderes do Estado* cujos atos, na esfera cível – como sucede no mandado de segurança – ou na esfera penal – como ocorre na ação penal originária ou no *habeas corpus* – estejam sujeitos diretamente à sua jurisdição. [...].[4]

No processo de ação popular, diversos direitos podem ser objeto e causa, como questões que envolvam patrimônio de pessoas de direito público, entre as quais podem-se mencionar União, Estados-Membros, Distrito Federal e Municípios. Todavia, a ação popular pode versar também sobre patrimônio de entes de direito privado, como sociedades de economia mista.

Conforme exposto, é de suma importância conhecer da origem do ato impugnado para se determinar a competência para processar e julgar a ação popular.

---

3 BRASIL. Supremo Tribunal Federal. Plenário. Questão de Ordem em Ação Originária nº 859-0. Rel. Min. Ellen Gracie, julgamento em 11 out. 2001. Brasília, *Diário de Justiça*, 1 ago. 2003, grifo nosso.

4 BRASIl. Supremo Tribunal Federal. Plenário. Questão de ordem em Petição nº 3.674-3/DF. Rel. Min. Sepúlveda Pertence, julgamento 04 out. 2006. Brasílla, *Diário de Justiça,* 19 dez. 2006, grifo nosso. Confira também: BRASIL. Supremo Tribunal Federal. Plenário. Agravo Regimental na Reclamação nº 2.769-4/AL. Rel. Min. Cármen Lúcia, julgamento 23 set. 2009. Brasília, *Diário de Justiça Eletrônico* 16 out. 2009.

Nas causas que tratam sobre questões relativas à União, o processamento será por meio da Justiça Federal, conforme supramencionado na presente análise. José Afonso da Silva esclarece que a União obrigatoriamente intervirá nas causas que tenham no pólo como autor ou réu os partidos políticos (sendo uma exceção ao cabimento da competência da Justiça Eleitoral, as sociedades de economia mista com participação majoritária federal, as empresas públicas e os órgãos autônomos especiais e fundações autárquicas criadas por lei federal.[5]

O autor ainda fixa critérios para distribuição da competência em conformidade com o ato a ser impugnado:

> "I – se o ato impugnado foi produzido por órgão, repartição ou serviços da União, sejam do Executivo, do Legislativo ou do Judiciário, ou por uma de suas autarquias ou empresa pública ou entidade de que participe, majoritariamente ou não, a competência, para conhecer julgar a demanda popular é de um dos juízes federais. E aqui é que entram as regras de competência territorial. Fixada a competência da Justiça Federal, é necessário indagar qual a vara competente. Cada Estado, Território ou o Distrito Federal, constitui uma secção judiciária federal, e varas localizadas segundo o estabelecido em lei. Portanto, há que determinar-se em qual delas deve ser proposta a demanda. O § 2º do artigo 109 da Constituição diz que as causas intentadas contra a União poderão ser aforadas na sessão judiciária em que for domiciliado o autor; naquela onde houver ocorrido o ato ou fato que deu origem à demanda ou esteja situada a coisa; ou ainda no Distrito Federal. Dentro de cada seção, porém, além das varas situadas na Capital, a Lei nº 10.772/2003, entre outras, dispôs sobre a interiorização da Justiça Federal, de sorte que o autor tem também que levar em conta essa jurisdição para a propositura de sua ação".[6]

Insta registrar que o Supremo Tribunal Federal, quanto às sociedades de economia mista, mesmo federais, tem orientação específica quanto à competência da Justiça Federal, conforme Súmulas 517 – "As sociedades de economia mista só têm foro na Justiça Federal, quando a União intervém como assiste ou opoente" – e 556 – "É competente a Justiça comum para julgar as causas em que é parte sociedade de economia mista".

O autor da ação tem ainda a possibilidade de escolha do local para a distribuição da ação popular, como a) perante a vara da jurisdição em que ele é domiciliado ou em que se deu o ato impugnado; ou b) na Capital do Estado de seu domicílio (cf. também o art. 99 do Código de Processo Civil); ou c) na Capital do

---

5 SILVA, José Afonso da. *Ação popular constitucional:* doutrina e processo. 2ª ed. São Paulo: Malheiros, 2007, p. 203.

6 Idem.

Estado em que se deu o ato ou fato fundamento da demanda, ou esteja situada a coisa; ou c) ainda, no Distrito Federal.[7]

Quanto à ação popular proposta contra as entidades vinculadas à União, além de possibilidade de propositura por parte de pessoas físicas (funcionários, autoridades, administradores, beneficiários), faz-se necessária a discussão sobre a competência, tendo em vista o que determina o art. 109, § 2º, da Constituição Federal de 1988 e a possibilidade de ajuizamento no domicílio do réu.

Para sanar tal questionamento, José Afonso da Silva esclarece que "o caminho que resolve a dificuldade estará na regra de que a competência territorial seja a Capital do Estado em que se verificou o ato ou omissão lesiva ao patrimônio público, ou da situação da coisa sobre que versa o ato ou omissão".[8]

A norma exposta no art. 109, § 2º, concilia o princípio da determinação da competência com a questão do domicílio do réu, prevista na legislação processual (em especial, Capítulo I – Da competência; Título III – Da Competência Interna; do Livro II – Da Função Jurisdicional, do Código de Processo Civil). Assim, competência da ação popular também pode ser definida, segundo o supracitado autor:

> "II – Se o ato impugnado foi produzido por órgão, repartição ou serviço estadual, juiz competente, para conhecer e julgar a demanda é aquele que a organização judiciária do Estado interessado designa como competente para as causas dos feitos da Fazenda Estadual.
>
> III – Se o ato impugnado foi produzido por órgão, repartição ou serviço municipal, a demanda deverá ser proposta perante o Juiz da comarca a que pertencer o Município interessado, e que, de acordo com a organização judiciária do Estado respectivo, for competente para conhecer e julgar as causas de interesse municipal.
>
> IV – O Distrito Federal e os Territórios têm organização judiciária disciplinada por lei federal; a competência, para a demanda popular, impugnando atos provenientes dessas entidades, é do juiz previsto para decidir processos de seu interesse municipal".[9]

Por outro lado, tem-se ainda a aplicabilidade do art. 240 do Código de Processo Civil, que confirma que a citação válida, ainda quando ordenada por juízo incompetente, induz litispendência, torna litigiosa a coisa e constitui em

---

7 Idem.

8 Idem.

9 SILVA, José Afonso da. Op. cit., p. 203.

mora o devedor. Hodiernamente, a orientação sobre a competência na ação popular leva em conta o referido dispositivo normativo processual, sendo o ponto de partida na propositura da ação popular.

Existem, portanto, critérios de propositura da ação popular que, como regra, pode ser ajuizada no foro ou juízo correspondente ao ente político interessado, considerando-se para tanto a origem do ato sindicado (art. 5º, *caput*), além do domicílio do autor ou do réu, ou no Distrito Federal.

2. Da derrogação de competência, conexão de interesses e competência por atração

Para fins de competência, o art. 5º, §1º, da norma sob análise equipara aos atos da União, do Distrito Federal, dos Estados ou dos Municípios os das pessoas por elas criadas ou mantidas, bem como os das sociedades de que elas sejam acionistas e os das pessoas ou entidades por elas subvencionadas, ou em relação às quais tenham interesse patrimonial.

Equivale dizer que as sociedades de economia mista e outras entidades de direito privado, contra as quais possam ser intentadas a ação popular, devem ser demandadas perante um dos juízes competentes para conhecer dos processos em que sejam interessados a União, os Estados, o Distrito Federal e os Municípios.[10]

No cenário apresentado, quando se dá a equiparação, ocorre a derrogação da competência comum em favor da especial. Vale ressaltar que, quando há conflito entre elas, ele pode ser positivo ou negativo. De acordo com Dal Col, "será positivo quando ambos os juízes assinalarem sua competência para o feito e, negativo, quando a controvérsia versar sobre a afirmação de incompetência por parte de ambos".[11]

Justificando a derrogação de competência, relacionados o interesse público e privado, José Afonso da Silva, ao mencionar sobre os requisitos como forma de fundamentação da ação popular, expõe que:

> "Justifica essa derrogação por ser o patrimônio público privado dessas pessoas ou entidades integrado por parcela de patrimônio público, o que fundamenta o cabimento da ação popular contra elas. O normal é que tais pessoas e entidades

10 Idem, ibidem, p. 204.

11 DAL COL, Helder Martinez. Modificações da competência. Âmbito Jurídico. Disponível em: http://www.ambito-juridico.com.br/site/index.php?n_link=revista_artigos_leitura&artigo_id=4854. Acesso em: 27 set. 2018.

> de direito privado sejam demandadas no juízo cível comum. A demanda popular, contudo, deverá ser proposta no juízo competente para julgar as causas da pessoa jurídica de direito público interessada. Se a União for a pessoa criadora, mantenedora, acionista ou subvencionante, a demanda deverá ser proposta perante o juiz federal da seção onde se deu o ato impugnado. Se for o Estado, perante o juiz dos efeitos da Fazenda Estadual, ou outro que a organização judiciária do Estado designar. Se o Distrito Federal, ou Território, perante o juiz competente para decidir as causas de seu interesse. Se qualquer Município, perante o Juiz da comarca respectiva, competente para conhecer de feitos em que o Município for interessado"".[12]

Nota-se assim a importância da adequada indicação do juízo competente para a distribuição da ação, bem como a identificação do ato objeto da demanda, tendo aplicabilidade outros institutos além dos previstos na Lei da Ação Popular. E a derrogação, neste sentido, poderá ocorrer quando da equiparação dos fatos, conforme salientado acima.

Outra questão de relevância no que tange à competência refere-se a denominada conexão de interesses, a qual ocorre quando sejam interessadas, ao mesmo tempo, mais de uma pessoa jurídica de direito público. O que se devem levar em consideração, nessa circunstância, são os interesses postos em julgamento, em conformidade com o § 2º do art. 5º, na qual pode ocorrer a competência por preferência ou prioridade (*juízo privativo*).

> "Havendo juízo privativo para conhecer de causas de interesses dessas pessoas, a competência determinar-se-á pela prioridade, tendo em vista a qualidade da pessoa mais elevada. Se houve interesse da União, este atrairá a competência para o juiz federal da seção do local onde se produziu o ato lesivo atacado; se houver interesse do Estado, dar-se-á a atração da competência para o juiz competente para julgar causas dos feitos da Fazenda Estadual, se não houve também interesse da União, e ainda que haja interesse de qualquer Município. Essa competência, por prioridade ou atração, afastará qualquer outra, tornando-se privilegiada".[13]

Além da possibilidade de conexão ou derrogação, poderá ocorrer a prevenção da jurisdição do juízo. Este instituto será aplicado com relação a todas as ações intentadas contra as mesmas partes e que possuem os mesmos fundamentos, no termos do § 3º do art. 5º da Lei de Ação Popular.

---

12 SILVA, José Afonso da. *Ação popular constitucional*: doutrina e processo. 2ª ed São Paulo: Malheiros, 2007. p. 204.

13 Idem, ibidem, p. 205.

Trata-se da prorrogação da competência por determinação legal (*prorrogação necessária*), e por isso não é permitido ao réu dela se escusar.

A prevenção em casos como tais é uma maneira de evitar confusão e consequências jurídicas desfavoráveis. A competência de um juiz ocorrerá perante a de outros, desde que se trate de ação proposta envolvendo as mesmas partes e o mesmo objeto.

A prevenção por conexão ou continência de causas encontra-se prevista no § 3º do art. 5º da Lei da Ação Popular, e se justifica em razão das partes e fundamentos da ação. José Afonso da Silva ainda esclarece que não se trata de litispendência, uma vez que a conexão ou continência é uma forma especial de litispendência. [14]

Percebe-se que a competência para tratar da ação popular ultrapassa os limites da norma que a disciplina especificamente, tendo base também constitucional e no Código de Processo Civil. São diplomas essenciais e que podem interferir no rumo da propositura da ação, no que inclui o seu mérito.

Aqui deve ser destacado que a ação popular atrai para julgamento conjunto posterior ou anterior à ação civil pública, já que não há disposição especial na Lei nº 7.347, de 24 de julho de 1985, e mesmo ação de improbidade administrativa posteriormente ajuizada (Lei nº 8.429, de 2 de junho de 1992). Entretanto, ajuizada em primeiro momento a ação de improbidade, essa atrai a popular, já que ambas possuem um regramento idêntico em relação a tal ponto.

Ademais, a ação popular também não deve ser utilizada como alternativa à ação direta de inconstitucionalidade, conforme entendimento do Supremo Tribunal Federal, *in litteris:*

> A ação popular (...) não pode ser utilizada como alternativa à não propositura de uma ação direta de inconstitucionalidade, sob pena de uma ampliação indevida do rol de legitimados previsto no art. 103 da Constituição da República. Tal instrumento processual tem como objetivo anular atos administrativos lesivos ao Estado, e não a anulação de atos normativos genéricos.

O que se deve evitar, não obstante, é a possibilidade de decisões contraditórias, especialmente em ações coletivas.

14 BRASIL. Supremo Tribunal Federal. Primeiro Turma. Agravo Regimental na Ação Originária nº 1.725/DF. Rel. Min. Luiz Fux, julgamento em 24 fev. 2015. Brasília, *Diário de Justiça Eletrônico*, 11 mar. 2015.

Bibliografia

DAL COL, Helder Martinez. Modificações da competência. Âmbito Jurídico. Disponível em: http://www.ambito-juridico.com.br/site/index.php?n_link=revista_artigos_leitura&artigo_id=4854. Acesso em: 27 set. 2018.

GOMES JUNIOR, Luiz Manoel. *Ação popular*: aspectos polêmicos – lei de responsabilidade fiscal, improbidade administrativa, danos causados por liminares e outros pontos relevantes. Rio de Janeiro: Forense, 2004.

MANCUSO, Rodolfo de Camargo. *Ação popular*. 8ª ed São Paulo: RT, 2015.

SILVA, José Afonso da. *Ação popular constitucional*: doutrina e processo. 2ª ed São Paulo: Malheiros, 2007.

Art. 6º A ação será proposta contra as pessoas públicas ou privadas e as entidades referidas no art. 1º, contra as autoridades, funcionários ou administradores que houverem autorizado, aprovado, ratificado ou praticado o ato impugnado, ou que, por omissas, tiverem dado oportunidade à lesão, e contra os beneficiários diretos do mesmo.

§ 1º Se não houver benefício direto do ato lesivo, ou se for ele indeterminado ou desconhecido, a ação será proposta somente contra as outras pessoas indicadas neste artigo.

§ 2º No caso de que trata o inciso II, item "b", do art. 4º, quando o valor real do bem for inferior ao da avaliação, citar-se-ão como réus, além das pessoas públicas ou privadas e entidades referidas no art. 1º, apenas os responsáveis pela avaliação inexata e os beneficiários da mesma.

§ 3º A pessoa jurídica de direito público ou de direito privado, cujo ato seja objeto de impugnação, poderá abster-se de contestar o pedido, ou poderá atuar ao lado do autor, desde que isso se afigure útil ao interesse público, a juízo do respectivo representante legal ou dirigente.

§ 4º O Ministério Público acompanhará a ação, cabendo-lhe apressar a produção da prova e promover a responsabilidade, civil ou criminal, dos que nela incidirem, sendo-lhe vedado, em qualquer hipótese, assumir a defesa do ato impugnado ou dos seus autores.

§ 5º É facultado a qualquer cidadão habilitar-se como litisconsorte ou assistente do autor da ação popular.

Leandro Pereira Góis
Luiz Manoel Gomes Junior

Sumário: 1. Do litisconsórcio na ação popular – Lei nº 4.717/1965. **1.1.** Autoridade. **1.2.** Funcionário. **1.3.** Administrador. **1.4.** Beneficiário direto. **2.** Posicionamento da pessoa jurídica de direito público. **3.** A postura do Ministério Público. **4.** Do litisconsórcio ativo.

1. Do litisconsórcio na ação popular – Lei nº 4.717/1965

Com a leitura do art. 6º, *caput*, e seus parágrafos da Lei nº 4.717/1965, nota-se que a intenção do legislador é estabelecer um espectro o mais abrangente possível. O fenômeno processual do litisconsórcio refere-se ao elemento subjetivo da relação jurídica processual, mais precisamente às partes. A doutrina é pacífica em conceituar o litisconsórcio como a pluralidade de sujeitos em um ou nos dois polos da relação jurídica processual que se reúnem para litigar em conjunto.

Tendo em vista o que está expresso no art. 6º, §§ 1º, 2º e 3º, da Lei de Ação Popular, já se percebe que é hipótese de litisconsórcio necessário. Assim, segundo o atual Código de Processo Civil, há duas espécies básicas de litisconsórcios, o facultativo e o necessário, podendo este último ser unitário ou simples. Conforme o próprio nome indica, será necessário[1] quando é obrigatória sua formação, enquanto no facultativo existe uma mera opção de sua formação, sempre segundo o juízo do interessado que em regra é o autor. Por outro lado, será unitário[2] o litisconsórcio quando o juiz decidir de maneira uniforme para todos os litisconsortes de determinado polo, e simples quando for possível uma decisão de conteúdo diverso para cada um dos litisconsortes (a decisão poderá ter resultado diferente para partes do mesmo polo da ação).

Na fixação do litisconsórcio necessário, é fundamental o preenchimento de determinados conceitos contidos no art. 6º da Lei nº 4.717/1965, em especial em seu *caput*, mais bem examinado por Cândido Rangel Dinamarco,[3] alegando que:

> "[...] A necessidade do litisconsórcio reside na indispensabilidade da presença de partes plúrimas, resolvendo-se numa questão de legitimidade *ad causam* ativa ou passiva: dizer que o litisconsórcio é necessário significa negar a legitimidade de uma só pessoa para demandar ou para ser demandada isoladamente, carecendo de ação o autor que insistir na demanda isolada. Trata-se de matéria de ordem pública, que ao juiz cumpre fiscalizar de ofício, ditando-lhe a lei, expressamente, o dever de determinar o necessário para que se faça o litisconsórcio, nos casos em que a lei o exige, sob pena de extinção do processo sem julgamento do mérito".

Ponto importante, e que não pode deixar de ser dito, é que, mesmo diante da previsão legal, há corrente doutrinária que defende a ineficácia para o caso de ausência de litisconsórcio necessário. A ausência de uma ou mais

---

1 "Art. 114. O litisconsórcio será necessário por disposição de lei ou quando, pela natureza da relação jurídica controvertida, a eficácia da sentença depender da citação de todos que devam ser litisconsortes."

2 "Art. 116. O litisconsórcio será unitário quando, pela natureza da relação jurídica, o juiz tiver de decidir o mérito de modo uniforme para todos os litisconsortes."

3 DINAMARCO, Cândido Rangel. *Litisconsórcio*. 7ª ed. São Paulo: Malheiros, 2002. p. 202.

partes no polo passivo da demanda provoca vício insanável na relação jurídica processual, a tal ponto de se tornar inexistente a ação popular para defesa do patrimônio público.

A não inclusão de litisconsórcio passivo necessário e a ausência de citação para compor o feito qualificam o ato como vício insanável, tornando-se a demanda inexistente no plano jurídico, pois estará ausente um dos pressupostos de desenvolvimento válido e regular da ação.[4]

Teresa Arruda Alvim[5] afirma que:

> "[...] a sentença proferida em processo, sem que haja citação, havendo revelia, ou em que a citação seja nula, havendo revelia é, na verdade, inexistente, pois que nem chegou a constituir-se o próprio processo. A mesma solução, parece-nos, pode ser dada à hipótese de se formar um processo estando ausente um (ou mais) litisconsorte necessário. Essa afirmativa pode, a nosso ver, fazer-se sem reservas ao caso de litisconsórcio necessário unitário".

Por outro lado, a Lei nº 8.429, de 2 de junho de 1992 (Lei da Improbidade Administrativa), dispõe sobre as sanções aplicáveis aos agentes públicos e assume papel de grande relevância, alimentando conceitos contidos no art. 6º da Lei de Ação Popular, por exemplo, as expressões *autoridade, funcionários ou administradores*, isto é, o inteiro teor dos arts. 1º a 3º da Lei de Improbidade Administrativa, conceitua de forma pormenorizada os sujeitos que poderão ser punidos pela prática de tais atos contidos na Lei de Ação Popular.

O que deve ficar claro é que toda aquele que participou do ato administrativo questionado deve figurar no polo passivo da Ação Popular.

---

4 "Ação popular. Litisconsórcio passivo necessário. Nulidade da relação processual. 1. Tratando-se de ação difusa ajuizada com a finalidade de impedir a contratação de empréstimo por parte do Município de Diadema-SP junto ao Instituto de Previdência do Servidor Municipal de Diadema – IPRED, constando expressamente do pedido a anulação dos contratos administrativos eventualmente firmados com base na Lei Complementar municipal 57/96, impõe-se a formação do litisconsórcio passivo necessário. 3. O litisconsórcio necessário é regido por norma de ordem pública, cabendo ao juiz determinar, de ofício ou a requerimento de qualquer das partes, a integração à lide do litisconsorte passivo. 6. Recurso especial provido para, reconhecendo a violação do art. 47 do CPC, declarar a nulidade do processo a partir do momento em que IPRED deveria ter sido citado" (STJ, REsp 480.712/SP, 1ª T., rel. p/ acórdão Min. Luiz Fux, j. 12.05.2005, *DJU* 20.06.2005, p. 124).

5 WAMBIER, Teresa Arruda Alvim. *Nulidades do processo e da sentença*. 5ª ed. rev., ampl. e atual. São Paulo: Ed. RT, 2004. p. 513.

1.1. Autoridade

Utilizando-se do suporte da Lei nº 8.429/1992, melhor do que falar em autoridade é se referir a "agente público" (art. 2º da citada Lei), conceito trazido pelo diploma legal da ação de improbidade administrativa,[6] associando valor aos critérios adotados pela Lei de Ação Popular.

Fique bem claro que o conceito de autoridade (ou agente público) é bastante amplo, podendo ser os chefes do Poder Executivo, como também do Poder Legislativo e do Poder Judiciário (desde que o ato impugnado tenha natureza administrativa, sem natureza jurisdicional passível de correção via recurso ou de ação autônoma de impugnação).

A leitura atenta do *caput* do art. 6º da Lei de Ação Popular demonstra que a concepção de autoridade, ao fazer diferenciação dos funcionários e administradores, visa identificar aquele que representa a cúpula, isto é, o posto mais alto da pessoa jurídica (que também figurará no polo passivo).

Como ensina Rodolfo de Camargo Mancuso, mesmo o Judiciário pode "ter seus atos sindicados em ação popular, caso em que devem integrar o polo passivo os seus agentes que tenham dado causa ao evento danoso, por ação ou omissão".[7] De fato, "é dever de todo magistrado cumprir e fazer cumprir a Constituição Federal, não só quando age no exercício da função judicial típica, como na atividade administrativa, atípica".[8]

A causalidade que vincula a autoridade ao ato impugnado não está cingida à sua participação direta e positiva, uma vez que, para o *caput* do art. 6º da Lei de Ação Popular, basta que ela tenha autorizado, aprovado ou ratificado o ato guerreado, admitindo-se também que a própria omissão da autoridade possa dar ensejo à ação popular, desde que tenha sido relevante para ocasionar a lesão.

1.2. Funcionário

Ao conceito de funcionário deve também ser dada interpretação ampla, com o suporte em outros legislativos, tendo sempre em vista a finalidade da norma, qual seja, a tutela do interesse público. O art. 2º da Lei de Improbidade Administrativa diz que "poderá ocupar o polo passivo da ação popular qualquer

6 Outros diplomas poderão ser trazidos à baila, por exemplo, a Lei Complementar 101/2000 (Lei de Responsabilidade Fiscal).

7 MANCUSO, Rodolfo de Camargo. *Ação popular*. 8ª ed. São Paulo: Ed. RT, 2015. p. 214.

8 MACHADO, Agapito. Sentença prolatada em 18.08.1994, publicada na *Revista Trimestral de Jurisprudência dos Estados*, nº 149, jun. 1996, *apud* MANCUSO, Rodolfo de Camargo. *Ação popular*. 8ª ed. São Paulo: Ed. RT, 2015. p. 214.

agente público, servidor ou não, que exerça, mesmo que transitoriamente ou sem remuneração, mandato, cargo, emprego ou função". Sem prejuízo, também em apoio à definição de funcionário, o art. 327 do Código Penal pode ser utilizado, uma vez que a redação do dispositivo ora em vigor está em consonância com a definição de funcionário.

Logo, o termo funcionário não deve ser empregado em sentido estrito, refletindo apenas aquele sujeito que integra os órgãos da Administração direta e percebe remuneração dos cofres públicos. Deve, ao contrário, corresponder à definição mais longa e atual, com absorção da inteligência contida no art. 2º da Lei nº 8.429/1992 e no art. 327 do Código Penal.

1.3. Administrador

A inserção da expressão administrador no rol do litisconsórcio necessário da ação popular demonstra o quão amplo é o alcance do art. 6º da Lei de Ação Popular.

Para efeito da norma em comento, o administrador deve ser visto como todo aquele que, apesar de não ser a autoridade máxima da pessoa jurídica de direito público, exerce cargo de gestão atrelado à execução ou à fiscalização do ato impugnado pela ação popular.

Nessa linha de raciocínio, o administrador não se confunde com autoridade, na medida em que sua identificação depende de análise pontual do ato impugnado, aferindo-se à pessoa que, naquele caso concreto, a partir de posição administrativa qualificada, tenha, no âmbito de seus poderes, autorizado, aprovado, ratificado ou praticado o ato impugnado, ou ainda que, por omissão, tenha dado oportunidade à lesão.

O que é relevante é que todos que tiveram alguma participação no ato impugnado figurem no polo passivo, justamente pela natureza do litisconsorte. A opção legislativa não foi adequada e nem razoável, mas deve ser seguida.

1.4. Beneficiário direto

No tocante ao beneficiário direto do ato impugnado, não há dúvidas de que deve figurar no polo passivo na qualidade de litisconsorte necessário. A dificuldade é a conceituação de beneficiário direto. Portanto, deve-se buscar a situação de causalidade que vincule o beneficiário diretamente ao ato ou fato impugnado, com resultado patrimonial positivo. *Grosso modo*, em exemplo citado pela jurisprudência, são considerados como beneficiários diretos:

"*Donatário:* Os donatários devem integrar a lide, como litisconsortes necessários, no processo de ação popular em que se pretende desconstituir doações feitas pelo Estado (STJ, REsp 8.970/SP, 1ª T., rel. Min. Humberto Gomes de Barros, j. 18.12.1991, *DJU* 09.03.1992); *Pessoa jurídica que participa de certame sem licitação:* STJ, REsp 556.510/MS, 1ª T., rel. Min. Luiz Fux, j. 22.03.2005, *DJU* 25.04.2005".

Focalizando a Lei de Ação Popular, em especial o *caput* do art. 6º e de seu § 1º, tem-se que somente será possível cogitar beneficiário direto se ele for determinado ou conhecido, ou seja, com possibilidade de identificação, ainda que ele ocorra no curso da ação popular, em seu art. 7º, III, da referida Lei.

Essa circunstância (identificação dos beneficiários) deve ser vista a partir da aferição das circunstâncias do caso, em que o autor deve tomar os cuidados possíveis para a individuação dos beneficiários, por meio das diligências que o dispositivo exige.

Não obstante, como anotado por um dos subscritores:

"[...] entende que para uma caracterização a ponto de legitimá-lo a integrar o polo passivo da demanda, deve ser aquele que tem o benefício concreto do ato impugnado (por exemplo, o donatário beneficiado por doação ilegal), ou aquele que tenha parcela de responsabilidade pelo ato. Deve ser o destinatário direto do ato impugnado porque com ele guarda relação de causalidade. Não se iguala, entretanto, ao beneficiário acidental ou reflexo como, por exemplo, as pessoas que receberam cestas básicas, decorrentes de uma licitação fraudulenta".[9]

Assim, para caracterizar a figura do beneficiário direto, hão de se conjugar duas situações: a) seja possível a identificação concreta do beneficiário (mesmo que ocorra no curso da ação); e b) demonstração de causalidade direta do beneficiário com relação ao ato ou fato impugnado.

No sentido de ser necessária a presença de todos que participaram do ato impugnado há precedente do C. Superior Tribunal de Justiça[10]:

"Já o pólo passivo oferece quase sempre um cúmulo subjetivo, por que a intenção do legislador é justamente a de alcançar e trazer para o âmbito da ação não só o(s) responsável(eis) direto(s) pela lesão, mas todos os que direta ou indiretamente tenham para ela concorrido por ação ou omissão, e ainda, os terceiros

9 Um dos subscritores analisou o tema (Luiz Manoel Gomes Junior. *Ação popular*: aspectos relevantes e controvertidos. São Paulo: RCS Editora, 2006. p. 106) adotando essa posição ao analisar a responsabilidade dos Ministros e Conselheiros do Tribunal de Contas.

10 STJ, REsp. nº 644.580-GO, rel. Min. Gilson Dipp, j. 21.11.2006, Dje 18.12.2006.

> *beneficiários. Tudo para que, no limite máximo, se resolvam em uma única lide de cognição, ampla e exauriente as responsabilidades imediatas, e ainda para que se formem os títulos para oportuna resolução das pendencias correlatas, que se ajustarão via de regresso (Lei 4.717/65, arts. 6º e 11).*
>
> *"De modo que deverão ser citadas, formando litisconsórcio passivo necessário, simples: a) as pessoas físicas e jurídicas, privadas ou públicas, valendo para estas últimas o rol das entidades enunciadas no art. 1º da Lei nº 4.717/65; b) os agentes públicos que de alguma forma concorreram para o ato sindicado, ou seja, 'que houverem autorizado, aprovado, ratificado ou praticado o ato impugnado, ou que, por omissas, tiverem dado oportunidade à lesão (...) (Luiz Manoel Gomes Junior, in Ação Popular: aspectos polêmicos: lei de responsabilidade fiscal, improbidade administrativa, danos causados por liminares e outros pontos relevantes. Rio de Janeiro : Forense, 2004, p.100)"* (STJ – REsp. nº 644.580-GO, rel. Min. Gilson Dipp, j. 21.11.2006 – Dje 18.12.2006) – destaques nossos.
>
> De igual teor[11]: "3. *"Não se trata, portanto, de hipótese de violação do art. 6º da Lei nº 4.717/65 - que prevê a obrigatoriedade de litisconsortes no polo passivo em ação popular -, cuja aplicação é restrita àquelas pessoas físicas ou jurídicas cujos atos sejam objeto da impugnação*

Para evitar nulidade, o adequado é sempre a citação por edital, com a nomeação de Curador Especial para a defesa do apontado beneficiário direto, aqui também pela natureza do litisconsórcio (necessário).

2. Posicionamento da pessoa jurídica de direito público

Conforme preceitua o § 3º do art. 6º da Lei nº 4.717/1965, há ampla atuação da pessoa jurídica de direito público ou de direito privado interessada no processo de ressarcimento efetivo pelos prejuízos causados ao erário.

Anote-se que deve a mesma, sempre, ocupar inicialmente o polo passivo da ação popular, ainda que possa adotar as mais diversas posições, como iremos apontar.

Sobre o tema, colaciona-se a opinião de Rodolfo de Camargo Mancuso:

> "[...] embora se cuide de litisconsórcio passivo necessário, não se pode descurar que o autor popular está, presumivelmente, prestando um serviço à Administração, ao denunciar o ato ou fato que reputa ilegal e lesivo ou simplesmente afrontoso à moralidade administrativa. Presente essa peculiaridade, houve por bem o legislador colocar três opções para a Administração: a) contestar;

11 STJ, AgRg no REsp. nº 1.159.598/SP, Rel. Min. Og Fernandes, DJe 26.09.2014.

b) não contestar e assistir o autor; c) omitir-se quanto às alternativas anteriores (§ 3º do art. 6º da LAP)".[12]

Isso significa que, se optar a pessoa jurídica de direito público por determinado polo da relação jurídico-processual, depois de ter contestado a demanda, em sede de ação popular, é possível sua modificação?

Segundo a lição de Hely Lopes Meirelles, uma vez escolhido o polo em que a Administração Pública vai atuar, torna-se inviável a modificação de sua posição:

> "[...] Tomada qualquer dessas posições, define-se a lide, não mais podendo alterar-se a defesa, mesmo que mude o governante ou a direção da entidade. Se assim não fosse, a cada mudança de governo ou substituição de diretoria abrir-se-ia nova oportunidade de defesa, incompatível com a fixação da lide. A Administração Pública é una e perene, daí por que a mudança de seus agentes não modifica a situação processual assumida por seus antecessores".[13]

Contudo, alguns renomados doutrinadores têm entendimento contrário se pode haver ou não a modificação do polo na relação jurídico-processual, que visa, nesse caso, a proteção do interesse público.

Como ponderado por Alexandre dos Santos Macedo:

> "Se a pessoa jurídica, portanto, convencer-se da ilegalidade e lesividade do ato, mesmo depois de a ação ter sido contestada, pode e deve mudar de posição no processo, passando do polo passivo para o polo ativo, em prol do interesse público e em obediência ao princípio da moralidade administrativa, aspectos que caracterizam a finalidade da ação popular".[14]

No mesmo sentido, Rodolfo de Camargo Mancuso[15] e um dos subscritores.[16] Nesse contexto, citam-se os seguintes julgados do Superior Tribunal de Justiça:

> "Processual civil. Ação popular. Migração de ente público para o polo ativo após a contestação. Preclusão. Não ocorrência. 1. Hipótese em que o Tribunal *a quo*

12 MANCUSO, Rodolfo de Camargo. *Ação popular*. 8ª ed. São Paulo: Ed. RT, 2015. p. 191.

13 MEIRELLES, Hely Lopes. *Mandado de segurança, ação popular, ação civil pública, mandado de injunção e* habeas data. São Paulo: Malheiros, 2000. p. 134.

14 MACEDO, Alexandre dos Santos. Da ação popular – Retratabilidade da posição assumida pela pessoa jurídica no processo – Possibilidade. *Revista Forense*, Rio de Janeiro, v. 328, p. 7, 1994.

15 MANCUSO, Rodolfo de Camargo. *Ação popular*. 8ª ed. São Paulo: Ed. RT, 2015. p. 191.

16 GOMES JUNIOR, Luiz Manoel. Ação popular: alteração do polo jurídico da relação processual – considerações. *Revista Dialética de Direito Processual*, v. 10, jan. 2004.

concluiu que o ente público somente pode migrar para o polo ativo da demanda logo após a citação, sob pena de preclusão, nos termos do art. 183 do Código de Processo Civil. 2. O deslocamento de pessoa jurídica de Direito Público do polo passivo para o ativo na Ação Popular é possível, desde que útil ao interesse público, a juízo do representante legal ou do dirigente, nos moldes do art. 6º, § 3º, da Lei nº 4.717/1965. 3. Não há falar em preclusão do direito, pois, além de a mencionada lei não trazer limitação quanto ao momento em que deve ser realizada a migração, o seu art. 17 preceitua que a entidade pode, ainda que tenha contestado a ação, proceder à execução da sentença na parte que lhe caiba, ficando evidente a viabilidade de composição do polo ativo a qualquer tempo. Precedentes do STJ. 4. Recurso especial provido" (STJ, REsp 945238/SP, 2ª Turma, rel. Min. Herman Benjamin, j. 09.12.2008, *DJe* 20.04.2009).

"[...] Cinge-se a controvérsia acerca da possibilidade de o Município, após oferecer contestação à Ação Popular, aliar-se ao autor em litisconsórcio. A insurgência não prospera. O Tribunal local julgou a matéria em consonância com a pacífica jurisprudência desta Corte, no sentido de que, em se tratando de Ação Popular, ao ente público é permitido migrar do polo passivo para o ativo a qualquer tempo, a juízo de seu representante legal, a fim de defender o interesse público. [...]" (REsp 1185928/SP, Min. Castro Meira, *DJ* 15.06.2010).

Portanto, a retratabilidade pode contribuir para o rumo do feito, perante a capacidade de o Poder Público apresentar eventuais provas, ou seja, quando houver omissão por parte da gestão anterior. No entanto, fica evidente que tudo deve estar pautado pelos preceitos do interesse público, ponderado pelos princípios da razoabilidade e efetividade, e, ao final, possíveis desvios ou motivações pessoais e políticas na movimentação processual estão sujeitos ao crivo judicial não para controle jurisdicional, mas na apreciação do mérito da ação.

Tendo em vista que o representante da administração pública não só pode como deve postular a alteração do polo na relação jurídico-processual em sede de ação popular, isto é, desde que seja útil para a defesa do interesse público, não havendo a incidência da preclusão, seja a temporal, seja a consumativa na espécie.

Aqui prevalece a legislação especial perante as regras do Código de Processo Civil.

3. A atuação do Ministério Público – limites

Conforme determinado pelo § 4º do art. 6º da Lei de Ação Popular, o Ministério Público, nas demandas em que não atuar como substituto do autor popular (art. 9º) deverá funcionar como fiscal da lei, ou, em terminologia mais adequada, fiscal da ordem jurídica (art. 127 da CF/1988).

Atuando como fiscal da ordem jurídica, o Ministério Público possui amplo campo de atuação,[17] inclusive podendo opinar pela improcedência do pedido apresentado,[18] recorrer, bem como adotar as providências visando o efetivo ressarcimento. De igual modo, poderá postular provas, juntar documentos e até mesmo aditar a inicial.[19]

Como anotado nos comentários ao art. 19, há um limite para a atuação do Ministério Público, porquanto vedada, em qualquer hipótese, a possibilidade de ele atuar na defesa do ato impugnado ou de seus autores. Não pode atuar como *defensor* dos réus.

Essa regra deve ser vista com a devida cautela, na medida em que opinar pela improcedência do pedido não significa, necessariamente, atuar na defesa do ato impugnado. O que a lei veda, a nosso ver, é a atuação do Ministério Público como advogado dos réus.

Em outros termos, há a possibilidade não apenas da atuação do Ministério Público ao lado do autor, mas até mesmo contra o acolhimento do pedido. Defender a correta aplicação da norma não significa atuar como defensor dos réus. Repetimos que há uma ampla margem de atuação do Ministério Público, não lhe sendo vedado emitir parecer pela improcedência do pedido.

Há ainda de ser ponderado que, nos termos de precedente do Tribunal de Justiça de São Paulo,[20] quando o Ministério Público atua como parte, não há como ser determinada a manifestação da Procuradoria-Geral de Justiça (fiscal da ordem jurídica), sob pena de comprometer a igualdade entre as partes: "O Ministério Público é parte nesta ação, não atua como fiscal da lei, e já apresentou suas razões de recurso, razão pela qual se deixa de dar vista à Procuradoria-Geral de Justiça para manter o tratamento igualitário entre as partes, sem desequilíbrio processual".

No mesmo sentido há precedente do Superior Tribunal de Justiça:[21]

> "Inicialmente, registra-se que, diante do pedido do Ministério Público de retirada do processo de pauta para ter vista dos autos como *custos legis*, foi suscitada

---

17 CACCURI, Antonio Edving. O Ministério Público e as causas de interesse público. *Revista dos Tribunais*, ano 92, v. 814, p. 758, ago. 2003; e MEDINA, José Miguel Garcia; ARAÚJO, Fábio Caldas de; GAJARDONI, Fernando da Fonseca. *Procedimentos cautelares e especiais*. São Paulo: Ed. RT, 2010. p. 423.

18 MAZZILLI, Hugo Nigro. *Introdução ao Ministério Público*. São Paulo: Saraiva, 2005. p. 271.

19 Nesse sentido: STJ, REsp 826.613/SP, rel. Min. Teori Albino Zavascki, j. 18.05.2010, *DJ* 13.08.2010.

20 TJSP, Emb. Infringentes 410.788-5/0-01, rel. Des. Aguilar Cortez, j. 31.07.2008.

21 STJ, REsp 1.113.370/SP, rel. Min. Benedito Gonçalves, j. 16.03.2010, *DJ* 30.03.2010.

questão de ordem à Primeira Turma, que denegou a pretensão ministerial ao fundamento de que, em face de sua unidade institucional, atuando o *Parquet* como parte litigante, não há necessidade dessa instituição falar mais de uma vez no processo. Precedente a Primeira Seção: MS 14.041/DF, 1ª Seção, rel. Min. Teori Albino Zavascki".

Tanto na ação popular como na ação de improbidade administrativa, não há dualidade na atuação do Ministério Público: deverá ele atuar como parte ou como fiscal da ordem jurídica, mas não nas duas posições.

Por fim, o Ministério Público estará sujeito aos efeitos da decisão proferida em sede de Ação Popular, sendo-lhe vedado postular em outra demanda o mesmo pedido com as mesmas causas de pedir, inclusive em sede de Ação de Improbidade. Caso não concorde com a decisão, deve recorrer, sob pena de submeter-se aos efeitos da coisa julgada.

Seria injusto e violador da segurança jurídica exigir que o réu apresente defesa em duplicidade, em demandas basicamente iguais – pedidos e causas de pedir idênticas – ainda que em outra espécie de ação coletiva.

4. Do litisconsórcio ativo

De plano, no que se refere ao litisconsórcio ativo, a Lei nº 4.717/1965 não proíbe que a ação popular seja ajuizada por mais de um autor, desde que todos os que figurem no polo ativo preencham os requisitos ditados em lei, em especial o art. 1º da referida lei, estando em consonância com o conceito de cidadão. Assim, o § 5º do art. 6º da Lei de Ação Popular está coerente com o corpo legal, não se justificando qualquer restrição acerca do litisconsórcio ativo, se respeitado o art. 1º da mesma Lei.

Entretanto, as coisas não são tão simples nem devem ser analisadas de forma tão "mecânica" ou imotivada. A viabilidade de ser admitido determinado colegitimado como assistente em ação coletiva, salvo na hipótese de concordância, tácita ou expressa, do autor originário, está condicionada ao requisito do interesse processual, este traduzido na utilidade-necessidade da atuação.

Aliás, aquele que pretende atuar como assistente demonstra a necessidade de sua intervenção, seja por possuir melhores condições para a defesa do direito coletivo, seja pela sua atuação anterior, seja pela própria deficiência técnica ou financeira daquele que será assistido.

Ressalte-se, ainda, o litisconsórcio de outro(s) cidadão(ãos); tal situação não se dará de forma automática, uma vez que, com mais cuidado ainda, deverá o juiz aferir se a adesão vai causar prejuízo processual quanto ao andamento do processo ou à defesa, a justificar a medida dos §§ 1º e 2º do art. 113 do CPC de

2015 (art. 46, parágrafo único, do CPC/1973), de modo a limitar o polo ativo da ação popular.[22]

Importante dizer sobre a necessidade de realizar a interpretação do § 5º do art. 6º da Lei nº 4.717/1965, dentro de seu plano histórico, haja vista que as legitimações trazidas pela Lei nº 7.347/1985 (Lei de Ação Civil Pública) e pela Lei nº 8.078/1990 (Lei do Código de Defesa do Consumidor) são bem posteriores, na medida em que são normas bem mais recentes que a Lei nº 4.717/1965, que regula a ação popular.

Assim, o § 5º do art. 6º da Lei de Ação Popular merece interpretação ampla para adequar a norma ao atual momento histórico legal.

Com efeito, diante da repercussão e do alcance do direito tutelado em sede coletiva, tendo em vista a representação e a participação da sociedade na ação coletiva, não resta dúvida de que hoje o rol dos legitimados para propor ações coletivas foi ampliado pelo art. 82 da Lei nº 8.078/1990 e pelo art. 5º da Lei nº 7.347/1985, não se podendo negar que a ação popular pode ter o mesmo objeto de outra demanda coletiva, como é o caso da ação civil pública.

Bibliografia

BARBOSA MOREIRA, José Carlos. Ação popular do direito brasileiro como instrumento de tutela jurisdicional dos chamados interesses difusos. In: GRINOVER, Ada Pellegrini et al. (coord.). *Processo coletivo*: do surgimento à atualidade. São Paulo: Ed. RT, 2014.

CACCURI, Antonio Edving. O Ministério Público e as causas de interesse público. *Revista dos Tribunais*, ano 92, v. 814, ago. 2003.

COSTA, Susana Henriques da (coord.). *Comentários à Lei de Ação Civil Pública e Lei de Ação Popular*. São Paulo: Quartier Latin, 2006.

DIDIER JR., Fredie. *Novo Código de Processo Civil de 2015*: comparativo com o Código de 1973. Salvador: JusPodivm, 2016.

DINAMARCO, Cândido Rangel. *Litisconsórcio*. 7ª ed. São Paulo: Malheiros, 2002.

GOMES JUNIOR, Luiz Manoel. Ação popular: alteração do polo jurídico da relação processual – considerações. *Revista Dialética de Direito Processual*, v. 10, jan. 2004.

GOMES JUNIOR, Luiz Manoel. *Ação popular*: aspectos polêmicos. 2ª ed. Rio de Janeiro: Forense, 2004.

22 "Em caso de litisconsórcio facultativo, o parágrafo único do artigo 46 do Estatuto Processual Civil autoriza o juiz limitar o número de litisconsortes ativos e passivos, quando o excessivo número de litigantes puder comprometer a rápida solução da lide ou dificultar o exercício do direito de defesa" (STJ, REsp 435.848/DF, 3ª T., rel. Min. Castro Filho, j. 27.08.2002, *DJU* 23.09.2002, p. 362).

GOMES JUNIOR, Luiz Manoel; SANTOS FILHO, Ronaldo Fenelon (coord.). *Ação popular*: aspectos relevantes e controvertidos. São Paulo: RCS Editora, 2006.

MACEDO, Alexandre dos Santos. Da ação popular – Retratabilidade da posição assumida pela pessoa jurídica no processo – Possibilidade. *Revista Forense*, Rio de Janeiro, v. 328, 1994.

MANCUSO, Rodolfo de Camargo. *Ação popular*. 8ª ed. São Paulo: Ed. RT, 2015.

MAZZILLI, Hugo Nigro. *Introdução ao Ministério Público*. São Paulo: Saraiva, 2005.

MEDINA, José Miguel Garcia; ARAÚJO, Fábio Caldas de; GAJARDONI, Fernando da Fonseca. *Procedimentos cautelares e especiais*. São Paulo: Ed. RT, 2010.

MEIRELLES, Hely Lopes. *Mandado de segurança, ação popular, ação civil pública, mandado de injunção e* habeas data. São Paulo: Malheiros, 2000.

MEIRELLES, Hely Lopes. *Mandado de segurança, ação popular, ação civil pública, mandado de injunção,* habeas data, *ação direta de inconstitucionalidade, ação declaratório de constitucionalidade e arguição de descumprimento de preceito fundamental*. 23ª ed. atual. por Arnoldo Wald e Gilmar Ferreira Mendes. São Paulo: Malheiros, 2001.

MELO, Gustavo de Medeiros. A legitimidade ativa na ação popular. Revendo o conceito de cidadania quarenta anos depois. In: GOMES JUNIOR, Luiz Manoel; SANTOS FILHO, Ronaldo Fenelon (coord.). *Ação popular*: aspectos relevantes e controvertidos. São Paulo: RCS Ed., 2006.

NEVES, Daniel Amorim Assumpção. *Novo Código de Processo Civil comentado*. Salvador: JusPodivm, 2016.

SILVA, José Afonso da. *Curso de direito constitucional positivo*. 40ª ed. rev. e atual. São Paulo: Malheiros, 2017.

WAMBIER, Teresa Arruda Alvim. *Nulidades do processo e da sentença*. 5ª ed. rev., ampl. e atual. São Paulo: Ed. RT, 2004.

WAMBIER, Teresa Arruda Alvim. *Primeiros comentários ao novo Código de Processo Civil*: artigo por artigo. São Paulo: Ed. RT, 2015.

Art. 7º A ação obedecerá ao procedimento ordinário, previsto no Código de Processo Civil, observadas as seguintes normas modificativas:

I – Ao despachar a inicial, o juiz ordenará:

a) além da citação dos réus, a intimação do representante do Ministério Público;

b) a requisição, às entidades indicadas na petição inicial, dos documentos que tiverem sido referidos pelo autor (art. 1º, § 6º), bem como a de outros que se lhe afigurem necessários ao esclarecimento dos fatos, ficando prazos de 15 (quinze) a 30 (trinta) dias para o atendimento.

§ 1º O representante do Ministério Público providenciará para que as requisições, a que se refere o inciso anterior, sejam atendidas dentro dos prazos fixados pelo juiz.

§ 2º Se os documentos e informações não puderem ser oferecidos nos prazos assinalados, o juiz poderá autorizar prorrogação dos mesmos, por prazo razoável.

II – Quando o autor o preferir, a citação dos beneficiários far-se-á por edital com o prazo de 30 (trinta) dias, afixado na sede do juízo e publicado três vezes no jornal oficial do Distrito Federal, ou da Capital do Estado ou Território em que seja ajuizada a ação. A publicação será gratuita e deverá iniciar-se no máximo 3 (três) dias após a entrega, na repartição competente, sob protocolo, de uma via autenticada do mandado.

III – Qualquer pessoa, beneficiada ou responsável pelo ato impugnado, cuja existência ou identidade se torne conhecida no curso do processo e antes de proferida a sentença final de primeira instância, deverá ser citada para a integração do contraditório, sendo-lhe restituído o prazo para contestação e produção de provas, salvo, quanto a beneficiário, se a citação se houver feito na forma do inciso anterior.

IV – O prazo de contestação é de 20 (vinte) dias, prorrogáveis por mais 20 (vinte), a requerimento do interessado, se particularmente difícil a produção de prova documental, e será comum a todos os interessados, correndo da entrega em cartório do man-

dado cumprido, ou, quando for o caso, do decurso do prazo assinado em edital.

V - Caso não requerida, até o despacho saneador, a produção de prova testemunhal ou pericial, o juiz ordenará vista às partes por 10 (dez) dias, para alegações, sendo-lhe os autos conclusos, para sentença, 48 (quarenta e oito) horas após a expiração desse prazo; havendo requerimento de prova, o processo tomará o rito ordinário.

VI - A sentença, quando não prolatada em audiência de instrução e julgamento, deverá ser proferida dentro de 15 (quinze) dias do recebimento dos autos pelo juiz.

Parágrafo único. O proferimento da sentença além do prazo estabelecido privará o juiz da inclusão em lista de merecimento para promoção, durante 2 (dois) anos, e acarretará a perda, para efeito de promoção por antigüidade, de tantos dias quantos forem os do retardamento, salvo motivo justo, declinado nos autos e comprovado perante o órgão disciplinar competente.

Tatiane Gonçalves Mendes Faria

Sumário: 1. Despacho da inicial e providências preliminares. **2.** Da requisição de informações e documentos de ofício. **2.1.** Aplicação da Lei 12.527/2011 – prova do requerimento e negativa das informações. **2.2.** Consequências do não atendimento à determinação judicial. **3.** Da citação. **3.1.** Formas de citação no Código de Processo Civil. **3.1.1.** Citação pelo correio. **3.1.2.** Citação por meio do Oficial de Justiça. **3.1.3.** Citação pelo escrivão ou chefe de secretaria. **3.1.4.** Citação por edital. **3.1.5.** Citação por meio eletrônico. **3.2.** Consequências da ausência de citação. **3.3.** Da citação na ação popular – particularidades. **3.3.1.** Citação por edital – possibilidade na ação popular. **4.** Do conhecimento do beneficiário e ausência de denunciação da lide. **5.** Contestação. **5.1.** Da prorrogação do prazo para defesa. **5.2.** Prazo em dobro – aplicação do CPC. **6.** Das possibilidades de resposta. **6.1.** Reconvenção. **6.2.** Revelia. **7.** Alegações finais e julgamento antecipado da lide. **8.** Do pedido de produção de prova pelo revel. **9.** Da sentença fora do prazo.

1. Despacho da inicial e providências preliminares

Da extração desse dispositivo legal é possível perceber que, no mesmo ato em que for estabelecida a citação dos réus, o juiz deverá, também, determinar a intimação do Ministério Público. Assim, em que pese a clareza solar do dispositivo, é indispensável analisar se, porventura, o Ministério Público for intimado depois de citado o réu, haveria prejuízos capazes de declarar a nulidade processual.

É evidente o interesse público do Ministério Público que deve ser intimado para exercer seu *mister.* Contudo, apesar da definição legal de sua intimação, tão logo quando determinada a citação dos réus, não parece razoável que a não simultaneidade da citação com a intimação seja capaz de impor a nulidade processual.

É que nesse caso, além da função de fiscal, o Ministério Público atua como possível autor sucessivo, nos moldes do art. 9º da Lei nº 4.717/1965: "Se o autor desistir da ação ou der motivo à absolvição da instância, serão publicados editais nos prazos e condições previstos no art. 7º, inciso II, ficando assegurado a qualquer cidadão, bem como ao representante do Ministério Público [...] promover o prosseguimento da ação", não havendo que falar em nulidade, tão somente, pela inobservância da determinação de intimação no despacho inicial.

De acordo com Fabrício Bastos:

> "O MP poderá valer-se como autor originário, de todas as demandas coletivas, inclusive o mandado de segurança, para a tutela jurisdicional da coletividade. No caso da ação popular, contudo, atuará como autor sucessivo, através da sucessão processual".[1]

Frederico Cais defende que, na ação popular, caberá ao Ministério Público a função de auxiliar o autor para que a requisição judicial dos documentos indicados na inicial seja atendida dentro do prazo fixado.[2]

Inconteste que sua notificação deve ser realizada, eis que, apesar de atuar inicialmente como fiscal, há a possibilidade de que ele assuma a demanda. Segundo Hely Lopes Meirelles: o Ministério Público atua na ação popular, como "*parte pública autônoma* incumbida de velar pela regularidade do processo, de apressar a produção da prova e de promover a responsabilidade civil ou criminal dos culpados".[3] Sua atuação é como *custos legis*, contribuindo para a produção da prova, auxiliando o autor e o juiz no que se refere às requisições e provas.

Em que pese não constar do dispositivo legal, certamente essa intimação deverá ocorrer antes de iniciada a fase probatória, sendo decisiva para a declaração de nulidade. Não se pode olvidar que a própria lei determinou, na ação popular, que o Ministério Público deve atuar auxiliando o autor na produção probatória (art. 7º, § 1º). Nesse sentido, o Superior Tribunal de Justiça já se posicionou:

---

1 BASTOS, Fabrício. *Curso de processo coletivo*. Indaiatuba: Foco, 2018.

2 CAIS, Frederico. *Comentários a Lei de Ação Civil Pública e Ação Popular.* São Paulo: Quartier Latin, 2006.

3 MEIRELLES, Hely Lopes. *Mandado de segurança.* 26ª ed. atual. por Arnoldo Wald e Gilmar Ferreira Mendes com a colaboração de Rodrigo Garcia da Fonseca. São Paulo: Malheiros, 2003.

"Processual civil. Recurso especial. Ação popular. Concessão de serviços públicos nos cemitérios e funerais do Distrito Federal. Julgamento antecipado da lide. Falta de intimação do Ministério Público para se manifestar sobre as provas e, especialmente, sobre o mérito da demanda. Violação dos arts. 246 do CPC [1973][4] e 7º da Lei nº 4.717/65. Nulidade absoluta. Doutrina. Provimento. 1. O Ministério Público, além de ativador das provas e auxiliar do autor, tem o dever legal de acompanhar a ação popular, ou seja, oficiar no processo, dizer do direito, fiscalizar a aplicação da lei, bem como arguir todas as irregularidades ou ilegalidades processuais que contrariem a ordem pública e as finalidades da ação (SILVA, José Afonso da. *Ação popular constitucional*, 2. ed., São Paulo: Malheiros Editores, 2007, p. 191). Interpretação dos arts. 6º, § 4º, e 7º, da Lei nº 4.717/65. 2. A possibilidade jurídica de o magistrado julgar antecipadamente a ação popular, com fundamento nos arts. 330 do CPC e 7º, V, da Lei nº 4.717/65, não afasta a necessidade de intimação do Ministério Público. Julgamento antecipado e intervenção ministerial não são incompatíveis nem excludentes, porquanto têm fundamentos e finalidades distintas. Aquele, como instrumento de celeridade processual, tem por escopo antecipar a solução do litígio, quando: a) a questão de mérito for estritamente de direito, ou, sendo de fato e de direito, não houver necessidade de produzir prova em audiência; ou b) ocorrer revelia. De outro lado, a intervenção ministerial, por razões de interesse público, visa garantir a correta aplicação da lei e a proteção do patrimônio público, sendo, assim, indisponível, quer pela vontade das partes, quer pelo juiz da causa. 3. O MPDFT, no caso concreto, não foi regularmente intimado para se manifestar sobre eventual diligência probatória, tampouco sobre o mérito da ação popular. Sua intervenção ocorreu, no primeiro momento, por iniciativa da própria Promotoria de Justiça de Defesa do Patrimônio Público e Social, que solicitou vista dos autos para fins de investigação ministerial, e, no segundo momento, por intimação do Juízo, para comparecer à audiência de tentativa de conciliação. 4. A falta de intimação do representante do Ministério Público no momento processual adequado, seja para se manifestar sobre eventual(is) prova(s) que entendesse pertinente(s) – que, aliás, poderia(m) ser deferida(s) ou indeferida(s) pelo Juízo, com fundamento no art. 130 do CPC –, seja para emitir parecer sobre o mérito da lide, notadamente quando, sob o seu ponto de vista, a causa de pedir (próxima e remota) se revestir de plausibilidade jurídica, constitui nulidade absoluta (CPC, art. 246 [1973]). 5. Recurso especial provido, para decretar a nulidade do processo desde a sentença".[5]

Há também quem defenda que a intimação do Ministério Público deve ocorrer antes de proferida a sentença:

4 Refere-se ao art. 279 do CPC/2015.

5 STJ, REsp 770397/DF 2005/0125595-3, rel. Min. Denise Arruda, j. 04.09.2007, *DJ* 11.10.2007.

> "Constitucional, administrativo e processual civil. Ação popular. Ministério Público. Emenda da inicial. Ilegitimidade ativa *ad causam*. Embargos de declaração. Falta de intimação do Ministério Público Federal como *custos legis*. Nulidade do acórdão. 1. Na ação popular, é obrigatória a intimação do Ministério Público Federal, para intervir no feito, como *custos legis*, nos termos dos arts. 6º, § 4º, e 7º, inciso I, *a*, da Lei nº 4.717/1965. 2. Hipótese em que se verifica a falta de intimação do Ministério Público Federal, na segunda instância, o que acarreta a nulidade do acórdão. 3. Embargos de declaração parcialmente providos, para anular o acórdão e determinar a abertura de vista dos autos ao Ministério Público Federal".[6]

Parece-nos mais adequada a possibilidade de declaração de nulidade, se não houver a intimação antes de proferida a sentença e desde que demonstrado o efetivo prejuízo, conforme já decidido pelo Superior Tribunal de Justiça:

> "Ação popular. Intimação. Obrigatoriedade. Nulidade. Inocorrência. Decisão em conformidade com a orientação jurisprudencial desta Corte. A decisão impugnada merece confirmação, na medida em que a jurisprudência deste Superior Tribunal de Justiça já sedimentou no sentido de que a ausência de intimação do Ministério Público, por si só, não gera nulidade do julgado, a não ser que se constate 'efetivo prejuízo para as partes ou para apuração ou para apuração da verdade substancial da controvérsia jurídica, à luz do princípio *pas de nullités sans grief*' (AgRg em REsp 426.672/RJ, Min. Herman Benjamin, publicado em 05.06.2014), hipótese inocorrente no caso dos autos. 2. Não obstante a lei da ação popular ter previsão de que a intimação do Ministério Público deve ser ordenada na decisão que determina a citação dos réus e, em que pese, no caso específico dos autos esta intimação só foi realizada anteriormente à prolação da sentença, não há nulidade a ser declarada, pois o *parquet* manifestou-se expressamente pela improcedência da demanda e nada articulou sobre a presença de qualquer nulidade processual, ao contrário, afirmou em sua cota que o processo encontrava-se regular. 3. Agravo regimental desprovido".[7]

Ainda que se reconheça que a função do Ministério Público nas ações populares é de auxiliar o autor na construção do provimento final, não se revela razoável a declaração de nulidade se não restar demonstrado o prejuízo processual. Dessa forma, ocorrendo a intimação antes de proferida a sentença, o fato de não se dar com o primeiro ato judicial (despacho inicial) não enseja a declaração de nulidade.

---

6 TRF-1, 6ª Turma, EDAC 133683/DF 2000.01.00.133683-0, rel. Des. Federal Daniel Paes Ribeiro, j. 09.05.2011, *e-DJF1* 23.05.2011.

7 STJ, AgRg no REsp 1319821/PB, Min. Marga Tesller (Juíza Federal convocada do TRF 4ª Região), j. 09.12.2014, *DJe* 16.12.2014.

2. Da requisição de informações e documentos de ofício

Como se verifica, no mesmo despacho que determina a citação dos réus e a intimação do Ministério Público, o juiz deverá requisitar as informações indispensáveis ao deslinde do feito.

A primeira observação que se faz é que a requisição de informações e documentos pode se dar a pedido ou de ofício. Segundo Rodolfo de Camargo Mancuso:

> "Como se sabe, o juiz é o destinatário da prova, mas no âmbito da ação popular sua missão é um tanto diversa da que ele exerce nas demais ações civis. [...] Assim é que o juiz, na ação popular, está autorizado a gerenciar a massa probatória, tendo ainda poderes censórios bem mais acentuados. Pode, de ofício, requisitar documentos e solicitar esclarecimentos das entidades sindicadas".[8]

José Afonso da Silva defende que essa determinação deve ser de ofício, porém seu entendimento se limita ao momento (despacho inicial), "mas a requisição de documentos ou certidões somente deverá ser feita se o autor alegar que a entidade se recusou a fornecê-los. Entre os documentos incluem-se também informações".[9]

Portanto, conforme se verifica da determinação legal, o juiz não somente pode como deve requisitar toda e qualquer informação ou documento que se fizer indispensável ao deslinde do feito, mormente porque, nesses casos, impera o interesse público.

2.1. Aplicação da Lei nº 12.527/2011 – prova do requerimento e negativa das informações

Com o advento da Lei de Acesso à Informação (Lei nº 12.527/2011), ocorreram algumas mudanças significativas, eis que o acesso à informação passou a ser regulamentado, criando diretrizes e possibilitando uma amplitude de acesso, inclusive, com a previsão de recursos na via administrativa, para os casos de negativa pelo Poder Público, ainda que de informações sigilosas:

> "Art. 10. Qualquer interessado poderá apresentar pedido de acesso a informações aos órgãos e entidades referidos no art. 1º desta Lei, por qualquer meio legítimo, devendo o pedido conter a identificação do requerente e a especificação

---

8 MANCUSO, Rodolfo de Camargo. *Ação popular*. 8ª ed. rev., atual. e ampl. São Paulo: Ed. RT, 2015. pp. 262-263.

9 SILVA, José Afonso da. *Ação popular constitucional*. 2ª ed. rev., ampl. e atual. São Paulo: Malheiros, 2013. p. 211.

> da informação requerida. [...] § 4º Quando não for autorizado o acesso por se tratar de informação total ou parcialmente sigilosa, o requerente deverá ser informado sobre a possibilidade de recurso, prazos e condições para sua interposição, devendo, ainda, ser-lhe indicada a autoridade competente para sua apreciação".

A definição da alínea *b*, inciso I, do art. 7º da Lei de Ação Popular não impunha ao autor a comprovação, dizia apenas que os documentos indicados pelo autor seriam objeto de requisição pela autoridade judicial.

Segundo José Afonso da Silva, bastava que o autor alegasse a negativa de documentos e/ou informações, que o juiz de ofício os requisitaria.

Contudo, com a promulgação da Lei de Informação, parece insuficiente a simples alegação de negativa pelo Poder Público, cabendo ao autor o ônus da efetiva prova de negativa ou a própria juntada das informações/documentos, ficando a cargo da requisição apenas aquelas em situação de sigilo ou, ainda, as comprovadamente negadas.

O direito à informação como direito fundamental estabelece a necessidade de observância dos princípios da administração pública, fixando a publicidade como preceito geral e o sigilo como exceção, conforme previsão do art. 3º da Lei nº 12.527/2011.

A prática de um direito constitucional, como o manejo da ação popular, cujo interesse é coletivo, apoia-se em outras garantias constitucionais, a exemplo do direito de acesso à informação previsto no art. 5º, XXXIII, da CF/1988.

A referida legislação tornou-se um instrumento de significativa relevância, pois reúne o exercício de dois direitos constitucionais, o de acesso à informação e, via de consequência, a possibilidade de manejo da ação popular, de forma mais segura, ante o acesso antecipado das informações, pois, muito embora a legislação anterior (Lei nº 11.111/2005) estabelecesse o direito de acesso à informação, o seu texto por vezes não o efetivou, eis que ausente a definição de prazos.

Além disso, o conceito aberto de sigilo das informações autorizava o Poder Público a negativa do requerimento com base nessa alegação, ou até mesmo a inércia e consequentemente a ausência de resposta, já que não havia prazos aos detentores das informações.

Na Ação Popular 5003643-37.2012.404.7104/RS,[10] o juiz federal Nórton Luís Benites, ao proferir o despacho inicial, em vez de requisitar as informações

10 A conferência da autenticidade do documento está disponível em: http://www.jfrs.jus.br/processos/verifica.php, mediante o preenchimento do código verificador 8180025v9 e, se solicitado, do código CRC 372DD9CD.

aos órgãos competentes, determinou que o autor emendasse a inicial para trazer aos autos as informações indispensáveis para a sua propositura, considerando o teor da Lei nº 12.527/2011 que, segundo ele, "evidenciou e universalizou o direito do cidadão brasileiro de obter informações da Administração", não cabendo ao juiz as diligências mínimas para a propositura da demanda.

Tal posição nos afigura equivocada e vai contra a própria duração razoável do processo. De outro lado, age o autor popular na defesa da sociedade, de direitos difusos e a sua atuação deve ser facilitada e incentivada.

Conclui-se, pois, que a determinação de requisição, de informações e documentos deve se limitar aos casos em que efetivamente comprovado o sigilo, nas hipóteses do art. 23 da Lei nº 12.527/2011. Tratando-se, porém, de documento ou informação não sigilosa, o autor deverá comprovar o seu pedido no órgão competente, bem como sua negativa, e nesses casos caberia ao juiz a determinação por meio de requerimento das requisições necessárias.

Mas analisando caso a caso, possível que haja a justificativa do autor popular e a requisição judicial, sob pena de ser criada *condição da ação* não prevista na Constituição Federal.

Importante observar que, em determinadas situações, o sigilo das informações não pode sequer ser protegido pelo segredo de justiça dos autos, sendo realmente resguardado do conhecimento de qualquer pessoa, consoante se verifica da decisão proferida pelo Superior Tribunal de Justiça:

> "Administrativo e constitucional. Pedido de informações sobre a política industrial do Estado. Observância de sigilo em face dos interesses envolvidos. Verificada a existência de legítimo interesse social, a administração pode guardar sigilo dos atos administrativos ainda não formalizados. Recurso improvido".[11]

Portanto, a negativa de eventuais informações ou documentos tidos como sigilosos pode inviabilizar até mesmo o conhecimento do conteúdo, por meio da requisição judicial, se comprovadamente envolverem legítimo interesse social o que deve ser uma absoluta exceção já que não pode haver segredos envolvendo recursos públicos.

2.2. Consequências do não atendimento à determinação judicial

Após a requisição judicial, a entidade terá algumas opções: atender ao requerimento; solicitar prorrogação do prazo; informar a impossibilidade de cumprimento e recusar-se.

---

11 STJ, ROMS 11831/PR, 200000318078, rel. Min. José Delgado, j. 26.09.2000, *DJe* 18.02.2002.

Quanto à primeira hipótese, não se vislumbram problemas, tampouco com relação à segunda, já que o pedido de prorrogação do prazo se faz perfeitamente possível, eis que o próprio art. 7º, § 2º, da Lei da Ação Popular o autoriza.

No que diz respeito à alegação de impossibilidade de cumprimento, esta deverá ser devidamente justificada, não podendo a entidade requisitada simplesmente alegá-la. As informações resguardadas sob o manto do sigilo, por parte do Estado, devem ser justificadas, não podendo a Administração Pública valer-se dessa possibilidade (sigilo) apenas para impedir o acesso do interessado. Nos termos dos arts. 23 e 24 da Lei nº 12.527/2011, o sigilo se limita às situações que se revelam imprescindíveis para a segurança do Estado ou da sociedade, bem como amplia a proteção das informações que colocarem em risco a segurança do Presidente, Vice-Presidente, seus respectivos cônjuges e filhos.

Contudo, é a recusa da entidade a opção de maiores indagações; a primeira: a recusa da entidade poderia ensejar a aplicação do art. 400 do CPC? Submeter-se-iam à presunção de veracidade os fatos que por meio de documentos ou coisa a parte pretendia provar?

Frederico Cais[12] afirma que não. Com todo o respeito, a resposta precipitada pode nos levar a erros. Primeiramente, a aplicação do CPC é perfeitamente possível quando omissa a lei, nos termos do art. 22 (Lei da Ação Popular). De mais a mais, não se pode compreender que a requisição de documentos e solicitações esteja limitada ao Poder Público.

Se a entidade requisitada for o Poder Público, certamente não incidirão as consequências previstas no art. 400 do CPC. Contudo, a requisição poderá ser dirigida a, por exemplo, uma pessoa jurídica de direito privado nesses casos, e não nos parece haver incompatibilidade de sua incidência. É o que ocorre nos casos de revelia, nos quais as autoridades, funcionários, beneficiários e avaliadores a ela se sujeitam, não se aplicando, todavia, ao Poder Público.

3. Da citação

O ato de mais relevância no processo é a citação. Uma comunicação dirigida ao réu que lhe dará condições de exercer princípios vitais, como o contraditório e a ampla defesa.

Para compreendermos melhor a modalidade de citação adotada pela Lei nº 4.717/1965, partiremos de sua conceituação. Segundo Luiz Manoel, trata-se

12 CAIS, Frederico. *Comentários a Lei de Ação Civil Pública e Ação Popular.* São Paulo: Quartier Latin, 2006. p. 205.

da "comunicação que é feita ao réu no sentido de que há uma postulação, em regra contra os seus interesses, formulados pelo autor".[13]

No mesmo sentido, Mauricio Vidigal defende que a citação é: "notícia ao réu ou interessado da existência do processo".[14]

De acordo com a redação do art. 238 do CPC, a citação é ato pelo qual se convocam o réu, o executado ou o interessado a integrar a relação processual, tratando-se de um equívoco o pensamento de que o processo só se forma com a citação do réu. Segundo Marinoni, Arenhart e Mitidiero:

> "O legislador deixa claro, aliás, que a citação constitui apenas requisito de validade do processo, não seu requisito de existência, quando refere que é possível um processo existente, válido e eficaz sem a participação do réu (caso de indeferimento da petição inicial e de julgamento de improcedência liminar, arts. 330 e 332). É claro, no entanto, que os efeitos do processo só se produzem contra o réu a partir da citação válida, ainda que ordenada por juiz incompetente".[15]

Por óbvio que a citação é um ato formal, mormente quando averiguamos as disposições processuais, em especial o art. 239 do CPC que estabelece: "Para a validade do processo é indispensável a citação do réu ou do executado, ressalvadas as hipóteses de indeferimento da petição inicial ou de improcedência liminar do pedido".

3.1. Formas de citação no Código de Processo Civil

Estabelece o Código de processo civil as possibilidades de citação: "Art. 246. A citação será feita: I – pelo correio; II – por oficial de justiça; III – pelo escrivão ou chefe de secretaria, se o citando comparecer em cartório; IV – por edital; V – por meio eletrônico, conforme regulado em lei".

3.1.1. Citação pelo correio

A Justiça do Trabalho há muito já se valia dessa opção que se revela célere, além de se mostrar eficaz. Assim, nessa modalidade, a comunicação é encaminhada à parte ou interessado, e o retorno do AR (aviso de recebimento) é a

13 GOMES JUNIOR, Luiz Manoel. *Ação popular*: aspectos polêmicos: lei de responsabilidade fiscal, improbidade administrativa, danos causados por liminares e outros pontos relevantes. Rio de Janeiro: Forense, 2004. p. 39.

14 VIDIGAL, Mauricio. *Citações e intimações*. São Paulo: Juarez de Oliveira, 1999. p. 3.

15 MARINONI, Luiz Guilherme; ARENHART, Sérgio Cruz; MITIDIERO, Daniel. *Código de Processo Civil comentado*. 4ª ed. atual. e ampl. São Paulo: Thomson Reuters Brasil, 2018. p. 139.

comprovação da citação. Todavia, algumas discussões surgem acerca dos poderes de representação de quem efetivamente recebeu a comunicação.

Com relação à pessoa física, a controvérsia parece solucionada, eis que o art. 248, § 1º, determina que o carteiro exigirá do citando a assinatura, o que importa dizer que será entregue diretamente ao interessado.

Já no tocante às pessoas jurídicas, surgem dúvidas, eis que qualquer pessoa poderia receber o documento. A Súmula 429 do Superior Tribunal de Justiça dispôs: "A citação postal, quando autorizada por lei, exige o aviso de recebimento".

Da leitura da referida súmula seria possível estabelecer que, desde que o AR retornasse assinado, a citação se confirmar.

Existe por óbvio uma dificuldade dos carteiros em identificar se quem assina a correspondência possui poderes para tanto. Em razão disso, presumia-se a citação, sendo a prova em contrário ônus de quem sustentava a ausência de validade.

O CPC de 2015 (art. 248) foi feliz ao estabelecer que: "§ 2º Sendo o citando pessoa jurídica, será válida a entrega do mandado a pessoa com poderes de gerência geral ou de administração ou, ainda, a funcionário responsável pelo recebimento de correspondências".

O legislador exigiu, assim, que seja apresentado ao carteiro o documento que comprove os poderes de gerência ou administração, o que facilitou e muito a prova do citando quanto à irregularidade. Tal previsão não exclui os problemas oriundos do recebimento por quem não reúna poderes para tanto, porém garante ao citando (pessoa jurídica) que, por meio de contratos e estatutos sociais, procurações e revogações destas, comprove-se a ausência de poderes de quem o fez, sem consentimento real do citando.

Não se pode olvidar, ainda, das previsões de exclusão desse tipo de citação estabelecidas no art. 247 do CPC.

3.1.2. Citação por meio do Oficial de Justiça

Uma das formas mais seguras para evitar possíveis nulidades e, além disso, em determinadas situações, torna-se indispensável que a citação ocorra por meio do Oficial de Justiça, como nos casos de incapazes.

3.1.3. Citação pelo escrivão ou chefe de secretaria

Referida previsão legal surgiu com a promulgação do CPC de 2015, mas, apesar disso, a prática era comum e corriqueira nas secretarias da vara de família; os executados de alimentos muitas vezes se davam por citados em secretaria.

Essa determinação acaba por favorecer a celeridade processual, eis que evita os trâmites convencionais que exigem prazo superior para os procedimentos.

3.1.4. Citação por edital

O Código de Processo Civil elenca as situações em que se torna possível a citação por edital:

> "Art. 256. A citação por edital será feita: I – quando desconhecido ou incerto o citando; II – quando ignorado, incerto ou inacessível o lugar em que se encontrar o citando; III – nos casos expressos em lei. § 3º O réu será considerado em local ignorado ou incerto se infrutíferas as tentativas de sua localização, inclusive mediante requisição pelo juízo de informações sobre seu endereço nos cadastros de órgãos públicos ou de concessionárias de serviços públicos".

É possível perceber que a citação por edital é uma exceção, uma vez que restrita às hipóteses dos incisos I a III do art. 256 do CPC. Tal fato justifica-se, eis que a citação é um ato de extrema relevância, capaz de garantir os princípios constitucionais do contraditório e da ampla defesa. Nelson Nery Jr.[16] defende que a citação por edital é medida extrema, cujo manejo só será possível se constatada a impossibilidade de citação por outros meios e quando esgotadas todas as tentativas de localização.

Luiz Manoel Gomes Junior discordava desse entendimento, aduzindo ser indispensável qualquer diligência para localização, desde que justificada de forma plausível pelo autor a impossibilidade de se concretizar por outro meio. Sustentava que o art. 231 do antigo CPC não estabelecia a exigência de diligências para localização. Portanto, observados os incisos do artigo, autorizada estaria a citação por edital.

No entanto, com a promulgação do atual Código de Processo Civil, que acrescentou o § 3º ao art. 256 – "O réu será considerado em local ignorado ou incerto se infrutíferas as tentativas de sua localização, inclusive mediante requisição pelo juízo de informações sobre seu endereço nos cadastros de órgãos públicos ou de concessionárias de serviços públicos" –, fortaleceu-se a ideia de que a citação por edital deve esgotar todas as tentativas de localização, sendo indispensáveis as diligências, para que somente a partir daí seja possível a citação por edital.

16 NERY JR., Nelson. *Código de Processo Civil comentado*. 4ª ed. São Paulo: Ed. RT, 1999.

3.1.5. Citação por meio eletrônico

Outra inovação do CPC foi a previsão de citação por meio eletrônico. Assim estabeleceu o legislador:

> "Art. 246. [...] § 1º Com exceção das microempresas e das empresas de pequeno porte, as empresas públicas e privadas são obrigadas a manter cadastro nos sistemas de processo em autos eletrônicos, para efeito de recebimento de citações e intimações, as quais serão efetuadas preferencialmente por esse meio".

Como cediço, a União, os Estados, os Municípios e as entidades da administração indireta são detentores de um volume expressivo de demandas judiciais, e nesse contexto foi muito bem-vinda a recepção dos §§ 1º e 2º do art. 246 do CPC, principalmente porque a tendência atual é de considerar que a maioria dos processos já tramita por meio eletrônico.

3.2. Consequências da ausência de citação

A doutrina classifica as possibilidades de vícios que podem atingir as sentenças, entre eles: vício da nulidade e de inexistência.

Como a citação vincula-se ao vício da inexistência, ater-nos-emos a esse ponto. Segundo Luiz Manoel Gomes Junior, esse vício, "em razão da sua gravidade, retira qualquer eficácia da decisão que o contenha".[17] Teresa Arruda Alvim[18] defende que a ausência de citação que efetivamente leva ao vício de inexistência sequer pode ser acobertada pela autoridade da coisa julgada.

A jurisprudência também caminhou nesse sentido:

> "Ação declaratória de nulidade de sentença por ser nula a citação do réu revel na ação em que ela foi proferida. 1. Para a hipótese prevista no artigo 741, I, do atual CPC – que é a da falta ou nulidade de citação, havendo revelia – persiste, no direito positivo brasileiro, a *querela nullitatis*, o que implica dizer que a nulidade da sentença, nesse caso, pode ser declarada em ação declaratória de nulidade, independentemente do prazo para a propositura da ação rescisória, que, em rigor, não é a cabível para essa hipótese. 2. Recurso extraordinário conhecido, negando-se-lhe, porém, provimento".[19]

---

17 GOMES JUNIOR, Luiz Manoel. *Ação popular*: aspectos polêmicos: lei de responsabilidade fiscal, improbidade administrativa, danos causados por liminares e outros pontos relevantes. Rio de Janeiro: Forense, 2004. p. 48.

18 WAMBIER, Tereza Arruda Alvim. *Nulidades do processo e da sentença*. São Paulo: Ed. RT, 1997. p. 284.

19 STF, RE 97589-6, rel. Min. Moreira Alves, j. 17.11.1982, *DJ* 03.06.1983.

Portanto, a ausência de citação revela o vício da inexistência, o que equivale a dizer que, com relação à pessoa que não foi citada, sequer haverá a possibilidade de coisa julgada, não cabendo sequer a ação rescisória.

3.3. Da citação na ação popular – particularidades

Da simples leitura do art. 7º, II, da Lei da Ação Popular extrai-se que a citação dos beneficiários diretos pode ser realizada por edital. Assim, cumpre analisar se a legislação foi recepcionada pela Constituição Federal.

O art. 6º da Lei nº 4.717/1965 fixa a obrigatoriedade de citação de todos os beneficiários diretos do ato impugnado, estabelecendo, nas palavras de Luiz Manoel Gomes Junior,[20] a hipótese de litisconsórcio necessário, sendo indispensável à citação daquele que de alguma forma tenha responsabilidade pelo ato impugnado.

3.3.1. Citação por edital – possibilidade na ação popular

Consoante se verifica do texto legal, a citação por edital do beneficiado (inciso II) poderá ocorrer por edital, a critério do autor.

O primeiro ponto a se perceber é que a faculdade de citação, dada ao autor, limita-se aos beneficiários, não havendo que falar na extensão da modalidade para os demais réus. Sendo inconcebível a ideia de que as autoridades, funcionários ou administradores que tenham praticado ou ratificado o ato impugnado sejam citados por edital.

Em um segundo momento, compreende-se que, se a citação por edital é uma opção, todas as demais possibilidades previstas no CPC também o são, logicamente respeitadas as exceções, além de se tratar de uma exceção a citação por edital. Logo, o beneficiado poderá ser citado por edital ou por carta, oficial de justiça, enfim, todo e qualquer outro meio.

José Afonso da Silva[21] entende não ser possível a citação da autoridade, funcionários e administradores por meio eletrônico. Contudo, a Lei nº 11.419/2006 que estabelece diretrizes para a informatização do processo judicial determinou em seu art. 9º: "No processo eletrônico, todas as citações, intimações e notificações, inclusive da Fazenda Pública, serão feitas por meio eletrônico, na forma desta Lei". Portanto, não parece razoável a restrição sustentada.

---

20 GOMES JUNIOR, Luiz Manoel. *Ação popular*: aspectos polêmicos: lei de responsabilidade fiscal, improbidade administrativa, danos causados por liminares e outros pontos relevantes. Rio de Janeiro: Forense, 2004.

21 SILVA, José Afonso da. *Ação popular constitucional*. 2ª ed. rev., ampl. e atual. São Paulo: Malheiros, 2013.

Nas lições de Luiz Manoel:

> "A conclusão que se pode chegar é que somente a citação dos beneficiados pode ser efetivada através de edital [...]. Isto não quer dizer que não haja a possibilidade de citação por edital nas hipóteses contempladas no Código de Processo Civil, desde que presente uma das situações indicadas no texto apontado".[22]

No mesmo sentido a jurisprudência:

> "Processo civil. Agravo de instrumento. Ação popular. Citação por edital. Caráter excepcional. Na ação popular, os réus devem ser citados pessoalmente, nos termos dos artigos 221 e seguintes do Código de Processo Civil. 2. A citação editalícia deve ser efetivada sempre em caráter excepcional, na real impossibilidade de ser encontrado o réu, de modo a garantir o acesso à Justiça. Por sua vez, cumpre anotar que a regra contida no art. 7º, inciso II, da Lei nº 4.717/65 é aplicável apenas aos beneficiários do ato impugnado. Intimado o Ministério Público Federal conforme certidão de fls. 149. Agravo de instrumento improvido".[23]

Superada a questão de que a citação por edital não é extensiva a todos os colegitimados passivos, mister se faz pensar acerca dos princípios constitucionais do contraditório e da ampla defesa.

É sabido que, apesar do caráter de divulgação ampla dos editais, essa previsão nem sempre atende a expectativa, a de levar ao conhecimento do citando a existência de demanda judicial.

O que se percebe é que a citação por edital, muito embora tenha a finalidade de chamar ao processo a parte interessada, nem sempre ocorre. E para muito além são os reflexos dessa ausência de conhecimento do citando, que envolve princípios constitucionais de extrema relevância e principalmente norteadores do processo, como o contraditório e a ampla defesa.

Para José Afonso da Silva:

> "Essa citação por edital depende exclusivamente da vontade do autor popular. Pode ser feita assim, mesmo que o autor esteja em lugar bem conhecido, e até na sede do juízo. [...] Abre-se com isso, uma exceção a velho princípio proces-

---

22 GOMES JUNIOR, Luiz Manoel. *Ação popular*: aspectos polêmicos: lei de responsabilidade fiscal, improbidade administrativa, danos causados por liminares e outros pontos relevantes. Rio de Janeiro: Forense, 2004. pp. 56-57.

23 TRF-5, Agravo de Instrumento AGTR 41247/PB 0004028-64.2002.4.05.0000, rel. Juiz Jirair Aram Meguerian, j. 13.05.1997, *DJ* 12.06.1997.

> sual – aquele que estabelece só ser possível citação edital quando o citando se encontre em local incerto e não sabido".[24]

Das lições trazidas por José Afonso da Silva é possível perceber que ele adota a receptividade dessa lei, reconhecendo a dispensabilidade de observância ao art. 256 do CPC.

Já Mancuso diverge desse entendimento aduzindo:

> "[...] A opção ao autor, para que, querendo, requeira a citação editalícia dos beneficiários (art. 7º, II), em princípio não se justificaria, já que os motivos que legitimam tal citação ficta são os indicados nos arts. 231 e 232 do CPC, não havendo espaço para ampliações especiais; mas uma interpretação sistemático-teleológica daquele inciso II, com a parte final do inciso III deste mesmo art. 7º, permite inferir que deverá ser autorizada a citação editalícia apenas dos beneficiários que estejam em local incerto e não sabido".[25]

Para Luiz Manoel:

> "[...] frente ao princípio constitucional da ampla defesa, não fica a citação por edital dos beneficiários pelo ato impugnado, ao exclusivo critério do autor popular, dependendo da presença dos requisitos exigidos pelo Código de Processo Civil para tal tipo de ato processual, sob pena de o preceito do inc. II do art. 7º da Lei de Ação Popular ser considerado inconstitucional".

Parecem, pois, mais adequadas as propostas de Mancuso e Luiz Manoel, que acolhem os princípios constitucionais do contraditório e da ampla defesa para determinar que a citação dos beneficiários possa, sim, ocorrer por edital, desde que observadas as regras processuais civis ou, quando por cautela, para evitar um vício processual, sendo, inclusive, compatível com a previsão do inciso III do art. 7º da Lei da Ação Popular.

Importante observar que os beneficiários citados (na forma do inciso II) não gozam dos benefícios previstos no inciso III, quais sejam: a restituição de prazo para contestação e para a produção de prova.

---

24 SILVA, José Afonso da. *Ação popular constitucional*. 2ª ed. rev., ampl. e atual. São Paulo: Malheiros, 2013. p. 212.

25 MANCUSO, Rodolfo de Camargo. *Ação popular*. 8ª ed. rev., atual. e ampl. São Paulo: Ed. RT, 2015. pp. 133-134.

Segundo José Afonso da Silva:

> "O beneficiário citado por edital na forma do art. 7º, II, [...] não goza do disposto naquele dispositivo, pois, então, não se trata de denunciação da lide, mas de citação regular e no momento próprio; por isso, se não contestar no prazo determinado, seu ingresso posterior em juízo não implica em restituição de prazo algum, podendo apenas prosseguir nos ulteriores termos procedimentais. O demais para ele estará precluso".[26]

A ideia de litisdenunciação suscitada por José Afonso parece razoável na medida em que os legitimados passivos podem denunciar a lide, indicando outros corresponsáveis, o que ensejaria a citação e, via de consequência, a concessão de prazo para apresentação de defesa, acobertando, dessa forma, os princípios do contraditório e da ampla defesa.

Segundo Mancuso,[27] a previsão legal do inciso III do art. 7º da Lei é a possibilidade de ampliação do litisconsórcio passivo, eis que em algumas situações só se conhece de outros beneficiários no curso da demanda e referida previsão visa garantir dois propósitos: completar o contraditório e de certa maneira possibilitar ao réu a denunciação da lide, facilitando, inclusive, futuras recomposições decorrentes do direito de regresso.

4. Do conhecimento do beneficiário e ausência de denunciação da lide

Ao tratarmos do litisconsorte passivo, devemos nos atentar para o fato de que a lei se refere à obrigatoriedade de inclusão com relação aos beneficiários. Na lição de Mancuso:

> "Parece lícito inferir que o legislador quis, de indústria, poupar os que apenas indiretamente auferiram proveito do ato viciado ou da avaliação desonesta. É que bem pode dar-se que uma pessoa, física ou jurídica, tire proveito de tais ocorrências, mas que tal efeito se dê episódica e circunstancialmente".[28]

O ingresso do beneficiário direto no polo passivo da ação não se trata de faculdade, mas, sim, de imposição. O conhecimento dos beneficiários e a não

---

26 SILVA, José Afonso da. *Ação popular constitucional.* 2ª ed. rev., ampl. e atual. São Paulo: Malheiros, 2013. p. 213.

27 MANCUSO, Rodolfo de Camargo. *Ação popular.* 8ª ed. rev., atual. e ampl. São Paulo: Ed. RT, 2015.

28 MANCUSO, Rodolfo de Camargo. *Ação popular.* 8ª ed. rev., atual. e ampl. São Paulo: Ed. RT, 2015. pp. 230-231

observância de citação e integração deles na lide ocasiona a nulidade da sentença, conforme determinado pela jurisprudência:

> "Ação popular contra prefeito municipal, visando a anulação de atos ilegais de provimento de cargos. Beneficiários dos atos de admissão não citados para a integração da relação processual, apesar do pedido expresso do autor, na inicial. Omissão do chamamento dos litisconsortes necessários, no caso, os beneficiários, aos quais a decisão da causa poderia acarretar obrigação ou afetar direito subjetivo. Nulidade da sentença (Lei nº 4.717/65, artigo 6º, § 1º, e artigo 47 e parágrafo único do Código de Processo Civil) e provimento do recurso para esse fim, a requerimento do Ministério Publico. No processo da ação popular, identificados, nos albores da demanda, os beneficiários dos atos que se inquinam de lesivos ao patrimônio municipal, estes terão de ser citados para compor a relação processual, sob pena de nulidade. Constitui imperativo da lei (Lei nº 4.717/65, artigo 7º, § 2º, III) que, além do responsável pela firmação do ato impugnado, todo e qualquer beneficiário cuja identidade (ou existência) se torne conhecida no curso da lide e antes da prolação da sentença, no primeiro grau de jurisdição, deverá ser citado para a integração do contraditório, concedendo-lhe prazo para o oferecimento da defesa. Sendo o beneficiário litisconsorte necessário do ato de provimento que se pretende ineficacizar, e nulo *ab initio* o processo em que não foi citado para o contraditório e defesa, podendo essa nulidade ser postulada pelo Ministério Publico. Recurso a que se dá provimento, em preliminar, para anular o processo, a partir da sentença de primeiro grau, inclusive, para que se renove o feito, com a citação dos litisconsortes. Decisão unânime".[29]

> "Ação popular. Direito processual. Polo passivo. Integração por todos os beneficiários diretos do ato. Necessidade. Todos os beneficiários do ato supostamente ilegal e lesivo devem compor o polo passivo da lide na ação popular, nos termos do art. 6º da Lei Federal nº 4.717/65. Citados apenas alguns dos beneficiários e sendo os demais conhecidos, impõe-se a cassação da sentença e determinação de emenda da inicial para retificação do polo passivo".[30]

> "Ação popular. Litisconsórcio passivo necessário. Ausência de citação. Nulidade. Ação popular que deve ser ajuizada em face dos responsáveis diretos pela lesão e de todos aqueles que, de forma direta ou indireta, concorreram para sua ocorrência ou se beneficiaram. Litisconsórcio passivo necessário. Inteligência do art. 6º da Lei 4.717/65. Ausência de citação do Prefeito Municipal à época, que concorreu para a prática do ato impugnado. Nulidade configurada. Preliminar acolhida. Processo anulado a partir da citação. Recurso provido"[31]

---

29 STJ REsp 13493/RS, Recurso Especial 1991/0016101-2, rel. Min. Demócrito Reinaldo, j. 24.06.1992, *DJ* 31.08.1992.

30 TJMG, Ap Cív./Reexame Necessário AC 10145041908099001/MG, rel. Sandra Fonseca, j. 03.12.2013, *DJ* 17.12.2013.

31 TJSP, Apelação 0004203-62.1997.8.26.0114, 2ª Câmara de Direito Público, Foro de Campinas, rel. Alves Braga Junior, j. 13.12.2016, *DJ* 13.12.2016.

> "Ação popular. Litisconsórcio passivo necessário. Ausência de citação. Nulidade reconhecida. 1. Segundo o art. 6º da Lei 4.717/65 (Lei da Ação Popular), a ação deve ser proposta contra a autoridade que autorizou, aprovou, ratificou ou praticou o ato impugnado. 2. Não há controvérsia quanto à autoria do ato impugnado, porque foi reconhecido que o Secretário de Governo assinou o ato inquinado de ilegal. 3. Como a ação foi ajuizada e se desenvolveu somente contra o Secretário de Transporte, faz-se necessário o chamamento do autor do ato, o Secretário de Estado de Governo, litisconsorte necessário. 4. As empresas beneficiárias indiretas do ato tido por ilegal, por ausência do nexo causal direto com o ato, não são litisconsortes necessárias (art. 6º, § 1º, da Lei nº 4.717/65). 5. Recurso especial provido para anular o processo e determinar a complementação da citação" (STJ, REsp 724188/SC 2005/0018432-4, 2ª Turma, rel. Min. Eliana Calmon, j. 23.06.2009, *DJe* 06.08.2009).

E nessa toada o Código de Processo Civil estabeleceu em seu art. 10: "O juiz não pode decidir, em grau algum de jurisdição, com base em fundamento a respeito do qual não se tenha dado às partes oportunidade de se manifestar, ainda que se trate de matéria sobre a qual deva decidir de ofício". Eis o que fundamenta o vício processual.

Não bastasse, prevê o art. 115 do CPC:

> "A sentença de mérito, quando proferida sem a integração do contraditório, será: I – nula, se a decisão deveria ser uniforme em relação a todos que deveriam ter integrado o processo; II – ineficaz, nos outros casos, apenas para os que não foram citados. Parágrafo único. Nos casos de litisconsórcio passivo necessário, o juiz determinará ao autor que requeira a citação de todos que devam ser litisconsortes, dentro do prazo que assinar, sob pena de extinção do processo".

Portanto, a decisão torna-se ineficaz se não tiver ocorrido a citação, e nula se a decisão que envolver os legitimados passivos for unitária.

5. Contestação

Muito embora o CPC estabeleça prazo distinto para apresentação de defesa (15 dias), há consenso doutrinário e jurisprudencial que o prazo a ser observado é o de 20 dias previsto na Lei da Ação Popular.

Isso porque estabelece o art. 22 da Lei 4.717/1965: "Art. 22. Aplicam-se à ação popular as regras do Código de Processo Civil, naquilo em que não contrariem os dispositivos desta lei, nem a natureza específica da ação".

Se o legislador determinou que não é possível a aplicação do CPC nos casos em que ocorra contrariedade aos dispositivos legais, não há que falar na aplicabilidade do art. 335 do CPC de que: "O réu poderá oferecer contestação, por petição, no prazo de 15 (quinze) dias [...]".

Ademais, a Lei da Ação Popular favorece o réu no que tange à possibilidade de dilação do prazo por mais 20 dias, desde que difícil a produção probatória.

Em que pese não ser aplicável à ação popular o prazo para defesa previsto no CPC, com relação à forma de como se dará a contagem (dias úteis) é perfeitamente aplicável.

Como visto alhures, somente não prevalecerá o CPC naquilo que incompatível com a legislação especial. Veja que na Lei da Ação Popular não há definição acerca da contagem do prazo, se ocorrerá em dias úteis ou corridos, assim aplicável o art. 219 do CPC.

Além da concessão do prazo de 20 dias, observa-se que é possível a prorrogação por igual período, o que requer alguns cuidados.

5.1. Da prorrogação do prazo para defesa

Diante da possibilidade da duplicação do prazo para apresentação da defesa, surgem algumas situações que não foram respondidas pela legislação, tais como: quando deverá ser requerida a prorrogação? Poderá ocorrer *ex officio*? O pedido de prorrogação de um réu aproveita aos demais? Existe alguma penalidade para aquele que pede a prorrogação do prazo e não acosta documentos?

Primeiramente, por prorrogação deve-se entender a extensão do prazo, e não a concessão de um novo prazo. Para tanto, é preciso que o pedido seja realizado, ainda quando em curso.

Além disso, o requerimento suspende o prazo, devolvendo à parte o prazo que lhe restava quando da interposição do pedido.

Como se trata de uma extensão do prazo, por óbvio o requerimento deve ser realizado antes de findo o prazo inicial (os primeiros 20 dias), pois, caso contrário, o réu se beneficiaria com a concessão de novo prazo.

Todavia, muito comum que a parte requeira a prorrogação do prazo e a concessão se dê fora do tempo inicialmente previsto (20 dias), situação que poderia colocar a parte em risco. Contudo, a demora do Judiciário não pode penalizar a parte, e é justamente por esse motivo que se vislumbra a suspensão, conforme já decidiu o Tribunal de Justiça de São Paulo:

> "Ação popular. Prorrogação do prazo para contestar deferida tardiamente. Prazo adicional que passou a fluir da intimação feita às partes dessa decisão. Impossibilidade de decretação posterior da intempestividade da contestação

protocolada em sua fluência, notadamente à vista de petição ofertada após o vencimento do prazo para agravar. Decisão reformada. Recurso provido".[32]

Pois bem, feito o requerimento dentro do prazo, este será suspenso e só voltará a fluir quando da intimação das partes. Pouco importa o resultado, se deferido ou não o pedido de prorrogação, não haverá a intempestividade da defesa, já que o prazo fica suspenso.

Quanto à prorrogação do prazo *ex officio*, não pairam dúvidas acerca da impossibilidade, pois a lei é clara ao estabelecer que o pedido deva ser realizado pela parte.

Daí também se chega à conclusão de que o pedido de um réu não aproveita aos demais. A lei de ação popular é clara ao estabelecer que o prazo para defesa pode ser prorrogado a requerimento da parte, *quando particularmente difícil a produção da prova documental*.

Os réus podem ter provas distintas, ou simplesmente não ter provas, logo o pedido de um réu, em razão da prova documental, não necessariamente está atrelado à defesa de outro, não havendo aproveitamento pelos demais. Segundo Luiz Manoel:

> "Se há necessidade de requerimento expresso, com a justificativa por parte do interessado, nos parece que o mesmo é apresentado em razão de uma situação particular daquele réu. Ora, assim somente pode ser beneficiado o que requereu a prorrogação do prazo, sob pena de desvirtuar o sistema imposto pela Lei da Ação Popular".[33]

De fácil compreensão que o pedido de prorrogação deve estar obrigatoriamente atrelado à dificuldade da produção da prova. Portanto, solicitar a dilação para apresentação de defesa sem a juntada de documentos gera consequências.

Vale lembrar que a Lei de Acesso à informação facilitou e determinou prazos à Administração Pública para fornecimento de documentos. Nesse contexto, o réu tem por obrigação, assim como o autor, de pelo menos fundamentar a dificuldade da prova, principalmente se o fornecimento se sujeitar à manifestação da Administração Pública.

---

32 TJSP, AI 7273835600/SP, 7ª Câmara de Direito Público, rel. Coimbra Schmidt, j. 28.04.2008, *DJ* 06.05.2008.

33 GOMES JUNIOR, Luiz Manoel. *Ação popular*: aspectos polêmicos: lei de responsabilidade fiscal, improbidade administrativa, danos causados por liminares e outros pontos relevantes. Rio de Janeiro: Forense, 2004. p. 84.

Realizado o pedido de prorrogação e não apresentados os documentos, limitando-se à apresentação da defesa, esta será intempestiva, gerando por óbvio o efeito da revelia, eis que não se poderia cogitar da extensão do prazo para finalidade diversa.

Luiz Manoel esclarece:

> "Entendemos que a prorrogação do prazo foi deferida com uma condição bem específica – permitir a produção de documentos – sendo que a omissão do réu em cumprir o ônus processual que lhe foi imposto, em decorrência do seu próprio requerimento, deve ser a aplicação dos efeitos da revelia, ou seja, serem tidos como verdadeiros os fatos alegados pelo autor popular".[34]

Na dúvida é recomendável a juntada da defesa no prazo inicial de 20 dias, requerendo ao juízo a produção de provas, justificando-as, até mesmo porque não ocorre preclusão da prova.

5.2. Prazo em dobro – aplicação do CPC

Prevê o art. 229 do CPC:

> "Os litisconsortes que tiverem diferentes procuradores, de escritórios de advocacia distintos, terão prazos contados em dobro, para todas as suas manifestações, em qualquer juízo ou Tribunal, independentemente de requerimento. [...] § 2º Não se aplica o disposto no *caput* aos processos em autos eletrônicos".

A jurisprudência na vigência do CPC de 1973 já determinava que o antigo art. 191 não se aplicava à ação popular:

> "Processual civil. Ação popular. Prazo comum para contestação que não inibe a incidência do art. 191 do CPC para os demais prazos, quando os litisconsortes têm advogados diferentes. Caso, ademais, em que as provas foram requeridas na contestação. Agravo provido".[35]

O Código de Processo Civil de 2015 não trouxe mudança significativa no texto que justificasse a alteração de entendimento. Ao revés, a legislação atual estabelece a duplicidade do prazo, apenas para os processos físicos, sendo a

34 GOMES JUNIOR, Luiz Manoel. *Ação popular*: aspectos polêmicos: lei de responsabilidade fiscal, improbidade administrativa, danos causados por liminares e outros pontos relevantes. Rio de Janeiro: Forense, 2004. p. 85.

35 TRF-5, AGTR 1959/PE 92.05.07890-5, rel. Des. Federal Lazaro Guimarães, j. 04.08.1992, *DJ* 09.10.1992.

tendência, em curto espaço de tempo, a implantação definitiva dos processos eletrônicos.

De mais a mais, se a própria legislação estabelece que o pedido de prorrogação (em dobro) deve ser realizado a requerimento da parte, não se revela razoável a contagem em dobro, pela simples presença de litisconsorte. Portanto, essa duplicidade não se aplica, ainda que os litisconsortes estejam representados por advogados distintos.

O mesmo se dá com relação à Advocacia Pública, cujas manifestações processuais (art. 183) o atual CPC estabelece o prazo em dobro para todas. Antes mesmo da promulgação do CPC de 2015, Leonardo José Carneiro da Cunha se posicionava acerca da duplicidade dos prazos na ação popular:

> "A regra aplica-se a qualquer procedimento: ordinário; sumário, especial, aplicando-se igualmente ao processo cautelar e ao de execução (com a ressalva dos embargos do devedor, que constituem uma ação, e não um recurso nem uma contestação [...]. Somente não se aplica o art. 188 quando há regra específica fixando prazo próprio, a exemplo do prazo de 20 (vinte) dias para contestar a ação popular (Lei 4.717/1965, art. 7º, IV). Também não se aplica o dispositivo ao art. 188 do CPC no procedimento dos Juizados Especiais Cíveis Federais; ali os prazos para a Fazenda Pública são todos singelos, não havendo contagem em quádruplo, nem em dobro".[36]

É certo que essa benesse é uma forma de equilibrar as relações jurídicas, eis que em razão do volume de trabalho e da dificuldade das informações para a produção de defesa não é possível dizer que as partes estejam em igualdade, quando fixados os mesmos prazos processuais. Todavia, como toda regra tem exceção, o prazo em dobro não se aplica para a Fazenda Pública nas ações populares. Isso porque, estabelece o § 2º do art. 183 do CPC/2015: "Não se aplica o benefício da contagem em dobro quando a *lei estabelecer, de forma expressa, prazo próprio para o ente público*" (grifos nossos). Situação que se revela pacífica desde a vigência do CPC de 1973:

> "Agravo de instrumento. Ação popular. Prazo em quádruplo para o município contestar. Descabimento. Inaplicabilidade do art. 188 do CPC. Prevalência da lei especial. Liminar de indisponibilidade de bens que merece ser deferida, respeitado o valor de cada licitação considerada irregular e os réus envolvidos. Recurso provido".[37]

---

36 CUNHA, Leonardo José Carneiro da. *A Fazenda Pública em juízo*. 8ª ed. rev., ampl. e atual. São Paulo: Dialética, 2010. p. 4.

37 TJRS, AI 70057456253/RS, rel. Irineu Mariani, j. 16.04.2014, *DJ* 28.04.2014.

Portanto, se o prazo definido em lei for distinto do que se concede no CPC, a Fazenda Pública não se beneficiará de sua duplicidade. No caso da ação popular em específico, o seu art. 7º, IV, além de definir prazo de *20 (vinte) dias*, prorrogáveis por mais 20 (vinte), definiu que ele *será comum a todos os interessados*.

O mesmo não ocorre com relação ao prazo para recurso, eis que a lei que trata da ação popular é omissa. Aliás, nesse sentido já decidiu o Superior Tribunal de Justiça:

> "Processual civil. Ação popular. Prazo para recurso. Litisconsortes com procuradores diferentes. Inexistindo na Lei de Ação Popular norma sobre a contagem do prazo para recurso quando os litisconsortes tiverem diferentes procuradores, deve ser aplicado o CPC, art. 191 [1973],[38] contando-se o prazo em dobro. Recurso provido (REsp 230.142/RJ, rel. Min. Garcia Vieira, *DJ* 21.02.2000). 13. Desta maneira, o julgamento levado a efeito pela egrégia Corte catarinense, no que tange à aplicabilidade da dilatação dos prazos processuais, prevista no antigo Código Buzaid, no seu art. 191, encontra-se em descompasso com o entendimento há muito sedimentado por este STJ, que sempre vem afirmando a possibilidade de esticamento dos prazos processuais em tais casos, ou seja, quando houve litisconsortes com procuradores diferentes. 14. Ante o exposto, nos termos do art. 557, § 1º-A, do CPC, dá-se provimento ao recurso especial da Indústria Carbonífera, para reformar a decisão que reputou intempestiva a contestação apresentada pela ora recorrente, porquanto o art. 191 do CPC/1973 é plenamente aplicável ao procedimento da ação popular, determinando-se, outrossim, o retorno dos autos ao Juízo de primeiro grau, para que seja retomado o curso da demanda, a partir da decisão reformada".[39]

No tocante ao prazo para apresentação de recursos, independentemente do litisconsorte (Fazenda Pública, administrador, avaliador, beneficiário ou funcionário), será em dobro, consoante previsão do art. 229 do CPC. Entretanto, não se pode olvidar que, tramitando o processo em meio eletrônico, o prazo se dará de forma simples, conforme disposição do art. 229:

> "Os litisconsortes que tiverem diferentes procuradores, de escritórios de advocacia distintos, terão prazos contados em dobro para todas as suas manifestações, em qualquer juízo ou tribunal, independentemente de requerimento. [...] § 2º Não se aplica o disposto no *caput* aos processos em autos eletrônicos".

38 Refere-se ao art. 229 do CPC/2015.

39 STJ, REsp 1419380/SC 2013/0384890-6, rel. Min. Napoleão Nunes Maia Filho, *DJ* 27.09.2017.

6. Das possibilidades de resposta

Assim como no Código de Processo Civil, o réu poderá valer-se da contestação ou das exceções como meio de defesa, consoante previsão do art. 337 do CPC.

O CPC de 2015, prezando pela celeridade processual, acabou por fazer modificações razoáveis quanto às exceções e os incidentes de defesa. Nesse contexto, a incompetência relativa, impugnação ao valor da causa e impugnação ao benefício da gratuidade de justiça, passaram a ser matéria de contestação. Da mesma forma, a reconvenção passou a integrar a peça de defesa, não havendo que falar em peça apartada.

Portanto, ao ser citado, o réu poderá: apresentar contestação; oferecer reconvenção ou manter-se inerte e sofrer as sanções cabíveis.

Perseguindo os princípios do contraditório e da ampla defesa, toda e qualquer matéria poderá ser suscitada em contestação. Os pontos de maior discussão na ação popular ocorrem com relação à possibilidade de reconvenção e à aplicação da revelia.

6.1. Reconvenção

José Afonso da Silva, ao ser indagado se é possível a reconvenção no processo da ação popular, respondeu: "Não, porque o autor está litigando por um direito disponível, que possa ser excluído por uma pretensão contrária. Isso significa que os réus não poderão ter ação que vise a modificar ou excluir o pedido do autor popular".[40]

Da mesma forma Mancuso:

> "[...] na ação popular também não é de se admitir a reconvenção: porquanto possa haver conexão entre a matéria da ação e a que seria deduzida pelo réu na via reconvencional (CPC 1973, art. 315[41]). Este Instituto pressupõe que as partes estejam brandindo situações jurídicas que lhes são próprias, tanto assim que o parágrafo único deste artigo não permite ao réu, em seu próprio nome, reconvir ao autor, quando este demandar em nome de outrem. Ora, substancialmente falando, o autor popular não sustenta posição jurídica própria, e sim da sociedade como um todo, que ele reputa lesada pelo ato/fato/omissão afirmadamente ilegais e lesivos; logo, não se vê como pudesse qualquer dos réus aproveitar-se da ação pendente para formular 'contra pretensão' ao autor popular. Será esta,

---

40 SILVA, José Afonso da. *Ação popular constitucional*. 2ª ed. rev., ampl. e atual. São Paulo: Malheiros, 2013. p. 214.

41 Refere-se ao art. 343 do CPC/2015.

> aliás, a única restrição que se pode fazer ao amplo espectro da defesa dos corréus na defesa nessa ação".[42]

Não somente a doutrina parece ser majoritária quanto ao não cabimento da reconvenção na ação popular, como também a jurisprudência pátria:

> "Reconvenção. Processual civil. Recurso especial. Ação popular. Reconvenção. Impossibilidade. Dano moral. Aferição. Súmula 07/STJ. 1. A ação popular é um dos mais antigos meios constitucionais de participação do cidadão nos negócios públicos, na defesa da sociedade e dos relevantes valores a que foi destinada. Admitir o uso da reconvenção produziria efeito inibitório do manejo desse importante instrumento de cidadania, o que o constituinte procurou arredar, quando isentou o autor das custas processuais e do ônus da sucumbência. 2. O instituto da reconvenção exige, como pressuposto de cabimento, a conexão entre a causa deduzida em juízo e a pretensão contraposta pelo réu. A conexão de causas, por sua vez, dá-se por coincidência de objeto ou causa de pedir. 3. Na hipótese, existe clara diversidade entre a ação popular e a reconvenção. Enquanto a primeira objetiva a anulação de ato administrativo e tem como causa de pedir a suposta lesividade ao patrimônio público, a segunda visa à indenização por danos morais e tem como fundamento o exercício abusivo do direito à ação popular. 4. *O pedido reconvencional pressupõe que as partes estejam litigando sobre situações jurídicas que lhes são próprias. Na ação popular, o autor não ostenta posição jurídica própria, nem titulariza o direito discutido na ação, que é de natureza indisponível.* Defendem-se, em verdade, interesses pertencentes a toda a sociedade. É de se aplicar, assim, o parágrafo único do art. 315 do CPC [de 1973], que não permite ao réu, 'em seu próprio nome, reconvir ao autor, quando este demandar em nome de outrem'. 5. A discussão a respeito da suposta má-fé do autor popular ao propor a demanda sem um mínimo de provas aceitáveis resvala no óbice da Súmula n. 07/STJ, que impede o reexame, na via especial, do suporte fático-probatório que fundamenta a decisão recorrida. 6. Recurso especial improvido"[43] (grifos nossos).

Todavia, antes mesmo da promulgação do Código de Processo Civil, Luiz Manoel Gomes Junior já defendia a possibilidade da reconvenção na ação popular. O argumento trazido por José Afonso e Mancuso, de que não seria cabível a reconvenção, eis que o autor popular não agia em nome próprio, era confrontado com o fundamento de que, realmente, o autor age em nome da coletividade, mas, também, em seu próprio nome, na medida em que faz parte do grupo defendido.

---

42 MANCUSO, Rodolfo de Camargo. *Ação popular*. 8ª ed. rev., atual. e ampl. São Paulo: Ed. RT, 2015. p. 292.

43 STJ, REsp 72065/RS 1995/0040609-8, 2ª Turma, rel. Min. Castro Meira, j. 03.08.2004, *DJ* 06.09.2004.

Por óbvio, dada à natureza da ação popular e ainda inspirada na economia processual, é indispensável que a reconvenção seja conexa com a ação principal. Nesse sentido:

> "(...) para evitar que o processo tenha o seu objeto litigioso alargado de maneira muito significativa em função da reconvenção (o que acabaria tornando a sua solução tendencialmente mais complexa e demorada, desmentindo o seu fundamento), o legislador exige que a reconvenção seja conexa com a ação originária ou com o fundamento da defesa (art. 343). Esse é seu pressuposto processual específico".[44]

Especificamente quanto à ação popular, já defendia Luiz Manoel (na vigência do CPC de 1973):

> "Um outro argumento no sentido de ratificar o posicionamento quanto à admissibilidade da reconvenção pode ser obtido com a resposta à seguinte questão: ajuizada certa ação popular e o mesmo tipo de irregularidade, ou outra, haja sido praticada pelo autor popular, com o ajuizamento de demanda de tal espécie, agora pelo réu da primitiva ação, pode haver a reunião de ambos os processos com fundamento no art. 105 do Código de Processo Civil [de 1973]?[45] A resposta sem dúvida é positiva, o que bem demonstra a possibilidade da utilização da reconvenção, desde que atendida a limitação do parágrafo único do art. 315 do Código de Processo Civil [de 1973]".[46]

O atual CPC parece ter finalizado a referida discussão ao trazer em seu art. 343, § 5º: "Se o autor for substituto processual, o reconvinte deverá afirmar ser titular de direito em face do substituído, e a reconvenção deverá ser proposta em face do autor, também na qualidade de substituto processual".

Muito embora o atual CPC tenha trazido a possibilidade legal da reconvenção na ação popular, como bem ponderado por Luiz Manoel, não há impeditivo legal para que se acolha a reconvenção, porém torna-se desaconselhável em razão dos embaraços processuais, principalmente em virtude da citação de todos os envolvidos.

---

44 MARINONI, Luiz Guilherme; ARENHART, Sérgio Cruz; MITIDIERO, Daniel. *Código de Processo Civil comentado*. 4ª ed. atual. e ampl. São Paulo: Thomson Reuters Brasil, 2018. p. 197.

45 Refere-se ao art. 57 do CPC/2015.

46 GOMES JUNIOR, Luiz Manoel. *Ação popular*: aspectos polêmicos: lei de responsabilidade fiscal, improbidade administrativa, danos causados por liminares e outros pontos relevantes. Rio de Janeiro: Forense, 2004. p. 79.

6.2. Revelia

Segundo Marinoni: "Visando a defesa, pode o réu tomar as seguintes atitudes: (i) oferecer contestação (arts. 335 e ss.); (ii) oferecer reconvenção (art. 343); (iii) nada fazer, com o que será decretada sua revelia (arts. 344 e ss.)".[47]

A resposta do réu é uma faculdade, não podendo ser entendida como dever. Todavia, com as faculdades sobressaem-se algumas consequências, como a revelia e a confissão. Ocorre que a Fazenda Pública, ainda que revel, não sofre com a *ficta confessio*. Além disso, a pessoa jurídica de direito público, para efeitos da ação popular, também não se sujeita a esse efeito, eis que a lei autoriza a essas pessoas o direito de abster-se da apresentação da defesa (§ 3º do art. 6º da Lei da Ação Popular).

De mais a mais, o próprio CPC, em seu art. 345, I, estabelece que a revelia não produz o efeito da confissão nos casos de pluralidade de réus, desde que um conteste a ação, exatamente a possibilidade mais provável da ação popular. E, ainda, o objeto do litígio na ação popular é sempre direito indisponível.

Mancuso sustenta, ainda, o argumento de que "a ação não é ajuizada contra o Poder Público, e sim em face dele e, não raro, em seu benefício".[48]

Para os demais corréus: autoridades, funcionários, beneficiários e avaliadores não há impedimento para a aplicação da revelia, até mesmo porque essas pessoas não se sujeitam à previsão do § 3º do art. 6º da Lei.

No tocante à aplicabilidade da regra do art. 345, I, do CPC, Marinoni explica:

> "Ora, a existência de mais de um sujeito em um dos polos do processo cria normalmente algum tipo de vinculação entre tais pessoas pela existência de uma ligação entre seus interesses. [...] se um dos litisconsortes oferece contestação à ação promovida pela outra parte, seu par, que ficou silente (e, portanto, normalmente sujeito ao efeito material da revelia), será também beneficiado com a sua atitude, safando-se assim da aplicação daquela presunção. A incidência dessa regra, porém, pressupõe a existência de litisconsórcio passivo unitário – que conta com regime especial".[49]

---

47 MARINONI, Luiz Guilherme; ARENHART, Sérgio Cruz; MITIDIERO, Daniel. *Código de Processo Civil comentado*. 4ª ed. atual. e ampl. São Paulo: Thomson Reuters Brasil, 2018. p. 197.

48 MANCUSO, Rodolfo de Camargo. *Ação popular*. 8ª ed. rev., atual. e ampl. São Paulo: Ed. RT, 2015.

49 MARINONI, Luiz Guilherme; ARENHART, Sérgio Cruz; MITIDIERO, Daniel. *Código de Processo Civil comentado*. 4ª ed. atual. e ampl. São Paulo: Thomson Reuters Brasil, 2018. p. 202.

Na ação popular não é diferente. Nas palavras de Mancuso,[50] a legitimação dessas pessoas advém de responsabilidade pessoal, o que afasta o direito indisponível e, ainda, nessas situações, o litisconsorte que os agrega não é unitário, já que a decisão pode se revelar distinta para cada um, situação que afasta a aplicabilidade do art. 345, I, do CPC.

Portanto, a aplicação da revelia e seus efeitos (confissão ficta) são perfeitamente possíveis aos administradores, beneficiários, avaliadores e funcionários.

7. Alegações finais e julgamento antecipado da lide

O legislador, muito antes da previsão do CPC de 2015, de maneira muito inteligente, estipulou o julgamento antecipado da lide. Da leitura do atual art. 355 do CPC:

> "O juiz julgará antecipadamente o pedido, proferindo sentença com resolução de mérito, quando: I – não houver necessidade de produção de outras provas; II – o réu for revel, ocorrer o efeito previsto no art. 344 e não houver requerimento de prova, na forma do art. 349".

Por óbvio que, não ocorrendo o requerimento da prova pericial, tampouco a testemunhal, os autos se revelam aptos para o julgamento, não havendo necessidade de maiores delongas.

Na hipótese de requerimento de provas pelas partes, o processo seguirá a previsão do rito ordinário do Código de Processo Civil, novamente aplicando-se a redação do art. 22 da Lei da Ação Popular, que estabelece a incidência do CPC no que não for incompatível com a lei.

8. Do pedido de produção de prova pelo revel

É necessário averiguar se o pedido de provas oriundo do revel pode impedir o julgamento antecipado da lide.

Assim, se com relação ao inciso I do art. 355 do CPC não cabe discussão, eis que, não havendo outras provas, o juiz deverá proferir a sentença, e o inciso II, nos casos em que o réu for revel, pode trazer dúvidas e discussões. Segundo Moacyr Amaral Santos:

> "Citado o réu para os termos da ação, nasce-lhe o ônus de comparecer e defender-se no prazo estabelecido em lei. Sua inércia, desatento ao ônus de

50 MANCUSO, Rodolfo de Camargo. *Ação popular*. 8ª ed. rev., atual. e ampl. São Paulo: Ed. RT, 2015.

comparecer e responder no prazo produz o efeito da revelia. Esta é, pois, uma consequência da contumácia total do réu, da sua omissão total, porquanto nem comparece para defender-se".[51]

Não obstante, conforme visto alhures, a não apresentação de defesa na ação popular, nem sempre atrai os efeitos da confissão, já que os direitos, aqui, são indisponíveis, consoante a previsão do art. 392 do CPC, que afasta a penalidade. Isso sem mencionar o art. 345, II, do CPC.

Portanto, a princípio, não poderá o juiz determinar o encerramento da instrução, caso sobrevenha pedido de produção de prova, repita-se, ainda que tenha sido declarado revel.

Ademais, a decretação de revelia não poderá afastar a intervenção do revel no processo, ainda que tardiamente, conforme previsão do art. 346, parágrafo único, do CPC: "O revel poderá intervir no processo em qualquer fase, recebendo-o no estado em que se encontra".

A revelia, portanto, não terá o condão de afastar o possível pedido de produção de prova do revel, e, sendo a lei omissa, perfeitamente possível a aplicação do CPC.

O procedimento de provas estabelecido para a ação popular é o definido pelo rito ordinário do CPC, com as exceções previstas nessa Lei.

Contudo, há de observar que em determinadas situações, ainda que a parte requeira a produção de prova pericial ou testemunha, o juiz poderá dar continuidade ao processo, indeferindo o pedido, desde que devidamente fundamentado, se entender que a questão de mérito é exclusivamente de direito, ou, ainda, se compreender como desnecessária a medida. Nesse sentido, já se manifestou o Superior Tribunal de Justiça:

> "(...) O julgamento antecipado da lide (art. 330, I, CPC [de 1973]), não implica cerceamento de defesa, se desnecessária a instrução probatória. Precedentes do REsp 797.184/DF (STJ, REsp 797.184/DF, *DJ* 09.04.2008; e REsp 834.482/RN, *DJ* 22.10.2007). 9. O art. 131 do CPC [de 1973] consagra o princípio da persuasão racional, habilitando-se o magistrado a valer-se do seu convencimento, à luz dos fatos, provas, jurisprudência, aspectos pertinentes ao tema e da legislação que entender aplicável ao caso concreto constantes dos autos, rejeitando diligências que delongam desnecessariamente o julgamento, atuando em consonância com o princípio da celeridade processual [...]".[52]

---

51 AMARAL SANTOS, Moacyr. *Primeiras linhas de direito processual civil*. 27 ed. atual. por Maria Beatriz Amaral Santos Köhnen. São Paulo: Saraiva, 2011. v. 2. pp. 273 e 276.

52 STJ, REsp 474.475/SP, rel. Min. Luiz Fux, j. 16.12.2003, *DJ* 25.02.2004.

Comumente, é do autor da ação popular o ônus de provar o ato lesivo. Conforme se depreende da leitura do inciso V, caso as partes não requeiram a produção da prova testemunhal e pericial, até o despacho saneador, passar-se-á para as alegações finais, seguindo-se para a conclusão, no prazo de 48 horas, o que não significa que toda e qualquer prova requerida se sujeita ao procedimento ordinário do CPC. Desde que devidamente fundamentado, o juiz poderá rejeitar o pedido. Tal fato se justifica porque na ação popular a prova documental, inclusive, a de maior preponderância nessas ações, apresenta-se com a exordial ou com a defesa. Não obstante perfeitamente possível a extensão da fase probatória, há de reconhecer que na ação popular não é tão comum a prova testemunhal.

9. Da sentença fora do prazo

Muito embora a intenção do legislador fosse a de coadunar com a celeridade processual, na prática isso não ocorre. Isso porque, para que se dê a penalidade prevista no parágrafo único, não poderá ser infundada a superação do prazo. O Judiciário brasileiro e toda a sua precariedade é motivo suficiente a ensejar a justificativa do motivo pelo qual o prazo não se cumpre.

Frederico Cais sustenta:

> "(...) são muitos os motivos que justificam o retardamento da prolação da sentença: a generalização das tutelas de urgência; a priorização no trâmite de certos feitos; as greves enfrentadas pelo Poder Judiciário; o precário aparelhamento dos serviços auxiliares do juízo; a carência de funcionários; o aumento da litigiosidade, com o consequente aumento do número de feitos etc.".[53]

Defende Mancuso:

> "(...) no novo CPC, contam-se dentre as incumbências do juiz, o zelo de 'velar pela duração razoável do processo' – art. 139, II. Aquelas severas rigorosas sanções previstas na LAP não vieram repetidas no vigente CPC, texto a ela posterior, mas parece-nos que ainda assim elas se mantiveram vigentes, dada a especialidade da lei da ação popular em face do texto processual codificado".[54]

---

53 CAIS, Frederico. *Comentários a Lei de Ação Civil Pública e Ação Popular.* São Paulo: Quartier Latin, 2006. p. 220.

54 MANCUSO, Rodolfo de Camargo. *Ação popular.* 8ª ed. rev., atual. e ampl. São Paulo: Ed. RT, 2015. p. 265.

Contudo, muito embora pareça difícil o cumprimento do prazo estipulado na Lei da Ação Popular, em razão de todos os apontamentos, que de per si justificariam a superação do prazo, não há qualquer impedimento para a aplicação do referido artigo.

Bibliografia

ALMEIDA, Gregório Assagra. Manual das ações constitucionais. Belo Horizonte: Del Rey, 2007.

AMARAL SANTOS, Moacyr. *Primeiras linhas de direito processual civil*. 27ª ed. atual. por Maria Beatriz Amaral Santos Köhnen. São Paulo: Saraiva, 2011. v. 2.

BASTOS, Fabrício. *Curso de processo coletivo*. Indaiatuba, SP: Foco, 2018.

BUENO, Cassio Scarpinella. *Novo Código de Processo Civil anotado*. 3ª ed. São Paulo: Saraiva, 2017.

CAIS, Frederico. *Comentários a Lei de Ação Civil Pública e Ação Popular.* São Paulo: Quartier Latin, 2006.

CUNHA, Leonardo José Carneiro da. *A Fazenda Pública em juízo*. 8ª ed. rev., ampl. e atual. São Paulo: Dialética, 2010.

DIDIER JR., Fredie. *Curso de direito processual civil*. 12ª ed. Salvador: JusPodivm, 2018.

DIDIER JR., Fredie. *Novo Código de Processo Civil*. 5ª ed. Salvador: JusPodivm, 2018.

GOMES JUNIOR, Luiz Manoel. *Ação popular*: aspectos polêmicos: lei de responsabilidade fiscal, improbidade administrativa, danos causados por liminares e outros pontos relevantes. Rio de Janeiro: Forense, 2004.

GOMES JUNIOR, Luiz Manoel. *Curso de direito processual civil coletivo*. Rio de Janeiro: Forense, 2005.

MANCUSO, Rodolfo de Camargo. *Ação popular*. 8ª ed. rev., atual. e ampl. São Paulo: Revista dos Tribunais, 2015.

MARINONI, Luiz Guilherme; ARENHART, Sérgio Cruz; MITIDIERO, Daniel. *Código de Processo Civil comentado*. 4ª ed. atual. e ampl. São Paulo: Revista dos Tribunais, 2018.

MEIRELLES, Hely Lopes. *Mandado de segurança*. 26ª ed. atual. por Arnoldo Wald e Gilmar Ferreira Mendes com a colaboração de Rodrigo Garcia da Fonseca. São Paulo: Malheiros, 2003.

NERY JR., Nelson. *Código de Processo Civil comentado*. 4ª ed. São Paulo: Revista dos Tribunais, 1999.

SILVA, José Afonso da. *Ação popular constitucional*. 2ª ed. rev., ampl. e atual. São Paulo: Malheiros, 2013.

VIDIGAL, Mauricio. *Citações e intimações*. São Paulo: Juarez de Oliveira, 1999.

WAMBIER, Tereza Arruda Alvim. *Nulidades do processo e da sentença*. São Paulo: Revista dos Tribunais, 1997.

Art. 8º Ficará sujeita à pena de desobediência, salvo motivo justo devidamente comprovado, a autoridade, o administrador ou o dirigente, que deixar de fornecer, no prazo fixado no art. 1º, § 5º, ou naquele que tiver sido estipulado pelo juiz (art. 7º, nº I, letra "b"), informações e certidão ou fotocópia de documento necessários à instrução da causa.

Parágrafo único. O prazo contar-se-á do dia em que entregue, sob recibo, o requerimento do interessado ou o ofício de requisição (art. 1º, § 5º, e art. 7º, nº I, letra "b").

Gilberto Ferreira Marchetti Filho
Miriam Fecchio Chueiri
Tatiane Gonçalves Mendes Faria

Sumário: 1. O crime de desobediência no Código Penal. **2.** O crime de desobediência e sua alocação na Lei de Ação Popular. **3.** O prazo e o atraso ou demora no cumprimento da determinação. **4.** O crime de desobediência e a possibilidade de prisão em flagrante. **5.** O crime de desobediência e a possibilidade de cumulação de sanção penal e civil.

1. O crime de desobediência no Código Penal

O crime de desobediência está inserido no Título XI, capítulo II, do Código Penal, que trata dos crimes praticados por particular contra a Administração Pública. No específico, o tipo penal está previsto no art. 330, que o define como desobediência à ordem legal emanada de funcionário público, o que gera pena de "detenção, de quinze dias a seis meses, e multa".

No aspecto penal, observa-se que "o núcleo do tipo é o verbo *desobedecer*, que significa deixar de atender, não cumprir a ordem legal de funcionário público, seja fazendo, ou mesmo deixando de fazer alguma coisa que a lei impunha".[1]

A propósito, tal ordem há de ser formal e legal, devendo o funcionário público que a determinou "ter atribuições legais para tanto, pois, caso contrário, a resistência do sujeito em obedecê-la não se configurará no delito".[2]

Portanto, "para a configuração do delito de desobediência, imprescindível se faz a cumulação de três requisitos, quais sejam, desatendimento de uma

1 GRECO, Rogério. *Código Penal comentado.* 4ª ed. Niterói: Impetus, 2010. p. 872.

2 Idem, ibidem.

ordem, que essa ordem seja legal, e que emane de funcionário público"[3] competente para tal ordem. "Em inexistindo recalcitrância do acusado ao cumprimento de ordem legal, não há falar em crime de desobediência."[4]

Demais disso, "a configuração do delito de desobediência exige, além do não cumprimento de uma ordem judicial, a inexistência da previsão de sanção específica em caso de seu descumprimento".[5]

No específico da decisão judicial:

> "[...] a jurisprudência do Superior Tribunal de Justiça firmou-se no mesmo sentido, sendo certo, assim, que, para a configuração do crime de desobediência, não basta apenas o não cumprimento de uma ordem judicial, sendo indispensável que inexista a previsão de sanção específica em caso de descumprimento. Com efeito, o crime de desobediência é delito subsidiário e somente se caracteriza nos casos em que o descumprimento da ordem emitida pela autoridade não é objeto de sanção administrativa, civil ou processual".[6]

Enfim, seja como for, trata-se de crime que tem como objeto jurídico a Administração Pública, notadamente o cumprimento de suas ordens, podendo ser sujeito ativo dele "qualquer pessoa, até mesmo o funcionário público que aja como particular".[7] Até porque "não há norma jurídica que determine que a conduta mencionada no art. 330 do CP somente possa ser praticada por particular".[8]

Ainda nas suas características, importante notar que o tipo subjetivo "é o dolo, ou seja, a vontade livre e consciente de desobedecer a ordem legal que tem obrigação de cumprir. O erro ou o motivo de força maior exclui o elemento subjetivo. Na doutrina tradicional pede-se o 'dolo genérico'".[9] Logo, não há falar em forma culposa do crime de desobediência, mas admite-se a tentativa na forma comissiva, nunca na omissiva.

---

3 BRASIL. Superior Tribunal de Justiça. Habeas Corpus 17.121/ES. 6ª T. Relator Ministro Hamilton Carvalhido, j. 04.09.2001, *DJ* 04.02.2002.

4 Idem.

5 BRASIL. Superior Tribunal de Justiça. Habeas Corpus 84.664/SP. 5ª T. Relator Ministro Arnaldo Esteves Lima, j. 08.09.2009, *DJ* 13.10.2009.

6 BRASIL. Superior Tribunal de Justiça. Recurso em Habeas Corpus 98.627/SP. 5ª T. Relator Ministro Reynaldo Soares da Fonseca, j. 04.04.2019. *DJe* 30.04.2019.

7 DELMANTO, Celso *et al. Código Penal comentado.* 8ª ed. São Paulo: Saraiva, 2010. p. 937.

8 BRASIL. Superior Tribunal de Justiça. Recurso Especial 491.212/RS. 5ª T.Relator Ministro José Arnaldo da Fonseca, j. 07.10.2003, *DJU* 10.11.2003.

9 DELMANTO, Celso *et al. Código Penal comentado.* 8ª ed. São Paulo: Saraiva, 2010. p. 937.

2. O crime de desobediência e sua alocação na Lei de Ação Popular

Diante do exposto até aqui, verificamos, em linha de resumo, que o delito de desobediência é praticado por aquele que descumpre voluntariamente ordem legal emanada de funcionário público competente.

Entrementes, ao analisarmos a hipótese de incidência do art. 8º, temos a impressão de que o legislador não atuou de forma técnica, condizente com o tipo penal que descreve. E a conclusão disso se extrai de uma análise simples.

O artigo em comento estabelece que "Ficará sujeita à pena de desobediência [...] a autoridade, o administrador ou o dirigente, que deixar de fornecer, no prazo fixado no art. 1º, § 5º, ou naquele que tiver sido estipulado pelo juiz (art. 7º, nº I, letra 'b')".

Por sua vez, o art. 1º, § 5º, deve ser lido em combinação com o § 4º. Dessa forma, a lei consigna que, "Para instruir a inicial, o cidadão poderá requerer às entidades, a que se refere este artigo, as certidões e informações que julgar necessárias, bastando para isso indicar a finalidade das mesmas" (§ 4º). Tais certidões e informações "deverão ser fornecidas dentro de 15 (quinze) dias da entrega, sob recibo, dos respectivos requerimentos, e só poderão ser utilizadas para a instrução de ação popular".

Diante disso, a falta do fornecimento dessas informações faz gerar o crime de desobediência. E aí está o equívoco! O art. 8º estende o tipo penal de desobediência – que tecnicamente é crime cometido por desobedecer a ordem emanada de funcionário público – para o desatendimento de requerimento de certidões e informações pleiteadas por particular interessado na causa!

É dizer, estabelece prazo à autoridade, ao administrador e ao dirigente para que entregue informações, certidões ou fotocópias de documentos requeridos não apenas pelo juiz, mas também pelo próprio interessado, sob pena de incidência na conduta delitiva de desobediência, quando, em realidade, a tipificação do Código Penal trata somente da desobediência emanada de funcionário público, razão pela qual não haveria que se cogitar na incidência do crime, se o requerimento partisse do interessado (autor popular).

Outro ponto criticado por parcela da doutrina é a própria previsão do crime de desobediência, ainda que relativo ao "deixar de fornecer" os "documentos que tiverem sido referidos pelo autor (art. 1º, § 6º), bem como a de outros que se lhe afigurem necessários ao esclarecimento dos fatos, ficando prazos de 15 (quinze) a 30 (trinta) dias para o atendimento" (art. 7º, I, "b").

Tal corrente entende que o crime de desobediência indicado na Lei de Ação Popular é equivocado, pois a regra geral do Código Penal estabelece que o agente administrativo que descumpre ordem judicial comete o crime de prevaricação, enquanto o crime de desobediência só pode ser praticado por particulares, ou agentes públicos na condição de particulares.[10]

Ocorre que, consoante dispõe o art. 319 do Código Penal, o tipo "prevaricação" refere-se à conduta de "retardar ou deixar de praticar, indevidamente, ato de ofício, ou praticá-lo contra disposição expressa de lei, para satisfazer interesse ou sentimento pessoal". E cremos que a conduta do art. 8º da Lei de Ação Popular, a princípio, nada tem com esse crime, notadamente por faltar um elemento de configuração do tipo, que é "para satisfazer interesse ou sentimento pessoal".

Na verdade, pelo que vimos até aqui, o legislador criou outra forma de configuração do crime de desobediência, pois a incidência na conduta delitiva pode advir por desatender requerimento administrativo do interessado da ação popular, consoante a combinação do art. 8º com o art. 1º, §§ 4º e 5º, da Lei, retirando-se, assim, a exigência de que a determinação seja emanada de funcionário público.

Nessa ordem de ideias, chega-se à conclusão de que o legislador inovou ao criar forma de configuração do crime de desobediência específica para questões envolvendo a *actio popularis*.

3. O prazo e o atraso ou demora no cumprimento da determinação

Compreendidos o tipo penal genérico e sua configuração específica na ação popular, precisamos agora analisar o prazo para se atender ao requerimento particular ou se cumprir a ordem de fornecimento de informações, certidões e documentos necessários à instrução da causa.

Como vimos, o prazo para atendimento do requerimento formulado pelo interessado é de 15 dias da entrega do pleito, sob recibo ou protocolo (art. 1º, § 5º). E, no caso de requisição do juiz, o prazo é 15 a 30 dias para o atendimento (art. 7º, I, "b").

Em ambos os casos, o parágrafo único do art. 8º é expresso em estabelecer que "o prazo contar-se-á do dia em que entregue, sob recibo, o requerimento do interessado ou o ofício de requisição (art. 1º, § 5º, e art. 7º, nº I, letra 'b')". Logo, "consuma-se o delito após o prazo fixado pela autoridade ou lapso suficiente que caracterize a desobediência".[11]

10 Nesse sentido: DINAMARCO, Pedro. In: COSTA, Suzana Henriques da (coord.). *Comentários à Lei de Ação Civil Pública e Lei de Ação Popular.* São Paulo: Quartier Latin, 2006.

11 *RT* 499/304.

Diante disso, alguns pontos devem ser destacados. Primeiro, por se tratar de crime necessariamente doloso, o descumprimento deve se dar por ato voluntário do sujeito ativo, que deveria prestar as informações solicitadas.

Segundo, decorrente do primeiro, o prazo para se atender ao requerimento ou à ordem deve ser razoável e condizente com as informações, certidões ou documentos que se pretende fornecimento. Por vezes, a quantidade ou dificuldade das informações pode mostrar a necessidade de um prazo maior para se cumprir. Em outras, a própria situação física da repartição pública dificulta o cumprimento do lapso. Há que se considerar a realidade concreta do órgão que, por exemplo, pode estar com carência de servidores. Nessa hipótese, não pode o funcionário parar todo o atendimento público para atender à requisição de informações, sob pena de prejudicar o próprio serviço público, o que é vedado constitucionalmente.

Por tal motivo, o descumprimento ou atraso no cumprimento da prestação de informações deve ser injustificado. Como o próprio art. 8º excepciona, a falta, atraso ou a demora, desde que justificado, não pode ser compreendido como crime, afastando-se, assim, a tipicidade por falta do elemento subjetivo do tipo, *i.e.*, o dolo.

Há que se considerar, ainda, a impossibilidade material de o funcionário público cumprir a ordem. De fato, "é necessária a competência funcional deste para expedir ou executar a ordem. Além disso, para a tipificação da desobediência é indispensável que o destinatário da ordem tenha o dever jurídico de obedecê-la, isto é, a obrigação de acatá-la".[12] Se não tiver competência funcional, ou dever jurídico de obedecer a ordem, não há crime.

Por conseguinte, nessas circunstâncias, "não se há de falar em crime de desobediência, pela impossibilidade material de atendimento a ordem judicial".[13]

Ademais, os Tribunais já decidiram que, "se o acusado não portava os documentos solicitados pela autoridade, não tinha condições materiais de entregá-los, havendo crime impossível".[14] No mesmo sentido, "não há crime, por ausência de dolo, se o agente, ao cumprir a ordem, se depara com entraves burocráticos ou materiais".[15]

---

12 DELMANTO, Celso et al. Código Penal comentado. 8ª ed. São Paulo: Saraiva, 2010. p. 937.

13 DELMANTO, Celso *et al. Código Penal comentado.* 8ª ed. São Paulo: Saraiva, 2010. p. 937.

14 Idem, p. 940.

15 *RT* 805/594.

Também "não pratica crime o servidor público que se recusa a prestar informações sigilosas com base em expressa disposição legal",[16] configurando-se aqui um caso de inexigibilidade de conduta diversa.

4. O crime de desobediência e a possibilidade de prisão em flagrante

Acerca da possibilidade de prisão em flagrante por crime de desobediência, o Superior Tribunal de Justiça firmou entendimento de que, "em qualquer das teses acerca da possibilidade do funcionário público, no exercício de suas funções, praticar o crime de desobediência, mostra-se inviável a ameaça de prisão em flagrante da paciente, porquanto se trata de crime de menor potencial ofensivo".[17]

Portanto, na Corte Superior de Justiça

> "[...] firmou-se o entendimento jurisprudencial de que, no exercício de jurisdição extrapenal, não é viável a determinação de prisão em razão do crime de desobediência. Ademais, com o advento da Lei nº 12.403/11, por meio da qual se consagrou a segregação como *ultima ratio*, não se mostra apropriada, em regra, a determinação de prisão decorrente de suposta prática de infração penal de menor potencial ofensivo".[18]

Mesmo porque, conforme interpretação do art. 69, parágrafo único, da Lei nº 9.099/1995,[19]

> "[...] nos crimes de menor potencial ofensivo, tal como o delito de desobediência, desde que o autor do fato, após a lavratura do termo circunstanciado, compareça ou assuma o compromisso de comparecer ao Juizado, não será possível a prisão em flagrante nem a exigência de fiança".[20]

---

16 BRASIL. Superior Tribunal de Justiça. Habeas Corpus 7.943/MS. Relator Ministro Anselmo Santiago, j. 19.11.1998. *DJU* 01.02.1999.

17 BRASIL. Superior Tribunal de Justiça. Habeas Corpus 30.390/AL. 5ª T. Relator Ministro José Arnaldo da Fonseca, j. 03.02.2004. *DJ* 25.04.2004.

18 BRASIL. Superior Tribunal de Justiça. Habeas Corpus 123.256/RJ. 5ª T. Relatora Ministra Maria Thereza de Assis Moura, j. 27.09.2011. *DJe* 12.09.2011.

19 "Art. 69. [...]
Parágrafo único. Ao autor do fato que, após a lavratura do termo, for imediatamente encaminhado ao juizado ou assumir o compromisso de a ele comparecer, não se imporá prisão em flagrante, nem se exigirá fiança. Em caso de violência doméstica, o juiz poderá determinar, como medida de cautela, seu afastamento do lar, domicílio ou local de convivência com a vítima."

20 BRASIL. Superior Tribunal de Justiça. Recurso Especial 556.814/RS. 5ª T. Relator Ministro Arnaldo Esteves Lima, j. 07.11.2006. *DJ* 27.11.2006.

Assim, o juízo cível é incompetente tanto para proferir juízo acerca da adequação típica de eventual conduta penal de desobediência como para a decretação de prisão em flagrante do sujeito ativo.[21]

Entrementes,

> "[...] mera intimação para cumprimento de decisão judicial, com advertência genérica de responsabilização por crime de desobediência, com eventual sujeição do agente a prisão em flagrante, não constitui cerceamento à liberdade de locomoção passível de correção na via do *habeas corpus*, porquanto o despacho da autoridade impetrada é de caráter genérico e abstrato, consubstanciando-se em simples exortação ao cumprimento de dever legal".[22]

5. O crime de desobediência e a possibilidade de cumulação de sanção penal e civil

O juiz pode e deve, em determinadas situações, estabelecer certas medidas para garantir a efetividade e o cumprimento das decisões judiciais.

A propósito, dentro da ideia do processo constitucional, a necessidade de um acesso à justiça efetiva e eficaz é imprescindível. E, nesse contexto, o Código de Processo Civil de 2015 traz ao magistrado uma série de instrumentos para garantir a efetividade de suas decisões, notadamente dentro do espírito da boa-fé objetiva e da cooperação que deve haver no processo, seja entre as partes, ou entre o juiz e as partes, e com relação a todo aquele que participar de alguma forma no processo para solução de um conflito.[23]

Ademais, na sistemática do processo civil moderno, "ao aplicar o ordenamento jurídico, o juiz atenderá aos fins sociais e às exigências do bem comum, resguardando e promovendo a dignidade da pessoa humana e observando a proporcionalidade, a razoabilidade, a legalidade, a publicidade e a eficiência" (CPC, art. 8º).

---

21 Nesse sentido: "O Juízo Cível é incompetente não só para proferir juízo acerca da adequação típica de eventual conduta penal do Presidente do Instituto de Previdência do Estado do Rio Grande do Sul, como também para decretação de prisão" (BRASIL. Superior Tribunal de Justiça. Recurso Especial 541.174/RS. 6ª T. Relator Ministro Paulo Medina, j. 09.02.2006. *DJ* 27.03.2006).

22 BRASIL. Superior Tribunal de Justiça. Habeas Corpus 157.499/MS. Relatora Ministra Laurita Vaz, j. 09.06.2011. *DJe* 01.07.2011.

23 Nesse sentido, dispõe o Código de Processo Civil:
"Art. 5º Aquele que de qualquer forma participa do processo deve comportar-se de acordo com a boa-fé.
Art. 6º Todos os sujeitos do processo devem cooperar entre si para que se obtenha, em tempo razoável, decisão de mérito justa e efetiva".

Diante disso, temos que o art. 139, IV, do Código de Processo Civil estabelece que

> "[...] o juiz dirigirá o processo conforme as disposições deste Código, incumbindo-lhe determinar todas as medidas indutivas, coercitivas, mandamentais ou sub-rogatórias necessárias para assegurar o cumprimento de ordem judicial, inclusive nas ações que tenham por objeto prestação pecuniária".

Portanto, é possível, dentro do processo civil, a cumulação de uma série de medidas, a fim de garantir o cumprimento de ordem judicial, entre elas a aplicação de multa, busca e apreensão, bloqueio de valores etc.

Compreendido isso, temos que a Lei de Ação Popular estabelece que "a ação obedecerá ao procedimento ordinário, previsto no Código de Processo Civil" (art. 7º). Assim, na ação popular, aplicam-se as normas do procedimento comum do Código de Processo Civil.

Diante disso, chega-se à conclusão de que é possível a cumulação de medidas indutivas, coercitivas, mandamentais ou sub-rogatórias necessárias para assegurar o cumprimento de ordem judicial dentro da ação popular.

Chegado a esse patamar de intelecção, surge a dúvida sobre a possibilidade de se cumularem tais medidas com a incidência em crime de desobediência.

Sobre isso, a primeira coisa que temos que lembrar é que a incidência no crime de desobediência somente ocorre se inexistir a previsão de sanção específica em caso de descumprimento da ordem judicial, como dito no início.

Depois, seguindo essa premissa, devemos destacar o entendimento firmado pelo Superior Tribunal de Justiça no sentido de que "o crime de desobediência é subsidiário e somente se caracteriza nos casos em que o descumprimento da ordem emitida pela autoridade não é objeto de sanção administrativa, civil ou processual".[24]

Noutro falar, "o crime de desobediência é subsidiário, estando configurado apenas quando, desrespeitada a ordem judicial, inexistir sanção específica, ressalvada expressa cumulação".[25]

Nessa linha, "se o juiz comina pena pecuniária para o descumprimento de preceito judicial, a parte que desafia tal ameaça não comete o crime de desobediência".[26]

---

24 BRASIL. Superior Tribunal de Justiça. Agravo Regimental no Habeas Corpus 345.781/SC. 5ª T. Relator Ministro Reynaldo Soares da Fonseca, j. 24.05.2016. *DJe* 31.05.2016.

25 BRASIL. Superior Tribunal de Justiça. Habeas Corpus 486.040/MG. 6ª T. Relator Ministro Sebastião Reis Júnior, j. 28.03.2019, *DJe* 05.04.2019.

26 BRASIL. Superior Tribunal de Justiça. Habeas Corpus 37.279/MG. Relator Ministro Humberto Gomes de Barros, j. 28.09.2004, *DJ* 25.10.2004.

Em verdade, é sempre bom lembrar que o crime de desobediência é de menor potencial ofensivo. Logo, em situações como essas, para se garantir a efetividade da decisão judicial, devem-se priorizar as medidas e as sanções civis, processuais e administrativas, em vez do crime de desobediência.

Aliás, por vezes, a aplicação de medidas de natureza civil, processual e administrativa se mostra muito mais eficaz do que a incidência do crime de desobediência, considerando a penalidade nele inscrita e sua conversão em restritivas de direito ou, até mesmo, a possibilidade da suspensão condicional do processo.

Bibliografia

COSTA, Suzana Henriques da (coord.). *Comentários à Lei de Ação Civil Pública e Lei de Ação Popular.* São Paulo: Quartier Latin, 2006.

DELMANTO, Celso et al. Código Penal comentado. 8ª ed. São Paulo: Saraiva, 2010.

GRECO, Rogério. *Código Penal comentado.* 4ª ed. Niterói: Impetus, 2010.

Art. 9º Se o autor desistir da ação ou der motivo à absolvição da instância, serão publicados editais nos prazos e condições previstos no art. 7º, inciso II, ficando assegurado a qualquer cidadão, bem como ao representante do Ministério Público, dentro do prazo de 90 (noventa) dias da última publicação feita, promover o prosseguimento da ação[1]

Bárbara Fabiane Alves e Silva Resende
Gregório Assagra de Almeida

Sumário: 1. Hipóteses de incidência do art. 9º da Lei da Ação Popular. **2.** O momento da existência do processo (demanda em curso) para fins de aplicabilidade do dispositivo comentado: orientação interpretativa fundamentada em princípios específicos do direito processual coletivo comum (princípio da desistência motivada das demandas coletivas; e princípio da proibição da extinção do processo coletivo nos casos de abandono da demanda coletiva). **3.** A desistência da ação da ação popular precisa ser motivada. **4.** Absolvição da instância na Lei da Ação Popular. **4.1.** Conceituação. **4.2.** Aplicação do art. 9º da LAP, quanto às hipóteses de absolvição de instância. **5.** O Ministério Público como sucessor processual nos processos coletivos instaurados por força do ajuizamento de ação popular. **5.1.** Atuação do Ministério Público na Lei de Ação Popular. **5.2.** A atuação do Ministério Público *vs.* autor popular. **5.3.** Limites à atuação do Ministério Público. **5.4.** A atuação do Ministério Público prevista no art. 9º da LAP. **6.** As pessoas jurídicas vs. autor popular. **6.1.** As pessoas jurídicas como sucessoras processuais.

1. Hipóteses de incidência do art. 9º da Lei de Ação Popular

O artigo em comento prevê hipóteses de sucessão processual nos processos coletivos instaurados por força do ajuizamento de ação popular[2] Observa-se que se trata de situações exclusivas das demandas coletivas em curso, e o dispositivo em análise consagra dois princípios do direito processual coletivo comum, também presentes no art. 5º, § 3º, da Lei de Ação Civil Pública (Lei nº 7.347/1985) e em outros dispositivos do Sistema Nacional de Tutela Jurisdicional Coletiva:[3] o princípio da desistência motivada das demandas coletivas; e o princípio da proibição da extinção do processo coletivo nos casos de abandono da demanda coletiva (antiga terminologia utilizada pelo CPC/1939, conhecida como *absolvição de instância*).

1 Lei nº 4.717/1965 – Lei de Ação Popular.

2 Art. 108 do CPC.

3 Lei de Ação Civil Pública (LACP 7.347/1985), art. 5º, § 3º. No mesmo sentido, art. 210, § 2º, do ECA (Lei 8.069/1990). Também Estatuto do Idoso (Lei Federal 10.741/2003), art. 81, § 2º.

E mais: prevê o art. 108 do CPC/2015 que a sucessão voluntária das partes somente é lícita nos casos expressos em lei. Todavia, é preciso analisar os limites e as possibilidades de aplicabilidade das hipóteses de sucessão processual em análise.

2. O momento da existência do processo (demanda em curso) para fins de aplicabilidade do dispositivo comentado: orientação interpretativa fundamentada em princípios específicos do direito processual coletivo comum (princípio da desistência motivada das demandas coletivas; e princípio da proibição da extinção do processo coletivo nos casos de abandono da demanda coletiva[4])

Inicialmente, vale observar que o art. 312 do CPC dispõe que: "Considera-se proposta a ação quando a petição inicial for protocolada, todavia, a propositura da ação só produz quanto ao réu os efeitos mencionados no art. 240 do CPC depois que for validamente citado".

O momento da propositura da ação é importante para fins de aferir a estabilização da competência (*perpetuatio iurisdictionis*), conforme se extrai do disposto no art. 43 do CPC:

> "Determina-se a competência no momento do registro ou da distribuição da petição inicial, sendo irrelevantes as modificações do estado de fato ou de direito ocorridas posteriormente, salvo quando suprimirem órgão judiciário ou alterarem a competência absoluta".

Em sede de ação popular, observa-se que há regra especial de prevenção expansiva consagrada no art. 5º, § 3º, da Lei nº 4.717/1965: "A propositura da ação prevenirá a jurisdição do juízo para todas as ações, que forem posteriormente intentadas contra as mesmas partes e sob os mesmos fundamentos". Orientação nesse mesmo sentido está presente no art. 2º, parágrafo único, da LACP (Lei nº 7.347/1985): "A propositura da ação prevenirá a jurisdição do juízo para todas as ações posteriormente intentadas que possuam a mesma causa de pedir ou o mesmo objeto". Constata-se, também, que essa mesma orientação também consta na Lei de Ação Civil Pública de Improbidade Administrativa (Lei nº 8.429/1991), em seu art. 17, § 5º: "A propositura da ação prevenirá a jurisdição do juízo para todas as ações posteriormente intentadas que possuam a mesma causa de pedir ou o mesmo objeto".

---

4 ALMEIDA, Gregório Assagra de. *Direito processual coletivo brasileiro*: um novo ramo do direito processual. São Paulo: Saraiva, 2003. pp. 573-574.

Não há nesses dispositivos a consagração do juízo universal das ações coletivos, uma vez que a prevenção expansiva sancionada nos parágrafos transcritos somente abrange as ações posteriormente intentadas que possuem a mesma causa de pedir ou o mesmo pedido. Como se trata de regra de competência, distribuidora do exercício da jurisdição, a interpretação deverá ser, de modo geral, restritiva.

Também é importante saber quando a ação é considerada proposta para se aferir o momento em que surge para o Estado-Juiz a possibilidade de exercício da jurisdição, pois é a partir daí que se poderá afirmar que há demanda (processo) em curso, quando a inércia da jurisdição cede lugar ao dever-poder jurisdicional de decisão e de impulso oficial ao processo.

Conforme pensamento prevalente na doutrina, a relação jurídica processual possui configuração tríplice, que se completa com a citação do demandado. Contudo, é inquestionável que antes da citação do demandado já existe relação jurídica processual linear, tanto é verdade que o sistema admite a extinção do processo, antes da citação do demandado, nos casos de indeferimento da petição inicial.[5]

Surge aqui, quanto à interpretação das disposições do art. 9º da Lei de Ação Popular (LAP), uma primeira questão relativa ao momento do procedimento do processo coletivo instaurado pela ação popular em que é possível a incidência do dispositivo interpretado e comentado.

Questionam-se: o art. 9º da LAP será aplicado no momento em que o processo passa a existir, com relação jurídica processual ainda linear, ou, ao contrário, somente haveria a incidência do dispositivo após a formação completa da relação jurídica processual, que se daria com a citação do(s) demandado(s)?

Na esteira do pensamento de Daniel Amorim Assumpção Neves, não obstante o processo já exista com a propositura da ação popular, isso em relação jurídica linear, não seria razoável a incidência do dispositivo antes de se completar, triangularmente, a relação jurídica processual, o que se daria com a citação dos demandados. Para o autor, essa orientação se fundamenta na possibilidade de desistência antes da citação dos demandados. Assim, com referência a decisões da 1ª e da 2ª Turmas do TRF da 1ª Região (TRF-1ª Região, 2ª Turma, AG 2001.01.00.0306997/Ap, rel. Des. Carlos Fernando Mathias, *DJ* 22.04.2002, p. 45; TRF-1ª Região, 1ª Turma, AC 90.01.01868-8/DF, rel. Des. Plauto Ribeiro, *DJ* 26.02.1996, p. 9371), o autor sustenta que apenas quando já formada a relação

5 Por todos, cita-se: NEVES, Daniel Amorim Assumpção. In: COSTA, Susana Henriques da (coord.). *Comentários à Lei de Ação Civil Pública e Lei de Ação Popular*. São Paulo: Quartier Latin, 2006.

jurídica processual triangular terá sentido a publicação dos editais com a convocação dos interessados a assumir a demanda popular.[6]

Com respeito ao entendimento citado, com ele não concordamos, pois essa orientação restritiva do controle, inclusive jurisdicional, sobre as demandas coletivas de interesse social contraria dois importantes princípios específicos do direito processual coletivo comum, já mencionados nestes comentários. O primeiro é o princípio da disponibilidade motivada da ação coletiva e o segundo é o princípio da proibição da extinção do processo coletivo pelo abandono do processo coletivo.[7]

Em razão do interesse social, presente na tutela coletiva via ações coletivas,[8] à desistência infundada e ao abandono da ação coletiva proposta impõe-se o rígido controle por parte do próprio Estado-Juiz e, também, de outros legitimados ativos e, especialmente, do Ministério Público (art. 5º, § 3º, da LACP), que deverá, quando infundada a desistência ou nos casos de abandono, assumir a titularidade da ação coletiva proposta.[9] Se a desistência ou o abandono forem levados a efeito pelo órgão do Ministério Público, o juiz, deles discordando, poderá aplicar analogicamente o disposto no art. 28 do CPP, submetendo a desistência infundada ou o abandono do processo coletivo ao conhecimento e à apreciação do Procurador-Geral da respectiva instituição do Ministério Público.

Nos casos de abandono dos processos coletivos e, assim, das ações coletivas em geral, o que inclui a ação popular, não é admissível a extinção do processo, em quaisquer momentos do procedimento, com base nos arts. 354 e 485, II, III e V, todos do CPC/2015.[10] Os arts. 354 e 485 do CPC estabelecem que a extinção, sem resolução do mérito, poderá se dar nos casos de contumácia

---

6 Idem.

7 ALMEIDA, Gregório Assagra de. *Manual das ações constitucionais.* Belo Horizonte: Del Rey, 2007. p. 36.

8 ALMEIDA, Gregório Assagra de. *Direito processual coletivo brasileiro*: um novo ramo do direito processual. São Paulo: Saraiva, 2003. p. 574.

9 Idem, ibidem: "Esses princípios, além de terem fundamento em textos expressos de lei, justificam-se tendo em vista o interesse social sempre presente nas ações coletivas, mesmo as que visem tutelar direitos individuais homogêneos" (atualização do pensamento do autor com a divisão principiológica).

10 Estabelece o art. 354 do CPC, que integra a Seção sobre Extinção do Processo: "Ocorrendo qualquer das hipóteses previstas nos arts. 485 e 487, incisos II e III, o juiz proferirá sentença". E prevê o art. 485 do CPC: "O juiz não resolverá o mérito quando: [...] II – o processo ficar parado durante mais de 1 (um) ano por negligência das partes; III – por não promover os atos e as diligências que lhe incumbir, o autor abandonar a causa por mais de 30 (trinta) dias; [...] V – reconhecer a existência de perempção, de litispendência ou de coisa julgada; [...]".

bilateral ("II – o processo ficar parado durante mais de 1 (um) ano por negligência das partes; contumácia unilateral") e nos casos de contumácia unilateral ("III – por não promover os atos e as diligências que lhe incumbir, o autor abandonar a causa por mais de 30 (trinta) dias"). Contudo, orientação em sentido contrário está consagrada expressamente em disposições expressas do sistema de direito processual coletivo: Lei de Ação Civil Pública (LACP 7.347/1985), art. 5º, § 3º: "Em caso de desistência ou abandono da ação por associação legitimada, o Ministério Público assumirá a titularidade ativa". No mesmo sentido, art. 210, § 2º, do ECA (Lei nº 8.069/1990): "Em caso de desistência ou abandono da ação por associação legitimada, o Ministério Público ou outro legitimado poderá assumir a titularidade ativa". Também o Estatuto do Idoso (Lei Federal 10.741/2003), art. 81, § 2º: "Em caso de desistência ou abandono da ação por associação legitimada, o Ministério Público ou outro legitimado deverá assumir a titularidade ativa". Portanto, as hipóteses de extinção do processo civil, disciplinadas no CPC, supramencionadas, são incompatíveis com o direito processual coletivo.

E mais: por não ser admissível a extinção do processo coletivo em geral com fundamento na contumácia, inexiste também a possibilidade de ocorrência de perempção em sede de processos coletivos, sendo inaplicável, em parte, na tutela coletiva (inclusive em sede de ação popular), o disposto no art. 485, V, do CPC, quando prevê a extinção do processo e o juiz reconhecer a existência de perempção.[11]

Portanto, *data maxima venia*, entendemos que a orientação que somente admite a aplicabilidade do disposto no art. 9º da Lei de Ação Popular, após a citação dos demandados, com destaque para publicações de editais para a admissão de sucessão processual, está equivocada por contrariar princípios específicos importantes do direito processual coletivo comum, nos termos estudados anteriormente. Proposta ação popular ou outra ação coletiva, já existe processo coletivo e, em casos de desistência infundada ou de abandono da respectiva ação coletiva, o Estado-Juiz tem o dever de observar o disposto no art. 9º da LAP, no art. 5º, § 3º, da LACP (Lei Federal 7.347/1985), no art. 210, § 2º, do ECA (Lei Federal 8.069/1990) e no art. 81, § 2º, do Estatuto do Idoso (Lei Federal 10.741/2003). Entendimento em sentido oposto contraria interesse social e enfraquece o sistema do direito processual coletivo, sendo também inconstitucional por esbarrar no devido processo legal coletivo.

---

11 Consta do CPC, em seu art. 486: "O pronunciamento judicial que não resolve o mérito não obsta a que a parte proponha de novo a ação. [...] § 3º Se o autor der causa, por 3 (três) vezes, a sentença fundada em abandono da causa, não poderá propor nova ação contra o réu com o mesmo objeto, ficando-lhe ressalvada, entretanto, a possibilidade de alegar em defesa o seu direito".

No direito processual coletivo especial, o controle pelo Estado-Juiz é mais rígido, pois o sistema do controle abstrato da constitucionalidade é regido pelo princípio da indesistibilidade da ação objetiva coletiva direta de controle abstrato da constitucionalidade, conforme prevê expressamente o art. 5º da Lei nº 9.868/1998, que assim dispõe: "Art. 5º Proposta a ação direta, não se admitirá desistência".[12]

3. A desistência da ação da ação popular precisa ser motivada

A desistência da ação é hipótese de extinção do processo sem resolução de mérito, que está expressamente prevista no Código de Processo Civil.[13] Estabelece o art. 485, §§ 4º e 5º, do CPC, que, depois de oferecida a contestação, o autor poderá desistir da ação apenas com a anuência do demandado, entretanto essa desistência pode ser apresentada a qualquer momento até a prolação da sentença.[14]

Há setores da moderna doutrina que sustentam que a discordância do demandado deve ser justificada, principalmente em razão do princípio da cooperação, consagrado expressamente no CPC/2015.

Nota-se, assim, que o artigo a que nos dispusemos comentar impede que a extinção do processo coletivo ocorra apenas com a desistência do autor originário da demanda coletiva e sem o devido fundamento. Para que seja extinto, será necessário cumprir as formalidades que o dispositivo comentado impõe: a) deverão ser publicados editais nos prazos e condições previstos no art. 7º, II, da LAP, isso mesmo antes da citação dos demandados; b) não havendo o comparecimento de nenhum cidadão interessado e se o Ministério Público manifestar-se fundamentadamente pela extinção do processo coletivo no caso de desistência,

---

12 CIANCI, Mirna; ALMEIDA, Gregório Assagra de. *Direito processual do controle da constitucionalidade*. São Paulo: Saraiva, 2011. pp. 99-100.

13 Art. 485, VIII, do Código de Processo Civil.

14 Sobre a extinção do processo sem resolução do mérito, isso por intermédio de sentença meramente terminativa, já escreveu Cândido Rangel Dinamarco: "[...] a sentença terminativa é proferida quando por falta de algum pressuposto o mérito não pode ser julgado, segue-se que essa categoria de sentenças deixa absolutamente intacta a situação de direito material trazida para o processo. Extinguir o processo sem julgamento de mérito significa simplesmente isso, que a pretensão exposta na demanda não recebeu solução favorável nem desfavorável – e a tutela jurisdicional plena não é concedida ao autor nem ao réu. Daí ser ela uma sentença sobre o processo e não sobre a pretensão trazida do mundo exterior em busca de satisfação" (*Instituições de direito processual civil*. São Paulo: Malheiros, 2001. v. III, p. 184). Conferir também: NEVES, Daniel Amorim Assumpção. In: COSTA, Susana Henriques da (coord.). *Comentários à Lei de Ação Civil Pública e Lei de Ação Popular*. São Paulo: Quartier Latin, 2006. p. 228.

o juiz poderá aplicar, dela discordando, por analogia, o disposto no art. 28 do CPP, para controle pelo Procurador-Geral de Justiça ou da República, conforme o caso; c) é proibida a extinção com base na contumácia unilateral ou bilateral do processo coletivo, sendo inaplicável, como foi estudado no tópico anterior, o disposto nos arts. 354 e 485, II, III e, em parte, V, do CPC, isso por força de normas expressas constantes do sistema do direito processual coletivo comum (art. 9º da LAP; art. 5º, § 3º, da LACP; art. 210, § 2º, do ECA; art. 81, § 2º, do Estatuto do Idoso); d) havendo a extinção do processo coletivo instaurado por força de ação popular no caso de desistência fundada, mesmo assim é necessária a ratificação da sentença em sede de remessa obrigatória, com base em interpretação lógica ou por compreensão do disposto no art. 19 da LAP.[15]

4. Absolvição da instância na Lei de Ação Popular

Segundo o art. 9º da Lei nº 4.717/1965, a publicação dos editais e a intimação do Ministério Público para permitir a sucessão processual no polo ativo do processo coletivo instaurado com a propositura da ação popular realizar-se-ão nas duas hipóteses: na desistência da ação pelo cidadão autor da ação popular e nos casos de absolvição de instância.

4.1. Conceituação

A absolvição de instância referida no art. 9º da LAP (Lei Federal 4.717/1965) era terminologia empregada pelo CPC/1939 (art. 201), mas, por ser expressão equívoca (instância também significa grau jurisdicional), não foi utilizada pelo CPC/1973, tampouco pelo CPC/2015. Contextualizada com diploma processual atual, a absolvição de instância do art. 9º da LAP significa a extinção do processo, sem resolução do mérito, nos casos de abandono do processo (contumácia bilateral e/ou unilateral do demandante).[16-17]

Nas lições de Gabriel Rezende Filho, um dos grandes processualistas brasileiros de outrora, em seu clássico manual sobre o CPC/1939, a instância poderá

15 Estabelece a Lei Federal 4.717/1965 (LAP), em seu art. 19: "A sentença que concluir pela carência ou pela improcedência da ação está sujeita ao duplo grau de jurisdição, não produzindo efeito senão depois de confirmada pelo tribunal; da que julgar a ação procedente caberá apelação, com efeito suspensivo".

16 ALMEIDA, Gregório Assagra de. *Manual das ações constitucionais*. Belo Horizonte: Del Rey, 2007. p. 382. Também NEVES, Daniel Amorim Assumpção. In: COSTA, Susana Henriques da (coord.). *Comentários à Lei de Ação Civil Pública e Lei de Ação Popular*. São Paulo: Quartier Latin, 2006. p. 228.

17 Hipóteses hoje previstas no art. 485, II e III, do CPC.

terminar, excepcionalmente, pela absolvição do demandado, de forma que ele ficará exonerado da relação processual em virtude da desídia, contumácia ou omissão do autor, e o efeito propriamente dito não é a declaração judicial de estar o demandado livre da pretensão do autor, mas simplesmente do vínculo processual que os ligava em juízo.[18-19] Contudo, como estudado, o Sistema do Direito Processual Coletivo proíbe a extinção dos processos coletivos nos casos de absolvição de instância, que atualmente, pelas novas expressões utilizadas, são as hipóteses de extinção do processo pelo abandono unilateral ou bilateral, previstas nos arts. 354 e 485, II e III, ambos do CPC/2015.

4.2. Aplicação do art. 9º da LAP quanto às hipóteses de absolvição de instância

Vale a pena observar, neste momento, se o dispositivo em comento deve ser interpretado fazendo essa substituição da expressão "absolvição de instância" por "sentença terminativa" ou sentença sem resolução do mérito. Não é essa, contudo, a melhor orientação. Explica Daniel Amorim Assumpção Neves[20] que essa interpretação geraria um absurdo jurídico, pois tornaria impossível a prolação de qualquer sentença sem resolução de mérito na Ação Popular antes de se intimarem os interessados em assumir ativo da demanda coletiva e eventualmente para corrigir possíveis falhas ou vícios que levariam o processo coletivo à sua extinção de forma anômala.[21]

Entende-se que o melhor entendimento é no sentido de que a expressão absolvição de instância ocorre somente nas hipóteses de extinção do processo, sem resolução do mérito, por abandono da causa pelo autor ou por abandono bilateral da causa.[22]

---

18 REZENDE FILHO, Gabriel. *Curso de direito processual civil*. 6. ed. São Paulo: Saraiva, 1963. v. II, p. 108-109.

19 ALMEIDA, Gregório Assagra de. *Manual das ações constitucionais*. Belo Horizonte: Del Rey, 2007. p. 382. Também NEVES, Daniel Amorim Assumpção. In: COSTA, Susana Henriques da (coord.). *Comentários à Lei de Ação Civil Pública e Lei de Ação Popular*. São Paulo: Quartier Latin, 2006. p. 228.

20 NEVES, Daniel Amorim Assumpção. In: COSTA, Susana Henriques da (coord.). *Comentários à Lei de Ação Civil Pública e Lei de Ação Popular*. São Paulo: Quartier Latin, 2006. p. 229.

21 Esclarece Daniel Amorim de Assumpção Neves: "Não teria sentido se alargar demais as hipóteses de cabimento do dispositivo ora comentado, afirmando-se não existir possibilidade de extinção da Ação Popular sem o Julgamento de seu mérito sem que haja a publicação de editais convocando os interessados a promover o prosseguimento da demanda judicial" (Idem, p. 230).

22 NEVES, Daniel Amorim Assumpção. In: COSTA, Susana Henriques da (coord.). *Comentários à Lei de Ação Civil Pública e Lei de Ação Popular*. São Paulo: Quartier Latin, 2006. p. 229.

Outrossim, a publicação do edital de que trata o dispositivo em comento ocorre para permitir espécie de sucessão processual; porém, essa sucessão processual prevista no art. 9º da LAP somente poderá acontecer, repita-se, nos casos de desistência infundada da ação popular ou nos casos de abandono do processo coletivo instaurado por força do ajuizamento de ação popular, independentemente do momento procedimental, sendo cabível desde a propositura da ação até mesmo no momento da execução. Assim, essa orientação não se aplica quando, por exemplo, ficar demonstrada a perda do objeto da ação popular.[23]

5. O Ministério Público como sucessor processual nos processos coletivos instaurados por força do ajuizamento de ação popular

5.1. Atuação do Ministério Público na Lei de Ação Popular

O Ministério Público, apesar de não deter legitimidade ativa inicial para o ajuizamento de ação popular, exerce papel singular e fundamental nas ações populares propostas. Atua como parte *adesiva ativa*, tanto que a ele incumbe, por determinação expressa do § 4º da Lei nº 4.717/1965, o acompanhamento da ação, o apressamento da produção da prova, sendo-lhe ainda vedado, em qualquer hipótese, assumir a defesa do ato impugnado ou dos seus autores.

A proibição legal de o Ministério Público assumir a defesa do ato impugnado ou dos seus autores confirma a vinculação da instituição com a defesa dos interesses magnos da sociedade; todavia, isso não proíbe o órgão do Ministério Público de opinar livremente pela improcedência do pedido ou de alegar questão de ordem pública que leve, *v.g.*, à extinção do processo coletivo instaurado com o ajuizamento da ação popular, até porque a independência funcional do Ministério Público é princípio consagrado no texto constitucional (art. 127, § 1º, da CR/1988), estando vedada a essa instituição, pelo próprio espírito da Constituição da República Federativa do Brasil (art. 127, *caput*), a defesa de pretensões espúrias e politiqueiras do cidadão demandante. Ademais, está no

23 Daniel Amorim de Assumpção Neves: "Existem decisões judiciais que dispensam nessa hipótese a aplicação do dispositivo legal ora comentado levando em conta que nesse caso a extinção não decorreu de desinteresse ou desídia do autor, mas por um fato superveniente que deixou absolutamente sem sentido o prosseguimento da demanda judicial (TRF-1ª Região, 1ª Turma, REO 9001144802, rel. Des. Eustáquio Silveira, *DJ* 24.02.1992, p. 3587; TRF-2ª Região, 2ª Seção, EIAC 150423, rel. Des. Guilherme Calmon, *DJ* 04.10.2004, p. 263; TRF-3ª Região, 2ª Turma, AC 89030183517, rel. Des. Fauzi Achoa, *DJ* 11.05.1994, p. 21866). Nesse caso – como nas outras espécies de extinção terminativa que não são geradas por abandono ou desistência não se justificaria a publicação de editais, não havendo mesmo qualquer sentido lógico em se admitir a sucessão processual num processo fadado à extinção" (In: COSTA, Susana Henriques da (coord.). *Comentários à Lei de Ação Civil Pública e Lei de Ação Popular*. São Paulo: Quartier Latin, 2006. p. 231).

conceito constitucional do Ministério Público, como instituição permanente do Estado Democrático de Direito, a defesa da ordem jurídica.

O que na verdade a lei veda na ação popular ao Ministério Público é que ele passe a atuar como órgão assistente dos demandados, requerendo medidas ou recorrendo no interesse deles.

O saudoso Hely Lopes Meirelles,[24] após citar posicionamentos doutrinários no sentido de que a posição do Ministério Público nas ações populares não é pacífica, pois seria ele, para determinada parte da doutrina, verdadeiro litisconsorte do autor e, para outros, órgão com posição multifária, concluiu que essa instituição tem posição singular na ação popular, pois seria *parte pública autônoma* incumbida de velar pela regularidade do processo, de apressar a produção da prova e ainda de promover a responsabilidade civil ou criminal dos culpados.

Portanto, não é o Ministério Público na ação popular mero *custos legis*; ao contrário, é parte assistencial, atuando em nome do interesse da sociedade (*custos societatis*) e na defesa da ordem jurídica (*custos juris*).

Escreve Mancuso[25] que a interpretação sistemática dos vários dispositivos da Lei de Ação Popular (§ 4º do art. 6º, § 1º do art. 7º, arts. 9º e 16, e, ainda, § 2º do art. 19) dá ensejo ao seguinte rol de atribuições do Ministério Público: 1) oficiante necessário, enquanto fiscal da lei (*custos legis*); 2) órgão ativador e agilizador da prova; 3) sucessor processual do autor.

Em caso de desistência infundada ou abandono da ação popular, o art. 9º da LAP (Lei nº 4.717/1965) confere ao Ministério Público *legitimidade ativa subsidiária incidental*, ao assegurar-lhe a possibilidade de promoção do prosseguimento da ação, o que poderá ocorrer sendo atendidos os prazos e formalidades previstos no dispositivo.

Como está em jogo o interesse público e social, o que está assegurado ao Ministério Público não é a mera faculdade para a promoção do prosseguimento da ação popular em caso de desistência infundada ou abandono pelo cidadão-autor, mas o poder-dever de prosseguir na ação para a tutela dos interesses e direitos magnos da sociedade, previstos no art. 5º, LXXIII, da CR/1988.

O art. 16 da LAP confere ainda ao Ministério Público *legitimidade ativa subsidiária obrigatória* para a execução, caso o autor da ação popular ou qualquer

---

24 MEIRELLES, Hely Lopes. *Mandado de segurança, ação popular, ação civil pública,* habeas data, *ação direta de constitucionalidade, arguição de descumprimento de preceito fundamental, o controle incidental de normas no direito brasileiro*. São Paulo: Malheiros, 2006. pp. 131-2.

25 MANCUSO, Rodolfo de Camargo. *Ação popular*. 7ª ed. rev., atual. e ampl. São Paulo: Ed. RT, 2011. p. 180.

terceiro legitimado não a promova no prazo de 60 dias do trânsito em julgado da sentença condenatória. A execução deverá ser promovida pelo Ministério Público no prazo de 30 dias, contados depois de vencido o prazo mencionado, sob pena de o órgão desidioso incorrer em falta grave.

Apesar de não deter legitimidade ativa para o ajuizamento da ação popular, o Ministério Público poderá ajuizar ação rescisória do julgado no prazo de dois anos do trânsito em julgado da sentença final, desde que haja fundamentação em uma das hipóteses de admissibilidade de ação rescisória prevista no art. 485 do CPC. Ele assim poderá agir seja porque é parte ativa assistencial na ação popular, detendo inclusive legitimidade subsidiária incidental (arts. 6º, § 4º, e 9º da Lei 4.717/1965), seja porque, em decorrência da possibilidade de existência de coisa julgada e até litispendência entre ação popular e outra ação coletiva, especialmente com relação à ação civil pública, poderá existir interesse coletivo na rescisão do julgado. Ademais, a decisão na ação popular também vincula o Ministério Público como parte detentora de legitimidade ativa institucional (arts. 127, *caput*, e 129, III, da CR/1988) para a tutela, pela ação civil pública, dos direitos ou interesses deduzidos pela via da ação popular.

Tanto a Lei de Improbidade Administrativa quanto a Lei de Ação Civil Pública trazem expressamente que o Ministério Público, se não intervier no processo como parte, atuará obrigatoriamente como fiscal da lei (atualmente a expressão mais adequada é fiscal da ordem jurídica, conforme adotado pelo CPC/2015 e previsto no art. 127, *caput*, da CR/1988).[26]

Para realizar a análise da atuação do Ministério Público na Lei de Ação Popular, deve-se fazer uma interpretação sistemática dos arts. 6º, 7º, I, "a", 9º, 16 e 19, § 2º.[27]

---

26 Art. 17, § 4º, da Lei nº 8.429/1992 – Lei da Improbidade Administrativa, e art. 5º, § 1º, da Lei 7.347/1985 – Lei de Ação Civil Pública.

27 "Art. 6º A ação será proposta contra as pessoas públicas ou privadas e as entidades referidas no art. 1º, contra as autoridades, funcionários ou administradores que houverem autorizado, aprovado, ratificado ou praticado o ato impugnado, ou que, por omissas, tiverem dado oportunidade à lesão, e contra os beneficiários diretos do mesmo. § 1º Se não houver benefício direto do ato lesivo, ou se for ele indeterminado ou desconhecido, a ação será proposta somente contra as outras pessoas indicadas neste artigo. § 2º No caso de que trata o inciso II, item 'b', do art. 4º, quando o valor real do bem for inferior ao da avaliação, citar-se-ão como réus, além das pessoas públicas ou privadas e entidades referidas no art. 1º, apenas os responsáveis pela avaliação inexata e os beneficiários da mesma. § 3º As pessoas jurídica de direito público ou de direito privado, cujo ato seja objeto de impugnação, poderá abster-se de contestar o pedido, ou poderá atuar ao lado do autor, desde que isso se afigure útil ao interesse público, a juízo do respectivo representante legal ou dirigente. § 4º O Ministério Público acompanhará a ação, cabendo-lhe apressar a produção da prova e promover a responsabilidade, civil ou criminal, dos que nela

Pelos dispositivos, vê-se que, assim como na Lei de Ação Civil Pública e na Lei de Improbidade Administrativa, cabe ao Ministério Público, na Lei de Ação Popular, o papel de fiscal da ordem jurídica nas demandas em que não atuar como substituto do autor popular, e, de desistência imotivada ou abandono e não havendo outro cidadão no polo ativo, o Ministério Público assumirá papel de autor incidental, sucedendo o autor anterior no processo coletivo.[28]

Conforme leciona Luiz Manoel Gomes Junior:

> "Atuando como fiscal da ordem jurídica, o Ministério Público possui amplo campo de atuação, inclusive podendo opinar pela improcedência do pedido apresentado, recorrer, bem como adotando as providências visando o efetivo ressarcimento. De igual modo poderá postular provas, juntar documentos e até mesmo aditar a inicial".[29-30]

Nesse sentido, afirma Bernardo Pimentel Souza[31] que "é obrigatória a intimação do Ministério Público nas ações populares para a intervenção do

---

incidirem, sendo-lhe vedado, em qualquer hipótese, assumir a defesa do ato impugnado ou dos seus autores. § 5º É facultado a qualquer cidadão habilitar-se como litisconsorte ou assistente do autor da ação popular.

Art. 7º A ação obedecerá ao procedimento ordinário, previsto no Código de Processo Civil, observadas as seguintes normas modificativas: I – Ao despachar a inicial, o juiz ordenará: *Além da citação dos réus, a intimação do representante do Ministério Público*.

Art. 9º Se o autor desistir da ação ou der motiva à absolvição da instância, serão publicados editais nos prazos e condições previstos no art. 7º, inciso II, *ficando assegurado a qualquer cidadão, bem como ao representante do Ministério Público*, dentro do prazo de 90 (noventa) dias da última publicação feita, *promover o prosseguimento da ação*.

Art. 16. Caso decorridos 60 (sessenta) dias da publicação da sentença condenatória de segunda instância, *sem que o autor ou terceiro promova a respectiva execução, o representante do Ministério Público a promoverá* nos 30 (trinta) dias seguintes, sob pena de falta grave.

Art. 19. A sentença que concluir pela carência ou pela improcedência da ação está sujeita ao duplo grau de jurisdição, não produzindo efeito senão depois de confirmada pelo tribunal; da que julgar a ação procedente caberá apelação, com efeito suspensivo. § 2º *Das sentenças e decisões proferidas contra o autor da ação e suscetíveis de recurso, poderá recorrer qualquer cidadão e também o Ministério Público*" (grifos nossos).

28 SLAIBI FILHO, Nagib. Ação popular. *Revista da EMERJ*, v. 6, nº 22, 2003. Disponível em: [http://www.emerj.tjrj.jus.br/revistaemerj_online/edicoes/revista22/revista22_105.pdf]. Acesso em: 20.10.2018.

29 GOMES JUNIOR, Luiz Manoel. *Ação popular*: aspectos polêmicos: lei de responsabilidade fiscal, improbidade administrativa, danos causados por liminares e outros pontos relevantes. Rio de Janeiro: Forense, 2004.

30 Nesse sentido: STJ, REsp 826.613/SP, rel. Min. Teori Albino Zavascki, j. 18.05.2010, *DJ* 13.08.2010.

31 SOUZA, Bernardo Pimentel. Ação popular. *DPU*, nº 23, set.-out. 2008. Disponível em: [https://www.portaldeperiodicos.idp.edu.br/direitopublico/article/download/1206/724].

respectivo representante na qualidade de fiscal da lei, sob pena de nulidade do processo". Completa asseverando que:

> "(...) não obstante, a atuação ministerial não fica restrita à fiscalização em prol da correta aplicação do direito objetivo ao caso concreto. Além da atuação como fiscal da lei, o Ministério Público também pode atuar como parte ativa em duas hipóteses: 1ª) se o autor originário abandonar ou desistir da ação, o representante do Ministério Público é intimado e pode promover o prosseguimento da ação popular (cf. art. 9º da Lei nº 4.717, de 1965, combinado com o art. 267, incisos II, III e VIII, do Código de Processo Civil [de 1973]); 2ª) se a pessoa jurídica lesada, o autor originário e nenhum outro cidadão promoverem a execução civil da decisão judicial condenatória dos réus dentro do prazo de sessenta dias do trânsito em julgado, o representante do Ministério Público deverá promover a execução da decisão proferida na ação popular, nos trinta dias seguintes (arts. 16 e 17 da Lei nº 4.717, de 1965, e art. 566, inciso II, do Código de Processo Civil [de 1973])".[32]

Vale observar que os arts. 267 e 566 do CPC/1973, citados pelo autor à época de sua publicação, foram substituídos pelos arts. 485[33] e 778[34] do CPC/2015, respectivamente e de igual teor.

5.2. A atuação do Ministério Público vs. autor popular

Ao fazer uma análise detida do art. 6º, § 4º, observa-se singular a posição do Ministério Público, uma vez que o dispositivo indica que, apesar de não estar no polo ativo da ação, sua atuação "não pode ser contrária ao autor da ação, não se admitindo que venha sustentar que o ato impugnado não padece de motivo para sua anulação, ou que qualquer dos réus não deve ser condenado a ressarcir o Erário".[35]

---

32 De acordo com a doutrina: "Na execução, o Ministério Público tem legitimidade extraordinária subsidiária: deve promovê-la se, decorridos sessenta dias da sentença condenatória em segundo grau, o autor popular ou terceiro não providenciar a execução da sentença" (GRECO FILHO, Vicente. *Direito processual civil brasileiro*. 17. ed. São Paulo: Saraiva, 2005. v. III, p. 324).

33 Art. 485 do CPC: "O juiz não resolverá o mérito quando: II – o processo ficar parado durante mais de 1 (um) ano por negligência das partes; III – por não promover os atos e as diligências que lhe incumbir, o autor abandonar a causa por mais de 30 (trinta) dias; VIII – homologar a desistência da ação".

34 Art. 778 do CPC: "Pode promover a execução forçada o credor a quem a lei confere título executivo: I – o Ministério Público, nos casos previstos em lei".

35 COSTA, Susana Henriques da (coord.). *Comentários à Lei de Ação Civil Pública e Lei de Ação Popular*. São Paulo: Quartier Latin, 2006. p. 190.

Para Rodrigo Mazzei,[36] não se pode admitir posição tão radical que "acaba conspirando contra a importância e potencialidade da participação do Ministério Público na ação popular". Assevera que "não parece correto que, no tocante às questões de ordem pública, diante da indisponibilidade das mesmas, poderá o *parquet* se calar, em prol da atuação do autor".[37] Para Mazzei, tratando-se de matérias indisponíveis, principalmente de natureza processual, deve o Ministério Público se manifestar, ainda que contrário aos interesses do autor.

Nesse sentido, assevera Barbosa Moreira[38] que

> "(...) convém esclarecer que, segundo a lei, o que o Ministério Público não se permite é opinar, no mérito, pela rejeição do pedido. Fica-lhe ressalvada, sem dúvida, a plena liberdade de apreciação quando a qualquer preliminar, acaso suscitado no tocante à regularidade do processo ou 'às condições da ação': pode, *v.g.*, opinar que seja o autor julgado carecedor desta, se lhe parecer inconveniente a prova da cidadania brasileira".

O que se percebe ao interpretar o artigo é que, conforme conclui o autor, o Ministério Público "não pode se transformar em assistente ou advogado do requerente da ação popular, com o fim de buscar, junto com o mesmo, a procedência do pedido";[39] pelo contrário, ele "intervém não em benefício do autor, mas em proteção ao interesse público, estando vinculado na aplicação correta da lei", afastando uma interpretação restritiva desse diploma legal, que tem natureza supraindividual, transcendendo a figura do requerente da demanda.[40]

Para ilustrar o entendimento apresentado, Mazzei exemplifica:

> "Imagine, por exemplo, que a ação popular vise desconstituir contratos de uso de imóveis públicos, mediante pagamento de determinada quantia, beneficiando concretamente grande grupo de pessoas carentes, devidamente selecionadas em lídimo processo administrativo de triagem, dando função social a determinados imóveis urbanos que o Poder Público sequer tem condição de conservar. Não se verificando qualquer ranhura no ato impugnado e, muito pelo contrário, apurando-se, após aguda dilação probatória, a hígida postura administrati-

---

36 MAZZEI, Rodrigo. In: COSTA, Susana Henriques da (coord.). *Comentários à Lei de Ação Civil Pública e Lei de Ação Popular*. São Paulo: Quartier Latin, 2006.

37 Idem.

38 BARBOSA MOREIRA, José Carlos. Problemas da ação popular. *Revista de Direito Administrativo*, v. 85, p. 400-401, jul.-set. 1966.

39 Idem, ibidem.

40 MAZZEI, Rodrigo. In: COSTA, Susana Henriques da (coord.). *Comentários à Lei de Ação Civil Pública e Lei de Ação Popular*. São Paulo: Quartier Latin, 2006.

> va, que resulta bônus social, seria sem propósito afirmar que o opinamento do Ministério Público para que o pedido fosse julgado improcedente representaria ato de posição de defesa dos interesses dos réus. Ora, a postura do Ministério Público – na hipotética situação – está a proteger o interesse público e a própria defesa da sociedade".[41]

Portanto, com base nos exemplos indicados pelo autor, é claro que o Ministério Público não estará defendendo os interesses dos demandados na ação popular, de forma que ele poderá opinar, repita-se, em desfavor do autor em prol de direitos da coletividade.

Geisa de Assis Rodrigues[42] também afirma que essa regra cria uma posição ativa do Ministério Público em favor do autor da ação popular, podendo produzir provas, fiscalizar o cumprimento das requisições judiciais de certidões e intimações, responsabilizar criminalmente aqueles cujos delitos ficarem demonstrados no curso da ação popular, recorrer das decisões que contrariem o interesse público, entre outras possibilidades, "sempre em prol do interesse que nutre a participação do Ministério Público nas ações, especialmente as de índole coletiva".[43]

Nessa esteira, ilustra-se novamente o entendimento de Hely Lopes Meirelles,[44] o qual já sustentou que o Ministério Público é "parte pública autônoma incumbida de velar pela regularidade do processo, de apressar a produção de prova e de promover a responsabilidade civil ou criminal dos culpados" e, assumindo essa posição, "tem liberdade para manifestar-se, afinal, a favor ou contra a procedência da ação".

5.3. Limites à atuação do Ministério Público

No que tange à parte final do § 4º do art. 6º da Lei nº 4.717/1965, no entanto, Luiz Manoel Gomes Junior afirma que:

> "(...) há um limite para a atuação do Ministério Público já que vedada, em qualquer hipótese, a possibilidade do mesmo atuar na defesa do ato impugnado ou

---

41 MAZZEI, Rodrigo. In: COSTA, Susana Henriques da (coord.). *Comentários à Lei de Ação Civil Pública e Lei de Ação Popular*. São Paulo: Quartier Latin, 2006.

42 RODRIGUES, Geisa de Assis. Ação popular. In: DIDIER JR., Fredie (org.). *Ações constitucionais*. Salvador: JusPodivm, 2006. p. 242.

43 Veja também: COSTA, Susana Henriques da (coord.). *Comentários à Lei de Ação Civil Pública e Lei de Ação Popular*. São Paulo: Quartier Latin, 2006. p. 190.

44 MEIRELLES, Hely Lopes. *Mandado de segurança e ações constitucionais*. São Paulo: Malheiros, 2009.

> dos seus autores. Esta regra deve ser vista com necessária cautela na medida em que opinar pela improcedência do pedido não significa, necessariamente, atuar na defesa do ato impugnado. O que a lei veda, a nosso ver, é a atuação do Ministério Público como advogado dos réus. Em outros termos, há a possibilidade apenas da atuação do Ministério Público ao lado do autor pois lhe é vedado defender o ato, mas em que lhe seja vedado emitir parecer pela improcedência do pedido".[45]

Para Meirelles, o que esse dispositivo veda é que o Ministério Público "assuma a defesa do ato impugnado ou dos réus, isto é, que contradite a inicial, promova provas ou pratique outros atos processuais contra os autores"; contudo, em sua manifestação final, o *parquet* deverá opinar, "no sentido em que a prova indicar, pela procedência ou improcedência da ação, por se tratar de conduta característica da Instituição".[46-47]

Por outro lado, Nagib Slaibi Filho[48] entende que o dispositivo supracitado está revogado pela Lei Orgânica do Ministério Público (Lei Complementar Federal 40/1981) e pelo disposto no art. 127 da Constituição da República Federativa do Brasil de 1988,[49] que lhe assegura o papel constitucional de defesa dos interesses sociais e individuais indisponíveis, bem como a autonomia funcional.

Nessa esteira, Ferraresi sustenta que "a Lei Orgânica Nacional do Ministério Público (LONMP) – Lei nº 8.625/93, por meio do art. 25, IV, *b*, legitimou o Ministério Público à ação popular".[50] Para o autor,

---

45 GOMES JUNIOR, Luiz Manoel. *Ação popular*: aspectos polêmicos: lei de responsabilidade fiscal, improbidade administrativa, danos causados por liminares e outros pontos relevantes. Rio de Janeiro: Forense, 2004.

46 Ver: TJSP, ApC 257.746, 5ª Vara da Fazenda Estadual, Proc. 1.040/75; 6ª Vara da Fazenda Estadual, Proc. 1.196/77; e ApC 285.903.

47 MEIRELLES, Hely Lopes. *Mandado de segurança e ações constitucionais*. São Paulo: Malheiros, 2009. p. 164.

48 SLAIBI FILHO, Nagib. Ação popular. *Revista da EMERJ*, v. 6, nº. 22, 2003. Disponível em: [http://www.emerj.tjrj.jus.br/revistaemerj_online/edicoes/revista22/revista22_105.pdf]. Acesso em: 20.10.2018.

49 "Art. 127. O Ministério Público é instituição permanente, essencial à função jurisdicional do Estado, incumbindo-lhe a defesa da ordem jurídica, do regime democrático e dos interesses sociais e individuais indisponíveis.
§ 1º São princípios institucionais do Ministério Público a unidade, a indivisibilidade e a independência funcional."

50 FERRARESI, Eurico. *Ação popular, ação civil pública e mandado de segurança coletivo*: instrumentos processuais coletivos. Rio de Janeiro: Forense, 2009.

> "(...) ao se confrontar os elementos identificadores da ação popular e da ação prevista na LONMP, verifica-se que são idênticos. Como o cidadão e o Ministério Público atuam na defesa do patrimônio público (erário), a natureza da legitimidade de ambos é idêntica. Agem como substitutos processuais. O pedido e a causa de pedir também são os mesmos. Logo, há identidade de ações".

Concordando com o entendimento asseverado *supra*, tem-se precedente do STJ.[51] Nas palavras de Ferraresi:

> "O Ministro José Delgado, em voto que merece transcrição, asseverou que negar ao Ministério Público a iniciativa da ação popular revelaria verdadeira contradição, na medida em que 'interpretação histórica justifica a posição do Ministério Público como legitimado subsidiário do autor na Ação Popular quando desistente o cidadão, porquanto à época de sua edição valorizava se o *parquet* como guardião da lei, entrevendo-se conflitante a posição de parte e de *custos legis*. Hodiernamente, após a constatação da importância e dos inconvenientes da legitimação isolada do cidadão, não há mais lugar para o veto da *legitimatio ad causam* do Ministério Público para Ação Popular, Ação Civil Pública ou o Mandado de Segurança Coletivo'".[52]

5.4. A atuação do Ministério Público prevista no art. 9º da LAP

Embora não haja concordância entre os doutrinadores supracitados acerca do art. 6º da LAP, a princípio não é o que ocorre no art. 9º do mesmo diploma legal no que diz respeito à possibilidade de o Ministério Público promover o prosseguimento da ação, caso o autor originário a abandone ou dela desista, conforme afirma Hely Lopes Meirelles: "Se houver abandono de ação, caber-lhe-á promover seu prosseguimento, em lugar do autor omisso, se reputar de interesse público seu julgamento".[53]

Entretanto, isso não impede que o autor popular desista expressamente da ação e com isso concorde o Ministério Público, desde que devidamente motivada a desistência e, assim, opinando no sentido da sua homologação regular, isso se ambos se convencerem da inexistência de fundamento para seu prosseguimento.[54] O Ministério Público poderá, ao final, opinar pela procedência ou improcedência do pedido,

---

51 REsp 427.140/RO (2002/0044157-0), rel. Min. José Delgado, j. 20.05.2003, *DJU* 25.08.2003.

52 FERRARESI, Eurico. *Ação popular, ação civil pública e mandado de segurança coletivo*: instrumentos processuais coletivos. Rio de Janeiro: Forense, 2009.

53 MEIRELLES, Hely Lopes. *Mandado de segurança e ações constitucionais*. São Paulo: Malheiros, 2009.

54 MEIRELLES, Hely Lopes. *Mandado de segurança e ações constitucionais*. São Paulo: Malheiros, 2009. p. 165.

> "(...) dependendo do desenrolar do processo, também é possível o pedido de extinção do processo com relação a alguns demandados e o prosseguimento em face dos demais, sem que para tanto seja necessária a publicação dos editais referidos no art. 9º da Lei da Ação Popular (STJ, REsp 556.386/SP, rel. Min. João Otávio de Noronha, *DJU* 23.11.2007, *RF* 395/434).
>
> E mais: sobre as funções do Ministério Público na ação popular, v. o fundamentado estudo de Luiz José de Mesquita, 'O Ministério Público na ação popular', *RT* 574/24. Considera-se indispensável a oitiva do Ministério Público na ação popular, sob pena de nulidade do processo (STJ, REsp 80.108/PA, rel. Min. Peçanha Martins, *DJU* 11.09.2000, p. 233; a ementa refere-se erroneamente a 'ação civil pública', mas o corpo do acórdão esclarece que a hipótese julgada era de ação popular). A jurisprudência dominante dos Tribunais Superiores, no entanto, com relação aos processos nos quais a intervenção do Ministério Público é obrigatória, entende que, se o *Parquet* não tiver se pronunciado na primeira instância, a falha pode ser suprida com a manifestação no segundo grau de jurisdição. Neste sentido, especificamente em caso de ação popular, admitindo que a manifestação oral do representante do *Parquet* na sessão de julgamento supre a eventual ausência de intervenção por escrito nos autos: TRF-1ª R., ApC 96.01.34374-1/DF, rel. Des. Federal Carlos Costa Mayer Soares, *RT* 837/360".[55]

Nota-se que, uma vez figurando no polo ativo da ação popular, há também entendimento que nega a possibilidade de manifestação do Procurador-Geral de Justiça, agindo como *fiscal da ordem jurídica*, desequilibrar a paridade de armas processuais das partes. Nessa linha, Luiz Manoel Gomes Junior afirma que

> "(...) há ainda de ser ponderado que nos termos de precedente do Tribunal de Justiça de São Paulo,[56] quando o Ministério Público atua como parte não há como ser determinada a manifestação da Procuradoria-Geral de Justiça (fiscal da ordem jurídica), sob pena de comprometer a igualdade entre as partes: 'O Ministério Público é parte nesta ação, não atua como fiscal da lei, e já apresentou suas razões de recurso, razão pela qual se deixa de dar vista à Procuradoria-Geral de Justiça para manter o tratamento igualitário entre as partes, sem desequilíbrio processual'. No mesmo sentido há precedente do Superior Tribunal de Justiça:[57] 'Inicialmente, registra-se que, diante do pedido do Ministério Público de retirada do processo de pauta para ter vista dos autos como *custos legis*, foi suscitada questão de ordem à Primeira Turma, que denegou a pretensão ministerial ao fundamento de que, em face de sua unidade institucional, atuando o *parquet* como parte litigante, não há necessidade dessa instituição falar mais de uma vez no processo. Precedente a Primeira Seção: MS 14.041/DF, 1ª Seção, rel. Min.

---

55 Idem, ibidem.

56 TJSP, Emb. Infringentes 410.788-5/0-01, rel. Des. Aguilar Cortez, j. 31.07.2008.

57 STJ, REsp 1.113.370/SP, rel. Min. Benedito Gonçalves, j. 16.03.2010, *DJ* 30.03.2010.

Teori Albino Zavascki'. Tanto na ação popular como na ação de improbidade administrativa, não há dualidade na atuação do Ministério Público: deverá o mesmo atuar como parte ou como fiscal da ordem jurídica, mas não nas duas posições".[58]

Na verdade, se o Ministério Público inicia ou ingressa no processo como parte autora, essa posição deverá ser mantida até o final do processo. Nesse sentido é a orientação prevista na Recomendação 57 do CNMP, que versa sobre a atuação do Ministério Público nos Tribunais.

6. As pessoas jurídicas *vs.* autor popular

A legitimidade ativa da pessoa jurídica é outro tema merecedor de destaque. A discussão surgiu em sede de ação popular, indagando-se se, após a citação da pessoa jurídica interessada e fixada sua posição, seria possível que o ente público mudasse o entendimento no curso da demanda, alterando, pois, sua posição processual.

Sobre o tema, Hely Lopes Meirelles[59] entende que, com base no art. 6º, § 3º, da LAP, a pessoa jurídica de direito público ou privado chamada na ação poderá contestá-la ou não, como poderá, até mesmo, encampar o pedido do autor, desde que isso se afigure útil ao interesse público". No entanto, após assumir uma postura (no polo ativo ou no polo passivo), não poderá mudar de posição. Para ele, "as relações processuais se estabilizam com o oferecimento das contestações dos réus ou da concordância com o pedido".

Hely Lopes Meirelles cita, na direção oposta desse entendimento, Luiz Manoel Gomes Junior:

> "Ação popular. Alteração do polo processual, *RePro* 125/183 e decisão do TJSP no AI 455.896-5/0-00, Reno 141/210, 'admitindo que até o momento do trânsito em julgado o ente de Direito Público poderia modificar o polo processual assumido'".[60]

Para Luiz Manoel Gomes Junior,

> "(...) o obstáculo apresentado, ou seja, de que seria necessário abrir nova oportunidade para a defesa, não nos parece procedente, pois sendo o processo um

---

58 GOMES JUNIOR, Luiz Manoel. *Ação popular*: aspectos polêmicos: lei de responsabilidade fiscal, improbidade administrativa, danos causados por liminares e outros pontos relevantes. Rio de Janeiro: Forense, 2004.

59 MEIRELLES, Hely Lopes. *Mandado de segurança e ações constitucionais*. São Paulo: Malheiros, 2009.

60 MEIRELLES, Hely Lopes. *Mandado de segurança e ações constitucionais*. São Paulo: Malheiros, 2009.

> 'caminhar para a frente ainda que haja a troca de posição, a modificação do polo até então ocupado não teria como consequência a repetição das fases anteriores, mas apenas a possibilidade de atuar segundo a nova posição nos atos subsequentes. A questão aqui deve ser enfocada segundo o interesse público. Entendemos, contudo, que poderá haver a alteração do polo passivo para o ativo, mas não o contrário. Se o ato é realmente ilegal e lesivo, não tem sentido em se obrigar o ente de direito público em persistir no erro consistente na sua defesa".[61]

Para Hely Lopes Meirelles, a possibilidade trazida pelo diploma legal supracitado "permite que o réu confesse tacitamente a ação, pela revelia, ou a confesse expressamente, passando a atuar em prol do pedido na inicial, em defesa do patrimônio público", e cita como exemplo a existência de hipóteses que

> "(...) são muito comuns nos casos em que o ato ou contrato impugnado é da Administração anterior e a lesividade só vem a ser descoberta pela Administração subsequente, não vinculada à conduta de sua antecessora. Mas nada impede que o próprio administrador em cuja gestão se praticou, verificando a ilegalidade e a lesividade de tal ato, confesse a ação para facilitar a restauração do direito".[62]

Nessa mesma esteira, Ferraresi afirma que:

> "A pessoa jurídica de direito público ou de direito privado cujo ato seja objeto de impugnação, nos termos do art. 6º, § 3º, poderá assumir três posições: contestar a demanda, não se conformando com o pedido do autor popular; permanecer inerte e, com isso, confessar tacitamente a irregularidade do ato administrativo questionado; atuar, ao lado do autor popular, em defesa do patrimônio público, 'desde que isso se afigure útil ao interesse público, a juízo do respectivo representante legal ou dirigente', conforme reza a parte final do § 3º".[63]

Seguindo a mesma linha de Hely Lopes Meirelles, Eurico Ferraresi afirma que

> "(...) essa situação ocorre com maior frequência nos casos em que o ato administrativo questionado foi praticado pela Administração anterior a demandada. Desse modo, suponha-se que o administrador público celebre contrato administrativo inquinado por algum dos vícios previstos nos arts. 2º, 3º ou 4º da Lei nº

---

61 GOMES JUNIOR, Luiz Manoel. *Ação popular*: aspectos polêmicos: lei de responsabilidade fiscal, improbidade administrativa, danos causados por liminares e outros pontos relevantes. Rio de Janeiro: Forense, 2004.

62 MEIRELLES, Hely Lopes. *Mandado de segurança e ações constitucionais*. São Paulo: Malheiros, 2009.

63 FERRARESI, Eurico. *Ação popular, ação civil pública e mandado de segurança coletivo*: instrumentos processuais coletivos. Rio de Janeiro: Forense, 2009.

4.717/65; terminado o mandato, por exemplo, é substituído por outro agente público; ajuizada ação popular contra a nulidade do contrato, permite-se a que o novo administrador se coloque do lado do autor popular, facilitando, portanto, a restauração da higidez pública. Sem prejuízo, nada impede ao próprio administrador que celebrou o ato eivado de nulidade reconhecer a procedência da demanda e com isso permitir o pronto reparo do direito".[64]

6.1. *As pessoas jurídicas como sucessoras processuais*

No entanto, Hely Lopes Meirelles adota posição mais conservadora no que tange à possibilidade de a pessoa jurídica de direito público interessada prosseguir sozinha em caso de desistência do autor originário da ação popular, entendendo que tal hipótese não é possível, afirmando que

> "(...) sobre a norma do art. 9º da Lei nº 4.717/65 e sua obrigatória observância antes da extinção do feito, v.: STJ, REsp 554.532/PR, rel. Min. Castro Meira, *DJU* 28.03.2008. Note-se que o dispositivo legal se refere expressamente ao Ministério Público ou a outro cidadão como possíveis continuadores da ação abandonada. Assim, *deve entender-se que a pessoa jurídica de direito público interessada, ainda que tenha optado por secundar o autor popular, não poderá prosseguir sozinha na ação em caso de abandono ou desistência por parte daquele.* Não só a lei deixou de prever a possibilidade, como a Súmula 365 do STF dispõe que 'pessoa jurídica não tem legitimidade para propor ação popular'. Por uma questão lógica, se a pessoa jurídica não pode propor a ação isoladamente, tampouco poderá prosseguir na mesma sem a presença de um cidadão ou do Ministério Público ao seu lado. Da mesma forma, se o autor popular e Ministério Público não recorrerem da sentença ou do acórdão que extinguir ou julgar improcedente a ação popular, a pessoa jurídica de direito público interessada não ostentará legitimidade ou interesse para recorrer sozinha, e o eventual recurso por ela interposto não deverá ser conhecido"[65] (grifo nosso).

Lado oposto entende Mazzei,[66] afirmando que, demonstrado o interesse na procedência do pedido, "se a pessoa jurídica não apresentar resposta ou, de forma mais aguda, tiver efetuado a retratação, ao invés de impugnar os fatos apresentados na peça exordial", não há o que a impeça de dar continuidade na ação, tendo em vista que, "se, com o interesse no resultado positivo da ação,

---

64 FERRARESI, Eurico. *Ação popular, ação civil pública e mandado de segurança coletivo*: instrumentos processuais coletivos. Rio de Janeiro: Forense, 2009.

65 MEIRELLES, Hely Lopes. *Mandado de segurança e ações constitucionais*. São Paulo: Malheiros, 2009. p. 164.

66 MAZZEI, Rodrigo. In: COSTA, Susana Henriques da (coord.). *Comentários à Lei de Ação Civil Pública e Lei de Ação Popular*. São Paulo: Quartier Latin, 2006. p. 190.

permite-se à pessoa jurídica aderir ao polo ativo, não há motivo para se vedar a possibilidade de continuar a ação já iniciada". O autor sustenta que, mais ainda,

> "(...) deve-se lembrar que, se for hipótese em que a pessoa jurídica poderia ajuizar nova ação, ainda que através de outra via processual, não se justifica, para nós, o abandono de todo o trabalho processual já efetuado, em razão da necessidade de prestigiar o binômio tempo e processo, uma vez que a celeridade processual é bem tão precioso que alcançou o *status* constitucional (art. 5º, § lº, LXXIII, da CF/88)".[67]

O autor entende que, ainda que a pessoa jurídica tenha contestado a ação, ela não está impedida de pleitear seu prosseguimento "sendo necessário, contudo, [...] que a pessoa jurídica se valha de fundamentação para demonstrar os motivos da sua retratação, de modo a justificar a continuação da demanda, agora no polo ativo".[68]

Nesse sentido, observa-se o voto vencedor no STJ:

> "(...) a pessoa jurídica de direito público pode, a qualquer tempo, mudar validamente do polo passivo para o polo ativo da demanda. Mantendo-me coerente com este entendimento e levando em consideração que a demanda foi proposta por pessoa legítima, entendo que, diante da desistência da ação, equivocadamente homologada no meu entender, *data venia*, inexiste óbice para que o Estado do Mato Grosso do Sul prossiga isoladamente no polo ativo, diante da existência de interesse público na apuração dos fatos noticiados nesta ação popular, sem que isto importe em violação à Súmula 365 do STF".[69]

Além de entender que a pessoa jurídica pode figurar sozinha no polo ativo na ação popular, fazendo-se a leitura da Lei de Ação Popular com a Lei de Ação Civil Popular, Mazzei "trabalha com a concepção de que a máquina judiciária já foi movimentada por quem de direito e o processo deve continuar em razão do interesse público em jogo", e lembra que o óbice que poderia ser alegado com base na súmula supracitada não merece guarida tendo em vista que o "entendimento sumular tem raízes históricas anteriores à vigência à Lei nº 4.717/65,[70] ou

---

67 MAZZEI, Rodrigo. In: COSTA, Susana Henriques da (coord.). *Comentários à Lei de Ação Civil Pública e Lei de Ação Popular*. São Paulo: Quartier Latin, 2006. p. 190.

68 Idem, ibidem.

69 STJ, AGR no RCSP 439.854/MS, rel. Min, Eliana Calmon, j. 08.04.2003, *DJU* 18.08.2003, p. 194. O voto vencido, do Min. Francisco Peçanha Martins, não tem ligação com esse capítulo do julgamento, cingindo-se a outra questão (aplicação do art. 557 do CPC no julgamento).

70 Note-se que a súmula em tela foi aprovada em 13.12.1963, ao passo que a Lei de Ação Popular foi publicada em 29.06.1965.

seja, quando se editou o verbete, sequer se cogitava na existência da peculiar norma da LAP".[71]

Bibliografia

ALMEIDA, Gregório Assagra de. *Direito processual coletivo brasileiro*: um novo ramo do direito processual. São Paulo: Saraiva, 2003.

ALMEIDA, Gregório Assagra de. *Manual das ações constitucionais*. Belo Horizonte: Del Rey, 2007.

BARBOSA MOREIRA, José Carlos. Problemas da ação popular. *Revista de Direito Administrativo*, v. 85, pp. 400-401, jul.-set. 1966.

CIANCI, Mirna; ALMEIDA, Gregório Assagra de. *Direito processual do controle da constitucionalidade*. São Paulo: Saraiva, 2011.

COSTA, Susana Henriques da (coord.). *Comentários à Lei de Ação Civil Pública e Lei de Ação Popular*. São Paulo: Quartier Latin, 2006.

DINAMARCO, Cândido Rangel *Instituições de direito processual civil*. São Paulo: Malheiros, 2001. v. III.

FERRARESI, Eurico. *Ação popular, ação civil pública e mandado de segurança coletivo*: instrumentos processuais coletivos. Rio de Janeiro: Forense, 2009.

GOMES JUNIOR, Luiz Manoel. *Ação popular*: aspectos polêmicos: lei de responsabilidade fiscal, improbidade administrativa, danos causados por liminares e outros pontos relevantes. Rio de Janeiro: Forense, 2004.

GRECO FILHO, Vicente. *Direito processual civil brasileiro*. 17. ed. São Paulo: Saraiva, 2005. v. III.

MANCUSO, Rodolfo de Camargo. *Ação popular*. 7. ed. rev., atual. e ampl. São Paulo: Ed. RT, 2011.

MAZZEI, Rodrigo. In: COSTA, Susana Henriques da (coord.). *Comentários à Lei de Ação Civil Pública e Lei de Ação Popular*. São Paulo: Quartier Latin, 2006.

MEIRELLES, Hely Lopes. *Mandado de segurança, ação popular, ação civil pública,* habeas data*, ação direta de constitucionalidade, arguição de descumprimento de preceito fundamental, o controle incidental de normas no direito brasileiro*. São Paulo: Malheiros, 2006.

MEIRELLES, Hely Lopes. *Mandado de segurança e ações constitucionais*. São Paulo: Malheiros, 2009.

NEVES, Daniel Amorim Assumpção. In: COSTA, Susana Henriques da (coord.). *Comentários à Lei de Ação Civil Pública e Lei de Ação Popular*. São Paulo: Quartier Latin, 2006.

71 MAZZEI, Rodrigo. In: COSTA, Susana Henriques da (coord.). *Comentários à Lei de Ação Civil Pública e Lei de Ação Popular*. São Paulo: Quartier Latin, 2006.

REZENDE FILHO, Gabriel. *Curso de direito processual civil*. 6. ed. São Paulo: Saraiva, 1963. vol. II.

RODRIGUES, Geisa de Assis. Ação popular. In: DIDIER JR., Fredie (org.). *Ações constitucionais*. Salvador: JusPodivm, 2006.

SLAIBI FILHO, Nagib. Ação popular. *Revista da EMERJ*, v. 6, nº 22, 2003. Disponível em: [http://www.emerj.tjrj.jus.br/revistaemerj_online/edicoes/revista22/revista22_105.pdf]. Acesso em: 20.10.2018.

SOUZA, Bernardo Pimentel. Ação popular. *DPU*, nº 23, set.-out. 2008. Disponível em: [https://www.portaldeperiodicos.idp.edu.br/direitopublico/article/download/1206/724].

Art. 10. As partes só pagarão custas e preparo a final.

Tatianny Kariny Veloso Gomes
Jussara Suzi Assis Borges Nasser Ferreira

Sumário: 1. Conceito de custas e preparo. **1.1.** Abrangência do termo "custas". **1.2.** Momento do pagamento das custas. **2.** Isenção do autor popular e revogação do art. 10 da Lei nº 4.717/1965.

1. Conceito de custas e preparo

O art. 10 da Lei nº 4.717/1965 regula o sistema de custas processuais no âmbito de ação popular, estabelecendo o momento e o modo de pagamento. Inicialmente, há que ressaltar que tal dispositivo deve ser interpretado à luz do inciso LXXIII do art. 5º, *in fine*, da CF/1988 que, ao tratar de matéria eminentemente processual, concede isenção de custas judiciais e ônus de sucumbência ao autor popular, salvo comprovada má-fé.

Guiando-nos por uma melhor didática e com o fim de alcançar adequada interpretação do dispositivo, necessário se faz eivar esforços a fim de elucidar o pensamento do legislador e trazer à baila o conceito dos institutos jurídicos constantes do teor da norma.

É o que se passa a demonstrar por meio da doutrina de Humberto Theodoro Júnior[1] ao dispor que:

> "(...) são custas as verbas pagas aos serventuários da justiça e aos cofres públicos, pela prática de ato processual conforme a tabela da lei ou regimento adequado. Pertencem ao gênero de tributos, por representarem remuneração do serviço público. Despesas são todos os demais gastos feitos pelas partes na prática dos atos processuais, com exclusão dos honorários advocatícios, que receberam do novo código tratamento especial".

Nelson Nery Jr. e Rosa Maria de Andrade Nery,[2] fazendo referência à Yonne Dolácio de Oliveira, aduzem:

> "Custas e emolumentos judiciais e extrajudiciais são taxas remuneratórias de serviços públicos que ensejam o exercício de missão essencialmente estatal: conferir fé pública a atos e documentos, certificar a legitimidade de situações,

---

1 THEODORO JÚNIOR, Humberto. *Curso de direito processual civil.* 58ª ed. Rio de Janeiro: Forense, 2017. v. 1, p. 296.

2 NERY JR., Nelson; NERY, Rosa Maria de Andrade. *Código de Processo Civil comentado.* 16ª ed. São Paulo: Ed. RT, 2016. p. 467.

possibilitar o exercício de direitos subjetivos privados e públicos, possibilitar a garantia da prestação jurisdicional do Estado".

As despesas processuais são todos os gastos empreendidos para que o processo cumpra sua função, são explicitadas em enumeração exemplificativa.

Nesse ponto, oportuno trazer o teor do art. 84 do CPC/2015 ao estabelecer que "as despesas abrangem as custas dos atos do processo, a indenização de viagem, a remuneração do assistente técnico e a diária de testemunha".

Em comentário ao dispositivo, Cassio Scarpinella Bueno[3] pontua que despesas são as custas processuais, entre outros dispêndios, necessárias para a prática de atos processuais. Tornando evidente que no conceito de despesas incluem-se as custas. A fim de especificar a matéria, há que ressaltar que se excluem desse rol os honorários sucumbenciais disciplinados no art. 85 do CPC/2015.

Sobre "preparo", recorremos, mais uma vez, a Nelson Nery Jr. e Rosa Maria de Andrade Nery[4] ao conceituá-lo como "um dos requisitos extrínsecos de admissibilidade dos recursos e consiste no pagamento prévio das custas relativas ao processamento do recurso, incluídas as despesas de porte com a remessa e o retorno dos autos".

Trata-se assim de uma condição de admissibilidade dos recursos[5] e está abarcado pelo conceito de *custas*:

> "Consiste o preparo, como requisito de admissibilidade do recurso, no pagamento prévio das despesas relativas ao processamento deste. No sistema primitivo do Código de Processo Civil, ele se singularizava pelo fato de só precisar ser satisfeito depois da interposição. (...) quando exigível, o preparo deve preceder a interposição, cabendo ao recorrente, no comum dos casos, comprovar que o fez, mediante juntada do comprovante do pagamento à petição do recurso".

1.1. *Abrangência do termo "custas"*

Considerando os apontamentos delineados, verifica-se que o legislador, à época, não se desonerou do dever de especificar a abrangência do termo "custas". O texto legal conduz o intérprete a concluir que as custas a que refere

3 BUENO, Cassio Scarpinella. *Novo Código de Processo Civil anotado.* 3ª ed. São Paulo: Saraiva, 2017. p. 144.

4 NERY JR., Nelson; NERY, Rosa Maria de Andrade. *Código de Processo Civil comentado.* 16ª ed. São Paulo: Ed. RT, 2016. p. 2190.

5 BARBOSA MOREIRA, José Carlos. *Restrições Ilegítimas ao Conhecimento dos Recursos*. São Paulo: IOB Thomson, Revista IOB de Direito Civil e Processual Civil, nº 39, Jan-Fev/2006, v. 7, p. 61.

a norma são somente o dispêndio com taxas remuneratórias de serviço público executado no desenvolver do procedimento judicial, uma vez que não há menção, no dispositivo, do modo e momento de pagamento das demais despesas processuais.

Embora, aparentemente, seja essa a mensagem da regra jurídica, não se pode limitar sua compreensão a uma interpretação que se restrinja ao significado de suas palavras. Nesse sentido, a fim de compreender o alcance da norma, oportuno ponderar acerca da intenção do legislador infraconstitucional ao estabelecer momento diverso para o pagamento das custas, desobrigando a efetivação do pagamento pelo autor popular quando da propositura da ação.

Assim, citando Arruda Alvim,[6] há que se relembrar de uma das finalidades da ação popular que é viabilizar que qualquer cidadão fiscalize eficientemente, pela via jurisdicional, o comportamento da Administração Pública, de modo que o tratamento diferenciado pela lei visa a encorajar o cidadão a propor ação popular. Não seria razoável admitir que apenas as custas, propriamente ditas, fossem abarcadas pelo dispositivo em comento, caso em que o demandante popular se veria obrigado a antecipar as demais despesas com o processo.

Nesse ponto, recorre-se à doutrina de Luiz Manoel Gomes Junior[7] em citação aos apontamentos de Arruda Alvim,[8] a despeito do art. 10, para esclarecer que, na categoria de custas, enquadram-se as despesas com a realização de prova pericial, o que nos conduz a concluir a abrangência do termo "custas" na normativa em comento para incluir também as despesas processuais.

Assim, a referida isenção prevista no art. 10, da Lei da Ação Popular abrange todas e quaisquer despesas processuais, em sentido lato, de responsabilidade do autor popular.

Pois bem, delineada a abrangência do termo "custas", cabível definir o momento de seu pagamento, considerando não somente o teor do artigo em estudo, mas, com o fito de alcançar uma hermenêutica mais precisa, todo o sistema normativo da ação popular, o que vai além da Lei nº 4.717/1965.

6 ALVIM, Arruda. *Tratado de direito processual civil.* São Paulo: Ed. RT, 1996. v. 2, p. 433.

7 GOMES JUNIOR, Luiz Manoel. *Ação popular*: aspectos polêmicos: Lei de Responsabilidade Fiscal, improbidade administrativa – Danos causados por liminares e outros pontos relevantes. Rio de Janeiro: Forense, 2004. p. 120.

8 ALVIM, Arruda. *Tratado de direito processual civil.* São Paulo: Ed. RT, 1996. v. 2, p. 486.

1.2. *Momento do pagamento das custas*

O posicionamento do Superior Tribunal de Justiça proclamado no julgado,[9] a seguir transcrito, recorre ao texto legal do art. 18[10] da Lei de Ação Civil Pública – Lei nº 7.347/1985 e firma entendimento no sentido de aplicá-lo, em âmbito de ação popular, para definir o momento do pagamento das custas e demais despesas pelo autor popular.

> "Processual civil. Embargos de declaração. Vícios inexistentes. Administrativo e processual civil. Ação popular. Energia elétrica. Pagamento de honorários periciais. Isenção.
> 1. Não existem vícios a serem sanados no acórdão embargado.
> 2. Esta Corte Superior posicionou de forma clara, adequada e suficiente acerca do entendimento deste Tribunal no sentido de que conforme a dicção do art. 18 da Lei nº 7.347/85 – Lei da Ação Civil Pública, também aplicável à espécie, até mesmo porque esta lei baseou-se na Lei nº 4.717/65: '[n]as ações de que trata esta lei, não haverá adiantamento de custas, emolumentos, honorários periciais e quaisquer outras despesas, nem condenação da associação autora, salvo comprovada má-fé, em honorários de advogado custas e despesas processuais'. Sendo assim, com razão o autor da ação, ora recorrente, ao manifestar-se contra o adiantamento de honorários periciais na ação popular.
> 3. Em relação às omissões apontadas, não existe esse vício a ser sanado no acórdão embargado.
> 4. Por meio dessas razões, é nítida a pretensão da parte embargante em provocar rejulgamento da causa, situação que, na inexistência das hipóteses previstas no art. 535 do CPC, não é compatível com o recurso protocolado.
> 5. Embargos de declaração rejeitados".

Nesse contexto, oportuno relembrar o teor do inciso LXXIII do art. 5º da CF/1988 ao estabelecer a isenção de custas judiciais e ônus de sucumbência, disposição que suplanta qualquer discussão acerca da antecipação ou não de custas ou despesas judiciais pelo demandante popular, que só será onerado em caso de comprovada má-fé.

Desse modo, de acordo com abalizada doutrina e considerando o sistema normativo que disciplina as ações coletivas, incluindo-se aqui o inciso LXXIII do art. 5º da CF/1988 e o art. 18 da Lei nº 7.347/1985, além do posicionamento

---

9 STJ, EDcl no REsp 1.225.103/MG, rel. Min. Mauro Campbell Marques, j. 12.02.2012, *DJe* 10.02.2012.

10 Art. 18 da Lei nº 7.347/1985: "Nas ações de que trata essa lei, não haverá adiantamento de custas, emolumentos, honorários periciais e quaisquer outras despesas, nem condenação da associação autora, salvo comprovada má-fé, em honorários de advogado, custas e despesas processuais".

do SUPERIOR TRIBUNAL DE JUSTIÇA, não há que falar em adiantamento de honorários periciais e quaisquer outras despesas processuais para propositura ou andamento da ação popular.

Ademais, muito se questiona acerca da revogação ou não do art. 10 da LAP em razão das inovações trazidas pelo texto constitucional ao isentar o autor popular. Dada a importância dos posicionamentos doutrinários, dedica-se o tópico seguinte à análise da recepção ou não pela Constituição de 1988 do teor do art. 10 da LAP.

2. Isenção do autor popular e revogação do art. 10 da Lei nº 4.717/1965

O sistema legal nos mostra que tanto o constituinte quanto o legislador infraconstitucional estabelecem regime jurídico especial para as custas decorrentes do processo da ação popular e, assim, foi disposto, com a intenção de incentivar sua utilização, porquanto se trata de mecanismo que reflete a garantia fundamental do Estado Democrático de Direito e viabiliza a participação direta do povo no controle do exercício do Poder Estatal.

Ademais, o autor popular, ao propor a demanda, age na defesa de interesse difuso, cuja titularidade diz respeito a toda a comunidade, de modo que não seria concebível que o cidadão, ao exercer o *munus* público decorrente da ação popular, ficasse sujeito a ônus sucumbenciais como fato objetivo da derrota na demanda. Em caso de vitória, toda a comunidade será beneficiada, e não justifica, em caso de derrota, penalizar o autor, cidadão, com a obrigação de pagamento de verbas sucumbenciais.

Assim, o intuito do legislador é estimular o cidadão a promover em juízo a proteção de bens e interesses públicos, bem como protegê-lo dos encargos de eventual insucesso, isentando-o, a princípio, das custas e ônus de sucumbência.

Em julgado[11] do Superior Tribunal de Justiça, ementa e trecho a seguir transcritos, verifica-se a necessária comprovação da má-fé para que o autor popular seja onerado. Trata-se de embargos de declaração em recurso especial, em que se pretende esclarecer, além de outras omissões, a distribuição do ônus da sucumbência, já que a ação popular foi julgada procedente em parte. Como se verifica do julgado, o autor popular ficou isento dos ônus sucumbenciais em razão de não ter comprovado sua má-fé.

11 STJ, EDcl. no REsp 1071138/MG, rel. Min. Napoleão Nunes Maia Filho, j. 12.09.2017, *DJe* 14.11.2017.

"Direito processual civil. Aclaratórios em apelo raro. Pretensão em ação popular julgada procedente em parte pelo acórdão ora embargado, em que se declarou a ilegalidade de se exercer direito de compensação quanto a créditos anteriores da empresa contratada frente ao município contratante. Alegação de que o julgado se reveste de omissão, de contradição e de obscuridade. O acórdão demanda a solução dos vícios, pois o órgão julgador deve se manifestar quanto ao ponto de que a declaração judicial de nulidade de porção do contrato atinente à compensação civil não retira a exigibilidade do crédito da empresa apurado nos autos e de que, havendo sucumbência recíproca, os ônus processuais devem ser distribuídos de modo equânime, providência imponente na causa, uma vez que a parte embargante suportou os efeitos como se fosse vencida por completo, fato inocorrente na ação. Embargos de declaração do então alcaide e da municipalidade rejeitados. Embargos de declaração da construtora acolhidos para debelar o vício de omissão no julgado embargado, com atribuição de efeitos infringentes quanto ao tema dos ônus da sucumbência, ora distribuídos de modo adequado, ou seja, para considerar sucumbente a empresa em menor parte, reduzindo, portanto, o valor da verba honorária de advogado de R$ 100.000,00 para R$ 30.000,00, ficando o autor isento do pagamento, por força de mandamento constitucional (art. 5º, LXXIII, da CF/88). 1. Aclaratórios do então alcaide de Pouso Alegre/MG e da municipalidade. 6. Por tal razão (sucumbência em menor parte), os ônus sucumbenciais devem ser adequadamente distribuídos, em ordem a reduzir a verba honorária de advogado para R$ 30.000,00, em vez de R$ 100.000,00, declarando-se a ocorrência de sucumbência recíproca. O autor é, porém, isento desses ônus por força de mandamento constitucional, não se divisando *má-fé* na sua iniciativa (art. 5º, LXXIII, da CF/88)".

À vista dos apontamentos e considerando o disposto no art. 10 da Lei nº 4.717/1965, indaga-se sobre sua aplicabilidade em face do disposto no inciso LXXIII do art. 5º da CF/1988.

O texto constitucional de 1988 traz inovação referente ao pagamento de custas processuais em âmbito de ação popular, e o citado inciso LXXIII, *in fine*, do art. 5º estabelece a isenção de custas processuais e ônus de sucumbência, salvo comprovada má-fé. Trata-se de norma que condiciona o pagamento de custas e ônus sucumbenciais à comprovação de conduta leviana caracterizada pela má-fé do autor popular.

O art. 10 da Lei nº 4.717/1965 dispõe que o pagamento das custas processuais se dará, somente, ao final, estabelecendo, desse modo, o momento em que ocorrerá o adimplemento do ônus, faz referência às partes e não fixa qualquer condição para que haja o pagamento pelo autor. Sobre o tema, aduz Daniela Gabbay[12] que:

12 GABBAY, Daniela. Comentário ao art. 10 da Lei nº 4.717/65. *In*: Costa, Susana Henrique da (coord.). *Lei de ação civil pública e lei de ação popular.* São Paulo: Quartier Latin, 2006. p. 237.

> "(...) o pagamento das custas e preparo a final está em harmonia com a relevância social da ação popular, que poderá ser proposta por qualquer cidadão para anular ato lesivo ao patrimônio público, à moralidade administrativa, ao meio ambiente e ao patrimônio histórico e cultural (CF, at. 5º, LXXIII), sem que as custas e preparo sejam pagas no momento da propositura desta ação, mas apenas na condenação, como decorrência do ônus da sucumbência, desde que sendo vencido o autor popular, se comprove a sua má-fé na atuação em juízo".

Possível afirmar que, no tocante ao autor, não basta a sucumbência, necessário demonstrar a má-fé.

Desse modo, indaga-se a compatibilidade entre o disposto no inciso LXXIII do art. 5º, *in fine,* e o teor do art. 10 da Lei de Ação Popular. É possível uma complementação entre as normativas ou houve derrogação da lei infraconstitucional em razão do que determina a Constituição?

Rodolfo de Camargo Mancuso[13] considera que

> "(...) a discussão do art. 10, hoje, apresenta interesse meramente histórico, porque a Constituição Federal de 1988 colocou pá de cal no assunto, dispondo o art. 5º, LXXIII, em sua parte final, que fica o autor popular, salvo comprovada má-fé, isento de custas judiciais e ônus de sucumbência, vale dizer, estabelecendo como regra a isenção".

O referido autor afirma que o art. 10 da Lei nº 4.717/1965 ficou derrogado, dado que, tirante a hipótese de conduta processual reprovável, o autor não responde pelas custas.

No mesmo sentido, Luiz Guilherme Marinoni e Sérgio Cruz Arenhart[14] aduzem que, em razão da isenção das despesas do processo determinada pelo texto da Constituição, salvo quando evidenciada a má-fé do autor popular, não pode ele ser condenado a qualquer ônus processual com as custas do processo ou decorrente da sucumbência. Por isso, o art. 10 da Lei nº 4.717/1965, ao determinar que o pagamento das custas processuais se dá apenas ao final pelo perdedor, não foi recepcionado pela Constituição de 1988.

José Afonso da Silva sustenta que o inciso LXXIII do art. 5º, ao estabelecer a isenção, exclui o autor popular da previsão contida no art. 10 da Lei nº

---

13 MANCUSO, Rodolfo de Camargo. *Ação popular.* 8ª ed. rev., atual. e ampl. São Paulo: Ed. RT, 2015 p. 322.

14 MARINONI, Luiz Guilherme; ARENHART, Sérgio Cruz. *Curso de processo civil*: procedimentos especiais. São Paulo: Ed. RT, 2009. v. 5, p. 276.

4.717/1965, a menos que seja comprovada a má-fé na condução do processo, sendo, pois, referida normativa derrogada pela Constituição de 1988.[15]

Já Daniela Gabbay pondera pela complementação entre os dispositivos legais ao afirmar que

> "(...) uma interpretação sistemática de tais diplomas (de natureza infraconstitucional e constitucional) é apta a resolver a questão e suprimir quaisquer dúvidas pendentes (independentemente de derrogação), não havendo nenhum óbice na redação do artigo ora analisado que demanda uma implementação pelo artigo 5º, LXXIII, parte final, da CF/88 para que sua amplitude cognitiva se aperfeiçoe".

A par dos entendimentos doutrinários, menciona-se julgado do Superior Tribunal de Justiça consistente em Recurso Especial[16] contra acórdão que deu provimento ao recurso de agravo envolvendo um caso que deriva de ação popular ajuizada contra negócio jurídico realizado entre sociedade de economia mista com controle da União e uma empresa estrangeira. Pois bem, a parte autora, entre outros dispositivos legais, recorre ao art. 10 para fundamentar a dispensa de adiantamento de honorários periciais. Referido dispositivo foi, também, arguido por um dos réus, no caso, a Petrobras, com o intuito de fundamentar a inapropriada oneração do pagamento da perícia a um dos réus, quando só seria possível ao final da prestação jurisdicional.

Em que pesem as opiniões doutrinárias no sentido de derrogação ou não recepção do art. 10 da LAP, referido dispositivo continua sendo arguido para fundamentar direitos tanto do autor quanto do réu, já que determina o momento em que as custas serão pagas, integrando o regime jurídico de custas em âmbito de demanda popular. Há que se ponderar que o advento do texto constitucional que isenta o autor popular deve integrar o art. 10 da LAP, a fim de conduzir o operador do direito à ressalva da comprovada má-fé na hipótese do autor, como condição para imposição do ônus.

De fato assim o é, levando-se em conta de análise os próprios fins colimados pela ação popular como garantia constitucional para defesa dos interesses da coletividade. Naturalmente, o exercício de direitos que tais, em si, já acarretam os ônus pertinentes à tramitação do feito, demandando tempo adicional e submetendo ao autor uma outra condição de custo que ele previamente irá suportar por, simplesmente, estar como parte no processo.

---

15 SILVA, José Afonso da. *Ação popular constitucional*: doutrina e processo. São Paulo: Malheiros, 2007. P. 345.

16 STJ, REsp 1.234.162/RS, rel. Min. Eliana Calmon, j. 16.06.2015, *DJe* 15.02.2016.

O paradigma da constitucionalização, alcançou todos os subsistemas jurídicos, provocando situações como esta, mas, imediatamente indicando a indispensabilidade da recepção da composição das possíveis digressões hermenêuticas. A esse propósito, cabe frisar a metódica definida por Castanheira Neves e resumida nos fins práticos do direito, e que haverão de ser pautados em linha de coerência e integridade, de par com a constitucionalização do direito. Não se reconhecendo como adequados, exercícios de contra-hermenêutica pelos quais o requerido deveria também ser isento de custas que tais.

Assim, apesar da expressa previsão legal, o Superior Tribunal de Justiça já consolidou a posição de que o benefício é apenas em favor do autor popular e não dos réus[17]:

> "2. A jurisprudência desta Casa tem oferecido uma interpretação restritiva ao privilégio processual, limitando-o ao autor da ação, tal como ocorre na ação popular. Na verdade, não se mostra razoável estender o benefício àqueles que se encontram no pólo passivo da relação processual. Seria fora de propósito, no caso concreto, dar incentivo àquele que é condenado por improbidade administrativa, causando danos à sociedade".

De igual teor: STJ, Emb. Decl. no Ag. In. nº 384.589-PR, rel. Min. José Delgado, j. 04.06.2002 – DJ 01.07.2002; STJ, REsp. nº 578.787-SP, rel. Min. Carlos Alberto Menezes Direito, j. 14.12.2004 – DJ 11.04.2005; STJ, REsp. nº 622.918-SC, rel. Min. Eliana Calmon, j. 03.05.2005 – DJ 06.06.2005; STJ, REsp. nº 551.418-PR, rel. Min. Francisco Falcão, j. 25.11.2003 – DJ 22.03.2004 e STJ, REsp. nº 885.071-SP, rel. Min. Teori Albino Zavascki, j. 27.02.2007 – DJ 22.03.2007.

As diversas decisões acima apontadas, mantêm a lógica e coerência da tradição, reforçada pela razoabilidade, estendida para o contexto da custas processuais, no qual o sucumbido deve arcar com os custos a que deu causa. O contrário, soaria como estímulo ao vencido e que violou as regras legais, causando danos ao erário.

Por fim, cabe consignar que permanecerem inquietações e divergências de posições acerca da matéria sob estudo, e mantendo posições de discordância em relação ao texto legal (as partes), de tal entendimento, ressalvando, contudo, estar consolidado. A segunda posição acata a lógica da tradição, defendendo que a parte vencida deve arcar com as custas, ao final.

17 STJ, REsp. 193.815-SP, rel. Min. Castro Meira, j. 24.08.2005, DJ 19.19.2005.

Bibliografia

ALMEIDA, Gregório Assagra. *Manual das ações constitucionais.* Belo Horizonte: Del Rey, 2007.

ALVIM, Arruda. *Tratado de direito processual civil.* São Paulo: Ed. RT, 1996. v. 2.

BARBOSA MOREIRA, José Carlos. *Restrições Ilegítimas ao Conhecimento dos Recursos.* São Paulo: IOB Thomson, Revista IOB de Direito Civil e Processual Civil, nº 39, Jan-Fev/2006, v. 7.

BENEDUZI, Renato. *Comentários ao Código de Processo Civil.* 2ª ed. São Paulo: Thomson Reuters Brasil, 2018.

BONDIOLI, Luis Guilherme A.; FONSECA, João Fransciso N. da; GOUVÊA, José Roberto F.; NEGRÃO, Theotonio. *Código de Processo Civil e legislação processual em vigor.* 49ª ed. São Paulo: Saraiva, 2018.

BUENO, Cassio Scarpinella. *Novo Código de Processo Civil anotado.* 3ª ed. São Paulo: Saraiva, 2017.

DE PLÁCIDO E SILVA. *Vocabulário jurídico.* Rio de Janeiro: Forense, 2003.

DIDIER JR., Fredie. *Curso de direito processual civil.* 12ª ed. Salvador: JusPodivm, 2018.

DIDIER JR., Fredie. *Novo Código de Processo Civil.* 5ª ed. Salvador: JusPodivm, 2018.

GABBAY, Daniela. Comentário ao art. 10 da Lei nº 4.717/65. In: Costa, Susana Henrique da (coord.). *Lei de ação civil pública e lei de ação popular.* São Paulo: Quartier Latin, 2006.

GOMES JUNIOR, Luiz Manoel. *Ação popular*: aspectos polêmicos: Lei de Responsabilidade Fiscal, improbidade administrativa – Danos causados por liminares e outros pontos relevantes. Rio de Janeiro: Forense, 2004.

GOMES JUNIOR, Luiz Manoel. *Curso de direito processual civil coletivo.* Rio de Janeiro: Forense, 2005.

GOMES JUNIOR, Luiz Manoel; RODRIGUES, João Paulo Souza. Responsabilidade civil por dano processual no novo Código de Processo Civil: aspectos de relevância para o processo coletivo. *Revista de Processo*, São Paulo, ano 41, v. 262, pp. 87-119, 2012.

MANCUSO, Rodolfo de Camargo. *Ação popular.* 8ª ed. rev., atual. e ampl. São Paulo: Ed. RT, 2015.

MARINONI, Luiz Guilherme; ARENHART, Sérgio Cruz. *Curso de processo civil*: procedimentos especiais. São Paulo: Ed. RT, 2009. v. 5.

NERY JR., Nelson; NERY, Rosa Maria de Andrade. *Código de Processo Civil comentado.* 16ª ed. São Paulo: Ed. RT, 2016.

SILVA, José Afonso da. *Ação popular constitucional*: doutrina e processo. São Paulo: Malheiros, 2007.

THEODORO JÚNIOR, Humberto. *Curso de direito processual civil.* 58ª ed. Rio de Janeiro: Forense, 2017. v. 1.

WAMBIER, Rodrigues Luiz; WAMBIER, Tereza Arruda Alvim (org.). *Doutrinas essenciais*: processo civil. São Paulo: Ed. RT, 2011. v. IX.

WATANABE, Kazuo; MENDES, Aluisio Gonçalves de Castro; GRINOVER, Ada Pellegrini. *Direito processual coletivo e o anteprojeto de Código Brasileiro de Processos Coletivos.* São Paulo: Ed. RT, 2007.

ZAVASCKI, Teori Albino. *Processo coletivo.* 5ª ed. São Paulo: Ed. RT, 2011.

Art. 11. A sentença que, julgando procedente a ação popular, decretar a invalidade do ato impugnado, condenará ao pagamento de perdas e danos os responsáveis pela sua prática e os beneficiários dele, ressalvada a ação regressiva contra os funcionários causadores de dano, quando incorrerem em culpa.

Jéssica Cambuy
Márcio Eduardo Senra Nogueira Pedrosa Morais

Sumário: 1. Aspectos gerais. **2.** Natureza da sentença de procedência do pedido na ação popular. **3.** Invalidação do ato impugnado. **4.** Condenação ao pagamento de perdas e danos. **5.** Ação regressiva. **6.** Transação na ação popular.

1. Aspectos gerais

Conforme amplamente ressaltado nos comentários anteriores, embora a Lei de Ação Popular regule especificamente o instituto processual, as regras gerais previstas no Código de Processo Civil são aplicadas subsidiariamente naquilo que não contraria o regramento especial (art. 22 da Lei nº 4.717/1965).

Assim, inclusive quanto à sentença proferida em sede de ação popular, deve haver a observância dos dispositivos do Código de Processo Civil.

O § 1º do art. 203 do CPC traz o seguinte conceito: "Ressalvadas as disposições expressas dos procedimentos especiais, sentença é o pronunciamento por meio do qual o juiz, com fundamento nos arts. 485 e 487, põe fim à fase cognitiva do procedimento comum, bem como extingue a execução".

Necessária, portanto, a observância da adaptação do conteúdo do art. 11 que trata da sentença na ação popular para aplicá-lo segundo a sistemática vigente, visto que a Lei nº 4.717/1965 fora editada quando da vigência do Código de Processo Civil de 1939.

Segundo Rodolfo de Camargo Mancuso,[1] os dispositivos que tratam de sentença na Lei nº 4.717/1965 permitem concluir que, à luz do Código de Processo Civil de 2015, são possíveis os seguintes tipos de sentença na ação popular: a) que implicam a resolução do mérito nos casos de procedência total ou parcial e nos casos de improcedência; b) que atestam o esgotamento dos atos praticáveis em primeiro grau sem valoração da pretensão inicial; c) que pronunciam uma sorte de *non liquet*, nos casos em que o juiz constate colusão entre as partes.

---

1 MANCUSO, Rodolfo de Camargo. *Ação popular*. 8ª ed. São Paulo: Revista dos Tribunais, 2015. p. 297.

Mancuso[2] ainda afirma que não há que falar de hipótese de sentença de mérito fundada em transação ou renúncia, por se tratar de disposições não compatíveis com o procedimento em razão da relevância pública do assunto em discussão, não tendo o autor popular o poder de disposição sobre o objeto do processo.

Com relação ao art. 11 em comento, cabe discorrer exclusivamente sobre a sentença que julga procedente a ação popular e suas consequências legalmente previstas.

2. Natureza da sentença de procedência do pedido na ação popular

A redação do art. 11 da Lei nº 4.717/1965 foi interpretada inicialmente, inclusive pelo Supremo Tribunal Federal (acórdão no *RT* 156/160), no sentido de considerar a natureza da decisão de mérito de procedência da ação popular como declaratória, na medida em que tinha o escopo de declarar a nulidade do ato impugnado.

Contudo, a leitura do dispositivo, sob a ótica do processo civil voltado para os resultados, permite concluir que a natureza da sentença de procedência total ou parcial da ação popular é (des)constitutiva e condenatória.

Nesse sentido, é o entendimento de Edson Aguiar Vasconcelos[3], que ressalta ser a decisão desconstitutiva-condenatória, objetivando tanto à anulação do ato quanto à condenação dos responsáveis e beneficiários em perdas e danos.

Segundo Tomás Pará Filho, citado por Rodolfo de Camargo Mancuso,[4] "a constitutividade é a aptidão pela qual determinada sentença opera mudança na condição ou estado jurídico das partes, ou, incidindo sobre certa relação jurídica de algum modo a transmuda".

Ainda, José Afonso da Silva[5] salienta que a simples desconstituição do ato impugnado não satisfaz a verdadeira finalidade da ação popular, sendo necessário que ao decreto de nulidade (ou desconstituição) siga a condenação dirigida aos responsáveis pela lesão.

> "O efeito condenatório está em perfeita consonância com a natureza e finalidades da ação popular. O ato inválido, por lesivo, constitui ilícito gerador de prejuízo, e

---

2 MANCUSO, Rodolfo de Camargo. *Ação popular*. 8ª ed. São Paulo: Revista dos Tribunais, 2015.

3 VASCONCELOS, Edson Aguiar. *Instrumento de defesa da cidadania na nova ordem constitucional*. Rio de Janeiro: Forense, 1993.

4 MANCUSO, Rodolfo de Camargo. *Ação popular*. 8ª ed. São Paulo: Revista dos Tribunais, 2015. p. 311.

5 SILVA, José Afonso da. *Ação popular constitucional*. 2ª ed. São Paulo: Malheiros, 2007. p. 230.

justifica a atribuição da natureza condenatória reparadora à sentença que acolhe o pedido do autor. Não fosse assim, a defesa do patrimônio público, da moralidade administrativa, do meio ambiente e do patrimônio histórico e cultural não se comporia, e não se obteria a finalidade precípua da ação popular, como instrumento de controle de atos do poder público."

Argumenta Ruy Armando Gessinger,[6] que o cabimento da ação popular está diretamente ligado à ocorrência de ato ilegal e lesivo, e, se um administrador pratica ato ilegal, mas não há lesividade, não seria cabível o manejo de ação popular. Sendo lesivo o ato impugnado, é sempre necessária a reparação do dano, havendo, portanto, a inafastável incidência do efeito condenatório.

Rodolfo de Camargo Mancuso[7] salienta que a cumulação de pedidos é, portanto, inerente à demanda popular e o magistrado deve pronunciar explicitamente sobre as pretensões desconstitutivas e condenatórias sempre que acolher a demanda, ainda que o autor, por lapso, tenha deixado de formular corretamente na inicial. Para o autor, a atuação de ofício encontra respaldo na maior efetividade da prestação jurisdicional, sendo certo que, tratando-se de ações que versam sobre interesses indisponíveis e de relevante caráter público, o rigor do princípio da congruência deve sofrer certos temperamentos para se adequar à natureza instrumental do processo.

Por outro lado, Ricardo de Barros Leonel[8] considera superada a interpretação até aqui apresentada, na medida em que não seria compatível com a correta dimensão do direito constitucional do amplo acesso à justiça previsto no art. 5º, XXXV, da CRFB/1988, segundo o qual "a lei não excluirá da apreciação do Poder Judiciário lesão ou ameaça a direito".

Para o autor, a ação popular se presta também à obtenção de pronunciamentos meramente declaratórios, desde que, no caso concreto, essa modalidade de tutela jurisdicional seja adequada para assegurar a proteção do interesse em litígio.

Como exemplo de ação com finalidade meramente declaratória, o autor cita o caso de ação popular visando esclarecer dúvida objetiva quanto à legalidade de atos administrativos voltados à alienação de bens públicos.

---

6 GESSINGER, Ruy Armando. *Da ação popular constitucional*. Porto Alegre: Metrópole, 1985. pp. 45-46.

7 MANCUSO, Rodolfo de Camargo. *Ação popular*. 8ª ed. São Paulo: Revista dos Tribunais, 2015. pp. 312-315.

8 LEONEL, Ricardo de Barros. *In*: COSTA, Susana Henriques da (coord.). *Comentários à Lei de Ação Civil Pública e Lei de Ação Popular*. São Paulo: Quartier Latin, 2006. p. 242.

Nessa mesma linha, Gregório Assagra de Almeida[9] enfatiza que a sentença de procedência da ação popular pode ser declaratória, constitutiva, condenatória, mandamental e executiva, conforme a necessidade do caso concreto e pedidos nela formulados.

Nesse mesmo sentido, entendendo pela possibilidade de a sentença ser, inclusive, declaratória, é o magistério de Daniel Amorim Assumpção Neves[10], que cita como exemplo uma ação popular em que se impugne ato contrário à moralidade, sem que tenha havido qualquer dano ao patrimônio público material que enseje pedido indenizatório. Nesse caso, o pedido se resumiria à declaração de imoralidade do ato, certificando-se a ofensa à moralidade administrativa.

3. Invalidação do ato impugnado

Julgada procedente a ação, o magistrado deverá invalidar o ato impugnado, além de determinar as restituições devidas, condenando os responsáveis pela prática do ato (e os beneficiários) ao pagamento de perdas e danos.

Importante ressaltar que "a invalidação do ato impugnado não acarreta automaticamente a condenação de todos os que o subscreveram, ou dele participaram com manifestações técnicas ou administrativas, em razão do cargo ou da função que exerciam. Necessário é que tenham agido com culpa ou dolo, pois os que cumpriram ordens superiores, ou atuaram no desempenho regnlar de suas atribuições funcionais, não ficam sujeitos a indenizações ou reparações pelo ato invalidado".[11]

4. Condenação ao pagamento de perdas e danos

A sentença que acolhe a ação popular condena solidariamente os ordenadores e beneficiários do ato impugnado à reparação do patrimônio público lesado pelos danos dali defluentes, seja em execução específica (repondo as coisas no *status quo ante*), ou, na impossibilidade, arcando com o ressarcimento pecuniário correspondente.

O pagamento é direcionado à entidade pública que, embora tenha figurado no polo passivo da demanda, sofreu a lesão discutida na ação. Deve ser

---

9 ALMEIDA, Gregório Assagra de. *Manual das ações constitucionais*. Belo Horizonte: Del Rey, 2007. p. 386.

10 NEVES, Daniel Amorim Assumpção. *Ações constitucionais*. 2ª ed. Rio de Janeiro: Forense; São Paulo: Método, 2013.

11 MEIRELLES, Hely Lopes; WALD, Arnoldo; MENDES, Gilmar Ferreira. *Mandado de segurança e ações constitucionais.* 32ª ed. São Paulo: Malheiros, 2009. p. 174.

ressaltado que o dever de ressarcir não é uma pena, sendo a recomposição do bem lesado.

Quanto aos responsáveis pela prática do ato impugnado e seus beneficiários, há necessidade de observância das regras de litisconsórcio passivo constantes do art. 6º da Lei de Ação Popular.

Haja vista tratar-se de norma de natureza civil, a condenação em ação popular não enseja responsabilidade criminal. Diante disso, caso seja constatada a infringência de norma de natureza penal, deverá o magistrado encaminhar as peças ao Ministério Público para que o Parquet analise a possibilidade jurídica do oferecimento de denúncia.

Esse é o entendimento de Hely Lopes Meirelles, Arnoldo Wald e Gilmar Ferreira Mendes: "além da invalidade do ato ou do contrato e das reposições e indenizações devidas, a sentença em ação popular não poderá impor qualquer outra sanção aos vencidos. Sua natureza civil não comporta condenações políticas, administrativas ou criminais".[12]

5. Ação regressiva

O art. 11 em comento ainda prevê a possibilidade de ajuizamento de ação regressiva contra os funcionários causadores do dano quando incorrerem em culpa. Nesses termos, insta apresentar o posicionamento doutrinário acerca da aplicabilidade do manejo de tal previsão.

Segundo as lições de Ricardo de Barros Leonel,[13] o direito de regresso dos responsáveis pela prática do ato impugnado, assegurado pelo art. 11, deve ser exercitado sempre em processo distinto, em face daquelas pessoas físicas que, responsáveis pelo ato impugnado, não tenham sido incluídas no polo passivo da demanda.

Segundo o autor, enquanto o litisconsórcio passivo é necessário e unitário quanto ao pedido de desconstituição do ato lesivo, seria facultativo quanto à reparação dos danos causados. Assim, caso não tenham sido incluídos na demanda todos os causadores do dano decorrente do ato impugnado, é plenamente permitida a propositura de ação de regresso.

12 MEIRELLES, Hely Lopes; WALD, Arnoldo; MENDES, Gilmar Ferreira. *Mandado de segurança e ações constitucionais.* 32ª ed. São Paulo: Malheiros, 2009. p. 176.

13 LEONEL, Ricardo de Barros. *In*: COSTA, Susana Henriques da (coord.). *Comentários à Lei de Ação Civil Pública e Lei de Ação Popular.* São Paulo: Quartier Latin, 2006. p. 246.

Por sua vez, José Afonso da Silva[14] salienta a hipótese em que, embora todos os funcionários, autoridades e administradores causadores do dano já estejam incluídos no polo passivo da demanda, a execução seja satisfeita com relação aos bens de um dos réus em litisconsórcio que, mesmo tendo sido condenado, pode não ser culpado, tomando-se em conta a culpa objetiva. Assim, para esse doutrinador, à luz da ação popular constitucional, aqueles que forem condenados à reparação sem culpa poderão recorrer ao Judiciário para serem ressarcidos dos pagamentos feitos mediante ação regressiva.

Prevê, ainda, a possibilidade de o ato impugnado gerar prejuízo a terceiro, fazendo incidir a hipótese de aplicação do art. 37, § 6º, da CRFB/1988, em que o prejudicado tem direito à reparação civil contra a pessoa jurídica de direito público responsável pelo ato. Para o autor, nesse caso, a reparação desse dano também seria objeto da demanda popular e a pessoa jurídica condenada teria direito de regresso contra os corréus da ação.

Contudo, parece que a melhor interpretação do art. 11, na medida em que prevê a possibilidade de regresso, encontra-se nos casos em que, embora todos os responsáveis pelo ato impugnado componham o polo passivo da demanda popular, em respeito às determinações do art. 6º, a execução da condenação ao pagamento por perdas e danos não seja satisfeita, ou mesmo perpetrada, com relação a todos os litisconsortes.

Ora, é plenamente possível que o autor popular escolha aqueles que tenham melhores condições econômicas para figurar no procedimento executivo reparatório do dano. Portanto, tratando-se de condenação solidária, o executado que arca com o pagamento integral da condenação tem o direito de demandar, em ação de regresso, contra os demais responsáveis pelo prejuízo.

6. Transação na ação popular

De acordo com Sílvio Rodrigues, "a transação é o negócio jurídico bilateral pelo qual as partes previnem relações jurídicas duvidosas ou litigiosas, por meio de concessões recíprocas, ou ainda em troca de determinadas vantagens pecuniárias".[15].

Dentre as vantagens, a transação resolve o conflito, sem a necessidade da intervenção coercitiva do Poder Judiciário, conforme ressalta Maria Helena Diniz.[16]

---

14 SILVA, José Afonso da. *Ação popular constitucional.* 2ª ed. São Paulo: Malheiros, 2007. pp. 236-237.

15 RODRIGUES, Sílvio. *Direito civil:* dos contratos e das obrigações unilaterais de vontade. 30ª ed. São Paulo: Saraiva, 2016. p. 367.

16 DINIZ, Maria Helena. *Teoria geral das obrigações.* 19ª ed. São Paulo: Saraiva, 2002. p. 174.

Para José Afonso da Silva[17], por se tratar de direito indisponível, não é juridicamente possível a transação. Em sentido diverso há a posição de Luiz Manoel Gomes Júnior:[18]

> "Contudo, sopesando as duas posições, inclinamo-nos por aderir ao entendimento de Rodolfo de Camargo Mancuso[19] de que a transação será viável, sem ser possível *"abrir um leque demasiado amplo de alternativas"*, ou seja, poderá haver a ampliação do prazo para o cumprimento da obrigação, ou mesmo a alteração do modo de cumprimento da obrigação.
>
> "Em outras palavras[20], é *"(...) preferível uma solução negociada, que se mostre idônea e eficaz para resolver o conflito gerado pela lesão ou ameaça ao interesse indigitado, do que uma obstinada busca pela solução judicial, que pode ser demorada, onerosa e, algumas vezes, de difícil previsibilidade quanto ao seu desfecho"*.
>
> "Alertamos que a *transação* não poderá caracterizar renúncia[21] de direito por parte do ente legitimado, sob pena de evidente nulidade[22].

Revisitando o tema nesta nova edição, temos como viável a transação. Se atualmente a mesma é possível em sede de Ação de Improbidade Administrativa (§ 1º, do art. 17, da Lei nº 8.429/92), não vemos incompatibilidade da sua adoção em sede de Ação Popular, devendo o norte a ser seguido a melhor opção em termos de proteção ao erário, sempre sob fiscalização do Ministério Público.

---

17 SILVA, José Afonso da. *Ação popular constitucional*. 2ª ed. São Paulo: Malheiros, 2007.

18 GOMES JUNIOR, Luiz Manoel. *Curso de direito processual civil coletivo*. Rio de Janeiro: Forense, 2005. p. 167.

19 *Ação Civil*...ob. cit., p. 247.

20 Rodolfo de Camargo Mancuso (*Ação Civil*...ob. cit., p. 249).

21 No mesmo sentido Hugo Nigro Mazzilli (*A Defesa dos Interesses Difusos em Juízo*. São Paulo: Saraiva, 2002, p. 364), admitindo a transação, desde que não reste caracterizada a *"(...) disponibilidade do conteúdo material do litígio"* e Fernando Grella Vieira (*A Transação na esfera da Tutela dos Interesses Difusos e Coletivos: Compromisso de Ajustamento de Conduta in: Ação Civil Pública – Lei nº 7.347/1985 – 15 Anos*. Coord. Édis Milaré. São Paulo: Revista dos Tribunais, 2001, pp. 221 e s.

22 Concordamos com Pedro Lenza (*Teoria Geral*...ob. cit., p. 80) no sentido de que: *"Não se pode, contudo, em se tratando de interesses difusos"* (aqui incluímos os coletivos e os individuais homogêneos), *"dispor do direito material, esse pertencente a todos e, portanto, indivisível. O limite para a transação está no modus para o adimplemento e proteção dos bens transindividuais, devendo ser fixado no compromisso o atingimento de tudo o que seria conseguido na demanda jurisdicional, orientando-se, sempre, pelos critérios da razoabilidade"*.

Como anotado pela doutrina[23], deve ser almejada a maior publicidade possível, especialmente quando o tema pode ser analisado/defendido por outros legitimados coletivos:

> "(...) havendo a viabilidade da transação, deverá ser adotado meio apto a torná-lo público, de modo a permitir a impugnação pelos demais entes legitimados, sob pena de evidente cerceamento de uma *prerrogativa* legalmente estatuída. Seria admitir que os efeitos da sentença homologatória atingissem quem não fez parte do processo, o que encontra sério obstáculo nos princípios que regem a ciência processual (...), ainda que com as adaptações especiais das Ações Coletivas".

Por fim, se o ressarcimento ao erário for obtido de forma mais ágil com uma transação, ou mesmo a declaração de nulidade de um ato ilegal, não vemos qualquer óbice em ser trilhado tal caminho.

Bibliografia

ALMEIDA, Gregório Assagra de. *Manual das ações constitucionais*. Belo Horizonte: Del Rey, 2007.

DINIZ, Maria Helena. *Teoria geral das obrigações*. 19ª ed. São Paulo: Saraiva, 2002.

GESSINGER, Ruy Armando. *Da ação popular constitucional*. Porto Alegre: Metrópole, 1985.

GOMES JÚNIOR, Luiz Manoel. *Curso de direito processual civil coletivo*. Rio de Janeiro: Forense, 2005.

LEONEL, Ricardo de Barros. In: COSTA, Susana Henriques da (coord.). *Comentários à Lei de Ação Civil Pública e Lei de Ação Popular.* São Paulo: Quartier Latin, 2006.

LENZA, Pedro. *Teoria Geral da Ação Civil Pública*. São Paulo: Revista dos Tribunais, 2003.

MANCUSO, Rodolfo de Camargo. *Ação popular*. 8ª ed. São Paulo: Revista dos Tribunais, 2015.

MAZZILLI, Hugo Nigro. *A Defesa dos Interesses Difusos em Juízo*. São Paulo: Saraiva, 2002.

MEIRELLES, Hely Lopes; WALD, Arnoldo; MENDES, Gilmar Ferreira. *Mandado de segurança e ações constitucionais.* 32ª ed. São Paulo: Malheiros, 2009.

NEVES, Daniel Amorim Assumpção. *Ações constitucionais*. 2ª ed. Rio de Janeiro: Forense; São Paulo: Método, 2013.

RODRIGUES, Sílvio. *Direito civil:* dos contratos e das obrigações unilaterais de vontade. 30ª ed. São Paulo: Saraiva, 2016.

SILVA, José Afonso da. *Ação popular constitucional*. 2ª ed. São Paulo: Malheiros, 2007.

23 GOMES JUNIOR, Luiz Manoel. *Curso de direito processual civil coletivo*. Rio de Janeiro: Forense, 2005. pp. 169/170.

VASCONCELOS, Edson Aguiar. *Instrumento de defesa da cidadania na nova ordem constitucional.* Rio de Janeiro: Forense, 1993.

VIEIRA, Fernando Grella. *A Transação na esfera da Tutela dos Interesses Difusos e Coletivos: Compromisso de Ajustamento de Conduta in: Ação Civil Pública – Lei nº 7.347/1985 – 15 Anos*. Coord. Édis Milaré. São Paulo: Revista dos Tribunais, 2001.

______. *A Transação na Esfera da Tutela dos Interesses Difusos e Coletivos e a Posição do Ministério Público*. Justitia 161.

Art. 12. A sentença incluirá sempre, na condenação dos réus, o pagamento, ao autor, das custas e demais despesas, judiciais e extrajudiciais, diretamente relacionadas com a ação e comprovadas, bem como o dos honorários de advogado.

Jéssica Cambuy
Luiz Manoel Gomes Junior

Sumário: 1. Sucumbência na ação popular.

1. Sucumbência na ação popular

A interpretação do dispositivo em comento, assim como anteriormente ressaltado, deve ser feita em conformidade com as regras gerais do Código de Processo Civil a respeito do tema, bem como com o dispositivo constitucional que regulamenta a Ação Popular (art. 5º, LXXIII, CRFB/1988).

Assim, no caso de procedência do pedido veiculado, haverá a condenação dos réus ao pagamento, de custas, despesas e honorários, diretamente relacionados à ação, nos termos expressos do Código de Processo Civil.

Aqui há claro equívoco do legislador pois o pagamento não é em favor do Autor Popular, mas sim para o respectivo ente de Direito Público (Estado ou União). Somente terá o Autor Popular eventual ressarcimento de despesas extraprocessuais, pois as demais ele é isento de adiantamento ou mesmo de pagamento, como regra geral.

A outra omissão é que sendo a Ação Popular ajuizada em favor do Poder Público é ele isento de tais pagamentos, ainda que possa ser compelido a adiantar as despesas com a realização das provas, com futuro ressarcimento.

Já os honorários são do seu patrono a teor da regra do art. 23, do Estatuto dos Advogados, saldo ajuste realizado entre ambos, o que é viável por tratar aqui de direitos disponíveis.

Portanto, o dispositivo em comento reforça a obediência ao princípio da causalidade, segundo o qual os ônus da demanda devem ser arcados por quem deu causa ao ajuizamento da ação.

Necessário observar a premissa da isenção quanto ao pagamento das custas judiciárias, despesas processuais e ônus da sucumbência para o Autor Popular, expressa no texto constitucional, permitindo concluir que, tratando a Ação Popular de instrumento de defesa direitos difusos ou coletivos, o seu titular não deve ser compelido a adiantar ou ser condenado em termos de pagamento de nenhum tipo de despesa processual, por exemplo, honorários periciais, salvo comprovada má-fé[1].

Portanto, não há que falar em ressarcimento do Autor Popular com relação às despesas supostamente por ele adiantadas, considerando estar ele acobertado constitucionalmente pela isenção como retro apontado.

O adiantamento de despesas deve ser suportado pela Fazenda Pública, sendo parte na demanda, ou pelos demais demandados que também pugnarem pela produção das provas que exijam seu pagamento, considerando que a isenção de custas é benefício concedido exclusivamente ao Autor Popular, apesar da redação clara do art. 10 da Lei da `nº 4.717/65.

Contudo, não há vedação legal que impeça o autor popular de incluir as custas que devem ser pagas pelos réus na conta de liquidação, ainda que o recolhimento, por óbvio, seja em favor da respectiva Fazenda Pública (Estado ou União). Aliás, tal procedimento deve ser incentivado evitando maiores delongas na finalização da Ação Popular.

Se atua o Autor Popular como legitimado coletivo para o mais (objeto da demanda) pode, por óbvio, para o menos, ou seja, as custas e despesas processuais a ela vinculadas.

De outro lado, não se pode deixar de ressaltar que acolhido o pedido, os réus devem arcar com todas as custas, inclusive as iniciais e caso tenha sido deferido o diferimento do pagamento do preparo recursal para o final (art. 10), tal valor deve ser de igual modo quitado.

1 GOMES JUNIOR, Luiz Manoel. *Ação popular*: aspectos polêmicos. 2ª ed. Rio de Janeiro: Forense, 2004. p. 122.

Art. 13. A sentença que, apreciando o fundamento de direito do pedido, julgar a lide manifestamente temerária, condenará o autor ao décuplo das custas.

Tatianny Kariny Veloso Gomes
Celso Hiroshi Iocohama

Sumário: 1. Exceção à isenção do autor popular vencido. 2. Ônus impostos ao autor popular. 3. Conduta caracterizadora da má-fé. 4. Aplicação da sanção decorrente do art. 13 da Lei nº 4.717/1965. 5. Responsabilidade do autor popular por dano processual.

1. Exceção à isenção do autor popular vencido

Como analisado nos comentários ao art. 10, decorrem do texto constitucional de 1988 tanto a regra da isenção para o autor popular quanto a hipótese de sua aplicação, já que, comprovada a má-fé, obriga ao pagamento das custas e ônus de sucumbência. O art. 13 da LAP traz uma sanção consistente na imposição do "décuplo das custas" ao autor popular que conduzir a lide de modo temerário.

A condição exigida pelo texto constitucional (art. 5º, LXXIII, *in fine*) para a imposição de ônus é a comprovação de conduta caracterizadora da má-fé. O art. 13 da LAP, por sua vez, traz a previsão de uma condenação ao décuplo das custas para aquele autor que externa conduta leviana configuradora de uma lide manifestamente temerária. A compreensão sistêmica desses dispositivos deve partir, por certo, da regra de certeza para a imposição de sanções, não comportando suposições ou presunções.

Desde logo, é de afirmar que a exigência da lide temerária estabelecida para o artigo em exame, para a imposição de sanção ao demandante popular, revela-se harmônica com o texto constitucional que excepciona a isenção na hipótese de má-fé do autor popular. As condutas (a lide temerária e a má-fé) afastam a isenção, mas, como toda exceção, deve ser interpretada de modo restrito.

Antes de tratar especificamente da caracterização do significado de lide temerária, é também importante registrar que a interpretação do art. 13 da LAP comporta um entendimento harmonizado com o Código de Processo Civil (Lei nº 13.105/2015), por força do que estabelece o art. 22[1] da Lei nº 4.717/1965, ao permitir a aplicação, de modo subsidiário, da lei adjetiva civil. Por seu turno,

1 "Art. 22. Aplicam-se à ação popular as regras do Código de Processo Civil, naquilo em que não contrariem os dispositivos desta lei, nem a natureza específica da ação."

o art. 80[2] do CPC/2015 elenca as hipóteses de litigância de má-fé, entre as quais cita o inciso V, indicando-se como um comportamento caracterizador da má-fé o "proceder de modo temerário em qualquer incidente ou ato do processo". Logo, é correto afirmar que o art. 13 da LAP, condena o demandante da ação popular à pena pecuniária (décuplo das custas) e essa previsão não confronta com a legislação infraconstitucional (já que compatível com o inciso V do art. 80 do CPC/2015), bem como é recepcionada pela Constituição Federal, diante do estabelecido pelo art. 5º, LXXIII, *in fine*, da CF/1988.

Certamente, decorre do texto legal que a má-fé deve estar comprovada de forma manifesta, de maneira que se estabelece uma segurança para todo aquele que exercer o direito de utilizar da ação popular, não correndo o risco de ser penalizado por situações duvidosas, que, assim, não deixa de demandar por receio dos encargos econômicos que lhe poderiam advir em razão do insucesso na demanda, desistindo de defender o direito difuso violado por ato do poder público que deve ser rechaçado, justificando-se, desse modo, a exigência do dispositivo constitucional no sentido de que, para que ocorra a imposição do ônus da sucumbência ao autor, haja "má-fé" comprovada. Não basta, assim, uma mera alegação ou suspeita de que o demandante tenha agido com má intenção.

Gregório Assagra de Almeida[3] aduz que se utiliza para os casos de responsabilização do cidadão-autor que venha a agir com má-fé "o princípio da causalidade em sua dimensão qualificada, diferentemente do CPC/73 que adota, como regra do sistema por ele implantado, o princípio da sucumbência em seu art. 20 (art. 85 CPC/2015) (teoria do fato objetivo da sucumbência)". Sobre o art. 13 da LAP afirma "existir uma duvidosa compatibilidade com a Constituição, pondera sobre o fato de o dispositivo trazer uma hipótese de sanção e como tal não comporta interpretação extensiva, mas, ao contrário, restritiva". Assim, somente é aplicável essa sanção quando o juiz, ao apreciar o fundamento de direito do pedido, vier a julgar a lide manifestamente temerária. Portanto, esse dispositivo não tem incidência em todas as hipóteses de litigância de má-fé arroladas no art. 17 do CPC/1973 (art. 80 do CPC/2015). Sustenta que, para as "outras hipóteses em que o cidadão-autor tenha atuado com má-fé, deve ter

---

2 "Art. 80 Considera-se litigante de má-fé aquele que: I – deduzir pretensão ou defesa contra texto expresso de lei ou fato incontroverso; II – alterar a verdade dos fatos; III – usar do processo para conseguir objetivo ilegal; IV – opuser resistência injustificada ao andamento do processo; V – proceder de modo temerário em qualquer incidente ou ato do processo; VI – provocar incidente manifestamente infundado; VII – interpuser recurso com o intuito manifestamente protelatório."

3 ALMEIDA, Gregório Assagra. *Manual das ações constitucionais*. Belo Horizonte: Del Rey, 2007. p. 409.

incidência a disposição prevista no art. 5º, LXXIII, da CF, bem como as previstas nos arts. 16/17 e 19 do CPC/73 (arts. 79/80 e 82 do CPC/15)".

Yussef Said Cahali[4] observa que o sistema normativo buscou

> "[...] penalizar de maneira mais drástica o autor popular malicioso, consciente de nenhuma perspectiva de êxito na ação a que deu causa levianamente, impulsionando o aparelhamento judicial movido por interesses próprios, inconfessáveis, buscando promoção pessoal fácil à custa da honra alheia, denegrindo a lisura dos atos da administração pública".

Segundo a dicção do artigo em estudo, a sanção consistente no décuplo das custas somente alcança os casos de improcedência qualificados pela pecha da temeridade na propositura da ação, de modo que tal circunstância deve vir especificada pelo julgador.

Luiz Guilherme Marinoni e Sérgio Cruz Arenhart[5] aduzem que:

> "[...] em caso de improcedência, ao autor popular não será imposto o ônus da sucumbência, salvo quando comprovada a sua má-fé no ajuizamento da ação popular. Nesse caso, porém, será ele condenado ao décuplo das custas, em razão da demanda temerária que ajuizou".

Dúvida não há acerca da necessidade de comprovar a má-fé para que o cidadão-autor seja onerado, e ocorre que tanto a Constituição de 1988 quanto a Lei nº 4.717/1965 não disciplinam as condutas que seriam tidas como caracterizadoras da má-fé, caso em que, mais uma vez, invoca-se o CPC, em tópico a ser desenvolvido neste estudo e que trata pormenorizadamente do assunto. Antes, porém, oportuno apontar, especificamente, os ônus suportados pelo autor popular, caso conduza o processo com má-fé.

2. Ônus impostos ao autor popular

A análise do texto legal em estudo – e, aqui, refere-se não só ao art. 13 da LAP, como também ao art. 5º, LXXIII, *in fine,* da Constituição de 1988 – revela-nos quais os ônus impostos ao cidadão popular que atua pautado pela má-fé. O constituinte dispõe que, presente a má-fé, será condenado em "custas judiciais"

---

4 CAHALI, Yussef Said. *Honorários advocatícios*. São Paulo: Ed. RT, 1997. p.1276.

5 ARENHART, Sérgio Cruz, MARINONI, Luiz Guilherme. *Curso de processo civil*: procedimentos especiais. São Paulo: Ed. RT, 2009. v. 5, p. 286.

e "ônus da sucumbência"; já o legislador infraconstitucional prevê a condenação em sanção consistente em "décuplo das custas".

O "ônus da sucumbência" consiste na condenação ao pagamento das verbas de sucumbência. Nelson Nery Jr. e Rosa Maria de Andrade Nery[6] trazem delineamentos sobre a abrangência de tais verbas ao estabelecer que incluem: "todas as custas e despesas do processo, incluídas as que a parte vencedora antecipou, as mencionadas no art. 84, bem como os honorários de advogado, já o art. 13 traz uma sanção: décuplo das custas na hipótese de lide temerária".

Luiz Manoel Gomes Junior,[7] fazendo referência à Yussef Said Cahali,[8] aponta: "[...] tem-se como certo que o autor popular vencido responderá por honorários advocatícios, no caso, porém não em função do princípio da sucumbência, mas à causa de sua comprovada má-fé". Sobre o princípio da sucumbência pontua Humberto Theodoro Júnior[9] que consiste em atribuir à parte vendida na causa a responsabilidade por todos os gastos do processo.

> "Assenta-se na ideia fundamental de que o processo não deve redundar em prejuízo da parte que tenha razão. Por isso mesmo a responsabilidade financeira decorrente da sucumbência é objetiva e prescinde de qualquer culpa do litigante derrotado no pleito judiciário. Para sua incidência basta, portanto, o resultado negativo da solução da causa, em relação à parte."

O sistema processual civil impõe uma responsabilidade objetiva decorrente da sucumbência a justificar a imposição do pagamento do ônus ao vencido, já a normativa que disciplina a ação popular exige, na hipótese de ser vencido o autor, a comprovação da má-fé para que tais ônus sejam impostos.

A obrigação de pagar ônus de sucumbência surge para o autor popular desde que: vencido na ação e configurada sua má-fé na condução do processo, é o que estabelece o texto constitucional, de modo que imprescindível se torna uma análise do que venha a ser "conduta caracterizadora da má-fé". Os dispositivos em análise, quais sejam, art. 13 da LAP e a Constituição de 1988 (art. 5º, LXXIII), não disciplinam comportamentos caracterizadores de má-fé, de modo

---

6 NERY JR., Nelson; NERY, Rosa Maria de Andrade. *Código de Processo Civil comentado.* 16ª ed. São Paulo: Ed. RT, 2016. p. 526.

7 GOMES JUNIOR, Luiz Manoel. *Ação popular*: aspectos polêmicos: Lei de Responsabilidade Fiscal, improbidade administrativa – Danos causados por liminares e outros pontos relevantes. Rio de Janeiro: Forense, 2004. p. 123.

8 CAHALI, Yussef Said. *Honorários advocatícios*. São Paulo: Ed. RT, 1997. p.1276.

9 THEODORO JÚNIOR, Humberto. *Curso de direito processual civil.* 58ª ed. Rio de Janeiro: Forense, 2017. v. 1, p. 300.

que, mais uma vez, e autorizados que estamos pelo art. 22 da Lei nº 4.717/1965, recorremos à lei adjetiva civil para traçar os contornos dessa conduta.

3. Conduta caracterizadora da má-fé

Da análise do Código de Processo Civil de 2015 constata-se o delineamento das condutas que configuram a má-fé da parte. Os arts. 5º,[10] 77[11] e 80[12] do CPC/2015 norteiam o intérprete, quando da análise do comportamento da parte, estabelecendo padrão de conduta e elencando comportamentos que devem ser rechaçados pelo ordenamento jurídico.

O art. 5º estabelece um comportamento guiado pela boa-fé objetiva, impondo, desse modo, uma regra de conduta para todos aqueles que participarem do processo; o art. 77 determina os deveres das partes que participam do processo que, se desrespeitados, configurará conduta caracterizadora de má-fé; já o art. 80 traz um rol não taxativo de comportamentos que configuram má-fé processual.

Nelson Nery Jr. e Rosa Maria de Andrade Nery conceituam o litigante de má-fé como

> "[...] a parte ou interveniente que, no processo, age de forma maldosa, com dolo ou culpa, causando dano processual à parte contrária. É o *improbus litigator*, que se utiliza de procedimentos escusos com o objetivo de vencer ou que, sabendo ser difícil ou impossível vencer, prolonga deliberadamente o andamento do processo procrastinando o feito".[13]

---

10 "Art. 5º Aquele que de qualquer forma participar do processo deve comportar-se de acordo com a boa-fé."

11 "Art. 77. Além de outros previstos neste código, são deveres das partes, de seus procuradores e de todos aqueles que de qualquer modo participem do processo: I – expor os fatos em juízo conforme a verdade; II – não formular pretensão ou de apresentar defesa quando cientes de que são destituídas de fundamento; III – não produzir provas e não praticar atos inúteis ou desnecessários à declaração ou à defesa do direito; IV – cumprir com exatidão as decisões jurisdicionais, de natureza provisória ou final, e não criar embaraços à sua efetivação; V – declinar, no primeiro momento que lhes couber falar nos autos, o endereço residencial ou profissional onde receberão intimações, atualizando essa informação sempre que ocorrer qualquer modificação temporária ou definitiva; VI – não praticar inovação ilegal no estado de fato de bem ou direito litigioso. [...]."

12 "Art. 80. Considera-se litigante de má-fé aquele que: I – deduzir pretensão ou defesa contra texto expresso de lei ou fato incontroverso; II – alterar a verdade dos fatos; III – usar do processo para conseguir objetivo ilegal; IV – opuser resistência injustificada ao andamento do processo; V – proceder de modo temerário em qualquer incidente ou ato do processo; VI – provocar incidente manifestamente infundado; VII – interpuser recurso com o intuito manifestamente protelatório."

13 NERY JR., Nelson; NERY, Rosa Maria de Andrade. *Código de Processo Civil comentado.* 16ª ed. São Paulo: Ed. RT, 2016. p. 454.

As condutas previstas no art. 80, quais sejam,

> "[...] deduzir pretensão ou defesa contra texto expresso de lei ou fato incontroverso; alterar a verdade dos fatos; usar do processo para conseguir objetivo ilegal; opuser resistência injustificada ao andamento do processo; proceder de modo temerário em qualquer incidente ou ato do processo; provocar incidente manifestamente infundado; interpuser recurso com intuito manifestamente protelatório, são exemplos do descumprimento do dever de probidade estampado no art. 5º do CPC/15".[14]

Luiz Guilherme Marinoni[15] esclarece que, de acordo com a regra estabelecida no citado art. 5º do CPC/2015, existe um dever objetivo de agir com boa-fé a cujo respeito todos os sujeitos do processo estão obrigados.

> "A cláusula geral de boa-fé torna possível a repressão da sua violação, independente de qualquer tipificação legal. Com isto se quer dizer que os incisos do art. 80 dão apenas exemplos de condutas que violam o dever processual de boa-fé, sem a pretensão de conformar um rol exaustivo de condutas puníveis e sem exigir um enquadramento análogo ao que se faz no direito penal da conduta do agente a um determinado tipo legal. Sempre que se violar a boa-fé processual haverá litigância de má-fé."

A boa-fé objetiva, como sustentado por Humberto Theodoro Júnior,[16] exige do agente que pratique o ato jurídico sempre pautado por valores acatados pelos costumes, identificados com a ideia de lealdade e lisura. Com isso, confere segurança jurídica às relações jurídicas, permitindo-se aos respectivos sujeitos nos seus efeitos programados e esperados.

Acerca da boa-fé, Luiz Manoel Gomes Junior[17] pontua que

> "[...] o autor só deve ajuizar a demanda quando acreditar na plausibilidade do direito invocado e ao réu somente será lícito opor-se se entendê-la infundada, mas não segundo critérios subjetivos, devendo haver razoabilidade fática e jurí-

---

14 NERY JR., Nelson; NERY, Rosa Maria de Andrade. *Código de Processo Civil comentado.* 16ª ed. São Paulo: Ed. RT, 2016. p. 454.

15 MARINONI, Luiz Guilherme. *Comentários ao Código de Processo Civil II*: artigos 70 ao 187. São Paulo: Thomson Reuters Brasil, 2018. p. 103.

16 THEODORO JÚNIOR, Humberto. *Curso de direito processual civil.* 58ª ed. Rio de Janeiro: Forense, 2017. v. 1, p. 78.

17 GOMES JUNIOR, Luiz Manoel. *Ação popular*: aspectos polêmicos: Lei de Responsabilidade Fiscal, improbidade administrativa – Danos causados por liminares e outros pontos relevantes. Rio de Janeiro: Forense, 2004. p. 127.

> dica em sua insurgência. O pedido deve, ainda, possuir embasamento legal (não vedado expressamente), com respaldo nos fatos invocados (tidos como verdadeiros pelo postulante), ou seja, podem ser posteriormente comprovados".

E sobre a má-fé, fazendo referência à Ana Lúcia Lucker Mairelles de Oliveira,[18] sustenta que em todas as situações descritas no art. 80 do CPC/2015 pode-se verificar uma postura abusiva, com a utilização indevida das faculdades processualmente previstas, existindo uma dissociação entre suas finalidades e os objetivos realmente perseguidos pelo litigante de má-fé, havendo a necessidade do elemento subjetivo, este traduzido na culpa ou no dolo, ou seja, tem que haver a intenção de agir de forma irregular por parte do demandante, ainda que de forma presumida.

Rodolfo de Camargo Mancuso[19], citando Yussef Said Cahali, ressalta que com

> "[...] a temeridade, a malícia com que se houve na instauração da lide e na sua conduta processual; o que, já, por si, exclui aquela responsabilidade diante de eventual atuação simplesmente culposa, revelada pela imprudência ou imperícia na melhor apuração da legalidade, regularidade ou moralidade dos atos impugnados".

Assim, para que se caracterize a má-fé ensejadora da imposição do ônus de sucumbência ao autor popular, necessário: 1) seja ele vencido; 2) conduta consistente em violação da boa-fé objetiva, caracterizando, desse modo, a má-fé; 3) constatação do elemento subjetivo, uma vez que não há necessidade de que a conduta se subsuma a uma das hipóteses do art. 80 do CPC/2015. Ademais, configurando a conduta descrita no inciso V do art. 80 do CPC/2015, qual seja, "proceder de modo temerário em qualquer incidente ou ato do processo", aplicar-se-á o décuplo das custas, conforme dicção do art. 13 da LAP.

4. Aplicação da sanção decorrente do art. 13 da Lei nº 4.717/1965

Segundo Luiz Manoel Gomes Junior,[20] a sanção prevista no art. 13 da LAP foi ampliada, pois anteriormente teria que arcar apenas com o valor do décuplo das custas, e atualmente suportará as custas de forma simples mais os ho-

18 OLIVEIRA, Ana Lúcia Lucker Mairelles de. *Litigância de má-fé*. São Paulo: Ed. RT, 2000. p. 34.

19 MANCUSO, Rodolfo de Camargo. *Ação popular.* 8ª ed. rev., atual. e ampl. São Paulo: Ed. RT, 2015. p. 322.

20 GOMES JUNIOR, Luiz Manoel. *Ação popular*: aspectos polêmicos: Lei de Responsabilidade Fiscal, improbidade administrativa – Danos causados por liminares e outros pontos relevantes. Rio de Janeiro: Forense, 2004. p. 118.

norários e demais despesas processuais. Por seu turno, José Afonso da Silva[21] defende que, configurada a má-fé do autor popular, certa é a condenação em custas e ônus de sucumbência. Todavia, se a má-fé consistir em comportamento temerário, a sanção será a consignada no art. 13 da Lei nº 4.717/1965, qual seja, o décuplo das custas.

Rodolfo de Camargo Mancuso,[22] diversamente, sustenta que o art. 5º, LXXIII, da Constituição derrogou o art. 13 da LAP, "porque, se agora o autor popular só responde pelas custas e ônus de sucumbência em caso de comprovada má-fé, seria um *bis in idem* apená-lo, por aquele mesmo fundamento, no 'décuplo das custas'".

Na hipótese do art. 13 da LAP, com o fito de identificar conduta temerária, o julgador deverá analisar se a propositura da demanda pode ser caracterizada como infundada – fato que faz caracterizar o abuso de direito de ação – e essa averiguação se dará da forma como prevista no próprio texto legal, "apreciando o fundamento de direito do pedido", caso em que é possível identificar ou não se o cidadão popular estava embasado faticamente para propor a demanda.

A seguir, colaciona-se ementa de julgado[23] do STJ a demonstrar a necessidade da análise do "fundamento do pedido" quando da verificação de lide temerária ou não para fins de aplicação das custas em décuplo. A matéria do recurso especial questiona julgado que condena autor popular no décuplo das custas, embora o processo tenha sido extinto sem o julgamento do mérito. A decisão é reformada para excluir referida condenação justamente ante o fato de não ter ocorrido a apreciação do "fundamento do pedido", já que não houve análise do mérito.

> "Processual civil. Ação popular. Processo extinto sem julgamento do mérito. Imposição da pena prevista no art. 13 da Lei nº 4.717/65: impossibilidade. Recurso provido. I – À luz do art. 13 da Lei nº 4.717/65, o autor da ação popular não pode ser condenado no pagamento do décuplo das custas, se o processo for extinto sem julgamento do mérito. II – Antes do advento da Constituição Federal de 1988, o autor da ação popular não podia ser condenado no pagamento de honorários advocatícios, mesmo se agisse de má-fé, propondo lide temerária. III – Recurso especial conhecido e provido para excluir a condenação do autor no pagamento do décuplo das custas e dos honorários advocatícios."

---

21 SILVA, José Afonso da. *Ação popular constitucional.* 2ª ed. São Paulo: Malheiros, 2013. p. 95.

22 MANCUSO, Rodolfo de Camargo. *Ação popular.* 8ª ed. rev., atual. e ampl. São Paulo: Ed. RT, 2015. p. 322.

23 STJ, REsp 5.881/SP, rel. Min. Adhemar Maciel, j. 03.02.1998, *DJe* 16.03.1998.

Sendo constatada conduta leviana, o autor popular será condenado a pagar custas, honorários e demais despesas judiciais, conforme previsão constitucional (inciso LXXIII, art. 5º, *in fine*), e, no tocante às custas, aplicar-se-á em décuplo (art. 13 da LAP), desde que pela análise do "fundamento do pedido" constate-se a "lide temerária".

Ricardo de Barros Leonel[24] aduz que se trata de duas imposições distintas, quais sejam ônus de sucumbência e décuplo das custas, decorrentes do mesmo fato, mas que, mesmo assim, não configura *bis in idem*. Corroborando Luiz Guilherme Marinoni e Sérgio Cruz Arenhart,[25] eles sustentam que, comprovada a má-fé no ajuizamento da ação popular, será o autor condenado ao ônus da sucumbência e ao décuplo das custas, em razão da demanda temerária que ajuizou.

Fato é que em qualquer das hipóteses há que comprovar a má-fé do autor popular e entendendo-se pela aplicação do art. 13, dever-se-á demonstrar a propositura de lide temerária pelo autor popular.

5. Responsabilidade do autor popular por dano processual

Dada a relevância do tema, sob a óptica da responsabilização do autor popular, oportuno analisar a hipótese de ocorrência de dano processual em âmbito de ação popular. O sistema normativo que trata da ação popular não dispõe acerca da responsabilidade do autor popular por eventuais danos processuais causados em razão de condutas por ele implementadas. Motivo pelo qual, autorizados pelo art. 22[26] da LAP que determina a aplicação subsidiária do Código de Processo Civil, recorremos aos dispositivos de referido diploma legal. Pois bem, o assunto é tratado no art. 79[27] do CPC/2015, que prevê a responsabilidade por perdas e danos por aquele que litigar de má-fé.

Localizando o instituto de forma mais precisa no novo CPC, importante esclarecer que o citado art. 79 encontra-se na seção que trata "da responsabili-

24 LEONEL, Ricardo de Barros. *Comentários à Lei de Ação Civil Pública e Lei de Ação Popular*. São Paulo: Quartier Latin, 2006. p. 254.

25 ARENHART, Sérgio Cruz, MARINONI, Luiz Guilherme. *Curso de processo civil*: procedimentos especiais. São Paulo: Ed. RT, 2009. v. 5, p. 286.

26 "Art. 22. Aplicam-se à ação popular as regras do Código de Processo Civil, naquilo em que não contrariem os dispositivos desta lei, nem a natureza específica da ação."

27 "Art. 79. Responde por perdas e danos aquele que litigar de má-fé como autor, réu ou interveniente."

dade das partes por dano processual" e, nesse tocante, oportuno mencionar, como pontuado por Luiz Manoel Gomes Junior:[28]

> "É certo que a litigância de má-fé e dano processual guardam, em alguma medida, certa correspondência, embora não seja exaurido o primeiro pelo segundo, e vice-versa. O fundamento do dano processual pode não advir de uma conduta litigiosa decorrente de má-fé – que pressupõe o elemento subjetivo –, mas do prejuízo, que é seu elemento central, sendo irrelevante a contribuição consciente do sujeito que lhe deu causa. Essa distinção é feita no Código de Processo Civil de 2015, com a ressalva da nomenclatura adotada (equivocadamente, pensamos) pelo legislador".

Sobre a responsabilidade de que trata o art. 79 do CPC/2015, afirma-se que a responsabilidade civil processual é regida pelos mesmos princípios que norteiam a responsabilidade civil prevista no art. 927[29] do CC/2002. Caio Mário da Silva Pereira[30] aponta os elementos da responsabilidade, quais sejam:

> "1) conduta dolosa ou culposa contrária à norma; 2) dano; 3) nexo de causalidade entre a conduta e o dano. Na responsabilidade objetiva o dever de reparar nasce com a abstração da ideia de culpa, estabelecendo-se *ex lege* a obrigação de reparar o dano, desde que fique positivada a autoria de um comportamento, sem necessidade de se indagar se foi ou não contrário à predeterminação de uma norma".

Sustenta Marinoni que o Código de Processo Civil brasileiro de 2015 consagra em seu art. 5º[31] um dever processual objetivo de boa-fé a cujo respeito todos os sujeitos do processo estão obrigados. Trata-se de uma cláusula geral de boa-fé que não encontrava previsão no CPC de 1973 e vem estabelecer a regra da responsabilidade civil objetiva para as hipóteses de responsabilização por dano processual. Nas palavras de Fredie Didier Jr.,[32] "a boa-fé objetiva é

---

28 GOMES JUNIOR, Luiz Manoel; RODRIGUES, João Paulo Souza. Responsabilidade civil por dano processual no novo Código de Processo Civil: aspectos de relevância para o processo coletivo. *Revista de Processo*, São Paulo, ano 41, v. 262, pp. 102, 2012.

29 "Art. 927. Aquele que por ato ilícito (arts. 186 e 187), causar dano a outrem, fica obrigado a repará-lo."

30 PEREIRA, Caio Mario da Silva. *Instituições de direito civil*. 21ª ed. São Paulo: Forense, 2017. p. 491.

31 "Art. 5º Aquele que de qualquer forma participa do processo deve comporta-se de acordo com a boa-fé."

32 DIDIER JR., Fredie. *Novo Código de Processo Civil*. 5ª ed. Salvador: JusPodivm, 2018. p. 104.

uma norma de conduta que impõe e proíbe condutas, independentemente de qualquer tipificação legal".

Luiz Manoel Gomes Junior e João Paulo Souza Rodrigues[33] aduzem que

> "[...] há clara distinção entre a responsabilidade civil decorrente de ato de má-fé, que estariam vinculados ao abuso de direito (natureza claramente subjetiva), com os danos causados pelo processo (natureza objetiva), de modo que há a possibilidade de danos processuais decorrentes de atos de má-fé e danos decorrentes do processo em si mesmo, dos efeitos do ajuizamento ou das decisões judiciais, ainda que não tenha qualquer má-fé".

No âmbito de tutelas provisórias, especificamente as tutelas de urgência, estabelece o art. 302[34] do CPC/2015, independentemente da reparação por dano processual, que a parte responde pelo prejuízo que a efetivação da tutela causar à parte adversa, desde que cumpridos os requisitos em lei. Trata-se de obrigação que decorre da lei e independe da demonstração de má-fé.

Considerando os apontamentos até aqui delineados, pergunta-se: o autor popular responde por eventual dano processual, inclusive aqueles prejuízos decorrentes de liminar posteriormente revogada? Fato é que o texto constitucional impõe a isenção como regra e determina, apenas, o pagamento de custas e honorários, caso haja má-fé. Nesse caso, os demais prejuízos decorrentes do processo e das liminares deferidas e, depois, revogadas, serão ressarcidos pelo autor popular? E, em caso de ressarcimento, haverá a necessidade de demonstração de má-fé?

Recorremos ao raciocínio desenvolvido por Luiz Manoel Gomes Junior,[35] que o desenvolve à luz do que estabelece a regra da isenção imposta pela Constituição e aduz:

---

33 GOMES JUNIOR, Luiz Manoel; RODRIGUES, João Paulo Souza. *Ação popular constitucional.* 2ª ed. São Paulo: Malheiros, 2013. pp. 92 e 94.

34 "Art. 302. Independentemente da reparação por dano processual, a parte responde pelo prejuízo que a efetivação causar à parte adversa, se: I – a sentença lhe for desfavorável; II – obtida liminarmente a tutela em caráter antecedente, não fornecer os meios necessários para a citação do requerido no prazo de 5 (cinco) dias; III – ocorrer a cessação da eficácia da medida em qualquer hipótese legal; IV – o juiz acolher a alegação de decadência ou prescrição da pretensão do autor. Parágrafo único. A indenização será liquidada nos autos em que a medida for concedida, sempre que possível."

35 GOMES JUNIOR, Luiz Manoel. *Ação popular*: aspectos polêmicos: Lei de Responsabilidade Fiscal, improbidade administrativa – Danos causados por liminares e outros pontos relevantes. Rio de Janeiro: Forense, 2004. p. 163.

> "[...] se até do mínimo – custas – o autor popular deve ser isento, isto com a finalidade de incentivar a sua atuação, que dirá com relação ao máximo – indenização pelos prejuízos causados. Haveria, sem dúvidas, um receio de postular medidas liminares, com evidente prejuízo para a correta operacionalização do instituto da ação popular".

Prossegue pontuando que a má-fé comprovada respalda não só o pagamento das custas e honorários, como também dos prejuízos causados por dano processual, inclusive os decorrentes de liminares.

Em outras palavras, tanto a regra quanto a exceção aplicam-se às hipóteses de ressarcimento de prejuízos causados por dano processual, de modo que a utilização do Poder Judiciário de maneira comprovadamente abusiva em razão de conduta leviana caracterizadora da litigância de má-fé obriga o autor popular a arcar com todas as consequências de seus atos. Não se pode permitir que comportamentos dessa natureza fiquem impunes.

Dessa forma, agindo o autor popular com má-fé, responderá pelo pagamento das custas, em sentido amplo, honorários e prejuízos causados, sejam em decorrência de dano processual advindo do deferimento de liminares ou de outros atos praticados no andamento do processo.

Desse modo, à luz da Constituição de 1988, art. 5º, LXXIII, não se cogita o dever de indenizar sem que esteja comprovada a má-fé do autor popular, afastando, assim, o temor de contrair obrigação pela indenização baseada em critérios objetivos, o que motiva e viabiliza o exercício do direito constitucional consistente em fiscalizar os atos do Poder Público.

Bibliografia

ALMEIDA, Gregório Assagra. *Manual das ações constitucionais*. Belo Horizonte: Del Rey, 2007.

ARENHART, Sérgio Cruz, MARINONI, Luiz Guilherme. *Curso de processo civil*: procedimentos especiais. São Paulo: Ed. RT, 2009. v. 5.

BENEDUZI, Renato. *Comentários ao Código de Processo Civil.* 2ª ed. São Paulo: Thomson Reuters Brasil, 2018.

BONDIOLI, Luis Guilherme A.; FONSECA, João Fransciso N. da; GOUVÊA, José Roberto F.; NEGRÃO, Theotonio. *Código de Processo Civil e legislação processual em vigor.* 49ª ed. São Paulo: Saraiva, 2018.

BUENO, Cassio Scarpinella. *Novo Código de Processo Civil anotado.* 3ª ed. São Paulo: Saraiva, 2017.

CAHALI, Yussef Said. *Honorários advocatícios*. São Paulo: Ed. RT, 1997.

DE PLÁCIDO E SILVA. *Vocabulário jurídico.* Rio de Janeiro: Forense, 2003.

DIDIER JR., Fredie. *Curso de direito processual civil*. 12ª ed. Salvador: JusPodivm, 2018.

DIDIER JR., Fredie. *Novo Código de Processo Civil*. 5ª ed. Salvador: JusPodivm, 2018.

GOMES JUNIOR, Luiz Manoel. *Ação popular*: aspectos polêmicos: Lei de Responsabilidade Fiscal, improbidade administrativa – Danos causados por liminares e outros pontos relevantes. Rio de Janeiro: Forense, 2004.

GOMES JUNIOR, Luiz Manoel. *Curso de direito processual civil coletivo*. Rio de Janeiro: Forense, 2005.

GOMES JUNIOR, Luiz Manoel; RODRIGUES, João Paulo Souza. *Ação popular constitucional*. 2ª ed. São Paulo: Malheiros, 2013.

GOMES JUNIOR, Luiz Manoel; RODRIGUES, João Paulo Souza. Responsabilidade civil por dano processual no novo Código de Processo Civil: aspectos de relevância para o processo coletivo. *Revista de Processo*, São Paulo, ano 41, v. 262, pp. 87-119, 2012.

LEONEL, Ricardo de Barros. *Comentários à Lei de Ação Civil Pública e Lei de Ação Popular*. São Paulo: Quartier Latin, 2006.

MANCUSO, Rodolfo de Camargo. *Ação popular*. 8ª ed. rev., atual. e ampl. São Paulo: Ed. RT, 2015.

MARINONI, Luiz Guilherme. *Comentários ao Código de Processo Civil II*: artigos 70 ao 187. São Paulo: Thomson Reuters Brasil, 2018.

NERY JR., Nelson; NERY, Rosa Maria de Andrade. *Código de Processo Civil comentado*. 16ª ed. São Paulo: Ed. RT, 2016.

OLIVEIRA, Ana Lúcia Lucker Mairelles de. *Litigância de má-fé*. São Paulo: Ed. RT, 2000.

PEREIRA, Caio Mario da Silva. *Instituições de direito civil*. 21ª ed. São Paulo: Forense, 2017.

SILVA, José Afonso da. *Ação popular constitucional*. 2ª ed. São Paulo: Malheiros, 2013.

THEODORO JÚNIOR, Humberto. *Curso de direito processual civil*. 58ª ed. Rio de Janeiro: Forense, 2017. v. 1.

WAMBIER, Rodrigues Luiz; WAMBIER, Tereza Arruda Alvim (org.). *Doutrinas essenciais*: processo civil. São Paulo: Ed. RT, 2011. v. IX.

WATANABE, Kazuo; MENDES, Aluisio Gonçalves de Castro; GRINOVER, Ada Pellegrini. *Direito processual coletivo e o anteprojeto de Código Brasileiro de Processos Coletivos*. São Paulo: Ed. RT, 2007.

ZAVASCKI, Teori Albino. *Processo coletivo*. 5ª ed. São Paulo: Ed. RT, 2011.

Art. 14. Se o valor da lesão ficar provado no curso da causa, será indicado na sentença; se depender de avaliação ou perícia, será apurado na execução.

§ 1º Quando a lesão resultar da falta ou isenção de qualquer pagamento, a condenação imporá o pagamento devido, com acréscimo de juros de mora e multa legal ou contratual, se houver.

§ 2º Quando a lesão resultar da execução fraudulenta, simulada ou irreal de contratos, a condenação versará sobre a reposição do débito, com juros de mora.

§ 3º Quando o réu condenado perceber dos cofres públicos, a execução far-se-á por desconto em folha até o integral ressarcimento do dano causado, se assim mais convier ao interesse público.

§ 4º A parte condenada a restituir bens ou valores ficará sujeita a seqüestro e penhora, desde a prolação da sentença condenatória.

Alisson Alves Pinto
Fabricio Veiga Costa

Sumário: 1. Efeitos da sentença na ação popular: sobre o art. 14. **2.** Característica da sentença: líquida ou ilíquida. **3.** Liquidação e execução de sentenças coletivas. **4.** Liquidação e execução da pretensão individual. **5.** Quantificação do dano. **6.** Penhora de salários. **7.** Sequestro e penhora. **8.** Custas periciais.

1. Efeitos da sentença na ação popular: sobre o art. 14

Deve ser anotado que a natureza da ação popular é desconstitutiva-condenatória, cujo caráter condenatório surge diante da obrigação de reparo do dano provocado pelo agente executor. Nesse sentido, eis que existe condenação, e o art. 14 da Lei de Ação Popular trata dos efeitos da sentença, mais especificamente de sua liquidação e cumprimento.

A seguir, será feita uma explanação mais detalhada de todos os dispositivos do mencionado artigo.

2. Característica da sentença: líquida ou ilíquida

A redação do *caput* do art. 14, da Lei da Ação Popular é bem simplória. Basicamente, afirma que se o valor da lesão for quantificado no decorrer da fase de conhecimento, então este deverá ser expresso na sentença e ela será líquida. Do contrário, na eventualidade de ser necessária perícia ou avaliação para se precisar o valor do reparo em razão do dano causado, a sentença será dada em sua forma ilíquida para que na fase de execução seja determinado o valor.

Vale dizer que os danos relativos aos patrimônios artísticos, culturais e aqueles relacionados ao meio ambiente necessariamente demandam uma avaliação e/ou perícia, possuindo, portanto, uma sentença ilíquida. Mas aqui tratamos da ação popular de proteção ao erário, sendo que ambos são institutos diversos.

Na forma do art. 14 da Lei nº 4.717/65, se o valor da lesão ficar provado no curso do processo, será, desde então, indicado na sentença; do contrário, se depender de avaliação ou perícia, será apurado em execução.

Ressalta-se aqui a utilização subsidiária dos arts. 509 a 512 do CPC/2015, dispostos no capítulo XIV, quando a sentença dada na ação popular for ilíquida.

Vale salientar ainda a divergência, hoje já pacificada, quanto à possibilidade de existir sentença ilíquida na ação popular.

Em suma, o argumento da corrente que não concordava com essa possibilidade era de que a prova do dano quantificado era essencial para comprovar a lesividade efetiva alegada pelo autor da ação, o que se faz condição para o ingresso com ela (além da ilegalidade do ato). Tal corrente afirmava que a ausência de precisão do dano não seria capaz de sustentar o ingresso com uma ação popular, uma vez que não existia certeza de ato lesivo.

Assim, o entendimento quanto à possibilidade de sentença ilíquida na ação popular ficou pacificado por meio do Recurso Especial 146.756/SP, julgado em dezembro de 2003, com decisão publicada em 2004, cujo relator foi o Ministro João Otávio de Noronha.

A lide do mencionado recurso especial questionava a nulidade da sentença proferida na ação popular, eis que uma das partes reclamava a ausência de condições da ação, uma vez que o quesito essencial para o ingresso desta, qual seja, a lesividade, não foi cumprido. Isso, pois, segundo a recorrente, a ausência de precisão do valor do dano foi responsável por desconfigurar o ato lesivo.

Em voto do Ministro relator, acolhido em sua integralidade pelos demais ministros do Superior Tribunal de Justiça, o argumento supra-apresentado negando a possibilidade de sentença ilíquida em sede de ação popular em razão da nulidade que esse fato pode gerar a ação cai por terra pelos seguintes fundamentos:

> (I) A depender dos fatos apresentados no caso concreto, a lesividade de um ato é inquestionável, ainda que o *quantum* do dano apresentado não tenha sido definido.
> (II) A circunstância de não haver sido quantificado o valor da lesão decorrente da prática do ato ilegal não impede a propositura da ação popular, quando existe a comprovação do dano.

(III) Não se faz necessário comprovar o valor da lesão sofrida pelo patrimônio público, isto é, o *quantum debeatur*, para o fim de propor a ação popular.

Seguem trechos do voto:

"Enfatizo, no entanto, que não se faz necessário comprovar, desde logo, para o fim de propor a ação popular, o valor da lesão sofrida pelo patrimônio público, isto é, o *quantum debeatur*. Contenta-se a lei com a simples comprovação do dano, nada impedindo seja a quantificação relegada à fase de liquidação da sentença.
"(...) a lesividade, consubstanciada na exorbitante diferença entre o valor inicialmente estipulado para a conclusão da obra e quantia efetivamente desembolsada, resta comprovada, ainda que não definido o *quantum* devido pelos réus.
"(...)
"Segundo decidi, ao apreciar o recurso especial interposto pela Companhia Metropolitana, não se faz necessário comprovar o valor da lesão sofrida pelo patrimônio público, isto é, o *quantum debeatur*, para o fim de propor a ação popular. Ocorrendo, de forma concreta e objetiva, qualquer das hipóteses previstas no art. 4º da Lei nº 4.717/65, e demonstrado o dano, resta atendido requisito hábil à propositura da ação popular, qual seja, a lesividade. Dessa forma, dispensável a quantificação do valor da lesão sofrida pelo patrimônio público" (STJ, REsp 146.756/SP, rel. Min. João Otávio de Noronha, *DJe* 09.02.2004).

Segue enunciado do Superior Tribunal de Justiça encontrado no *site* institucional relacionado aos comentários feitos ao REsp 1.203.749/SP que vai de encontro com o mencionado até o momento:

"É cabível a ação popular em que condenado administrador público ao ressarcimento de danos ao erário decorrentes da confecção de material publicitário para uso pessoal, ainda que a apuração do montante a ser devolvido tenha sido relegada à fase de liquidação de sentença, pois, embora o art. 4º da Lei nº 4.717/1965 exija, quando a conduta não puder ser enquadrada nas hipóteses de lesividade presumida, a demonstração do efetivo dispêndio de recursos públicos, *o art. 14 dessa mesma lei permite que o* quantum *da dívida seja apurado em fase de cumprimento de sentença ou na execução, sob pena de se desvirtuar os fins da ação popular, tornando-a inócua e sem utilidade*".

Desse modo, nos casos de ação popular, em razão da subsidiariedade que o Código de Processo Civil de 2015 possui ante a ausência de previsão na Lei de Ação Popular, somado ao entendimento jurisprudencial já pacificado pelo Superior Tribunal de Justiça de que a ausência de quantificação do valor do dano não prejudica a propositura da ação, tem-se que a sentença proferida na ação popular pode ser ilíquida e, por consequente, vir a ser liquidada em fase de execução.

3. Liquidação e execução de sentenças coletivas

No momento da liquidação da sentença, dois modelos podem ser seguidos: um referente à liquidação e execução da pretensão coletiva, e outro que diz respeito à pretensão individual decorrente da sentença dada na ação coletiva, no caso, a popular.

Como mencionado, o procedimento de liquidação segue integralmente as previsões do art. 509 e seguintes, que se referem ao capítulo XIV – Da liquidação da sentença. Dessa forma, o único objetivo desse procedimento é quantificar o valor de um dano já declarado na fase de conhecimento.

O juízo responsável para processar o pedido de liquidação faz-se o mesmo que proferiu a sentença, segundo art. 516, II, do CPC/2015. Ademais, quem possui legitimidade para o ajuizamento da execução/cumprimento de sentença relativa à ação popular faz-se, em regra, o autor da ação.

Contudo, se decorridos mais de 60 dias da sentença sem que haja a atuação pela parte interessada, o Ministério Público deve e qualquer colegitimado coletivo pode tomar frente dessa execução.[1] Isso se dá em razão do princípio da indisponibilidade da execução coletiva, previsto no art. 16 da LAP:

> "Art. 16. Caso decorridos 60 (sessenta) dias da publicação da sentença condenatória de segunda instância, sem que o autor ou terceiro promova a respectiva execução, o representante do Ministério Público a promoverá nos 30 (trinta) dias seguintes, sob pena de falta grave".

No que diz respeito aos destinatários do valor quantificado, este varia a depender do bem e/ou órgão lesado. Caso a ação de conhecimento objetivar a reparação de valores aos cofres públicos (administração indireta, direta ou entidades subvencionadas), os valores serão destinados à pessoa jurídica lesada, ainda que esta em momento algum tenha se integrado como parte no processo.

Referida interpretação deriva do art. 18 da Lei de Improbidade Administrativa, que se aplica às ações coletivas que visam a reparação do patrimônio público e que determinam o pagamento ou reversão dos bens em favor da pessoa jurídica prejudicada pelo ato ilícito.[2]

---

1 GAJARDONI, Fernando da Fonseca. *Direitos difusos e coletivos I*: teoria geral do processo. Coordenação de A. Bianchini, L. F. Gomes. São Paulo: Saraiva, 2012a. Disponível em: [https://integrada.minhabiblioteca.com.br/#/books/9788502171183/cfi/3!/4/4@0.00:47.6]. Acesso em: 11.12.2018.

2 GAJARDONI, Fernando da Fonseca. *Direitos difusos e coletivos I*: teoria geral do processo. Coordenação de A. Bianchini, L. F. Gomes. São Paulo: Saraiva, 2012a. Disponível em: [https://integrada.minhabiblioteca.com.br/#/books/9788502171183/cfi/3!/4/4@0.00:47.6]. Acesso em: 11.12.2018.

Se a reparação não disser respeito a patrimônio público, a quantia arrecadada será revertida para um fundo de reparação de bens lesados, conforme disposto na Lei de Ação Civil Pública, mas utilizado alusivamente no caso de ação popular, por ambas se tratar de ações coletivas.[3] Referida posição tem aplicação em se tratando da ação popular ambiental:

> "Este fundo – na verdade, vários fundos, já que, além do da União (Lei nº 9.008/95), existem os fundos estaduais, que suportam as condenações aplicadas pela Justiça Estadual – é gerido por um conselho de composição mista, com membros da sociedade civil, da administração direta e do Ministério Público".[4]

No tocante a esse fundo, em razão da falta de controle que leva a desvios e contingenciamento orçamentário, a solução prevista pelo Projeto de Lei nº 5.139/2009, com origem na Câmara dos Deputados, faz-se plausível. O Projeto de Lei disciplina a ação civil pública para a tutela de interesses difusos, coletivos ou individuais homogêneos e atualmente encontra-se aguardando deliberação do recurso na Mesa Diretora da Câmara dos Deputados (Mesa). Este prevê em seu art. 46 que o valor adquirido com a execução da sentença seja destinado à recuperação do bem lesado ou em favor das comunidades afetadas pelo evento danoso, *in verbis*:

> "Art. 46. Havendo condenação em pecúnia, inclusive decorrente de dano moral coletivo, originária de ação relacionada com interesses ou direitos difusos e coletivos, a quantia será depositada em juízo, devendo ser aplicada na recuperação específica dos bens lesados ou em favor da comunidade afetada.
> § 1º O legitimado coletivo, com a fiscalização do Ministério Público, deverá adotar as providências para a utilização do valor depositado judicialmente, inclusive podendo postular a contratação de terceiros ou o auxílio do Poder Público do local onde ocorreu o dano.
> § 2º Na definição da aplicação da verba referida no *caput*, serão ouvidos em audiência pública, sempre que possível, os membros da comunidade afetada".

4. Liquidação e execução da pretensão individual

Conforme os arts. 103 e 104 do CDC, as vítimas ou os sucessores dos danos narrados na ação popular possuem o direito de utilizar dos termos da sentença proferida naquela ação no plano individual. Veja-se:

3 Idem, ibidem.

4 Idem, p. 145.

> "Art. 103. Nas ações coletivas de que trata este código, a sentença fará coisa julgada:
> [...] III – *erga omnes*, apenas no caso de procedência do pedido, para beneficiar todas as vítimas e seus sucessores, na hipótese do inciso III do parágrafo único do art. 81.
> § 1º Os efeitos da coisa julgada previstos nos incisos I e II não prejudicarão interesses e direitos individuais dos integrantes da coletividade, do grupo, categoria ou classe.
>
> Art. 104. As ações coletivas, previstas nos incisos I e II e do parágrafo único do art. 81, não induzem litispendência para as ações individuais, mas os efeitos da coisa julgada *erga omnes* ou *ultra partes* a que aludem os incisos II e III do artigo anterior não beneficiarão os autores das ações individuais, se não for requerida sua suspensão no prazo de trinta dias, a contar da ciência nos autos do ajuizamento da ação coletiva".

Nesses casos, ocorre um evento conhecido pela doutrina como liquidação imprópria ou habilitação, que se refere não somente à verificação do *quantum debeatur* devido à vítima, mas sim a uma nova análise de todo o processo coletivo em um plano individual no qual a existência do dano, a conduta do condenado na ação popular, bem como o nexo de causalidade são verificados.

> "A satisfação do direito do indivíduo (ou sucessores), nestes casos de transporte *in utilibus* de sentença proferida em sede de direitos difusos e coletivos, fica condicionada a prévio processo de liquidação individual dos danos. De liquidação este processo só tem o nome. Na verdade, não se apura apenas o *quantum debeatur* (valor do dano), mas, também, a própria existência do dano individual e o nexo de causalidade entre ele e a conduta praticada pelo condenado na sentença coletiva. Pensamos na esteira de prestigiosa doutrina que, em realidade, o que ocorre na espécie é um processo anômalo de fixação de danos decorrentes do evento constado na ação coletiva, ora nominado, à míngua de outra expressão melhor, como habilitação ou liquidação imprópria".[5]

Por se tratar de responsabilidade civil e ainda segundo o disposto no art. 101 do CDC, o juízo competente para julgar a ação individual é o do domicílio do autor ou de seus sucessores, sendo facultado às vítimas também o ingresso no juízo da ação coletiva, segundo art. 98, § 2º, I, do CDC.

Nesse ponto, vale dizer que os legitimados para ingresso com a ação individual em decorrência da ação popular e consequentes destinatários das inde-

5 GAJARDONI, Fernando da Fonseca. *Direitos difusos e coletivos I*: teoria geral do processo. Coordenação de A. Bianchini, L. F. Gomes. São Paulo: Saraiva, 2012a. p. 147. Disponível em: [https://integrada.minhabiblioteca.com.br/#/books/9788502171183/cfi/3!/4/4@0.00:47.6]. Acesso em: 11.12.2018.

nizações são as vítimas do ato danoso declarado naquela ação coletiva, assim como seus sucessores. Isso, pois, ainda que os direitos a serem defendidos sejam homogêneos entre as vítimas beneficiadas com a ação popular, a função desse remédio constitucional é de tutelar direito coletivo e difuso, não cabendo tratar de casos isolados.[6]

Ressalta-se que nos casos em que os mesmos direitos são reconhecidos para as vítimas, os interesses individuais são homogêneos. Nessas situações, mais de uma vítima pode ingressar com uma ação, requerendo a aplicação em seus casos particulares do que foi definido na ação popular. Salienta-se que, quanto maior o número de vítimas em situações similares, a análise dos critérios como nexo causal e verificação da existência do dano acabam sendo mais maleáveis, eis que a partir do momento que existe grande demanda de pessoas alegando as mesmas coisas, por certo muitas informações passam a ser presumidas.[7]

Contudo, a mesma situação acaba sendo também prejudicial, haja vista que, diante do grande número de indivíduos a se beneficiarem da execução da ação coletiva, todos os critérios para adequação da vítima antes não verificados passam a ser revistos novamente e com mais critério.[8]

5. Quantificação do dano

Esses parágrafos do art. 14, da Lei da Ação Popular são também dotados de grande simplicidade na medida em que versam sobre a estipulação da multa e/ou juros de mora nos casos em que a sentença foi ilíquida. Dessa forma, a depender do tipo de lesão praticada pelo agente causador, no momento da quantificação do dano devem ser acrescidos os encargos dos juros moratórios ao valor estipulado.

Salienta-se que, embora não mencionado, a correção monetária é inerente a qualquer situação, assim como os juros de mora em caso de atraso no pagamento, variando somente a questão da multa nos casos em que a lesão resultar da isenção ou falta de qualquer pagamento que deveria ter sido feito.

Anote-se que a correção monetária em nada amplia o valor da condenação, mas apenas mantém o poder aquisitivo da moeda: *"1. A correção monetá-*

6 GAJARDONI, Fernando da Fonseca. *Direitos difusos e coletivos I*: teoria geral do processo. Coordenação de A. Bianchini, L. F. Gomes. São Paulo: Saraiva, 2012a. Disponível em: [https://integrada.minhabiblioteca.com.br/#/books/9788502171183/cfi/3!/4/4@0.00:47.6]. Acesso em: 11.12.2018.

7 Idem, ibidem.

8 Idem.

ria nada mais é do que um mecanismo de manutenção do poder aquisitivo da moeda, não devendo representar, consequentemente, por si só, nem um plus nem um minus em sua substância. Corrigir o valor nominal da obrigação representa, portanto, manter, no tempo, o seu poder de compra original, alterado pelas oscilações inflacionárias positivas e negativas ocorridas no período".[9]

6. Penhora de salários

A impenhorabilidade salarial é direito resguardado pelo CPC/2015, em seu art. 833, IV. Nota-se:

> "Art. 833. São impenhoráveis: [...] IV – os vencimentos, os subsídios, os soldos, os salários, as remunerações, os proventos de aposentadoria, as pensões, os pecúlios e os montepios, bem como as quantias recebidas por liberalidade de terceiro e destinadas ao sustento do devedor e de sua família, os ganhos de trabalhador autônomo e os honorários de profissional liberal, ressalvado o § 2º;
>
> "(...) § 2º O disposto nos incisos IV e X do *caput* não se aplica à hipótese de penhora para pagamento de prestação alimentícia (...)".

Contudo, o § 3º do art. 14 da Lei nº 4.717 criou uma exceção a essa previsão nos casos em que o réu da ação popular tiver sido condenado por receber quantia dos cofres públicos. Nesse caso, como lei específica está acima da lei mais genérica, sendo o CPC/2015 de caráter subsidiário, o então servidor público terá descontada de sua folha de pagamento quantia mensal a ser definida conforme cada caso concreto, até que o dano causado seja integralmente ressarcido.

Existe decisão do Superior Tribunal de Justiça nesse sentido:

> "Arguição de inconstitucionalidade. Rejeição. Litisconsorte. Citação descabimento, na fase de execução. Preliminar rejeitada. Vereador. Ação popular. Condenação à restituição aos cofres da Câmara Municipal de numerário determinado. Execução por quantia certa. Penhora, inexistência de bens passíveis de serem penhorados. Penhora em dinheiro conta-salário. Desconto em folha. Legalidade. Art. 14, 31,[10] da Lei nº 4.717/65. Apelo improvido" (STJ, REsp 1.201.258/MG (2010/0116938-1), rel. Min. Humberto Martins, *DJ* 10.11.2010).

7. Sequestro e penhora

A possibilidade de penhora e sequestro ressalta mais uma vez o uso de medidas mais drásticas para a obtenção do valor equivalente ao débito assumido pelo devedor em razão do dano efetuado.

---

9 STJ - REsp. nº 1.265.580-RS, rel. Min. Teori Albino Zavascki, j. 21.03.2012 - DJ 18.04.2012.

10 Refere-se ao § 3º do art. 14 da Lei nº 4.717/1965.

Nesse ponto, vale ressaltar que, embora o § 4º aduza ao uso dessas medidas após a prolação da sentença, o sequestro em especial encontra previsão para a efetivação da tutela de urgência (art. 301 do CPC/2015), ou seja, a utilização desses mecanismos pode ocorrer antes mesmo da prolação da sentença, a depender da presença dos requisitos legais (probabilidade do direito e perigo na demora).

De qualquer modo, a sua natureza é de garantia e em muito de aproxima da hipoteca judiciária, que também pode ser utilizada em sede de ação popular (art. 495/CPC). A hipoteca judicial figura, conforme ensinamento da doutrina, entre os efeitos secundários ou acessórios da sentença. Na lição de Antonio Carlos de Araújo Cintra[11]: *"(...) a sentença que contiver condenação no pagamento de prestação consistente em dinheiro ou em coisa valerá como título constitutivo de hipoteca judiciária, ainda que dela nada conste a respeito, inclusive porque esse efeito se verifica mesmo sem pedido da parte ou decisão do juiz.*

"Trata-se, como indica o artigo 824 do Código Civil, de hipoteca especialíssima, sem preferência, mas atribuindo ao credor o direito de seqüela. Em virtude do direito de seqüela, pode o credor fazer com que a execução recaia sobre o bem judiciariamente hipotecado, esteja este em poder de quem quer que seja".

Apesar da ausência de previsão expressa na lei da ação popular, não há óbice em termos da sua utilização nesta sede.

8. Custas periciais

Embora haja regulamentação de isenção do autor popular ao pagamento de custas judiciais e ônus sucumbenciais, não existe regulamentação, nem mesmo subsidiária, nos casos de custas periciais ao longo do processo.

Em decisão proferida pelo Superior Tribunal de Justiça no REsp 1.234.162 em 2016, embora apontada a possibilidade de mitigação de ingresso com a ação popular, haja vista que muitos autores não possuem condições de arcar com as custas, o Superior Tribunal de Justiça decidiu que os autores da ação devem ser responsáveis pelo pagamento pericial e que a inversão do ônus não se confunde com a inversão do custeio.

Considerando o posicionamento dos ministros, Mauro Campbell Marques entendeu pela impossibilidade de transferir aos réus as parcelas como os ho-

---

11 *Comentários ao Código de Processo Civil*, Rio de Janeiro, Editora Forense, Vol. IV, 2000, p. 290. No mesmo sentido: José Rogério Cruz e Tucci. *Hipoteca Judiciária e Devido Processo Legal*, São Paulo: Revista dos Tribunais, 2001, Revista do Instituto dos Advogados de São Paulo, Nova Série, ano 4, nº 7, p. 71.

norários periciais, mesmo nas ações populares, uma vez que para ele os interessados na perícia é que devem arcar com seu custo. Veja-se ementa do recurso especial:

> "Administrativo. Processual civil. Voto-vista. Ação popular. Anulação de negócio jurídico. Troca de ativos. Adiantamento de honorários periciais. Alegação de omissão. Art. 535, II, do CPC. Inexistente alegação de violação dos arts. 61, 63 e 64 da Lei nº 9.478/97. Súmula 211/STJ. Alegações de violação dos arts. 131, 420 e 427 do CPC. Realização da perícia. Súmula 7/STJ. Art. 22 da Lei nº 7.347/1985. Regras de inversão do ônus da prova que não se confundem com normas sobre seu custeio. Precedente. Art. 12 da Lei nº 7.717/1965, art. 33 do CPC. Regra geral. Impertinente ao deslinde. Art. 18 da Lei nº 7.347/1985. Clara violação. Impossibilidade de atribuir ao réu a obrigação de adiantar verbas para perícia que não requereu. Precedentes. Recurso repetitivo. [...]
> 4. O Tribunal de origem firmou a convicção em prol da necessidade de perícia técnica com base em profunda apreciação das provas que já estavam disponíveis e consignou imperativo que vários laudos e pareceres fossem reavaliados, até mesmo decisão do Tribunal de Contas da União, cujo teor considerou lícito o negócio jurídico objetado. A cognição da alegação de violação dos arts. 131, 420 e 427 do Código de Processo Civil está obstada pela Súmula 7/STJ.
> 5. Não é possível considerar violado o art. 22 da Lei nº 7.347/1985, uma vez que 'as regras do ônus da prova não se confundem com as regras do seu custeio' (REsp 908.728/SP, rel. Min. João Otávio de Noronha, Quarta Turma, *DJe* 26.04.2010).
> "(...) 7. O art. 33 do Código de Processo Civil determina que a parte que requerer a perícia deve arcar com os seus custos, regra geral que não se aplica ao debate do caso, fixado tão somente em relação à possibilidade, ou não, do adiantamento de honorários relativos à perícia demandada pelo autor popular, pela parte ré. (...)" (REsp 1234162/RS, 2ª Turma, rel. Min. Eliana Calmon, rel. p/ Acórdão Min. Humberto Martins, j. 16.06.2015, *DJe* 15.02.2016).

Por fim, conclui-se também que, diante da crise interpretativa quanto a alguns artigos da Lei de Ação Popular, o Superior Tribunal de Justiça se fez presente para pacificar entendimentos.

A nossa posição é que o Autor Popular é isento do pagamento, mas a sentença deve condenar os réus em tal verba a ser incluída na liquidação, juntamente com as custas e o principal.

Dessa forma, entende-se que uma aplicação simultânea da letra da lei principal e subsidiária que regula a ação popular, somada aos posicionamentos jurisprudenciais que demonstram e pacificam os entendimentos acerca da melhor maneira de interpretar as disposições legais, são capazes de regular devidamente o art. 14 da Lei nº 4.717/1965.

Bibliografia

ALVIM, Arruda. Ação popular. *Revista de Processo*, São Paulo, ano 8, nº 32, pp. 163-177, 1983.

BARBOSA MOREIRA, José Carlos. A ação popular do direito brasileiro como instrumento de tutela jurisdicional dos chamados "interesses difusos". *Revista de Processo*, São Paulo, ano VII, nº 28, p. 9, out.-dez. 1982.

CARNEIRO, Raphael Funchal. Aplicação subsidiária do Código de Processo Civil de 2015: as ações de mandado de segurança, mandado de injunção, ação popular e ação civil pública. *Jusbrasil*. 2016 [*online*]. Disponível em: [https://raphaelfunchalcarneiro.jusbrasil.com.br/artigos/372143369/aplicacao-subsidiaria-do-codigo-de-processo-civil-de-2015-as ações de mandado de segurança, mandado de injunção, ação popular e ação civil pública]. Acesso em: 12.12.2018.

CINTRA, Antonio Carlos de Araújo Cintra. *Comentários ao Código de Processo Civil*, Rio de Janeiro, Editora Forense, Vol. IV, 2000.

Cruz e Tucci, José Rogério. *Hipoteca Judiciária e Devido Processo Legal*, São Paulo: Revista dos Tribunais, 2001, Revista do Instituto dos Advogados de São Paulo, Nova Série, ano 4, nº 7.

DI PIETRO, Maria Sylvia Zanella. *Direito administrativo*. 23ª ed. São Paulo: Atlas, 2010.

GAJARDONI, Fernando da Fonseca. *Direitos difusos e coletivos I*: teoria geral do processo. Coordenação de A. Bianchini, L. F. Gomes. São Paulo: Saraiva, 2012. Disponível em: [https://integrada.minhabiblioteca.com.br/#/books/9788502171183/cfi/3!/4/4@0.00:47.6]. Acesso em: 11.12.2018.

GAJARDONI, Fernando da Fonseca. *Direitos difusos e coletivos II*: ações coletivas em espécie: ação civil pública, ação popular e mandado de segurança coletivo. Coordenação de A. Bianchini, L. F. Gomes. São Paulo: Saraiva, 2012. Disponível em: [https://integrada.minhabiblioteca.com.br/#/books/9788502171060/cfi/0!/4/4@0.00:55.2]. Acesso em: 11.12.2018.

GARCIA, Rodrigo Sanches. *Ação popular, ação civil pública e políticas públicas*. 2007. 153 f. Dissertação (Mestre em Direitos Fundamentais e Cidadania) - Universidade Metodista de Piracicaba, Unimep, São Paulo, 2007.

MANCUSO. Rodolfo de Camargo. *Ação popular*. 5ª ed. São Paulo: RT, 2003.

MEIRELLES, Hely Lopes. *Mandado de segurança, ação popular, ação civil pública, mandado de injunção e* habeas data. 16ª ed. São Paulo: Malheiros, 1995.

MEIRELLES, Hely Lopes. *Mandado de segurança*: ação popular; ação civil pública; mandado de injunção; *habeas data*; ação direta de inconstitucionalidade; ação declaratória de constitucionalidade; arguição de descumprimento de preceito fundamental e o controle incidental de normas no direito brasileiro. 18ª ed. atualizada por Arnoldo Wald e Gilmar Ferreira Mendes com a colaboração de Rodrigo Garcia da Fonseca. São Paulo: Ed. RT, 1997.

MEIRELLES, Hely Lopes. *Mandado de segurança*. São Paulo: Malheiros, 2004.

MORAES, Alexandre de. *Direito constitucional*. 17ª ed. São Paulo: Atlas, 2005.

NIMER, Beatriz Lameira Carrico. *Ação popular como instrumento de defesa da moralidade administrativa*. 2016. 205 f. Dissertação (Mestrado em Direito do Estado) - Faculdade de Direito da Universidade de São Paulo, São Paulo, 2016.

ROCHA, José de Albuquerque. *Teoria geral do processo*. 8ª ed. 3ª reimp. São Paulo: Atlas, 2006.

SILVA, José Afonso da. *Ação popular constitucional*: doutrina e processo. 2ª ed. rev., ampl. e aum. São Paulo: Malheiros, 2007.

SOUZA, Rogério da Silva e. *Eficácia da ação popular constitucional*. 2009. 100 f. Dissertação (Mestrado em Direito Constitucional) - Universidade de Fortaleza, Ceará, 2009. Disponível em: [http://www.dominiopublico.gov.br/download/texto/cp119561.pdf]. Acesso em: 11.12.2018.

Art. 15. Se, no curso da ação, ficar provada a infringência da lei penal ou a prática de falta disciplinar a que a lei comine a pena de demissão ou a de rescisão de contrato de trabalho, o juiz, "ex-officio", determinará a remessa de cópia autenticada das peças necessárias às autoridades ou aos administradores a quem competir aplicar a sanção.

Wanderson Dias Fernandes

Sumário: 1. A ação popular como instrumento limitador da ação do poder público e de particulares. **2.** A ação popular como instrumento de defesa dos direitos públicos e difusos. **3.** Sistemas processuais. **4.** Infringência da legislação penal reconhecida em ação popular perante o sistema acusatório.

1. A ação popular como instrumento limitador da ação do poder público e de particulares

Não se tem uma definição clara da origem da ação popular; sabe-se que o direito romano atribuía à população, ou parte dela, o direito de defender em juízo interesses pertencentes à coletividade. Nesse sentido, pode-se afirmar que a legitimação ativa na ação popular é extraordinária, ou seja, defende-se em nome próprio direito alheio, especificamente da coisa pública, conforme explica Eurico Ferraresi:

> "(...) no direito romano, o Estado não era visto como algo distante do cidadão, com personalidade jurídica própria. As expressões povo e Estado apresentavam conteúdo equivalente, o que tornava os direitos e bens públicos pertencentes a todos os cidadãos romanos, numa espécie de condomínio".[1]

Importa ressaltar que a doutrina não é unânime quanto à substituição processual existente na ação popular. Por se tratar de um instrumento de exercício da soberania popular pertencente ao cidadão, inclusive com previsão constitucional, o autor popular defende em nome próprio o seu direito de participar e fiscalizar a gerência do patrimônio público e a integridade da moralidade administrativa. Segundo José Afonso da Silva:

> "(...) a ação popular consiste num instituto de democracia direta, e o cidadão, que a intenta, fá-lo em nome próprio, por direito próprio, na defesa de direito

1 FERRARESI, Eurico. *Ação popular, ação civil pública e mandado de segurança coletivo*. Rio de Janeiro: Forense, 2009. p. 170.

> próprio, que é o de sua participação na vida política do Estado, fiscalizando a gestão do patrimônio público, a fim de que esta se conforme com os princípios da legalidade e da moralidade".[2]

Com o advento da Constituição da República de 1988[3] a ação popular foi inserida, a exemplo do mandado de segurança coletivo e do mandado de injunção, entre as ações de garantia, porém garantia de direitos coletivos. Nesse particular, importa fazer uma distinção entre os direitos e garantias, como leciona Alexandre de Moraes:

> "(...) a distinção entre direitos e garantias fundamentais, no direito brasileiro, remonta a Rui Barbosa, ao separar as disposições meramente declaratórias, que são as que imprimem existência legal aos direitos reconhecidos, e as disposições assecuratórias, que são as que, em defesa dos direitos, limitam o poder. Aquelas instituem os direitos; estas, as garantias; ocorrendo não raro juntar-se, na mesma disposição constitucional, ou legal, a fixação da garantia com a declaração do direito".[4]

Sem perder de vista as lições de Rui Barbosa, a doutrina reconhece que não existem limites precisos entre direitos e garantias, mesmo porque as garantias também são direitos. Também não se pode afirmar que os direitos são declaratórios e as garantias assecuratórias, pois, conforme leciona José Afonso da Silva, "as garantias em certa medida são declaradas e, às vezes, se declaram os direitos usando forma assecuratória".[5]

Sem muito esforço percebe-se que o texto da Constituição da República de 1988, a exemplo da primeira Constituição Republicana, de 1891, não sistematizou os direitos e as garantias em capítulos separados, cabendo à doutrina auxiliar na sistematização da matéria.

Tomando por fundamento as lições de José Afonso da Silva, que esquematiza as garantias e os direitos fundamentais em dois grupos, o primeiro, denominado garantias gerais destinadas a resguardar condições econômico-sociais e políticas que favorecem o exercício dos direitos fundamentais; o segundo,

---

2 SILVA, José Afonso da. *Ação popular constitucional*. São Paulo: Ed. RT, 1968. p. 195.

3 Constituição (1988). Constituição da República Federativa do Brasil. Brasília, DF. Disponível em: [http://www.planalto.gov.br/ccivil_03/constituicao/constituicaocompilado.htm]. Acesso em: 20.10.2019

4 MORAIS, Alexandre de. *Direito constitucional*. 7ª ed. São Paulo: Atlas, 2000. p. 59.

5 SILVA, José Afonso da. *Curso de direito constitucional positivo*. 40ª ed. São Paulo: Malheiros, 2017. p. 188.

chamado de garantias constitucionais, como aquelas extraídas do próprio texto constitucional que visam preservar os direitos fundamentais. Esse segundo grupo é subdividido em garantias constitucionais gerais e garantias constitucionais especiais.

As denominadas garantias constitucionais gerais são instituições que se inserem no sistema de freios e contrapesos, ou seja, garantem a autonomia, harmonia, separação dos poderes e, como consequência, resguardam os direitos fundamentais. Por sua vez, as chamadas garantias constitucionais especiais são mecanismos que limitam a atuação do poder público ou de particulares protegendo e dando eficácia aos direitos fundamentais considerados de forma isolada ou coletiva. Nesse segundo grupo encontra-se a ação popular.

2. A ação popular como instrumento de defesa dos direitos públicos e difusos

Sabendo-se que a ação popular pode ser considerada uma ação de garantia, especificamente garantia de direitos coletivos, importa não confundir os mecanismos processuais para a defesa de direitos coletivos e os mecanismos para a defesa coletiva de direitos, conforme Teori Albino:

> "(...) compõem o universo de atuação do processo coletivo dois grandes domínios: o dos direitos coletivos *lato sensu* e o dos direitos individuais homogêneos. Direitos coletivos são direitos subjetivamente transindividuais (sem titular determinado, razão pela qual são tutelados em juízo invariavelmente pelo regime de substituição processual) e materialmente indivisíveis (= são lesados ou satisfeitos necessariamente em sua globalidade, o que determina tutela jurisdicional também de forma conjunta e universalizada). Já os direitos individuais homogêneos são, simplesmente, direitos subjetivos individuais (= com titular determinado) e, portanto, materialmente divisíveis (= podem ser lesados ou satisfeitos por unidades isoladas), o que propicia a sua tutela jurisdicional tanto de modo coletivo (por regime de substituição processual) como individual (por regime de representação)".[6]

A ação popular é por excelência uma ação de defesa de direito coletivo *lato sensu*. Alexandre de Moraes esclarece que "a finalidade da ação popular é a defesa de interesses difusos, reconhecendo-se aos cidadãos *uti cives*, e não *uti singuli*, o direito de promover a defesa de tais interesses".[7] No mesmo sentido,

---

6 ZAVASCKI, Albino Teori. Reforma do processo coletivo: indispensabilidade de disciplina diferenciada para direitos individuais homogêneos e para direitos transindividuais, p. 3. Disponível em: [https://core.ac.uk/download/pdf/79062876.pdf]. Acesso em: 07.09.2018.

7 MORAIS, Alexandre de. *Direito constitucional*. 7ª ed. São Paulo: Atlas, 2000. p. 167.

explica Luiz Manoel Gomes Junior, segundo o qual constitui-se em "um instrumento que visa proteger direitos difusos e que pode ser utilizado pelo cidadão, pessoa comum, ao contrário dos demais institutos jurídicos cuja legitimação é restrita aos entes legalmente indicados".[8]

Em um interessante artigo científico, o Ministro Antônio Herman Vasconcellos Benjamin esclareceu as diferenças entre interesse público e interesse difuso, mencionando que é fato que o interesse público, como interesse supraindividual, não encontra rivais, uma vez que, como regra, une a coletividade ou decorre de mandamento constitucional uníssono e, não raras vezes, fazer-lhe oposição constitui conduta punível criminalmente, sendo certo que, dificilmente, alguém teria disposição para contrariá-lo, pois é moral e juridicamente impensável defender o analfabetismo, o desemprego, a insegurança e as enfermidades. Em suma, o interesse público apresenta-se comumente nas políticas públicas, sendo certo que os poderes constituídos somente se legitimam quando desenvolvem esforços no sentido de protegê-lo e implementá-lo, conforme lições do referido Ministro:

> "(...) saltam aos olhos as características qualificadoras do interesse público: no plano da *subjetividade ativa*, a) a transindividualidade real (= essencial ou substancial) máxima, isto é, a pluralidade de sujeitos-titulares chega a ponto de confundir-se com a comunidade, e b) a indeterminação de seus sujeitos; *na perspectiva da objetividade* (= objeto tutelado), c) a indivisibilidade ampla (= comunhão ou fruição indivisível) e d) a indisponibilidade; no campo relacional jurídico, e) o vínculo abstrato e remoto a unir os sujeitos; no âmbito político, f) relevância da unanimidade social, e g) organização desnecessária, impossível, impraticável ou difícil".[9]

Por sua vez, os denominados direitos ou interesses difusos, definidos na legislação brasileira como os transindividuais, de natureza indivisível, de que sejam titulares pessoas indeterminadas e ligadas por circunstâncias de fato, diferem do interesse público. Apesar de muitos pontos em comum, uma análise um pouco mais atenta demonstra que não se confundem, pois apresentam características diferentes, conforme lições do Ministro Antônio Herman Vasconcelos Benjamin:

---

8 GOMES JUNIOR, Luiz Manoel. *Ação popular*: aspectos polêmicos. 2ª ed. Rio de Janeiro: Forense, 2004. p. 9.

9 BENJAMIN, Antonio Herman Vasconcellos. A insurreição da aldeia global contra o processo civil clássico: apontamentos sobre a opressão e a libertação judiciais do meio ambiente e do consumidor. 1995, p. 25. Disponível em: [https://bdjur.stj.jus.br/jspui/bitstream/2011/8688/A_Insurrei%C3%A7%C3%A3o_da_Aldeia_Global.pdf]. Acesso em: 07.09.2018.

> "(...) na apreciação do interesse difuso resultam os seguintes traços: *no plano da subjetividade ativa*, a) a transindividualidade real ou essencial ampla e b) a indeterminação de seus sujeitos; *na perspectiva da objetividade*, c) a indivisibilidade ampla e d) a indisponibilidade; no campo relacional-jurídico, e) o vínculo meramente de fato a unir os sujeitos; *no âmbito político*, f) ausência de unanimidade social, dado fundamental para apartá-los do interesse público e g) organização possível, mas sempre *suboptimal*, traço este atribuível à característica fática (dispersão) da argamassa que une os sujeitos-titulares; por derradeiro, *na esfera da reparação*, ressarcibilidade indireta (os sujeitos individualmente não são aquinhoados com o *quantum debeatur*, que vai para um fundo)".[10]

Comparando as características do interesse público com interesses difusos, pode-se afirmar que ambos possuem transindividualidade real, indeterminação de seus sujeitos, indivisibilidade ampla e indisponibilidade, porém, tratando-se de interesse público, o vínculo dos sujeitos é político, existe unanimidade social em torno do tema e a organização na defesa dele é desnecessária, impossível ou impraticável. Por sua vez, cuidando-se de direitos ou interesses difusos, os sujeitos são unidos por um vínculo meramente de fato, não há unanimidade social com relação ao tema, a organização em sua defesa, apesar de possível, não apresenta a melhor qualidade e a reparação é indireta, uma vez que eventuais valores arrecadados serão revertidos para um fundo.

Considerando as características apresentadas, parece mais correta a afirmação de que a ação popular, Lei 4.717/1965, é por excelência uma ação de defesa de interesse público e direitos difusos, reconhecendo-se aos cidadãos *uti cives*, e não *uti singuli*, o direito de promover a defesa de tais interesses. Assim, dispõe o art. 5º, LXXIII, da Constituição da República que qualquer cidadão é parte legítima para propor ação popular que vise a anular ato lesivo ao patrimônio público ou de entidade de que o Estado participe, à moralidade administrativa, ao meio ambiente e ao patrimônio histórico e cultural, ficando o autor, salvo comprovada má-fé, isento de custas judiciais e do ônus da sucumbência. Na definição de Hely Lopes de Meireles:

> "(...) é o meio constitucional posto à disposição de qualquer cidadão para obter a invalidação de atos ou contratos administrativos – ou a estes equiparados – ilegais e lesivos do patrimônio federal, estadual e municipal, ou de suas

10 BENJAMIN, Antonio Herman Vasconcellos. A insurreição da aldeia global contra o processo civil clássico: apontamentos sobre a opressão e a libertação judiciais do meio ambiente e do consumidor. 1995, p. 27. Disponível em: [https://bdjur.stj.jus.br/jspui/bitstream/2011/8688/A_Insurrei%C3%A7%C3%A3o_da_Aldeia_Global.pdf]. Acesso em: 07.09.2018.

autarquias, entidades paraestatais e pessoas jurídicas subvencionadas com dinheiros públicos".[11]

Portanto, pode-se afirmar que a ação popular é um importante instrumento colocado à disposição do cidadão, brasileiro nato ou naturalizado, acima de 16 anos, incluindo o português equiparado, no gozo de seus direitos políticos, amparado no princípio da legalidade dos atos administrativos e na defesa da coisa pública que, em última análise, constitui patrimônio do povo, de fiscalizar diretamente o poder público de forma a evitar a consumação de atos lesivos ao patrimônio público ou buscando a reparação do dano causado, bem como para resguardar a moralidade administrativa, o meio ambiente e o patrimônio histórico e cultural.

Traçadas as linhas gerais da ação popular, importa esclarecer que, julgada procedente a ação popular, o juiz deverá, necessariamente, desconstituir o ato impugnado, condenar nas custas, perdas e danos os responsáveis pela prática do ato impugnado e os beneficiários de seus efeitos, conforme Hely Lopes de Meireles:

> "(...) a lei distingue, portanto, três situações a serem consideradas na sentença: a do ato impugnado (decretação de invalidade), a dos responsáveis pelo ato (réus) e a dos beneficiários ato (corréus) todos sempre solidários na reparação do dano. Ficará para ser decidido em ação regressiva somente a responsabilidade dos funcionários culpados, que não tiverem sido chamados na ação popular".[12]

Como se observa, os dispositivos que regulamentam a sentença proferida na ação popular disciplinam as consequências cíveis da sentença que julgar procedente o pedido, tradicionalmente a doutrina classifica a sentença de procedência como constitutiva negativa e condenatória. Entretanto, com o advento da Constituição da República, deve prevalecer o entendimento de que o pedido imediato da ação popular pode indicar todas as espécies de tutelas previstas no Código de Processo Civil, sendo certo que eventual existência de crime deverá ser solucionada no juízo criminal.

---

11 MEIRELLES, Hely Lopes. *Mandado de segurança, ação popular, ação civil pública, mandado de injunção,* habeas data. 18ª ed. São Paulo: Ed. RT, 1997. p. 87.

12 MEIRELLES, Hely Lopes. Ação popular e sua lei regulamentar e sua natureza jurídica. *Revista de Direito Administrativo*, Rio de Janeiro, p. 8, 1966. Disponível em: [http://bibliotecadigital.fgv.br/ojs/index.php/rda/article/view/28191/27067]. Acesso em: 08.09.2018.

3. Sistemas processuais

Nos termos do art. 15 da Lei 4.717/1965, quando, no curso da ação, ficar provada a infringência da lei penal ou a prática de falta disciplinar a que a lei comine a pena de demissão ou a de rescisão de contrato de trabalho, o juiz *ex officio* determinará a remessa de cópia autenticada das peças necessárias às autoridades ou aos administradores a quem competir aplicar a sanção.

O dispositivo supradescrito reflete o pensamento do sistema jurídico, o contexto histórico sob o qual a lei foi editada. O *Dicionário brasileiro da língua portuguesa Michaelis*[13] define sistema como "conjunto de elementos distintos, com características e funções específicas, organizadas de forma natural ou por meios artificiais", podendo-se incluir na definição, de modo a formar um todo organizado. No caso do direito, pode-se afirmar que esse conjunto de elementos formado por regras e princípios é definido por uma opção política, utilizada aqui no sentido de opção governamental de fazer escolhas que envolvam a coisa pública, de cuidar de assuntos e interesses afetos ao conjunto social, entre elas, política criminal ou processual. Nesse contexto, historicamente, os sistemas processuais são definidos em três: o inquisitivo, o acusatório e o misto.

O sistema inquisitivo, em sua base primitiva, é originário do direito romano, quando, no império, fundiu os poderes do magistrado e do acusador privado em uma única pessoa. Referido sistema autorizava a tortura do réu e de testemunhas acusadas de perjúrio. A brutalidade, a desproporcionalidade e as injustiças do sistema inquisitivo começaram a ser questionadas na Europa, no século XVIII, denominado século das luzes, sob a influência do movimento intelectual designado Iluminismo, que reuniu pensadores que defendiam o uso da razão contra o regime até então vigente. Tendo como bandeira ideias de liberdade, igualdade e fraternidade, o movimento foi responsável por mudanças sociais, econômicas e políticas. No direito penal e processual penal, explica Cezar Roberto Bitencourt:

> "(...) as características da legislação criminal na Europa em meados do século XVIII – século das luzes – vão justificar a reação de alguns pensadores agrupados em torno de um movimento de ideias que têm por fundamento a razão e a humanidade. As leis em vigor inspiravam-se em ideias e procedimento de excessiva crueldade, prodigalizando os castigos corporais e a pena capital. O Direito era um instrumento gerador de privilégios, o que permitia aos juízes, dentro do mais desmedido arbítrio, julgar os homens de acordo com a sua condição so-

13 *Dicionário brasileiro da língua portuguesa Michaelis*. Disponível em: [http://michaelis.uol.com.br/busca?r=0&f=0&t=0&palavra=sistema]. Acesso em: 06.05.2018.

> cial. Inclusive os criminalistas mais famosos da época defendiam em suas obras procedimentos e instituições que respondiam à dureza de um rigoroso sistema repressivo".[14]

Sob a influência do movimento Iluminista, também conhecido como a era da Ilustração, foram plantadas as sementes do sistema acusatório, inaugurando o denominado período humanitário do direito penal. Merece especial referência a obra de Cesar Bonessana, Marquês de Beccaria (1738 – 1794), publicada em 1764, *Dei delitti e delle pene*, na qual criticava o obscurantismo das leis, muitas delas compiladas do direito romano, a desigualdade social, a falta de transparência do processo criminal, a tortura como meio de obtenção de prova, a necessidade e utilidade das penas, a interpretação das leis pelos magistrados, motivo pelo qual, em matéria penal, defendia o princípio da legalidade estrita.

O sistema acusatório não é tão novo quanto possa parecer; na Grécia e em Roma já havia uma distinção entre as funções de acusar e julgar. No entanto, após o movimento Iluminista, o sistema acusatório ganhou contornos mais precisos, conforme explica Julio Fabbrini Mirabete:

> "(...) no direito moderno, tal sistema implica o estabelecimento de uma verdadeira relação processual com o *actum trium personarum*, estando em pé de igualdade o autor e o réu, sobrepondo-se a eles, como órgão imparcial de aplicação da lei, o juiz. No plano histórico das instituições processuais, apontam-se como traços profundamente marcantes do sistema acusatório: a) o contraditório, como garantia político-jurídica do cidadão; b) as partes acusadora e acusada, em decorrência do contraditório, encontram-se no mesmo pé de igualdade; c) o processo é público, fiscalizável pelo olho do povo; excepcionalmente permite-se uma publicidade restrita ou especial; d) as funções de acusar, defender e julgar são atribuídas a pessoas distintas e, logicamente, não é dado ao juiz iniciar o processo (*ne procedat judex ex officio*); e) o processo pode ser oral ou escrito; f) existe, em decorrência do contraditório, igualdade de direitos e obrigações entre as partes, pois *non debet licere actori, quod reo non permittitur*; g) a iniciativa do processo cabe à parte acusadora, que poderá ser ofendido ou seu representante legal, qualquer cidadão do povo o órgão do Estado".[15]

Com dois sistemas processuais tão distintos, era natural o surgimento de um terceiro que reunisse características do sistema inquisitivo e do sistema

14 GUSMAN, Garrido. *Manual de ciência penitenciária*. Madrid: Edersa, 1983, p. 86, *apud* BITENCOURT, Cezar Roberto. *Tratado de direito penal*. 13ª ed. São Paulo: Saraiva, 2008. v. 1, p. 37.

15 TOURINHO FILHO, Fernando da Costa. *Manual de processo penal*. 8ª ed. São Paulo: Saraiva, 2006, *apud* MIRABETE, Julio Fabbrini Mirabete. *Processo penal*. 18ª ed. São Paulo: Atlas, 2006. p. 21.

acusatório. Esse terceiro sistema denominado misto, também conhecido como acusatório formal, é constituído de uma fase inicial, normalmente denominada pré-processual, de natureza inquisitiva e, posteriormente, uma fase sujeita ao contraditório. A primeira legislação a adotar o sistema misto de forma a caracterizá-lo foi o Código Napoleônico, do início do século XIX, mas, mesmo antes do Código Napoleônico, as reformas realizadas na Ordenança Criminal de Luiz XIX haviam adotado algumas regras do referido sistema.

No Brasil, apesar de predominar o sistema acusatório, uma vez que a Constituição estabelece o contraditório e a ampla defesa, a separação da função de acusar e de julgar, o princípio do juiz natural, a publicidade dos atos judiciais, salvo exceções devidamente motivadas, e o reconhecimento pela doutrina e jurisprudência de outros princípios normalmente ligados ao sistema acusatório, tais como da verdade real, da oficialidade e da indisponibilidade do processo, vigora uma fase pré-processual, denominada inquérito policial, com características do sistema inquisitivo, sendo certo que inúmeras diligências produzidas durante o inquérito não são reproduzidas na fase processual e, apesar da negativa por parte da comunidade jurídica, essas provas, não raras vezes, influenciam a convicção do julgador. Nesse contexto, é razoável defender que, apesar da predominância do sistema acusatório, o Brasil adota também características do sistema inquisitivo. Portanto, insista-se, predomina o sistema acusatório com resquícios do sistema inquisitivo, e, em última análise, adota-se o sistema misto não na sua forma pura, pois mesmo na fase pré-processual grande parte dos direitos e garantias fundamentais é observada.

4. Infringência da legislação penal reconhecida em ação popular perante o sistema acusatório

Não é difícil perceber que o art. 15 da Lei de Ação Popular, com vigência anterior à Constituição da República de 1988, reflete o sistema inquisitivo, pois, ainda que de forma mitigada, ao determinar o envio de peças pelo juiz *ex officio*, atribui-lhe funções do Ministério Público. Sem grande esforço, percebe-se que referida providência, além de desnecessária, compromete a imparcialidade e é desnecessária porque, nos termos do art. 6º, § 4º, da Lei de Ação Popular:

> "O Ministério Público acompanhará a ação, cabendo-lhe apressar a produção da prova e promover a responsabilidade, civil ou criminal, dos que nela incidirem, sendo-lhe vedado, em qualquer hipótese, assumir a defesa do ato impugnado ou dos seus autores".

Além de desnecessária, a atuação de ofício pelo magistrado parece invadir atribuições constitucionalmente conferidas ao Ministério Público nos termos do art. 129, I, III e VIII[16] da Constituição da República. Não bastasse, deve-se ter em mente que nas comarcas de vara única o mesmo magistrado que julgar a ação popular julgará eventual processo criminal que tenha por fundamento os mesmos fatos. Obviamente, será impossível defender a imparcialidade do magistrado para julgar futuro processo criminal que, em última análise, originou de ato dele quando, na função de juiz cível, determinou a extração de peças e envio à autoridade policial ou ao Ministério Público.

Também é impossível não reconhecer a pouca técnica legislativa na redação do art. 15 da Lei de Ação Popular quando utiliza a expressão "ficar provada a infringência da lei penal", primeiro, porque o ônus da prova no processo civil é totalmente diferente do processo penal; segundo, porque, como regra, a decisão proferida pelo juízo cível não faz coisa julgada no processo criminal. Assim, é ilógico concluir que se pode entender como provada a infringência da lei penal em processo civil. As duas assertivas serão pormenorizadas nas linhas seguintes.

Importa esclarecer que será totalmente afastada a ideia normalmente defendida pelos processualistas de que o processo civil se contenta com a denominada verdade formal, enquanto para o processo penal vigora o princípio denominado verdade real, segundo o qual, tendo em vista os interesses tratados pelo direito processual penal, a atividade probatória seria a mais ampla possível, de forma a trazer aos autos os fatos como realmente aconteceram, como se fosse possível na atividade processual fazer voltar o tempo. Essa ideia de poderes sobrenaturais traz muito mais prejuízos do que benefícios ao sistema jurídico, pois, não raras vezes, faz com que os julgadores efetivamente acreditem que, quando entregam a prestação jurisdicional, fazem-no com poderes divinos, pois a decisão judicial foi proferida sob o manto de uma verdade absoluta.

Invocando o denominado princípio da verdade real, inúmeras arbitrariedades foram cometidas ao fundamento de que a gravidade das questões penais e os interesses em conflito, garantia da ordem pública e liberdade individual,

---

16 "Art. 129. São funções institucionais do Ministério Público:

I – promover, privativamente, a ação penal pública, na forma da lei;

II – zelar pelo efetivo respeito dos Poderes Públicos e dos serviços de relevância pública aos direitos assegurados nesta Constituição, promovendo as medidas necessárias a sua garantia;

III – promover o inquérito civil e a ação civil pública, para a proteção do patrimônio público e social, do meio ambiente e de outros interesses difusos e coletivos;

[...]

VIII – requisitar diligências investigatórias e a instauração de inquérito policial, indicados os fundamentos jurídicos de suas manifestações processuais."

permitiriam uma busca profunda e incessante da verdade. Referido princípio fundamentou práticas inquisitivas e fez crer que os agentes do Estado sempre poderiam trazer à luz os fatos como efetivamente ocorreram.

Assim, independentemente de se tratar de processo civil ou processo penal, não resta dúvida de que toda prova inserida nos autos e aceita pelo magistrado para formação do seu convencimento traduz-se sempre em uma verdade processual e a única certeza que esta pode apresentar é uma certeza jurídica, ou seja, uma certeza conferida pelo direito.

Uma vez que não é possível fazer voltar a roda do tempo, o que é possível ao Estado acusador é, reconhecendo seus limites, procurar reconstruir processualmente os fatos, objetivando a maior certeza possível aos jurisdicionados. Nessa função de reconstruir processualmente os fatos, surge o denominado ônus da prova, que não deve ser confundido com o dever de provar, pois este é uma obrigação e aquele (ônus) é uma faculdade que, se exercida corretamente, trará ao agente uma vantagem dentro do processo, conforme explica Guilherme de Souza Nucci:

> "(...) deve-se compreender o ônus da prova como a responsabilidade da parte, que possui o interesse em vencer a demanda, na demonstração da verdade dos fatos alegados, de forma que, não o fazendo, sofre a 'sanção processual', consistente em não atingir a sentença favorável ao seu desiderato".[17]

Enquanto no Código de Processo Civil, no art. 373,[18] I e II, adota-se como regra geral da distribuição estática do ônus da prova, segundo o qual cabe ao autor provar o fato constitutivo do seu direito e ao réu a existência de fato im-

---

17 NUCCI, Guilherme de Souza. *Provas no processo penal*: o valor da confissão como meio de prova no processo penal. 2ª ed. São Paulo: Ed. RT, 2011. p. 26.

18 "Art. 373. O ônus da prova incumbe:
I – ao autor, quanto ao fato constitutivo de seu direito;
II – ao réu, quanto à existência de fato impeditivo, modificativo ou extintivo do direito do autor.
§ 1º Nos casos previstos em lei ou diante de peculiaridades da causa relacionadas à impossibilidade ou à excessiva dificuldade de cumprir o encargo nos termos do *caput* ou à maior facilidade de obtenção da prova do fato contrário, poderá o juiz atribuir o ônus da prova de modo diverso, desde que o faça por decisão fundamentada, caso em que deverá dar à parte a oportunidade de se desincumbir do ônus que lhe foi atribuído.
§ 2º A decisão prevista no § 1º deste artigo não pode gerar situação em que a desincumbência do encargo pela parte seja impossível ou excessivamente difícil.
§ 3º A distribuição diversa do ônus da prova também pode ocorrer por convenção das partes, salvo quando:
I – recair sobre direito indisponível da parte;
II – tornar excessivamente difícil a uma parte o exercício do direito.
§ 4º A convenção de que trata o § 3º pode ser celebrada antes ou durante o processo."

peditivo, modificativo ou extintivo do direito do autor, o § 1º utiliza, como exceção, a denominada teoria dinâmica da distribuição do ônus da prova, na qual permite ao juiz flexibilizar a distribuição da prova nas hipóteses legais ou diante das peculiaridades do caso. Em linhas gerais, pode-se dizer que no processo civil é possível que o juiz determine que a prova seja produzida por aquele que tem melhores condições técnicas, fáticas ou profissionais de esclarecer determinado fato, independentemente do polo ocupado no processo.

Se no processo civil a teoria da distribuição dinâmica da prova tem recebido elogios da doutrina, uma vez que condizente com os princípios do acesso à justiça, cooperação e da adequação procedimental, salta aos olhos que referida teoria não tem aplicabilidade no processo penal.

Estabelecer o ônus da prova no processo penal não é tarefa simples, mesmo porque o art. 156 do Código de Processo Penal, de duvidosa constitucionalidade, determina que a prova da alegação incumbirá a quem a fizer. Não existe um consenso doutrinário sobre o tema, e parte da doutrina entende que cabe ao Ministério Público (ou querelante) provar a existência do fato e de sua autoria, não sendo objeto da prova, pois constituem juízo de valor em relação à norma, a tipicidade do fato e a antijuridicidade. Da mesma forma, parte da doutrina defende que não cabe à acusação provar o dolo ou eventual elemento subjetivo do tipo, porque não é possível adentrar no psiquismo do agente; a existência do dolo ou de eventual elemento subjetivo do tipo deve ser verificada por meio das circunstâncias que envolvem o fato. O Superior Tribunal de Justiça, em agravo regimental de relatoria da Ministra Jane Silva, decidiu:

> "Penal. Processual. Agravo regimental em recurso especial. Alínea *c* do permissivo constitucional. Falta de cotejo analítico. Impossibilidade de exame da divergência jurisprudencial. Homicídio. Acidente de trânsito. Dolo eventual. Culpa consciente. Revaloração de provas. Possibilidade. Inexistência de elementos do dolo eventual. Circunstâncias do fato que não evidenciam a antevisão e a assunção do resultado pelo réu. Desclassificação da conduta que se impõe. Agravo a que se nega provimento. 4. Considerando que o dolo eventual não é extraído da mente do acusado, mas das circunstâncias do fato, na hipótese em que a denúncia limita-se a narrar o elemento cognitivo do dolo, o seu aspecto de conhecimento pressuposto ao querer (vontade), não há como concluir pela existência do dolo eventual. Para tanto, há que evidenciar como e em que momento o sujeito assumiu o risco de produzir o resultado, isto é, admitiu e aceitou o risco de produzi-lo. Deve-se demonstrar a antevisão do resultado, isto é, a percepção de que é possível causá-lo antes da realização do comportamento. 5. Agravo a que se nega provimento".[19]

19 STJ, AgRg no REsp 1043279/PR, 2008/0066044-4, rel. Jane Silva, j. 14.10.2008, *DJe* 03.11.2008.

Por outro lado, corrente doutrinária considerável, em virtude do disposto no princípio da presunção de inocência, inserido no art. 5º, LVII, da Constituição Federal, entende ser contraditório imputar ao réu o dever de provar sua inocência, tendo em vista ser este, em virtude do referido dispositivo constitucional, presumidamente inocente. Incumbe à acusação demonstrar clara e objetivamente a responsabilidade criminal do acusado, sendo certo que no processo penal não vigora a teoria dinâmica da distribuição do ônus da prova, na qual permite ao juiz flexibilizar a distribuição da prova nas hipóteses legais ou diante das peculiaridades do caso. O que se admite no processo penal é o ônus processual probatório, segundo o qual a defesa poderá ter determinada vantagem processual quando faz prova do fato que alega, sendo certo que, mesmo que não se desincumba de eventual alegação, tal comportamento não poderá ser avaliado desfavoravelmente ao acusado.

Portanto, uma vez que não cabe ao réu provar sua inocência, que não existe, no processo penal, a distribuição dinâmica da prova, que pode o réu, no uso de uma faculdade, calar, fazer contraprova, levantar questões que reforcem a dúvida e que não é possível equiparar o sistema probatório do processo civil ao processo penal, é inaceitável, pela carga de prejulgamento que contém, aceitar como provada em ação civil infringência à lei penal, mesmo porque no direito penal são analisados elementos subjetivos e normativos do tipo, muitas vezes estranhos ao processo civil.

Não se desconhece que, nos termos do art. 18[20] da Lei 4.717/1965, a sentença que julga procedente o pedido na ação popular terá eficácia de coisa julgada oponível *erga omnes*. Portanto, será impossível rediscutir na seara criminal a ilegalidade e a lesividade do ato impugnado, disposição que, por si só, não influencia a responsabilidade criminal. Basta observar que algumas condutas ilícitas e lesivas no âmbito civil não influem na responsabilidade penal, como ocorre na reparação civil decorrente de danos materiais advindos de conduta culposa do condutor de veículo automotor, pois, como se sabe, o crime de dano, previsto no art. 163[21] do Código Penal,[22] somente é punível a título de dolo.

---

20 "Art. 18. A sentença terá eficácia de coisa julgada oponível *erga omnes*, exceto no caso de haver sido a ação julgada improcedente por deficiência de prova; neste caso, qualquer cidadão poderá intentar outra ação com idêntico fundamento, valendo-se de nova prova."

21 "Art. 163. Destruir, inutilizar ou deteriorar coisa alheia:
Pena – detenção, de um a seis meses, ou multa."

22 Decreto-lei 2.848, de 07 de dezembro de 1940. *Código Penal*, Brasília, DF, set. 2018. Disponível em: [http://www.planalto.gov.br/ccivil_03/decreto-lei/Del2848compilado.htm]. Acesso em: 20.10.2019.

Portanto, a única solução plausível e que observaria o sistema acusatório e a independência entre as esferas civil e criminal seria a interpretação do art. 15 da Lei 4.717/1965 conforme a Constituição, nos seguintes termos: "Se, no curso da ação, existirem indícios da infringência da lei penal, o juiz, a pedido do Ministério Público, determinará a remessa de cópia autenticada das peças necessárias às autoridades competentes".

Bibliografia

BENJAMIN, Antonio Herman Vasconcellos. A insurreição da aldeia global contra o processo civil clássico: apontamentos sobre a opressão e a libertação judiciais do meio ambiente e do consumidor. 1995, p. 25. Disponível em: [https://bdjur.stj.jus.br/jspui/bitstream/2011/8688/A_Insurrei%C3%A7%C3%A3o_da_Aldeia_Global.pdf]. Acesso em: 07.09.2018.

BITENCOURT, Cezar Roberto. *Tratado de direito penal*. 13ª ed. São Paulo: Saraiva, 2008. v. 1.

DICIONÁRIO BRASILEIRO DA LÍNGUA PORTUGUESA MICHAELIS. Disponível em: [http://michaelis.uol.com.br/busca?r=0&f=0&t=0&palavra=sistema]. Acesso em: 06.05.2018

FERRARESI, Eurico. *Ação popular, ação civil pública e mandado de segurança coletivo*. Rio de Janeiro: Forense, 2009.

GOMES JUNIOR, Luiz Manoel. *Ação popular*: aspectos polêmicos. 2ª ed. Rio de Janeiro: Forense, 2004.

MEIRELLES, Hely Lopes. Ação popular e sua lei regulamentar e sua natureza jurídica. *Revista de Direito Administrativo*, Rio de Janeiro, p. 8, 1966. Disponível em: [http://bibliotecadigital.fgv.br/ojs/index.php/rda/article/view/28191/27067]. Acesso em: 08.09.2018.

MEIRELLES, Hely Lopes. *Mandado de segurança, ação popular, ação civil pública, mandado de injunção,* habeas data. 18ª ed. São Paulo: Ed. RT, 1997.

MIRABETE, Julio Fabbrini. *Processo penal*. 18ª ed. São Paulo: Atlas, 2006.

MORAIS, Alexandre de. *Direito constitucional*. 7ª ed. São Paulo: Atlas, 2000.

NUCCI, Guilherme de Souza. *Provas no processo penal*: o valor da confissão como meio de prova no processo penal. 2ª ed. São Paulo: Ed. RT, 2011.

SILVA, José Afonso da. *Ação popular constitucional*. São Paulo: Ed. RT, 1968.

SILVA, José Afonso da. *Curso de direito constitucional positivo*. 40ª ed. São Paulo: Malheiros, 2017.

ZAVASCKI, Albino Teori. Reforma do processo coletivo: indispensabilidade de disciplina diferenciada para direitos individuais homogêneos e para direitos transindividuais, p. 3. Disponível em: [https://core.ac.uk/download/pdf/79062876.pdf]. Acesso em: 07.09.2018.

Art. 16. Caso decorridos 60 (sessenta) dias da publicação da sentença condenatória de segunda instância, sem que o autor ou terceiro promova a respectiva execução, o representante do Ministério Público a promoverá nos 30 (trinta) dias seguintes, sob pena de falta grave.

Fernanda Campos Marciano
Horácio Monteschio

Sumário: 1. Atuação do Ministério Público na ação popular: breves comentários. **2.** Execução popular (cumprimento de sentença): aspectos gerais. **2.1.** Legitimados ativos concorrentes. **2.2.** Legitimação subsidiária do Ministério Público para a fase de cumprimento de sentença.

1. Atuação do Ministério Público na ação popular: breves comentários

Consoante a Constituição Federal de 1988[1], ao Ministério Público, instituição permanente essencial à função jurisdicional do Estado, compete a defesa da ordem jurídica, do regime democrático e dos interesses sociais e individuais indisponíveis. Nesse contexto de proteção do interesse público e da coletividade, apesar de ao *Parquet* não ser atribuída legitimidade ativa inicial para a propositura da ação popular (legitimidade esta conferida ao cidadão[2]), a ele é conferida, pela Lei nº 4.717/1965, função única e fundamental na demanda popular.

Rodrigo Mazzei, citando Hely Lopes Meirelles, aduz que o Ministério Público tem posição singular na ação popular, sendo "parte pública autônoma, pois trabalha em prol dos interesses metaindividuais, não se jungindo a ser simples auxiliar do autor".[3]

As funções atribuídas ao Ministério Público na demanda popular estão compiladas, na Lei nº 4.717/1965, nos seguintes dispositivos: art. 6º, § 4º; art. 7º, I, "a" e § 1º; arts. 9º, 16 e 19, § 2º.

Cabe relevar a doutrina elaborada por José Afonso da Silva, ao *Parquet* são atribuídas competências facultativas e obrigatórias. Entre estas cabe

1 Art. 127 da Constituição Federal.

2 Art. 5º, LXXIII, da Constituição Federal: "qualquer cidadão é parte legítima para propor ação popular que vise a anular ato lesivo ao patrimônio público ou de entidade de que o Estado participe, à moralidade administrativa, ao meio ambiente e ao patrimônio histórico e cultural, ficando o autor, salvo comprovada má-fé, isento de custas judiciais e do ônus da sucumbência".

3 MAZZEI, Rodrigo. Comentários à Lei de Ação Popular – Art. 6º. *In*: COSTA, Susana Henriques da (coord.). *Comentários à Lei de Ação Civil Pública e Lei de Ação Popular*. São Paulo: Quartier Latin, 2006. p. 192.

ao referido órgão: acompanhar e velar pela regularidade da ação; apressar a produção de provas, oficiando para que as requisições de informações e documentos sejam atendidas dentro do prazo fixado pelo juiz; promover a responsabilidade civil e criminal dos envolvidos e, em casos específicos analisados adiante, executar a sentença condenatória. Dentre aquelas funções, para o autor, tem o Ministério Público a faculdade de continuar o processo em caso de desistência ou absolvição da instância e recorrer de decisões contrárias ao autor, sendo-lhe vedado assumir a defesa do ato impugnado ou de seus autores.[4]

A nosso ver, a referida divisão entre competências obrigatórias e facultativas não parece acertada, pois não haveria discricionariedade do membro do Ministério Público em continuar (ou não) o processo[5] ou de recorrer (ou não) da decisão. Como garantidor do interesse público, estariam intrínsecas às suas atribuições tais funções, podendo deixar de fazê-lo somente mediante justificativa. Em razão dos princípios da boa-fé[6] e da cooperação[7] entre as partes, é razoável que, nesses casos, o *Parquet* deixe de atuar apenas fundamentadamente.[8]

Ademais, o Ministério Público, havendo fundamentação legal, poderá, nos termos do Código de Processo Civil[9], ajuizar ação rescisória no prazo de dois anos do trânsito em julgado da decisão final.

Segundo lição de Gregório Assagra de Almeida, o Ministério Público "atua como parte adesiva ativa, "(...) não é o Ministério Público na ação popular mero *custos legis*; ao contrário, é parte assistencial, atuando em nome do in-

---

4 SILVA, José Afonso da. *Ação popular constitucional*. 2ª ed. São Paulo: Malheiros, 2007. p. 190.

5 Conforme lição de Antonio Roberto Sanches Junior (O princípio da obrigatoriedade e a continuidade da ação popular pelo Ministério Público em caso de desistência do autor. *In*: GOMES JUNIOR, Luiz Manoel; SANTOS FILHO, Ronaldo Fenelon (coord.). *Ação popular*: aspectos relevantes e controvertidos. São Paulo: RCS, 2006. p. 1-27).

6 Art. 5º do Código de Processo Civil: "Aquele que de qualquer forma participa do processo deve comportar-se de acordo com a boa-fé".

7 Humberto Theodoro Júnior (*Código de Processo Civil anotado*. 20ª ed. Rio de Janeiro: Forense, 2016. p. 65) conceitua o princípio da cooperação como "um desdobramento do princípio moderno do contraditório assegurado constitucionalmente, que não mais pode ser visto apenas como garantia de audiência bilateral das partes, mas que tem a função democrática de permitir a todos os sujeitos da relação processual a possibilidade de influir, realmente, sobre a formação do provimento jurisdicional. É, também, um consectário do princípio da boa-fé objetiva, um dos pilares de sustentação da garantia constitucional do processo justo".

8 Por exemplo, o Ministério Público, fundamentadamente, pode alegar que deixa de recorrer da decisão, uma vez que há remessa obrigatória.

9 Art. 967 do Código de Processo Civil.

teresse da sociedade (*custos societatis*) e na defesa da ordem jurídica (*custus juris*)". [10]

2. Execução popular (cumprimento de sentença): aspectos gerais

Nos termos do art. 11 da Lei da Ação Popular, a sentença que julga procedente a demanda popular decreta a invalidade do ato impugnado e condena os responsáveis por ele e os seus beneficiários ao pagamento de perdas e danos.

Quanto ao seu primeiro efeito (decretar a invalidade do ato impugnado), "a sentença possui natureza constitutiva negativa ou meramente declaratória, prescindindo de execução forçada para que produza modificações no mundo jurídico".[11] Produz, por si só, referido resultado.

Quanto ao segundo efeito (reparação dos danos causados ao patrimônio público pelo ato impugnado), caso os condenados não cumpram voluntariamente a decisão, a sentença constitui título executivo judicial passível de execução.

Em aplicação subsidiária do Código de Processo Civil, o qual deve ser oportunizado a auxiliar (art. 22 da LAP), a execução da decisão prolatada em sede de ação popular se dá como mera fase do processo, consubstanciada na fase de cumprimento de sentença (e não mais processo autônomo de execução), nos próprios autos da demanda popular, e nos moldes da lei processual, ressalvadas as escassas especificidades abarcadas pela Lei nº 4.717/1965.

Entre essas especificidades previstas na Lei nº 4.717/1965 merecem destaque a possibilidade de execução por desconto em folha de pagamento, quando o condenado a reparar o dano ao erário receber dos cofres públicos (art. 14, § 3º); a legitimidade ativa concorrente para o cumprimento de sentença, analisada a seguir; e a obrigatoriedade de execução pelo Ministério Público, objeto destes comentários, em caso de inércia do autor popular ou desinteresse dos colegitimados (art. 16) ou do ente público lesado (art. 17).

2.1. Legitimados ativos concorrentes

No intuito de conferir efetividade à ação popular e, assim, primar pelo interesse público, são vários os legitimados a perseguir o cumprimento da decisão condenatória proferida na demanda popular.

---

10 ALMEIDA, Gregório Assagra de. *Manual das ações constitucionais*. Belo Horizonte: Del Rey, 2007. p. 374-375.

11 AMADEO, Rodolfo da Costa Manso Real. Comentários à Lei de Ação Popular – Art. 16. : COSTA, Susana Henriques da (coord.). *Comentários à Lei de Ação Civil Pública e Lei de Ação Popular*. São Paulo: Quartier Latin, 2006. p. 263.

Extrai-se da doutrina de José Afonso ressalta que podem promover a execução (sempre no sentido de cumprimento do julgado) da sentença popular: a) o autor; b) terceiros, isto é, outro(s) cidadão(s), ainda que não tenha(m) participado do processo como assistente ou litisconsorte; c) as entidades referidas no art. 1º da Lei de Ação Popular, ou seja, o ente público que tenha sido lesado pelo ato invalidado na sentença; d) o Ministério Público, subsidiariamente.[12]

É fundamental que se relembre que o legislador, seja ele infraconstitucional ou Constituinte originário, ao consolidar o escopo nuclear de proteção do patrimônio público, prevista no bojo da ação popular, impôs contornos preventivos a esse patrimônio indisponível, ao assim legislar, encontra ressonância na doutrina de Hely Lopes Meirelles:

> "A ação popular tem fins preventivos e repressivos da atividade administrativa ilegal e lesiva ao patrimônio público, pelo quê sempre propugnamos pela suspensão liminar do ato impugnado, visando à preservação dos superiores interesses da coletividade. Como meio preventivo de lesão ao patrimônio público, a ação popular poderá ser ajuizada antes da consumação dos efeitos lesivos do ato; como meio repressivo, poderá ser proposta depois da lesão, para reparação do dano. Esse entendimento deflui do próprio texto constitucional, que a torna cabível contra atos lesivos do patrimônio público, sem indicar o momento de sua propositura".[13]

No que concerne a legitimação Constitucional e Lei nº 4.717/65, ofertada O ao autor (cidadão), legitimado ativo para a propositura da ação popular, pode executar a decisão na qualidade de parte do processo. Além dele, a Lei nº 4.717/1965 utilizou a expressão terceiro. Entretanto, não nos parece ser esse o termo adequado. Isso porque o autor atua em nome da coletividade, na qual está inserido esse "terceiro". Então, não seria ele alguém totalmente alheio ao processo, e, sim, parte dele, quando representado pelo autor. Por essa razão, entendemos mais acertado utilizar a expressão colegitimados, em vez de terceiros.

Em seguida, seria legitimado ativo concorrente para promover o cumprimento da decisão popular o ente público afetado pelo ato invalidado, maior interessado em ter os prejuízos por ele sofridos ressarcidos. O art. 16 da Lei nº 4.717/1965, equivocadamente, deixou de mencioná-lo, trazendo-o somente no art. 17.[14]

---

12 SILVA, José Afonso da. *Ação popular constitucional*. 2ª ed. São Paulo: Malheiros, 2007. p. 264.

13 MEIRELLES, Hely Lopes. Mandado de segurança, ação popular, ação civil pública, mandado de injunção e habeas data, 16. ed., 1995, p. 94.

14 Art. 17 da Lei nº 4.717/1965: "É sempre permitida às pessoas ou entidades referidas no art. 1º, ainda que hajam contestado a ação, promover, em qualquer tempo, e no que as beneficiar a execução da sentença contra os demais réus".

Por fim, caso nenhum desses legitimados concorrentes dê início à fase de cumprimento de sentença, caberá ao Ministério Público fazê-lo, nos termos analisados a seguir.

2.2. Legitimação subsidiária do Ministério Público para a fase de cumprimento de sentença

A sentença a ser cumprida, em caso de procedência da Ação Popular, se constitui em título executivo judicial de extrema relevância e assume distinção das demais sentenças cíveis por estar revestida dentro de contexto de ser oponível erga omnes, assim consignada por Hely Lopes Meirelles:

> A sentença definitiva produzirá efeitos de coisa julgada oponível erga omnes, exceto quando a improcedência resultar da deficiência da prova, caso em que poderá ser renovada com idêntico fundamento, desde que se indiquem novas provas (art. 18). Essa renovação da ação tanto pode ser feita pelo mesmo autor como por qualquer outro cidadão.[15]

O art. 16 da Lei nº 4.717/1965 consagra a legitimidade ativa subsidiária e condicionada do Ministério Público para promover o cumprimento da sentença popular. Gregório Assagra de Almeida[16] acrescenta que referido dispositivo confere ao Ministério Público "legitimidade ativa subsidiária obrigatória para a execução", conforme se extrai do texto legal, *in verbis*:

> Art. 16. "[...] caso decorridos 60 (sessenta) dias da publicação da sentença condenatória de segunda instância, sem que o autor ou terceiro promova a respectiva execução, o representante do Ministério Público a promoverá nos 30 (trinta) dias seguintes, sob pena de falta grave".[17]

Consoante lição de José Afonso da Silva, é possível, então, inferir que:

> "a) o representante do MP somente pode promover a execução verificada a inércia do autor e o desinteresse de outro cidadão, e transcorrido o prazo de sessenta dias da publicação da sentença condenatória de segunda instância; b) isso

15 MEIRELLES, Hely Lopes. Mandado de segurança, ação popular, ação civil pública, mandado de injunção e habeas data. 16. ed., 1995, p. 114.

16 ALMEIDA, Gregório Assagra de. *Manual das ações constitucionais*. Belo Horizonte: Del Rey, 2007. p. 375.

17 Art. 16 da Lei nº 4.717/1965.

> acontecido, é ele obrigado a promover a execução nos trinta dias subsequentes, sob pena de falta grave".[18]

Victor Corrêa de Oliveira considera essa legitimação do Ministério Público como hipótese de legitimação extraordinária, com a seguinte posição doutrinária:

> "[...] legitimação ativa extraordinária, porém não concorrente, pois que a legitimação do *Parquet* só surge após cessadas a do autor ou de terceiros; é também superveniente, pois que depende da condição resolutiva de que o autor ou terceiro não a promova como determinado no artigo, só surgindo a legitimação do Ministério Público com tais inércias processuais". [19]

Observa-se, entretanto, que, além da inércia do autor e do desinteresse dos colegitimados (e não terceiros, como abordado *supra*), para o *Parquet* atuar é necessário que o ente público lesado pelo ato invalidado pela decisão também permaneça inerte, o que, equivocadamente, foi omitido pelo dispositivo.

Outro ponto que merece destaque diz respeito à contagem do prazo de 60 dias para execução pelos colegitimados. De acordo com o art. 16, conta-se referido prazo da publicação da sentença condenatória de segunda instância. Na verdade, esse prazo não deve ser contado da publicação da decisão, mas do seu trânsito em julgado. Se o fosse, como trazido pelo dispositivo legal, estar-se-ia diante de caso de execução provisória e inexiste, em nosso ordenamento jurídico, obrigatoriedade de liquidação e execução provisórias. Inclusive, há entendimento jurisprudencial consolidado no sentido de que o autor, em execução provisória, responde por eventuais danos causados ao executado. [20]

O artigo em análise, ainda, consigna expressamente o termo sentença condenatória de segunda instância.[21] Saliente-se que sentença diz respeito à

---

18 SILVA, José Afonso da. *Ação popular constitucional*. 2ª ed. São Paulo: Malheiros, 2007. p. 264.

19 OLIVEIRA, Victor Corrêa de. A intervenção do Ministério Público na ação popular. *Revista do Ministério Público do Rio Grande do Sul*, nº 36, p. 292, 1992.

20 STJ, 3ª Turma, REsp 1576994/SP, rel. Min. Marco Aurélio Bellizze, j. 21.11.2017, *DJe* 29.11.2017: "Como regra, ante a possibilidade de modificação do título judicial que ampara a execução provisória, ao credor é imposta a responsabilidade objetiva de reparar os eventuais prejuízos causados ao devedor, restituindo-se as partes ao estado anterior".

21 Art. 203, § 1º, do Código de Processo Civil: "Ressalvadas as disposições expressas dos procedimentos especiais, sentença é o pronunciamento por meio do qual o juiz, com fundamento nos arts. 485 e 487, põe fim à fase cognitiva do procedimento comum, bem como extingue a execução".

decisão proferida em primeira ou única instância, razão pela qual o dispositivo deveria referir-se à decisão transitada em julgado, e não sentença. Ademais, cumpre-nos indagar: E se a decisão condenatória for proferida em primeira instância e lá transitar em julgado, como no caso, por exemplo, de o condenado não recorrer ou perder o prazo para tal?

Ao analisar a doutrina de José Afonso da Silva entende que, nessa hipótese, o Ministério Público não teria o dever de executar a decisão ante a inércia do autor ou desinteresse de terceiros, ao Ministério Público mas mera faculdade para a execução dos valores devidos, e também, nos termos do art. 6º, § 4º, da LAP, não estaria impedido de fazê-lo. Segundo o autor, "parece que a lei claudicou nesse passo, pois não há qualquer razão para a exigência num caso e noutro não. Bastaria ter dito sentença transitada em julgado, em vez de mencionar sentença de segunda instância".[22]

Em posição um pouco diversa, com a qual coadunamo-nos, defende Rodolfo da Costa Manso Real Amadeo que se aplica integralmente o art. 16 da LAP, isto é, quanto à obrigatoriedade de execução pelo Ministério Público, decorridos 60 dias da publicação da decisão ainda não executada, mesmo a sentença tendo sido proferida em primeira instância. [23]Decerto, não há razão para que se atribua ao Ministério Público o dever de executar somente quando a decisão for proferida em segunda instância.

Quanto à temática em questão, o Superior Tribunal de Justiça já reconheceu ser possível ao Ministério Público também, em aplicação do art. 16 da LAP, dar início à liquidação da sentença:

> "Processo civil. Ação popular. Liquidação de sentença. Legitimidade do Ministério Público. Art. 16 da Lei nº 4.717/65. 1. Segundo o art. 16 da Lei nº 4.717/65, o Ministério Público, sob pena de falta grave, deve promover a execução de sentença condenatória se o autor ou terceiro não o fizer".[24]

Por todo o exposto, conclui-se que, na ação popular, caso o autor, os colegitimados ou o ente público interessado não promovam o cumprimento da sentença no prazo de 60 dias, contados do trânsito em julgado da decisão popular condenatória, o Ministério Público tem o dever de fazê-lo, nos 30 dias

22 SILVA, José Afonso da. *Ação popular constitucional*. 2ª ed. São Paulo: Malheiros, 2007. p. 264.

23 AMADEO, Rodolfo da Costa Manso Real. Comentários à Lei de Ação Popular – Art. 16: COSTA, Susana Henriques da (coord.). *Comentários à Lei de Ação Civil Pública e Lei de Ação Popular*. São Paulo: Quartier Latin, 2006. p. 267.

24 STJ, 2ª Turma, REsp 450.258/SP, Rel. Min. Eliana Calmon, j. 08.06.2004, *DJe* 20.09.2004.

subsequentes, sob pena de falta grave, que deverá ser apurada internamente, segundo as normas disciplinares da própria instituição.

Entendimento no mesmo sentido é externado por Antonio Roberto Sanches Júnior, segundo o qual entende que é uma obrigação fazer cumprir a decisão proferida em sede de Ação Popular:

> "Dessa maneira, clara parece estar a incidência do princípio da obrigatoriedade de o Ministério Público prosseguir na ação em caso de desistência do autor popular. É cediça a incidência do princípio da obrigatoriedade em sede de ação penal pública. E mesmo no sistema penal, que exige muito mais formalidades, o princípio da obrigatoriedade é temperado pela independência funcional".[25]

Esse dever Gregório Assagra de Almeida denomina de "princípio da obrigatoriedade da promoção da execução coletiva na ação popular pelo Ministério Público". Entendemos, entretanto, que princípios são as molas mestres de um ordenamento, razão pela qual conferir caráter principiológico a tudo pode enfraquecer o sistema.

Consignamos, pois, que essa obrigatoriedade de execução popular pelo *Parquet* é, na verdade, um dever que decorre da lei.

Bibliografia

ALMEIDA, Gregório Assagra de. *Manual das ações constitucionais*. Belo Horizonte: Del Rey, 2007.

AMADEO, Rodolfo da Costa Manso Real. Comentários à Lei de Ação Popular – Art. 16. In: COSTA, Susana Henriques da (coord.). *Comentários à Lei de Ação Civil Pública e Lei de Ação Popular*. São Paulo: Quartier Latin, 2006.

GOMES JUNIOR, Luiz Manoel. *Ação popular*: aspectos polêmicos. 2ª ed. Rio de Janeiro: Forense, 2004.

GOMES JUNIOR, Luiz Manoel. *Curso de direito processual civil coletivo*. Rio de Janeiro: Forense, 2005.

MANCUSO, Rodolfo de Camargo. *Ação popular*. 8ª ed. São Paulo: Ed. RT, 2015.

MAZZEI, Rodrigo. Comentários à Lei de Ação Popular – Art. 6º. In: COSTA, Susana Henriques da (coord.). *Comentários à Lei de Ação Civil Pública e Lei de Ação Popular*. São Paulo: Quartier Latin, 2006.

---

25 SANCHES JUNIOR, Antonio Roberto; et al GOMES JUNIOR, Luiz Manoel; SANTOS FILHO, Ronaldo Fenelon. (Coordenadores). Ação popular: aspectos relevantes e controvertidos. São Paulo: RCS Editora, 2006. p. 14.

OLIVEIRA, Victor Corrêa de. A intervenção do Ministério Público na ação popular. *Revista do Ministério Público do Rio Grande do Sul*, nº 36, p. 292, 1992.

SANCHES JUNIOR. Antonio Roberto. O princípio da obrigatoriedade e a continuidade da ação popular pelo Ministério Público em caso de desistência do autor. In: GOMES JUNIOR, Luiz Manoel; SANTOS FILHO, Ronaldo Fenelon (coord.). *Ação popular*: aspectos relevantes e controvertidos. São Paulo: RCS, 2006.

SILVA, José Afonso da. *Ação popular constitucional*. 2ª ed. São Paulo: Malheiros, 2007.

SOUZA, Nelson Oscar de. Ação popular. *Revista de Direito Constitucional e Internacional*, v. 30, pp. 127-145, jan.-mar. 2000.

THEODORO JÚNIOR, Humberto. *Código de Processo Civil anotado*. 20ª ed. Rio de Janeiro: Forense, 2016.

Art. 17. É sempre permitida às pessoas ou entidades referidas no art. 1º, ainda que hajam contestado a ação, promover, em qualquer tempo, e no que as beneficiar a execução da sentença contra os demais réus.

Heleno Veloso de Faria Júnior
Arthur Mendes Lobo

Sumário: 1. Legitimidade ativa para o cumprimento de sentença em ação popular. **2.** Legitimidade passiva e a necessidade de participação dos executados na fase de conhecimento. **3.** Prazo para início do cumprimento de sentença. **4.** Considerações sobre a legitimidade das pessoas jurídicas interessadas. **5.** Bibliografias.

1. Legitimidade ativa para o cumprimento de sentença em ação popular

A execução corresponde, segundo lição de Cândido Rangel Dinamarco, a "uma cadeia de atos da atuação da vontade sancionatória", isto é, atos de natureza jurisdicional que alcançam o patrimônio do devedor, independentemente de sua vontade, para realização do resultado prático desejado pelo direito objetivo material.[1]

Tratando-se de execução da sentença proferida em ação popular, é possível inferir dos arts. 16 e 17 da Lei nº 4.717/1965 (Lei de Ação Popular) a existência de um rol de legitimados para exigir o cumprimento do comando decisório, assim constituído: a) pelo autor da demanda, atuando em prol da coletividade vencedora; b) por qualquer outro cidadão, em condição de terceiro, a que se refere a redação do art. 16, sendo prescindível sua participação na lide em momento anterior à fase de execução; c) pelo Ministério Público, quando transcorrido prazo de 60 dias desde a publicação do acórdão, sem que o autor ou terceiro iniciem a execução, sendo impositivo ao *Parquet* fazê-lo em 30 dias, sob pena do cometimento de falta grave; d) pelas pessoas jurídicas e entidades corrés na ação popular, ainda que tenham oferecido contestação ao pedido, naquilo que as beneficiarem contra os demais réus; e) pelos corréus (funcionários, beneficiários diretos, administradores, avaliadores, autoridades), solidariamente, no que concerne à execução de verba sucumbencial do autor, se este agiu como *improbus litigator*, ajuizando lide temerária (CF, art. 5º, LXXIII, parte final); f) pelos próprios responsáveis pela prática do ato lesivo ou ilegal, no que lhes aproveite sentença que estabelece,

1 MANCUSO, Rodolfo de Camargo. *Ação popular.* 8ª ed. rev., atual. e ampl. São Paulo: Ed. RT, 2015. p. 381.

desde logo, a responsabilidade regressiva de funcionários que tenham concorrido culposamente para o resultado danoso.[2]

No caso de procedência da ação, há legitimidade privativa do autor para executar o montante composto pelas verbas decorrentes do ônus da sucumbência, nos termos do art. 12 da LAP. Ao comando principal, todavia, cuidou o legislador de atribuir legitimidade concorrente disjuntiva entre os exequentes supraindicados nas letras "a", "b" e "d", uma espécie de litisconsórcio facultativo, com ressalva ao Ministério Público, que tem legitimidade subsidiária, conforme determina o art. 16 da LAP.

Para Victor Corrêa de Oliveira, a legitimidade do órgão ministerial para a execução do julgado em ação popular

> "[...] trata-se de um caso de legitimação ativa extraordinária, porém não concorrente, pois que a legitimação do *Parquet* só surge após ultrapassada a legitimação do autor ou do terceiro que não a promoveram como determinado no artigo, só passa a existir a legitimação do Ministério Público com tais inércias processuais".[3]

Ressalta Gregório de Assagra de Almeida que o cumprimento de sentença proferida em ação popular não constitui mera faculdade ao *Parquet*, "pois consagra o art. 16 da LAP o princípio da obrigatoriedade da promoção da execução coletiva na ação popular pelo Ministério Público", orientação também presente no art. 15 da Lei nº 7.347/1985 (Lei de Ação Civil Pública).[4]

Merece destaque, ainda, a legitimidade *ad causam* atribuída às pessoas jurídicas ou entidades listadas no art. 1º da LAP, para a execução da ação popular, mesmo que, porventura, tenham contestado a pretensão veiculada na exordial.

Conforme dicção do art. 6º da LAP, a pessoa jurídica de direito público ou privado e a entidade cujo ato seja questionado em sede de ação popular, a depender da existência de interesse público útil, avaliado pelo respectivo representante legal ou dirigente, poderão: a) oferecer contestação ao pedido; b) abster-se de contestar; c) ou atuar em assistência ao autor. Tais reações serão qualificadoras de sua posição na lide, contudo, em atenção ao disposto no art.

---

2 Cuida-se de comando inserido no art. 11 da LAP: "A sentença que, julgando procedente a ação popular, decretar a invalidade do ato impugnado, condenará ao pagamento de perdas e danos os responsáveis pela sua prática e os beneficiários dele, ressalvada a ação regressiva contra os funcionários causadores de dano, quando incorrerem em culpa".

3 OLIVEIRA, Victor Corrêa de. A intervenção do Ministério Público na ação popular. *Revista do MP do Rio Grande do Sul*, nº 36, p. 292.

4 ALMEIDA, Gregório Assagra. *Manual das ações constitucionais.* Belo Horizonte: Del Rey, 2007.

17 da LAP, não prejudicarão sua capacidade de promover a execução do título executivo judicial constituído.

A opção do legislador encontra justificativa no fato de que "o processo executório visa ao ressarcimento da lesão que o ato impugnado causou ao patrimônio da pessoa ou entidade sindicada", como bem explica Hely Lopes Meirelles, de modo que "não teria lógica que essa pessoa ou entidade, ainda que tenha contestado a demanda, fosse condenada a pagar perdas e danos ou devolver bens ou valores a si mesma".[5]

Ademais, o permissivo legal em exame contribui também para a efetivação da resposta jurisdicional em tempo razoável, observando-se o princípio da economia processual, pois confere legitimidade à pessoa jurídica ou entidade prejudicada para dar início, desde logo, ao cumprimento de sentença exarada em processo de que já tenha participado.

2. Legitimidade passiva e a necessidade de participação dos executados na fase de conhecimento

Cumprimento de sentença, oportuno dizer, é a nomenclatura atribuída ao procedimento executivo que se funda em título executivo judicial, tal qual a sentença prolatada em ação popular, e integra o chamado "processo sincrético", em que se conjugam as fases cognitiva e executiva em um mesmo processo.

Ao disciplinar aludido procedimento, o § 5º do art. 513 do Código de Processo Civil de 2015 nos apresenta regra de legitimidade passiva, ao consignar que fiador, coobrigado ou corresponsável que não tenham participado da fase de conhecimento não poderão sofrer os efeitos decorrentes do cumprimento de sentença.

O alcance subjetivo da sentença, portanto, reclama o chamamento daqueles que serão por ela afetados à participação da fase cognitiva, sob pena de ineficácia do título executivo judicial.

Trata-se de comando normativo também aplicável no âmbito da ação popular, portanto é necessário que as pessoas públicas ou privadas e as entidades referidas no art. 1º da LAP, as autoridades, funcionários ou administradores que integraram o ato impugnado, e seus beneficiários diretos, tenham tido a oportu-

---

5 MEIRELLES, Hely Lopes. *Mandado de segurança, ação popular, ação civil pública, mandado de injunção,* habeas data, *ação direta de inconstitucionalidade, ação declaratória de constitucionalidade e arguição de descumprimento de preceito fundamental*. 23ª ed. atual. por Arnoldo Wald e Gilmar Ferreira Mendes. São Paulo: Malheiros, 2001. p. 345.

nidade de participar da fase de conhecimento e, por conseguinte, da formação do título judicial em execução.

3. Prazo para início do cumprimento de sentença

No que diz respeito ao prazo para dar início ao cumprimento de sentença, uma interpretação puramente exegética do art. 17 da LAP, que se refere à promoção da execução "em qualquer tempo", poderia nos conduzir ao entendimento de que tal procedimento é imprescritível.

Considerando, por outro lado, o conteúdo da Súmula 150 do STF, de que *"prescreve a execução no mesmo prazo de prescrição da ação"*, bem como o estabelecimento de prazo quinquenal para a proposição da ação popular, segundo o art. 21 da LAP, remanesceria compreensão de que o cumprimento de sentença proferida em ação popular deverá ser promovido em até cinco anos.[6]

Tem-se que a Lei de Ação Popular é omissa nesse ponto, dando margem a diferentes linhas argumentativas, sustentando alguns tratar-se de iniciativa não sujeita a prazo prescricional, e outros, que se limita ao prazo quinquenal.

Para Maria Sylvia Zanella Di Pietro, "a prescrição ocorre no prazo de cinco anos, nos termos do art. 21, LAP, salvo quanto à reparação de danos, que é imprescritível nos termos do art. 37, § 5º, do texto constitucional".[7]

Com efeito, a imprescritibilidade é medida excepcional e submissa ao princípio da segurança jurídica, sendo comumente expressa no texto constitucional, a exemplo do art. 5º, XLII e XLIV, que consideram imprescritíveis, respectivamente, o crime de racismo e a ação de grupos armados, civis ou militares, contra a ordem constitucional e o Estado Democrático, e do art. 37, § 5º, que estabelece a imprescritibilidade das ações de ressarcimento de danos causados ao erário.

Apresenta-se temerária a concepção genérica de iniciativas judiciais imprescritíveis, exercitáveis a qualquer tempo. Especialmente, em situações destinadas à realização prática de título judicial condenatório, que pressupõe o acertamento da lide, com a eliminação da incerteza antes reinante.

Nesse sentido, a imprescritibilidade parece constituir exceção a ser ressaltada pelo legislador, de modo que sua aplicação à ação popular se restringiria,

---

6 O art. 16 da LAP não é omisso com relação à intervenção subsidiária do MP, como constava na redação original, uma vez que assinala expressamente prazo de 30 dias para o *Parquet* promover a execução.

7 DI PIETRO, Maria Sylvia Zanella. *Direito administrativo*. Rio de Janeiro: Forense, 2019. p. 322.

tão somente, ao provimento judicial destinado à reparação de danos ao erário, como afirma Pedro Roberto Decomain:

> "A única pretensão administrativa passível de ser manifestada em ação popular e que não fica sujeita à prescrição, como se viu, é aquela relacionada a ressarcimento de danos patrimoniais ao Erário, alforriada à prescrição expressamente pelo parágrafo 5º do art. 37 da Constituição Federal".[8]

Convém recordar que o Plenário do Supremo Tribunal Federal (STF) já reconheceu, por maioria de votos, a imprescritibilidade de ações de ressarcimento de danos ao erário, decorrentes de ato doloso de improbidade administrativa, no julgamento do Recurso Extraordinário 852.475/SP, em agosto de 2018.[9]

Assim, por tudo quanto se examinou, os prazos para execução do comando principal de sentença, decorrente de ação popular, podem ser definidos nos seguintes moldes: a) 60 dias, subsequentes ao trânsito em julgado, por iniciativa exclusiva do autor, de terceiro ou das pessoas jurídicas e entidades do art. 1º da LAP (arts. 16 e 17 da LAP); b) 30 dias, subsequentes ao término do prazo anterior, para atuação subsidiária do Ministério Público, sob pena de falta grave (art. 16 da LAP, parte final); c) cinco anos, do trânsito em julgado, para todos os legitimados ativos, ressalvada a hipótese de ressarcimento de dano causado ao patrimônio público, cuja execução poderá ser deflagrada a qualquer tempo.

4. Considerações sobre a legitimidade das pessoas jurídicas interessadas

O enunciado da Súmula 365 do STF é claro ao dispor que "pessoa jurídica não tem legitimidade para propor ação popular", na medida em que a cidadania constitui requisito subjetivo para ajuizamento de referida demanda, conforme art. 1º, § 3º, da LAP.

---

8 DECOMAIN, Pedro Roberto. A prescrição da ação popular. *Revista Dialética de Direito Processual*, nº 77, pp. 115 e 323, ago. 2009.

9 STF, RE 852.475/SP, rel. Min. Alexandre de Morais, j. 08.08.2018, *DJe* 20.08.2018. Na hipótese em questão, impugnou-se acórdão do Tribunal de Justiça de São Paulo (TJSP), que declarou a prescrição de ação civil pública movida contra funcionários da Prefeitura de Palmares Paulista (SP), supostamente envolvidos em processo de licitação considerado irregular, extinguindo a ação. Ao prover parcialmente o recurso, a Suprema Corte determinou o retorno dos autos ao tribunal de origem para que, uma vez afastada a prescrição, examinasse o pedido de ressarcimento do erário com base nas condições fixadas em Plenário.

A incompatibilidade das pessoas jurídicas com o exercício de direitos políticos, aliás, pode ser facilmente compreendida a partir do seguinte excerto, extraído do voto do Min. Luiz Fux, no julgamento da ADI 4.650:

> "De início, não me parece que seja inerente ao regime democrático, em geral, e à cidadania, em particular, a participação política por pessoas jurídicas. É que o exercício da cidadania, em seu sentido mais estrito, pressupõe três modalidades de atuação cívica: o *ius suffragii* (*i.e.*, direito de votar), o *jus honorum* (*i.e.*, direito de ser votado) e o direito de influir na formação da vontade política através de instrumentos de democracia direta, como o plebiscito, o referendo e a iniciativa popular de leis [...]. Por suas próprias características, tais modalidades são inerentes às pessoas naturais, afigurando-se um disparate cogitar a sua extensão às pessoas jurídicas. Nesse particular, esta Suprema Corte sumulou entendimento segundo o qual as 'pessoas jurídicas não têm legitimidade para propor ação popular' (Enunciado da Súmula 365 do STF), por essas não ostentarem o *status* de cidadãs. [...] 'Deveras, o exercício de direitos políticos é incompatível com a essência das pessoas jurídicas'".[10]

Registra-se, entretanto, que inexiste óbice ao deslocamento das pessoas jurídicas de direito público ou privado, do polo passivo ao polo ativo da ação popular,[11] porquanto poderão atuar ao lado do autor, na forma do art. 6º, § 3º, da LAP, ou, ainda que tenham contestado a ação, poderão executar a sentença, em benefício próprio, contra os demais réus, conforme art. 17 daquele diploma legal.

Em regra, a pessoa jurídica somente poderá ocupar o polo ativo da ação popular, com exclusividade, para dar início ao cumprimento de sentença. Isso porque, se houver desistência ou abandono do processo na fase anterior, caberá a qualquer cidadão ou ao Ministério Público dar prosseguimento à ação, a teor do que dispõe o art. 9º da LAP.

Não obstante, há decisão do Superior Tribunal de Justiça em reconhecimento da possibilidade de a pessoa jurídica assumir o polo ativo da ação popular, em caso de desistência do autor, diante da inércia do Ministério Público ou outro cidadão para salvaguardar o interesse público.[12]

---

10 ADI 4.650, rel. Min. Luiz Fux, P, j. 17.09.2015, *DJe* 34, 24.02.2016. Disponível em: [http://www.stf.jus.br/portal/jurisprudencia/menuSumarioSumulas.asp?sumula=2667]. Acesso em: 26.11.2018.

11 Nesse sentido, ver: REsp 945.238/SP, 2ª Turma, rel. Min. Herman Benjamin, j. 09.12.2008, *DJe* 20.04.2009; AgRg no REsp 1.012.960/PR, 2ª Turma, rel. Min. Herman Benjamin, j. 06.10.2009, *DJe* 04.11.2009.

12 Nesse sentido, ver: AgRg no REsp 439.854/MS, 2ª Turma, rel. Min. Eliana Calmon, j. 08.04.2003, *DJ* 18.08.2003, p. 194.

Sobre a assistência que a pessoa jurídica de direito público ou privado poderá prestar ao autor, há divergência na doutrina se constituir modalidade de assistência simples, como defendem Rodolfo de Camargo Mancuso e José Afonso da Silva, ou litisconsorcial, posição que sustentam Péricles Prade e Ruy Armando Gessinger.

De toda forma, resta preservada a legitimidade da pessoa jurídica de direito público ou privado, cujo ato seja objeto de impugnação, para figurar não apenas no polo passivo da ação popular, mas também no polo ativo, em determinadas situações, como forma de proteção do interesse público e atribuição de responsabilidade àqueles que efetivamente concorreram para a prática de ato lesivo ou ilegal, utilizando-se da estrutura da entidade pública.

5. Bibliografia

ALMEIDA, Gregório Assagra. *Manual das ações constitucionais.* Belo Horizonte: Del Rey, 2007.

ALMEIDA, José Luiz Gavião de. Ação popular e a Constituição de 1988. *RT* 729/75.

AMARAL VIEIRA, R. R. Ação popular. *RDP* 89.

BARROSO, Luís Roberto. A ação popular como instrumento de defesa ambiental. *Cadernos de Direito Constitucional e Ciência Política*, nº 11, abr.-jun. 1995.

CAMPOS FILHO, Paulo Barbosa. *Ensaio sobre a ação popular.* São Paulo: Saraiva, 1939.

CAVALCANTI, Themístocles Brandão. *A Constituição Federal comentada.* 2ª ed. Rio de Janeiro: José Konfino, 1952.

DECOMAIN, Pedro Roberto. A prescrição da ação popular. *Revista Dialética de Direito Processual,* nº 77, p. 115, ago. 2009.

DI PIETRO, Maria Sylvia Zanella. *Direito administrativo.* Rio de Janeiro: Forense, 2019.

DINAMARCO, Pedro da Silva. Comentário ao art. 1º da Lei nº 4.717/65. In: COSTA, Susana Henrique da (coord.). *Lei de Ação Civil Pública e Lei de Ação Popular*. São Paulo: Quartier Latin, 2006.

FERREIRA, Luís Pinto. Ação popular (verbete). *Enciclopédia Saraiva do Direito*. São Paulo: Saraiva, 1977.

FIGUEIREDO, Lucia Valle. *Curso de direito administrativo.* 2ª ed. São Paulo: Malheiros, 1995.

FIORILLO, Celso Antônio Pacheco. *Os sindicatos e a defesa dos interesses difusos no direito processual civil brasileiro*. São Paulo: Ed. RT, 1995.

GOMES JUNIOR, Luiz Manoel. *Ação popular*: aspectos polêmicos. 2ª ed. Rio de Janeiro: Forense, 2004.

GOMES JUNIOR, Luiz Manoel. *Curso de direito processual civil coletivo.* Rio de Janeiro: Forense, 2005.

GUIMARÃES, Ary Florêncio. *Aspectos da ação popular de natureza civil.* 1957. Dissertação (Mestrado) – Curitiba, 1957. Disponível em: [https://www.jurisway.org.br/v2/dhall.asp?id_dh=12340]. Acesso em: 13.11.2018.

MANCUSO, Rodolfo de Camargo. *Ação popular.* 8ª ed. rev., atual. e ampl. São Paulo: Ed. RT, 2015.

MEIRELLES, Hely Lopes. *Mandado de segurança, ação popular, ação civil pública, mandado de injunção,* habeas data, *ação direta de inconstitucionalidade, ação declaratória de constitucionalidade e arguição de descumprimento de preceito fundamental.* 23ª ed. atual. por Arnoldo Wald e Gilmar Ferreira Mendes. São Paulo: Malheiros, 2001.

MELO, Gustavo de Medeiros. A legitimidade ativa na ação popular. Revendo o conceito de cidadania quarenta anos depois. In: GOMES JUNIOR, Luiz Manoel; SANTOS FILHO, Ronaldo Fenelon (coord.). *Ação popular*: aspectos relevantes e controvertidos. São Paulo: RCS, 2006.

MOREIRA, José Carlos Barbosa. Ação popular do direito brasileiro como instrumento de tutela jurisdicional dos chamados interesses difusos. In: GRINOVER, Ada Pellegrini et al. (coord.). *Processo coletivo*: do surgimento à atualidade. São Paulo: Ed. RT, 2014.

OLIVEIRA, Victor Corrêa de. A intervenção do Ministério Público na ação popular. *Revista do MP do Rio Grande do Sul*, nº 36, 2009, pp. 267/294.

PINTO, Francisco Bilac Moreira. *Enriquecimento ilícito no exercício de cargos públicos.* Rio de Janeiro: Forense, 1960.

SOARES, Mário Bento Martins. Ação popular: singularidades e controvérsias do instituto. *RDP* 53-54.

SIDOU, J. M. Othon. *As garantias ativas dos direitos coletivos*: *habeas corpus*, ação popular, mandado de segurança. Rio de Janeiro: Forense, 1977.

SILVA, José Afonso da. *Ação popular constitucional*: doutrina e processo. São Paulo: Malheiros, 2007.

TEMER, Michel. *Elementos do direito constitucional.* 12ª ed. São Paulo: Malheiros, 1996.

THEODORO JÚNIOR, Humberto. Ação popular – Defesa de interesses de investidores – Títulos de capitalização – Descabimento – Carência da ação. *Revista Jurídica*, nº 272, 2000.

WAMBIER, Tereza Arruda Alvim. *Controle das decisões judiciais por meio de recursos de estrito direito e de ação rescisória*: recurso especial, recurso extraordinário e ação rescisória: O que é uma decisão contrária à Lei? São Paulo: Ed. RT, 2001.

Art. 18. A sentença terá eficácia de coisa julgada oponível "erga omnes", exceto no caso de haver sido a ação julgada improcedente por deficiência de prova; neste caso, qualquer cidadão poderá intentar outra ação com idêntico fundamento, valendo-se de nova prova.

Daniele Aparecida Gonçalves Diniz Mares
Camilo Zufelato

Sumário: 1. Delineamento da coisa julgada sob a perspectiva dos direitos tutelados na ação popular. **2.** A natureza jurídica da legitimação do autor popular e sua relação com a formação da coisa julgada. **3.** A expressão *erga omnes* e o seu alcance para a Lei de Ação Popular. **4.** A improcedência por insuficiência de provas como traço característico da coisa julgada na ação popular e no microssistema processual coletivo.

1. Delineamento da coisa julgada sob a perspectiva dos direitos tutelados na ação popular

Preliminarmente, para análise do instituto da coisa julgada na ação popular, torna-se necessária a sua contextualização, com destaque para o momento histórico em que as demandas coletivas exsurgiram.

A esse respeito, discorre Luciana de Oliveira Leal:[1]

> "A complexidade das relações sociais, que se massificaram, e o surgimento da consciência de existirem direitos e interesses de alcance coletivo, diversos dos direitos individuais legalmente tutelados, levaram à criação e ao desenvolvimento concomitantes de meios processuais de tutela destes direitos. [...] E uma das questões de maior relevo pertinentes ao tema é a referente à formação da coisa julgada e sua extensão. Pois por se tratar de direitos sem titular individualizado, cuja representação processual tem aspectos próprios, a aplicação pura e simples das normas do Código de Processo Civil, adequadas ao processo individual, não se mostra adequada aos direitos que são objeto de tutela, com riscos extremos a estes, dada a amplitude de que se revestem".

Embora tenha origem remota no direito romano,[2] foi mais recentemente que no Brasil a ação popular floresceu legislativamente. Num cenário de rela-

---

1 LEAL, Luciana de Oliveira. A coisa julgada nas ações coletivas, p. 1. Disponível em: [http://www.tjrj.jus.br/c/document_library/get_file?uuid=cce8be67-3e36-49f5-912b-219abbae66ea&groupId=10136]. Acesso em: 17.12.2018.

2 Cf. MANCUSO, Rodolfo de Camargo. *Ação popular.* 8ª ed. rev., atual. e ampl. São Paulo: Ed. RT, 2015. Capítulo 2.

ções sociais que visam a tutela do patrimônio público e da moralidade administrativa, surge essa figura como instrumento para a tutela desses bens, bem como do meio ambiente, do patrimônio histórico e cultural, ou ainda de qualquer outro bem entre os que pertencem ao grupo dos interesses sociais ou individuais indisponíveis.

Nessa senda, trazem-se à colação os contornos dados à ação popular por José Afonso da Silva:[3]

> "[...] A ação popular é instituto que faz realizar na prática o princípio da moralidade da Administração Pública, consignado no art. 37 da CF, *caput* e §§ 1º a 4º [...]. O autor faz valer um interesse que só lhe cabe *uti universi*, como membro de uma comunidade, agindo *pro populo*. Mas a ação popular não é mera atribuição de *ius actionis* a qualquer do povo, ou a qualquer cidadão, como no caso da nossa. Essa é apenas uma de suas conceituais. O que lhe dá conotação essencial é a natureza impessoal do interesse defendido por meio dela: interesse da coletividade. [...] É o instituto processual civil outorgado a qualquer cidadão como garantia político-constitucional (ou remédio constitucional), para a defesa de interesse da coletividade, mediante a provocação do controle jurisdicional corretivo de atos lesivos do patrimônio público, de moralidade administrativa, do meio ambiente e do patrimônio histórico cultural".

Em razão de seus objetivos, pode-se afirmar que a ação popular visa à defesa dos *interesses coletivos lato sensu*, transcendendo à esfera meramente individual ou patrimonial do indivíduo, constituindo uma das formas de exercício da soberania popular em face do Estado, por meio da atuação jurisdicional.

No contexto das demandas de índole coletiva, é de registrar o pioneirismo da ação popular no contexto legislativo nacional, conforme já expusemos em doutrina:

> "No campo dos direitos civis, antes da LACP, a primeira lei que permitiu a tutela de direitos transindividuais foi a Lei nº 4.717 de 1965, conhecida como Lei da Ação Popular (LAP), a partir de uma alteração legislativa no texto original com o qual se inseriu em 1977 o § 1º da Lei, operando assim a ampliação do conceito de patrimônio público para nele incluir direitos difusos [...]".[4]

É sob essa ótica da complexidade das relações, cujos interesses vão além daqueles de cunho eminentemente individual, que se fazem necessárias a compreensão e a interpretação de institutos de natureza processual, como o da

---

3 SILVA, José Afonso da. *Ação popular constitucional*: doutrina e processo. 2ª ed. São Paulo: Malheiros, 2007. p. 39.

4 ZUFELATO, Camilo. *Coisa julgada coletiva*. São Paulo: Saraiva, 2011. p. 52.

coisa julgada e sua extensão, ora em exame, objetivando a harmonização e a segurança jurídica de todo um sistema e suas relações subjacentes.

De todos os elementos caracterizadores do instituto da coisa julgada o de maior destaque e sujeito a adaptações, quando aplicado à ação popular e a todo o processo coletivo, são seus limites subjetivos, que deixam de ser *inter partes* e passam a ter extensão *erga omnes*, a fim de alcançar outros sujeitos que estão vinculados à situação fática decidida na demanda de natureza coletiva.

No campo da teoria da coisa julgada, a coisa julgada formal representa a imutabilidade ou a indiscutibilidade dos efeitos da decisão apenas do ponto de vista endoprocessual, quando da decisão ou sentença não mais couber recurso, na mesma relação jurídico-processual. Contudo, é possível a rediscussão da mesma matéria, mas em outros autos. No entanto, quando a indiscutibilidade da decisão alcançar efeitos extraprocessuais, configurar-se-á a coisa julgada material, como pressuposto processual negativo que impedirá a rediscussão da matéria transitada materialmente em julgada. Em princípio, as sentenças proferidas com resolução de mérito são aptas à produção de coisa julgada formal e material, ao passo que as sentenças proferidas sem resolução do mérito estão sujeitas tão somente a coisa julgada formal.

Por isso, os limites subjetivos da coisa julgada material é o ponto central do presente tema, com a expressão *erga omnes*, contida no art. 18 da Lei nº 4.717/1965, nos seguintes termos: "A sentença terá eficácia de coisa julgada oponível 'erga omnes', exceto no caso de haver sido a ação julgada improcedente por deficiência de prova; neste caso, qualquer cidadão poderá intentar outra ação com idêntico fundamento, valendo-se de nova prova".[5]

Vale acrescentar que, ao lado dos interesses protegidos e discutidos em sede de ação popular, a legitimação ativa para esta ação é também ponto central para se compreender a exata dimensão da expressão *erga omnes* trazida pelo art. 18 da Lei nº 4.717/1965.

2. A natureza jurídica da legitimação do autor popular e sua relação com a formação da coisa julgada

Conforme exposto, outro ponto relevante para compreender o alcance do provimento jurisdicional na ação popular é a identificação da natureza jurídica da legitimação do autor popular.

5 BRASIL. Lei nº 4.717, de 29 jun. 1965. Disponível em: [http://www.planalto.gov.br/ccivil_03/LEIS/L4717.htm]. Acesso em: 17.12.2018.

Isso porque, como bem assinala Luiz Manoel Gomes Junior,[6] tratando-se de direitos transindividuais, devemos nos atentar para a adequada abordagem, sendo equivocada a abordagem que trata de analisar as demandas de natureza coletiva à luz das regras do direito processual individual.

Diversas correntes tentaram explicar a legitimação ativa na ação popular, com destaque para o entendimento de que a legitimação do autor popular é extraordinária, uma vez que os interesses ali defendidos pertencem verdadeiramente a toda a coletividade, de modo que o autor coletivo defende interesse alheio como verdadeiro substituto processual.

Outra parte da doutrina entende que o autor popular age em nome próprio, na medida em que pertence a uma coletividade e possui, individualmente, o direito de se opor ao ato ilegal ou lesivo. Ressaltam os adeptos dessa corrente que pensar diferente seria o mesmo que rechaçar a ideia de que o indivíduo pertence à coletividade.

Luis Fernando Nishi,[7] com apoio em Nelson Nery Junior, afirma que:

> "[...] Por fim, prevalece o entendimento preconizado por Nelson Nery Junior, com influência do direito alemão, no sentido de que a legitimação nas ações coletivas deve ser dividida: de um lado, temos a tutela dos direitos individuais homogêneos, na qual a legitimidade é extraordinária, uma vez que os entes legitimados agem em nome próprio na defesa de direito alheio; de outro, a legitimação quanto aos direitos difusos e coletivos é autônoma para a condução do processo, não tendo relação com o direito material em debate".

Segundo o entendimento anteriormente realçado, o instituto da substituição processual se adéqua ao processo individual, em que se identifica verdadeiramente o substituído, não sendo correto falar em substituição processual nas hipóteses em que se discutem interesses difusos ou coletivos, porque em tais casos a individualização dos interessados não se mostra possível, configurando, então, uma espécie de *legitimação autônoma para a condução do processo*.

José Afonso da Silva,[8] por sua vez, entende pela necessidade de diferenciar "parte em sentido material" e "parte em sentido formal", uma vez que o autor popular tem o interesse legítimo que o impulsiona a demandar, contudo ele não

---

6 GOMES JUNIOR, Luiz Manoel. *Curso de direito processual civil coletivo*. Rio de Janeiro: Forense, 2005. p. 34.

7 NISHI, Luis Fernando. A legitimidade ativa nas ações coletivas na jurisprudência do Superior Tribunal de Justiça, p. 11, 2014. Disponível em: [https://www.pucsp.br/tutelacoletiva/download/artigo-a-legitimidade-ativa.pdf]. Acesso em: 16.12.2018.

8 SILVA, José Afonso da. *Ação popular constitucional*. 2ª ed. São Paulo: Malheiros, 2007. p. 259.

será titular exclusivo do direito tutelado, que pertence à própria coletividade, a qual, por sua vez, não tem, ela própria, legitimidade para estar em juízo.

Assim, o conflito de interesses se instaura entre cidadão, enquanto membro da coletividade, e o responsável pelo ato impugnado, ou seja:

> "[...] sustentamos que o autor popular ingressa em juízo na defesa de direito próprio, embora o interesse defendido seja *ut universis*, de toda comunidade. Todos os cidadãos dessa comunidade são titulares do mesmo direito de ir a juízo, mediante a demanda popular, para defender a probidade administrativa. Esse direito, em tese, no entanto, se concretiza e se especifica, quando um ou mais dos titulares do direito propõe a ação popular. [...] Por outro lado, o autor popular, defendendo direito seu, ao mesmo tempo, assume qualidade de defensor do direito dos demais cidadãos e o interesse geral da comunidade. Ora, o julgamento da demanda, no caso, significa que o Estado, naquele caso concreto, relativamente àquela, já concedeu a prestação jurisdicional. A lide, com suas circunstâncias objetivas e subjetivas, ficou decidida – completa e definitivamente decidida – com a coisa julgada. Isso basta para explicar a extensão *erga omnes* da eficácia e autoridade da sentença que resolve a lide popular, nos limites previstos no art. 18 da Lei nº 4.717/1965".

Impõe registrar o posicionamento trazido por Luiz Manoel Gomes Junior,[9] segundo o qual:

> "[...] nas ações coletivas estará sempre presente uma legitimidade processual coletiva que é, justamente, a possibilidade de almejar a proteção dos direitos coletivos *lato sensu* (difusos, coletivos e individuais homogêneos), ainda que haja coincidência entre os interesses próprios de quem atua com os daqueles que serão, em tese, beneficiados com a decisão a ser prolatada. Haverá, assim, no caso dos entes legitimados para atuar no polo ativo das ações coletivas, sempre, uma legitimação processual coletiva".

Parece-nos mais lúcida e coerente a construção desenvolvida por Gomes Junior, pois nas ações coletivas, especificamente na ação popular, ao autor são permitidas tanto a defesa de interesses individuais quanto a defesa de interesses de toda a coletividade, afastando-se a possibilidade de classificar tal legitimação segundo as categorias próprias do direito processual individual.

Questão interessante e que convalida o argumento da proteção de direitos transindividuais na ação popular, além de demonstrar que aquela ação não serve apenas à tutela de interesses individuais do autor popular originário, é que a

9 GOMES JUNIOR, Luiz Manoel. *Curso de direito processual civil coletivo.* 2ª ed. São Paulo: SRS, 2008. pp. 34-35.

tutela de direito difuso permite a participação de demais interessados, nos termos da previsão do art. 6º, § 5º, da Lei nº 4.717/1965, que autoriza a habilitação de eventuais interessados no feito.

Assim, parece-nos necessário, ao analisarmos a legitimação do autor na ação popular, entender os objetivos do próprio direito processual coletivo, pois só assim será possível extrair o exato alcance pretendido pelo legislador.

3. A expressão *erga omnes* e seu alcance na Lei de Ação Popular

Feitas essas breves considerações acerca da legitimação e do objeto da ação popular, passa-se à análise da coisa julgada, especialmente no tocante à extensão da expressão *erga omnes,* prevista no art. 18 da Lei nº 4.717/1965.

Segundo as lições de Luiz Manoel Gomes Junior,[10] "[...] Se a característica primordial dos direitos difusos é a impossibilidade de haver precisa indicação dos seus beneficiários, nem teria sentido afirmar a existência de coisa julgada limitada a determinada categoria ou pessoa".

Essa, portanto, é a perspectiva interpretativa que se busca na análise do alcance da coisa julgada na ação popular, ou seja, conforme expõe Rodolfo de Camargo Mancuso:[11]

> "[...] c) na medida em que o autor popular representa a sociedade civil que ele mesmo integra, os limites subjetivos do julgado não podem seguir os mesmos parâmetros do estabelecido no Código de Processo Civil para os conflitos intersubjetivos, mas deve sofrer as adaptações necessárias, até porque o art. 22 da LAP autoriza o uso subsidiário das normas do Código de Processo Civil, mas – atente-se – 'naquilo em que não contrariem os dispositivos desta Lei, nem a natureza específica da ação'".

Não se pode olvidar que, em virtude dos objetivos que permeiam as ações coletivas, foi opção legislativa instituir tratamento diferenciado a essas ações, até porque, caso contrário, estaríamos diante de ações coletivas travestidas de individual, na medida em que receberiam o mesmo tratamento destinado a elas.

Conforme explicitado, torna-se imprescindível um olhar diferenciado e concatenado com o microssistema das ações coletivas para se analisarem corretamente os institutos tipicamente coletivos.

---

10 GOMES JUNIOR, Luiz Manoel. *Curso de direito processual civil coletivo.* 2ª ed. São Paulo: SRS, 2008. p. 45.

11 MANCUSO, Rodolfo de Camargo. *Ação popular.* 8ª ed. rev., atual. e ampl. São Paulo: Ed. RT, 2015. p. 345.

Sabe-se que o microssistema processual coletivo atua como uma rede que se inter-relaciona e se autocomplementa, na medida em que busca integração ou complementação das normas de natureza coletiva, inclusive quando houver omissão legislativa.

Assim, na aplicação do microssistema processual coletivo devem-se observar a necessidade e a adequação da utilização dos regramentos instituídos pelas diversas normas do microssistema, sob pena de se desvirtuarem suas peculiaridades.

No caso específico da coisa julgada, extrai-se do art. 18 da Lei de Ação Popular regramento claro e específico sobre o tema. O legislador, de forma expressa, optou pelo efeito *erga omnes* da coisa julgada produzida em sede de ação popular, sendo expresso ao afastar sua formação nos casos de improcedência por insuficiência de provas.

Em termos de microssistema, não resta dúvida sobre a impossibilidade de aplicação da limitação territorial prevista no art. 16 da Lei de Ação Civil Pública, pois tal limitação é incompatível com os escopos da Lei de Ação Popular. Além disso, igualmente não se mostra adequada a utilização do Código de Defesa do Consumidor para tratar de forma diferenciada a coisa julgada, pois, nesse tocante, é clara e sem qualquer omissão a Lei de Ação Popular.

Importante frisar que o interesse do legislador se coaduna com a sistemática e com os objetivos da própria ação popular e exatamente por isso que se fez importante nas linhas anteriores tratar dos interesses protegidos pela ação popular e do papel do autor da referida ação.

Noutras palavras, tratando-se de uma ação que tutela direitos difusos, cuja legitimação é atribuída ao cidadão, o qual, além de estar em juízo em defesa de interesse próprio, também se encontra em defesa de interesses de toda a coletividade, de modo que o provimento jurisdicional ali proferido não deve se limitar tão somente aos interesses individuais daquele que se faz presente enquanto autor da demanda popular.

Assim, considerar que a imutabilidade da sentença proferida na ação popular só se restringiria ao autor popular seria o mesmo que desfigurar o objetivo da própria ação coletiva, ou seja, seria o mesmo que individualizar aquilo que o legislador, em razão de sua natureza, deu tratamento diferenciado.

A propósito, confiram-se as lições de Rodolfo de Camargo Mancuso:[12]

12 MANCUSO, Rodolfo de Camargo. *Ação popular.* 8ª ed. rev., atual. e ampl. São Paulo: Ed. RT, 2015. p. 370.

> "[...] O que fez o legislador, ao estabelecer o sistema de coisa julgada na ação popular, foi procurar tratar desigualmente situações desiguais: os limites subjetivos do julgado, na forma estabelecida pelo Código de Processo Civil, têm seu fundamento no brocardo *tertio neque nocet neque prodest* e funcionam adequadamente para os conflitos intersubjetivos, onde as partes agitam posições jurídicas próprias, mas tal sistema é francamente inadaptado às relações sociais mais complexas, gerando macrolides e conflitos multicomplexos, envolvendo direitos difusos, coletivos em sentido estrito ou individuais homogêneos".

Logo, o provimento jurisdicional da ação popular deve indistintamente se estender a toda a coletividade, sem qualquer restrição, ou seja, a sentença proferida alcançará a todos os cidadãos, inclusive os demais legitimados para a propositura de outras demandas coletivas.

Quanto à extensão da coisa julgada com relação aos legitimados para a ação civil pública, a Lei de Ação Popular, por ser datada de 1965, não poderia prever a existência da ação civil pública, que surge em 1985 e, consequentemente, a extensão do efeito *erga omnes* da coisa julgada aos legitimados desta. Nesse aspecto, mostra-se importante uma análise sistemática e cronológica para dimensionar a extensão do art. 18 às demais ações coletivas.

Além disso, desconsiderar tal extensão da coisa julgada poderia ensejar a coexistência de inúmeras demandas idênticas, cogitando-se, inclusive, de decisões contraditórias, afrontando ainda o tratamento molecularizado das demandas de índole coletiva *lato sensu*, conforme explicita Leslie Shérida Ferraz.[13]

Um questionamento que se poderia fazer é sobre a harmonização da extensão da coisa julgada insculpida pelo legislador da ação popular e a Constituição da República, ou seja, não seria contrário aos ideais de um processo democrático o fato de um provimento alcançar terceiros não participantes do debate processual?

A resposta é negativa, pois, mais uma vez, a sistemática do processo coletivo tem por escopo dar tratamento isonômico às questões que extrapolem a esfera particular e, ademais, o próprio art. 6º, § 5º, da Lei 4.717/1965 prevê a possibilidade de ingresso de qualquer titular nos autos da ação popular, facilitando igualmente a defesa de interesses individuais.

Além disso, aquele que já tiver ajuizado ação individual poderá optar pelo seu prosseguimento, ficando imune aos efeitos da coisa julgada da ação popular.

---

13 FERRAZ, Leslie Shérida. Comentário ao art. 18 da Lei nº 4717/65. *In*: COSTA, Suzana Henriques de (coord.). *Comentários à Lei de Ação Civil Pública e Lei de Ação Popular*. São Paulo: Quartier Latin, 2006. p. 274.

Vale destacar as lições de Rodolfo de Camargo Mancuso:[14]

> "[...] que a decisão final, pró ou contra, fundada em prova plena e cognição exauriente, terá que projetar eficácia em face dos membros dessa coletividade, excetuando os indivíduos que tenham, tempestiva e expressamente, se excluído aos efeitos da demanda coletiva, preferindo ajuizar pleito individual, no âmbito da jurisdição singular".

Assim, não há razão para pretender excluir terceiros da abrangência da coisa julgada na ação popular, pois, além de plenamente constitucional a pretensão do legislador em ampliar a extensão da coisa julgada, eventual lesado poderia habilitar-se na ação. Logo, da defesa dos interesses da coletividade por meio do autor popular é possível que qualquer cidadão ingresse como litisconsorte na ação popular.

Por fim, cabe enfrentar a hipótese do litisconsorte unitário e a repercussão do efeito *erga omnes* a coisa julgada. Quanto a essa questão, a Lei de Ação Popular exige que a demanda seja ajuizada contra todos os beneficiários diretos do ato impugnado, bem como seus responsáveis. E, por óbvio, caso seja desrespeitada tal disposição legal, não haverá que falar em coisa julgada com relação a esses litisconsortes necessários, cuja relação jurídica seja incindível como expressamente consta do art. 114 do CPC/2015.

Isso porque, conforme nos ensina José Rogério Cruz e Tucci:[15]

> "[...] Tratando-se, por outro lado, de litisconsórcio necessário legal, cuja relação jurídica seja incindível (artigo 73, parágrafo 1º, inciso I, do Código de Processo Civil), ou, em especial, de litisconsórcio necessário unitário, o julgamento é, em princípio, ineficaz, ou seja, na clássica acepção de Chiovenda, *inutiliter datus* para todos, inclusive para aqueles que figuraram no processo. Por exemplo: não é possível conceber que a sentença anulatória do casamento desconstitua o vínculo em relação ao cônjuge que participou do processo e mantenha o matrimônio em relação ao outro que deixou de ser validamente citado. A doutrina, de um modo geral, sustenta que a ineficácia, pela preterição do litisconsorte necessário, é absoluta. Sintetizando a moderna e predominante orientação sobre o ponto focado, Giovanni Fabbrini (Litisconsorzio, *Enciclopedia del diritto*, 14, 1974, página 827) explica que a privação de efeitos aí verificada é consequência direta da violação da garantia do contraditório ('contraddittorio non integro').

---

14 MANCUSO, Rodolfo de Camargo. *Ação popular.* 8ª ed. rev., atual. e ampl. São Paulo: Ed. RT, 2015. p. 364.

15 CRUZ E TUCCI, José Rogério. Ausência de citação do litisconsorte necessário e nulidade da sentença. Disponível em: [https://www.conjur.com.br/2017-nov-07/paradoxo-corte-falta-citacao--litisconsorte-necessario-enulidade-sentenca]. Acesso em: 17.12.2018.

> Em outras palavras, a afronta ao direito de defesa daquele que não foi citado tem como antídoto a ineficácia da sentença proferida contra o seu interesse".

Merecem realce os ensinamentos de Nilton Luiz de Freitas[16] que, ao esclarecer sobre o efeito *erga omnes* nas sentenças de procedência e improcedência da ação popular, enfatiza que:

> "[...] a sentença terá eficácia *erga omnes*, mas oponível a quem não tiver direitos a serem discutidos e decorrentes daquele ato. Se alguém pretender obter algo com aquele ato já declarado nulo e quiser discuti-los em processo próprio, será terceiro que não poderá sujeitar-se aos efeitos da coisa julgada em um processo do qual não participou".

Dessarte, a coisa julgada, garantia constitucional que o é, nos termos do art. 5º, XXXVI, da CRFB/1988,[17] é responsável por conferir segurança jurídica ao sistema, sendo disciplinada pelo Código de Processo Civil e pelas legislações extravagantes, a exemplo do que ocorre com o Código de Defesa do Consumidor e Lei de Ação Popular e, por essa razão, receberá tratamento diferenciado, conforme alhures mencionado, em razão da natureza do bem tutelado.

Rodolfo de Camargo Mancuso[18] esclarece muito bem que:

> "[...] E nesses moldes deve operar a coisa julgada nas demandas voltadas à tutela de interesses difusos, como é o caso da ação popular: ao transitar em julgado, após prova plena e cognição exauriente, o acórdão que anulou o contrato ilegal/imoral e condenou os partícipes à recomposição do erário lesado, tais comandos hão de projetar eficácia em face da inteira comunidade – portanto, *erga omnes* – até como pressuposto lógico e garantia de efetividade prática do julgado, porque foi em nome dessa comunidade que um de seus integrantes – o autor popular – legitimou-se a judicializar o conflito. Nesse contexto, não faria qualquer sentido que a coisa julgada se prendesse ao esquema clássico dos limites subjetivos, adequado aos conflitos de tipo intersubjetivo, onde, cuidando-se de embate entre posições individuais, é compreensível que a decisão de mérito, imunizada pela coisa julgada material, opere em face das 'partes entre as quais é dada' (CPC/1973, art. 472; no novo CPC, v. art. 506)".

---

16 FREITAS, Nilton Luiz de. *A coisa julgada nas ações coletivas*. São Paulo: Juarez Oliveira, 2004. p. 116.

17 BRASIL. Constituição da República, de 5 out. 1988. Disponível em: [http://www.planalto.gov.br/ccivil_03/Constituicao/Constituicao.htm]. Acesso em: 17.12.2018.

18 MANCUSO, Rodolfo de Camargo. *Ação popular.* 8ª ed. rev., atual. e ampl. São Paulo: Ed. RT, 2015. p. 362.

Assim, enquanto a regra no processo civil individual é a de que a sentença produza seus efeitos aos sujeitos processuais, no processo coletivo, esse mesmo raciocínio minaria o objetivo da própria ação coletiva, que consiste exatamente no tratamento transindividual do conflito, potencializando o espectro de abrangência e da efetividade da tutela jurisdicional.

Logo, para se concretizarem os escopos do modelo de processo coletivo, a extensão dos efeitos da coisa julgada na ação popular deve considerar as peculiaridades do modelo de processo coletivo, a indivisibilidade dos interesses ali protegidos, bem como a especificidade da legitimação ativa do autor popular, o qual, além de demandar direito próprio, defende interesses de toda a coletividade, ou seja, deverão incidir os efeitos da coisa julgada, nos limites expressamente previstos no art. 18 da Lei nº 4.717/1965, restringindo-se apenas à hipótese de julgamento de improcedência por deficiência de prova.

4. A improcedência por insuficiência de provas como traço característico da coisa julgada na ação popular e no microssistema processual coletivo

Além dos limites subjetivos *erga omnes*, a outra peculiaridade da coisa julgada na ação popular diz respeito à sua formação segundo o *resultado do processo*, combinado com a *suficiência probatória ou não*; em outras palavras, só haverá coisa julgada material na hipótese de procedência ou improcedência com suficiência probatória, restando incólume de autoridade do julgado o pedido que for julgado improcedente por insuficiência probatória.

A esse fenômeno, que parte da doutrina denomina julgado *secundum eventum litis* e parte designa de *secundum eventum probationis*, parece-nos mais acertado chamá-lo de *secundum eventum litis vel probationis*, na medida em que consiste em uma combinação entre resultado da decisão (procedência ou improcedência), com suficiência probatória, no caso da improcedência.[19]

Esse traço distintivo da ação popular, que se opõe à coisa julgada *pro et contra* das demandas individuais, é a matriz que posteriormente se projetará em todo o microssistema processual coletivo, pois a regra da coisa julgada *secundum eventum litis vel probationis* do art. 18 da Lei de Ação Popular foi repetida no art. 16 da Lei de Ação Civil Pública e no art. 103 do Código de Defesa do Consumidor.

A razão de ser da adoção, pelo legislador de 1965, de regra excepcional no contexto do direito processual é fundada no fato de haver legitimação tão

---

19 ZUFELATO, Camilo. *Coisa julgada coletiva*. São Paulo: Saraiva, 2011.

aberta e irrestrita que atribui a *qualquer cidadão* o poder de estar em juízo defendendo toda a coletividade. Diante da ausência de critérios expressos de controle judicial acerca da diligente e competente defesa dos direitos de toda a coletividade pelo autor popular, o que poder-se-ia gerar a indesejável formação de coisa julgada em face de decisão de improcedência por ausência de provas, quando na verdade o que teria havido seria tão somente a má instrução probatória por parte do cidadão; o efeito de tal comportamento seria a autoridade *erga omnes* da coisa julgada, impossibilitando que outros cidadãos, com base em outras provas que tivessem sido produzidas naquele feito, pudessem ser reapreciadas.

Nesse sentido, esclarecemos anteriormente:

> "Essa característica excepcional, que evita o risco de ações fraudulentas pela não imunização da decisão caso o autor não tenha aportado ao contraditório elementos probatórios suficientes para o convencimento do juiz, implica a não formação da coisa julgada material, mas somente a formal, de maneira que permanece passível de nova apreciação judicial a situação sob a qual recaiu o comando judicial. Entende-se que não há a adoção excepcional do *non liquet* nos processos de natureza coletiva, técnica segundo a qual ocorre o não julgamento do pedido em razão da incerteza do julgador, gerada pela falta de convicção judicial decorrente da ausência de provas. Ao contrário, há julgamento de mérito – improcedência do pedido – mas que, se for fundado na insuficiência probatória, não estará apto a adquirir a estabilização própria da coisa julgada material, por opção de política judiciária e devidamente autorizada por lei, poder ser a causa discutida em processo futuro".[20]

Diante desse quadro, o legislador autoriza que qualquer cidadão a ajuizar nova (*rectius*, a mesma) demanda, desde que fundada em nova prova, vale dizer, elemento probatório que não fora produzido pelo autor da primeira demanda. Com essa solução, a ação popular evita a estabilidade máxima, com efeitos *erga omnes*, e em tema de direitos tão relevantes socialmente, de decisão injusta, de improcedência do pedido que fora fundada em ausência probatória.

Bibliografia

ALMEIDA, Gregório Assagra. *Manual das ações constitucionais*. Belo Horizonte: Del Rey, 2007.

ALMEIDA, José Luiz Gavião de. Ação popular e a Constituição de 1988. *RT* 729/75.

AMARAL VIEIRA, R. R. Ação popular. *RDP* 89.

20 ZUFELATO, Camilo. *Coisa julgada coletiva*. São Paulo: Saraiva, 2011. pp. 288-289.

BARBOSA MOREIRA, José Carlos. Ação popular do direito brasileiro como instrumento de tutela jurisdicional dos chamados interesses difusos. In: GRINOVER, Ada Pellegrini *et al*. (coord.). *Processo coletivo*: do surgimento à atualidade. São Paulo: Ed. RT, 2014.

CAMPOS FILHO, Paulo Barbosa. *Ensaio sobre a ação popular.* São Paulo: Saraiva, 1939.

CRUZ E TUCCI, José Rogério. Ausência de citação do litisconsorte necessário e nulidade da sentença. Disponível em: [https://www.conjur.com.br/2017-nov-07/paradoxo-corte--falta-citacao-litisconsorte-necessario-enulidade-sentenca]. Acesso em: 17.12.2018.

FERRAZ, Leslie Shérida. Comentário ao art. 18 da Lei nº 4.717/65. *In*: COSTA, Susana Henrique da (coord.). *Lei de Ação Civil Pública e Lei de Ação Popular*. São Paulo: Quartier Latin, 2006.

FERREIRA, Luís Pinto. Ação Popular (verbete). *Enciclopédia Saraiva do Direito*. São Paulo: Saraiva, 1977.

FIGUEIREDO, Lucia Valle. *Curso de direito administrativo.* 2ª ed. São Paulo: Malheiros, 1995.

FREITAS, Nilton Luiz de. *A coisa julgada nas ações coletivas*. São Paulo: Juarez Oliveira, 2004.

GOMES JUNIOR, Luiz Manoel. *Ação popular*: aspectos polêmicos. 2ª ed. Rio de Janeiro: Forense, 2004.

GOMES JUNIOR, Luiz Manoel. *Curso de direito processual civil coletivo.* Rio de Janeiro: Forense, 2005.

GUIMARÃES, Ary Florêncio. *Aspectos da ação popular de natureza civil.* 1957. Dissertação (Mestrado) – Curitiba, 1957.

LEAL, Luciana de Oliveira. A coisa julgada nas ações coletivas, p. 1. Disponível em: [http://www.tjrj.jus.br/c/document_library/get_file?uuid=cce8be67-3e36-49f5-912b-219abbae66ea&groupId=10136]. Acesso em: 17.12.2018.

LEONEL, Ricardo de Barros. *Manual do processo coletivo*. 2ª ed. São Paulo: Ed. RT, 2011.

MANCUSO, Rodolfo de Camargo. *Ação popular.* 8ª ed. rev., atual. e ampl. São Paulo: Ed. RT, 2015.

MEIRELLES, Hely Lopes. *Mandado de segurança, ação popular, ação civil pública, mandado de injunção,* habeas data, *ação direta de inconstitucionalidade, ação declaratório de constitucionalidade e arguição de descumprimento de preceito fundamental.* 23ª ed. atual. por Arnoldo Wald e Gilmar Ferreira Mendes. São Paulo: Malheiros, 2001.

MELO, Gustavo de Medeiros. A legitimidade ativa na ação popular. Revendo o conceito de cidadania quarenta anos depois. *In*: GOMES JUNIOR, Luiz Manoel; SANTOS FILHO, Ronaldo Fenelon (coord.). *Ação popular*: aspectos relevantes e controvertidos. São Paulo: RCS, 2006.

NISHI, Luis Fernando. A legitimidade ativa nas ações coletivas na jurisprudência do Superior Tribunal de Justiça, 2014. Disponível em: [https://www.pucsp.br/tutelacoletiva/download/artigo-a-legitimidade-ativa.pdf]. Acesso em: 16.12.2018.

SILVA, José Afonso da. *Ação popular constitucional*: doutrina e processo. São Paulo: Malheiros, 2007.

SOARES, Mário Bento Martins. Ação popular: singularidades e controvérsias do instituto. *RDP* 53-54.

THEODORO JÚNIOR, Humberto. Ação popular – Defesa de interesses de investidores – Títulos de capitalização – Descabimento – Carência da ação. *Revista Jurídica*, nº 272, 2000.

WAMBIER, Tereza Arruda Alvim. *Controle das decisões judiciais por meio de recursos de estrito direito e de ação rescisória*: recurso especial, recurso extraordinário e ação rescisória: o que é uma decisão contrária à lei? São Paulo: Ed. RT, 2001.

ZUFELATO, Camilo. *Coisa julgada coletiva*. São Paulo: Saraiva, 2011.

Art. 19. A sentença que concluir pela carência ou pela improcedência da ação está sujeita ao duplo grau de jurisdição, não produzindo efeito senão depois de confirmada pelo tribunal; da que julgar a ação procedente caberá apelação, com efeito suspensivo.

§ 1º Das decisões interlocutórias cabe agravo de instrumento.

§ 2º Das sentenças e decisões proferidas contra o autor da ação e suscetíveis de recurso, poderá recorrer qualquer cidadão e também o Ministério Público.

Bruno Martins Teixeira
Kelly Cardoso
Miriam Fecchio Chueiri

Sumário: 1. A remessa obrigatória na ação popular. **2.** Remessa obrigatória em caso de procedência do pedido. **2.1.** Remessa obrigatória em procedência parcial do pedido. **3.** Recursos cabíveis em sede de ação popular. **3.1.** Legitimidade recursal do Ministério Público. **4.** Anotações relevantes. Bibliografias.

1. A remessa obrigatória na ação popular

O instituto da remessa obrigatória, no caso da ação popular, está previsto na primeira parte do *caput* do art. 19 da Lei nº 4.717/1965, a Lei de Ação Popular (LAP). O dispositivo prescreve que: "A sentença que concluir pela carência ou pela improcedência da ação está sujeita ao duplo grau de jurisdição, não produzindo efeito senão depois de confirmada pelo tribunal".

A remessa obrigatória é, portanto, condição para que a sentença tenha eficácia. Prolatada a sentença, esta contém validade jurídica imediatamente, mas fica desprovida de eficácia até que seja reexaminada pelo órgão jurisdicional superior.[1]

Apesar de parte da doutrina afirmar que a remessa obrigatória teria natureza de recurso,[2] ou de "sucedâneo ou equivalente

---

1 GOMES JUNIOR, Luiz Manoel. *Ação popular*: aspectos polêmicos. 2ª ed. Rio de Janeiro: Forense, 2004. p. 168.

2 Nesse sentido entendem Leonardo Carneiro da Cunha e Fredie Didier Jr. (Da remessa necessária no CPC/2015. In: BRANCO, Janaína Soares Noleto Castelo; Lara Dourado Mapurunga (coord.). *Processos nos tribunais e meios de impugnação das decisões no CPC*: estudos em homenagem à Professora Juliana Cristine Diniz Campos. Fortaleza: Mucuripe, 2018. pp. 60-61) e Adriano Athayde Coutinho (*Remessa necessária sob o prisma do processo civil constitucional*. 2013. 86 fl. Dissertação (Mestrado em Direito Processual Civil) – Universidade Federal do Espírito Santo, Vitória, 2013, pp. 51-52. Disponível em: [http://repositorio.ufes.br/bitstream/10/2737/1/tese_6549_DissertaRemessaAdriano-BDUFES.pdf]. Acesso em: 09.11.2018).

recursal",[3] prevalece o entendimento de que a natureza jurídica do instituto é de "condição de eficácia da sentença".[4-5] Sob a ótica técnico-jurídica, é inafastável a conclusão de que o reexame necessário não é um recurso.[6]

É relevante frisar que a atual redação do *caput* art. 19 da Lei nº 4.717/1965 foi alterada pela Lei nº 6.014/1973. O antigo texto prescrevia o seguinte: "Da sentença que concluir pela improcedência ou pela carência recorrerá o juiz, *ex officio*, mediante simples declaração no seu texto, da sentença que julgar procedente o pedido caberá apelação voluntária, com efeito suspensivo".

Um ponto que merece análise, e que não foi mudado com a referida alteração legislativa, tem a ver com o uso da palavra "ação" no início do dispositivo, no qual se afirma que "A sentença que concluir pela carência ou improcedência da ação [...]". Nesse caso, a improcedência é *do pedido*, e não da "ação".

Entretanto, aspecto mais relevante diz respeito à menção que o antigo texto fazia à faculdade judicante de promoção de recurso *ex officio* em sede de ação popular. A expressão adotada atualmente com a mudança procedida pela Lei nº 6.014/1973 é tecnicamente mais adequada quando se refere à sujeição da sentença "ao duplo grau de jurisdição". O Código de Processo Civil vigente, Lei nº 13.105/2015, ao tratar do tema em seu art. 496, intitula o instituto de "remessa necessária", não obstante doutrinariamente também se utilize, com acerto, as expressões "reexame necessário"[7] ou "remessa obrigatória".[8]

A existência do instituto da remessa obrigatória tem por finalidade resguardar o patrimônio público, submetendo a sentença a uma nova apreciação judicial. Na ação popular, se a sentença concluir pela carência da ação ou pela improcedência do pedido, o Estado-juiz automaticamente deve submeter aque-

---

3 ALMEIDA, Gregório Assagra de. *Manual das ações constitucionais.* Belo Horizonte: Del Rey, 2007. p. 390.

4 GOMES JUNIOR, Luiz Manoel. *Ação popular*: aspectos polêmicos. 2ª ed. Rio de Janeiro: Forense, 2004. p. 168.

5 ABDO, Helena Najjar. *In*: COSTA, Susana Henriques da (Coord.). *Comentários à Lei da Ação Civil Pública e Lei de Ação Popular*. São Paulo: Quartier Latin, 2006. p. 286.

6 Por expressa ausência de previsão legal, diferentemente do recurso, a remessa obrigatória não comporta várias das características geralmente presentes em um ato recursal, tais como a voluntariedade, a previsão de preparo, a obrigatória manifestação da parte contrária (dialeticidade) e a possibilidade de recurso adesivo (NERY JR., Nelson; NERY, Rosa Maria de Andrade. *Código de Processo Civil comentado.* 16ª ed. rev., atual. e ampl. São Paulo: Ed. RT, 2016. p. 1269).

7 ALMEIDA, Gregório Assagra de. *Manual das ações constitucionais.* Belo Horizonte: Del Rey, 2007. p. 390.

8 GOMES JUNIOR, Luiz Manoel. *Ação popular*: aspectos polêmicos. 2ª ed. Rio de Janeiro: Forense, 2004.

le *decisum* à instância superior, que o reexaminará e verificará, em apreciação coletiva, se houve acerto quanto ao pronunciamento em primeiro grau.[9]

As situações que caracterizam a "carência de ação", para os fins aqui estudados, não se resumem somente à identificação de ausência de interesse processual ou de falta de legitimidade para a causa, como se lecionava durante a vigência do CPC de 1973. Na atualidade, as hipóteses que ensejam a carência de ação estão elencadas no art. 485 do CPC, podendo-se exemplificá-las com os casos de indeferimento da petição inicial, ausência de pressuposto de existência ou validade do processo, ausência de condição da ação, litispendência, coisa julgada e o desatendimento de alguma diligência necessária.[10]

Para José Afonso da Silva, a regra da remessa obrigatória somente faz sentido nas hipóteses de improcedência do pedido, ou seja, nos casos de decisões terminativas de mérito. O professor mineiro entende que, sendo o caso de decisões que concluam pela carência da ação, o mais lógico e processualmente correto seria confiar ao representante do MP a tarefa exclusiva de verificar a viabilidade de recorrer da decisão.[11]

É também de José Afonso interessante comentário acerca da regra que exige a remessa obrigatória em situações de carência de ação. Para ele, determinados casos, por exemplo, o de um eleitor que não consiga comprovar sua condição de cidadão (ou seja, não comprova sua legitimidade enquanto autor de ação popular), não deveriam ser remetidos para reapreciação da instância

---

9 Insta mencionar que a remessa necessária gerou discussão no Superior Tribunal de Justiça em razão da possibilidade ou não de sua aplicabilidade também em relação às ações de improbidade administrativa, conforme Tema nº 1.042 - STJ, incluindo a abordagem, por analogia ou subsidiariedade, do art. 19 da Lei nº 4.717/65. O Relator Min. Napoleão Nunes Maia Filho, destacou ser possível a remessa necessária nas ações de improbidade mas não por analogia ao art. 19 da Lei nº 4.717/65, seguindo o precedente de Embargos de Divergência em Recurso Especial nº 1.220.667/MG de 2017. A discussão ainda pendente, segue em rito de recursos repetitivos com a suspensão da tramitação, por determinação da Primeira Seção, de todos os processos em segunda instância, individuais ou coletivos, no território nacional – acórdão de afetação em REsp 1.553.124/SC; 1.605.586/DF; 1.502.635/PI e 1.601.804/TO. (BRASIL, Brasília. Superior Tribunal de Justiça. Primeira Secção 17.12.2019. *Dj* 02.04.2020). Disponível em: <https://processo.stj.jus.br/repetitivos/temas_repetitivos/pesquisa.jsp?novaConsulta=true&tipo_pesquisa=T&sg_classe=REsp&num_processo_classe=1553124>. Acesso em: 15. 10. 2020. Entretanto, discorda-se, do posicionamento do Relator, com base na teoria do Direito Sancionador, ou seja, o processo não pode servir como forma repressiva desproporcional. Nesse sentido, necessário o respeito ao devido processo legal e a previsão legal de que não cabe remessa necessária nos casos da Lei nº 8.429/1992, devendo, portanto, o órgão acusador exercer a prerrogativa de recorrer ou não do desfecho de improcedência da pretensão sancionadora.

10 MANCUSO, Rodolfo de Camargo. *Ação popular*. 8ª ed. São Paulo: Ed. RT, 2015. p. 304.

11 SILVA, José Afonso da. *Ação popular constitucional*. 2ª ed. São Paulo: Ed. RT, 2007. p. 245.

superior, haja vista que o tribunal *ad quem*, em tal circunstância, não poderia prolatar outra decisão a não ser a de improcedência, por tratar-se, nessa hipótese, de indiscutível ilegalidade.[12] Comentando em sua obra o entendimento de José Afonso, Mancuso afirma que, a bem do interesse público, mesmo em tais casos é necessário observar a regra da remessa obrigatória, posto que sempre haverá a possibilidade de que o prolator da sentença de primeiro grau tenha cometido equívoco. É que, no exemplo mencionado, o juiz que analisou a legitimidade do autor popular poderia cometer a falha de concluir equivocadamente, pela mera leitura da inicial, que o cidadão em questão é parte ilegítima.[13]

Como afirmado, o reexame obrigatório da sentença pelo tribunal incide também naquelas situações em que ocorre a improcedência do pedido. O objetivo, nesse caso, continua sendo o mesmo: resguardar o patrimônio público contra eventual incorreção que possa estar presente nos fundamentos da decisão prolatada em primeiro grau.

Importa ressaltar, ainda, que as disposições do art. 932, IV, do CPC também se aplicam à remessa obrigatória em sede de ação popular. Nesse sentido, ao relator incumbe a tarefa de, monocraticamente, rejeitar a questão remetida ao tribunal que for contrária à súmula do Supremo Tribunal Federal, do Superior Tribunal de Justiça ou do próprio tribunal, acórdão proferido pelo Supremo Tribunal Federal ou pelo Superior Tribunal de Justiça em julgamento de recursos repetitivos e entendimento firmado em incidente de resolução de demandas repetitivas ou de assunção de competência; ou mesmo dar a eles provimento, sem necessidade de manifestação do colegiado.

Outra questão importante está em saber qual a medida cabível se o juiz não determinar a remessa obrigatória. Nessa situação, o presidente do tribunal deverá avocar os autos. Importante, nesse particular, registrar que a Súmula 423 do STF já estabeleceu que: "Não transita em julgado a sentença por haver omitido o recurso *ex officio*, que se considera interposto *ex lege*".[14] Ademais, aplica-se na espécie a parte final do § 1º do art. 496 do atual CPC, cuja letra registra que: "Nos casos previstos neste artigo, não interposta a apelação no prazo legal, o juiz ordenará a remessa dos autos ao tribunal, e, se não o fizer, o presidente do respectivo tribunal avocá-los-á".

12 Idem, p. 239.

13 MANCUSO, Rodolfo de Camargo. *Ação popular*. 8ª ed. São Paulo: Ed. RT, 2015. p. 305.

14 BRASIL. Brasília. Superior Tribunal de Justiça. Sessão plenária de 01.06.1964, *DJ* 08.07.1964, p. 2239.

2. Remessa obrigatória na sentença de procedência do pedido

Questão sobre a qual se levantou certa polêmica no passado diz respeito à possibilidade de remessa obrigatória quando houver sentença de procedência na ação popular.

O art. 496 do CPC prescreve que a sentença contrária ao erário deve ser reexaminada pelo tribunal. Por seu turno, o art. 19 da LAP cita a remessa obrigatória nos casos de carência de ação ou de improcedência do pedido do autor popular, que pode ser qualquer cidadão. Ambos os dispositivos contemplam o mesmo preceito, qual seja, o de que as sentenças cujo teor possa prejudicar o patrimônio público ou a coletividade, consoante limites previstos legalmente, devem ser revistas por instância colegiada superior.

Calha observar ainda, nesse ponto, que os limites econômicos de alçada previstos no art. 496, § 3º, do CPC não se aplicam à remessa obrigatória na LAP, uma vez que a Lei nº 4.717/1965 é peremptória quanto à questão, não tratando de quaisquer valores para fins de fixação de alçada e dispondo sobre regime especial de duplo grau previsto no art. 19 da LAP.[15]

Contudo, sendo a sentença da ação popular procedente, entende Luiz Manoel Gomes Junior que não é o caso de determinar a remessa obrigatória. Para ele, se o pedido em sede de ação popular foi julgado procedente, é porque houve ilegalidade e lesividade ou atentado à moralidade administrativa, devendo-se considerar, ainda, o fato de a LAP ser uma norma especial, cuja colmatação apenas pode ser feita subsidiariamente, devendo-se aplicar as disposições do CPC quanto ao que não contrariar os dispositivos e a natureza específica da Lei nº 4.717/1965.[16]

Em suma, ambos os institutos respeitantes à regra da remessa obrigatória convergem-se para alcançar o mesmo objetivo, qual seja, o de proteger o patrimônio público contra atos lesivos e ilegais, respeitando, por conseguinte, o interesse público como um todo. Enquanto a redação do art. 19 da LAP protege os interesses públicos primários da população (interesses diretos como educação, saúde, segurança e outros), a diretriz ditada pelo art. 496 do CPC salvaguarda a realização do interesse público secundário (interesse público representado pelas pessoas jurídicas de direito público interno – União, Estados,

15 ALMEIDA, Gregório Assagra de. *Manual das ações constitucionais*. Belo Horizonte: Del Rey, 2007. p. 390.

16 GOMES JUNIOR, Luiz Manoel. *Ação popular*: aspectos polêmicos. 2ª ed. Rio de Janeiro: Forense, 2004. pp. 171-173.

Distrito Federal e Municípios e demais entidades pertencentes à administração pública indireta).[17]

2.1. Remessa obrigatória na procedência parcial do pedido

Outro aspecto que merece ser observado envolve a possibilidade de remessa obrigatória na ação popular quando se tratar de sentença parcialmente procedente.

Nesse caso, prevalece a regra de que:

> "[...] sempre que o autor popular for vencido, ainda que em parte e independentemente do motivo da derrota (carência de ação, inépcia da petição inicial, extinção do processo por falta de pressuposto processual, parcial procedência da demanda etc.), será obrigatória a reapreciação da causa pelo órgão superior".[18]

É preciso destacar que o STJ, por meio da aprovação da Súmula 45, já assentou que, "no reexame necessário, é defeso, ao Tribunal, agravar a condenação imposta a Fazenda Pública".

No principal precedente que originou a citada súmula, sob a relatoria do Ministro Demócrito Reinaldo, a Primeira Turma do STJ, ao julgar o REsp 14.238/SP, manifestou-se do seguinte modo:

> "O instituto da remessa *ex officio* consulta precipuamente o interesse do Estado ou da pessoa jurídica de direito público interno, quando sucumbente, para que a lide seja reavaliada por um colegiado e expurgadas imprecisões ou excessos danosos ao interesse público. Fere a proibição de *reformatio in pejus* a decisão que, na remessa de ofício, agrava a condenação impingida à Fazenda Pública, sabendo-se que o duplo grau de jurisdição só a ela aproveita. Se a parte vencedora no primeiro grau de jurisdição deixou de recorrer, conclui-se que se conformou, *in totum*, com o julgamento, não se lhe podendo beneficiar mediante um recurso cujo interesse a tutelar não é o seu [...]".[19]

---

17 SOUZA, Emerson Cortezia de. *A remessa obrigatória nas ações coletivas*. 2008. 148 fl. Dissertação (Mestrado em Direito) – Universidade de Ribeirão Preto, Ribeirão Preto, p. 102. Disponível em: [https://www.unaerp.br/documentos/391-emerson-cortezia-de-souza/file]. Acesso em: 07.11.2018.

18 ABDO, Helena Najjar. *In*: COSTA, Susana Henriques da (Coord.). *Comentários à Lei da Ação Civil Pública e Lei de Ação Popular*. São Paulo: Quartier Latin, 2006. p. 287.

19 BRASIL, Brasília. Superior Tribunal de Justiça. Recurso Especial 14238/SP. Relator: Demócrito Reinaldo. Acórdão publicado no *DJ* de 21.09.1982. Disponível em: [https://ww2.stj.jus.br/processo/ita/documento/mediado/?num_registro=199100181188&dt_publicacao=21-09-1992&cod_tipo_documento=1]. Acesso em: 03.11.2018.

A despeito da majoração da condenação proferida contra a Fazenda Pública ser permitida com base na súmula mencionada, o entendimento é de que a remessa necessária em caso de procedência parcial remete à importância de defesa do interesse público. Pois, este "caracteriza o sentido público dos interesses individuais, enquanto bem jurídico de todo um conjunto social".[20] Portanto, não se trata de privilégio aos entes públicos, mas da própria defesa do interesse público (interesse da coletividade).

3. Recursos em sede de ação popular

Na leitura do art. 19, principalmente dos seus §§ 1º e 2º, tem-se a impressão de que os únicos recursos previstos em sede de ação popular seriam a apelação e o agravo de instrumento, uma vez que são essas as únicas modalidades literalmente previstas na norma.

De fato, o citado dispositivo apenas prevê textualmente essas duas hipóteses recursais, sendo a apelação a espécie utilizável no caso das sentenças, e o agravo de instrumento no caso das decisões interlocutórias. No passado, essa interpretação restritiva perdurou por muito tempo durante a vigência do CPC de 1939, mas hoje já se encontra superada.[21]

Como bem esclarece Mancuso, o processo da ação popular é um processo de conhecimento, pois tem por finalidade buscar uma decisão de mérito. Seu procedimento é o ordinário, previsto no Código de Processo Civil, conforme dispõe o art. 7º da LAP). Exceto o recurso ordinário constitucional (CPC/1973, arts. 496, V, e 539; CPC/2015, art. 994, V; CF, arts. 102, II, e 105, II), não há motivos para restringir o exercício dos demais recursos cíveis no âmbito da ação popular. Os dizeres do art. 22 da LAP são claros no sentido de que o CPC é fonte subsidiária para o manejo dessa ação especial, prevalecendo-se o entendimento de que o art. 19 abarca inclusive o rol de recursos elencados pela legislação processual geral.[22]

Como visto anteriormente, a sentença que conclua pela carência da ação ou improcedência do pedido tem sua eficácia condicionada ao reexame neces-

---

20 MASCARENHAS, Caio Gama. Inconstitucionalidade da dispensa econômica de remessa necessária do CPC/2015: interesse público, razoabilidade e pacto federativo. *Revista Eletrônica de Direito Processual*, Rio de Janeiro, ano 12, v. 19, nº 3, p. 142, set.-dez. 2018.

21 ALMEIDA, Gregório Assagra de. *Manual das ações constitucionais*. Belo Horizonte: Del Rey, 2007. p. 387.

22 MANCUSO, Rodolfo de Camargo. *Ação popular*. 8ª ed. São Paulo: Ed. RT, 2015. p. 329.

sário por parte do tribunal competente. Diversamente, a sentença que julgar a ação procedente não se submete ao procedimento da remessa necessária, mas pode se sujeitar ao recurso de apelação.

Em face das decisões interlocutórias, conforme o art. 19, § 1º, da LAP, é cabível agravo de instrumento. Nesse caso, a disposição especial não estabelece um rol de tipos de decisão que podem ser atacados pelo referido recurso, como é feito pelo art. 1.015 do CPC/2015.[23] Significa que, no âmbito processual previsto na Lei nº 4.717/1965, o agravo de instrumento poderá ser manejado contra decisões interlocutórias que versem sobre quaisquer assuntos.

Da leitura do § 2º da Lei nº 4.717/1965 verifica-se que das decisões contrárias ao autor e sujeitas a recurso podem recorrer qualquer cidadão, o próprio autor popular (que nesse caso se insere na qualidade de "qualquer cidadão") e o Ministério Público. Diferentemente ocorre quando as decisões forem favoráveis ao autor popular, o que, por conta da previsão legal em análise, permite-se que apenas o réu maneje recurso.

3.1. Legitimidade recursal do Ministério Público

A questão acerca da legitimidade do Ministério Público para recorrer nas ações populares é reflexão que tem suscitado importantes debates, haja vista a amplitude de poderes afetos a esse órgão.

Em geral, o Ministério Público pode recorrer no processo em que tenha atuado como fiscal da lei. Esse entendimento está sufragado pela Súmula 99 do STJ, que anota o seguinte: "O Ministério Público tem legitimidade para recorrer no processo em que oficiou como fiscal da lei, ainda que não haja recurso da parte". É essa, portanto, a regra geral de competência da atuação do Ministério Público em qualquer ação, inclusive e principalmente naquelas demandas que versem sobre lesão ao erário.

---

23 Segundo o art. 1.015 do CPC, o agravo de instrumento apenas poderá ser proposto contra as decisões interlocutórias que versarem sobre tutelas provisórias, mérito do processo, rejeição da alegação de convenção de arbitragem, incidente de desconsideração da personalidade jurídica, rejeição do pedido de gratuidade da justiça ou acolhimento do pedido de sua revogação, exibição ou posse de documento ou coisa, exclusão de litisconsorte, rejeição do pedido de limitação do litisconsórcio, admissão ou inadmissão de intervenção de terceiros, concessão, modificação ou revogação do efeito suspensivo aos embargos à execução; redistribuição do ônus da prova nos termos do art. 373, § 1º, do CPC, demais casos expressamente referidos em lei. O parágrafo único do artigo acrescenta, ainda, a possibilidade da propositura contra decisões interlocutórias proferidas na fase de liquidação de sentença ou de cumprimento de sentença, no processo de execução e no processo de inventário.

Ocorre que a regra prevista na LAP no tocante à competência postulatória recursal do Ministério Público é específica e se volta à garantia de prevalência do interesse público decorrente do exame de pressupostos que possam identificar alguma lesão ao patrimônio público. Por isso, conforme previsão da Lei nº 4.717/1965, o Ministério Público, assim como qualquer cidadão, só podem recorrer de sentença ou decisão interlocutória proferidas contra o autor da ação popular. O § 2º do art. 19 é claro a respeito: "Das sentenças e decisões proferidas contra o autor da ação e suscetíveis de recurso, poderá recorrer qualquer cidadão e também o Ministério Público".

O fundamento para tal regra, aponta a doutrina, está no fato de que, sendo a sentença favorável ao autor popular, não haveria que contestá-la, pois dessa forma já estaria sendo cumprido o objetivo do instituto em análise, cujo escopo está na invalidação do ato lesivo ao patrimônio público e demais entidades e bens previstos nos arts. 1º e 6º da LAP.

A regra que impede a postulação de recurso pelo Ministério Público em casos de procedência da ação mantém fina consonância com o disposto no art. 6º, § 4º, da Lei nº 4.717/1965, que veda, em qualquer hipótese, que o Ministério Público assuma a defesa do ato impugnado ou de seus autores, sendo missão principal do *Parquet*, no bojo da ação popular, a defesa dos interesses coletivos.

Analisando a natureza da participação do Ministério Público no processo da ação popular, José Afonso da Silva destaca que a missão precípua do órgão é defender a lei e a ordem jurídica, protegendo o interesse da comunidade, representado pelo respeito à legalidade, à moralidade e à probidade da conduta daqueles que pratiquem atos envolvendo o patrimônio público. Desse modo, o membro do Ministério Público situa-se em posição semelhante à do autor popular, e sua atuação há de ser sempre desinteressada, podendo voltar-se também contra o autor popular naqueles casos em que haja uma intenção escusa que possa representar risco de lesão ao patrimônio público.[24]

Victor Corrêa de Oliveira entende que o Ministério Público pode recorrer também nos casos em que a ação popular tenha sido julgada procedente.[25] Sua afirmação se baseia naquilo que é previsto no art. 996 do CPC, o qual encerra a seguinte regra: "O recurso pode ser interposto pela parte vencida, pelo terceiro prejudicado e pelo Ministério Público, como parte ou fiscal da ordem jurídica".

Em consonância, Zavascki sustenta que a legislação foi criada anteriormente à Constituição Federal de 1988 e que, portanto, a leitura do art. 6º, § 4º, da

---

24 SILVA, José Afonso da. *Ação popular constitucional*. 2ª ed. São Paulo: Ed. RT, 2007. p. 195.

25 MANCUSO, Rodolfo de Camargo. *Ação popular*. 8ª ed. São Paulo: Ed. RT, 2015. p. 334.

Lei nº 4.717/1965 deve ser feita de acordo com a Constituição. Nesse sentido, em respeito ao previsto no art. 127, *caput*, e § 1º, da Constituição, o MP tem a função institucional de defesa da ordem pública a independência funcional como princípio, impõe-se "ao agente do Ministério Público que atua no processo o dever de posicionar-se na defesa da melhor posição jurídica, esteja ela com o autor ou com o réu".[26]

Esposando semelhante entendimento, Rodolfo de Camargo Mancuso propõe, *de lege ferenda*, a alteração do § 2º da Lei nº 4.717/1965, permitindo-se que o *Parquet* possa interpor recurso no caso de decisão ou sentença favorável ao autor "porque, além da hipótese, sempre factível, de ocorrer colusão entre as partes, bem pode dar-se que, formalmente, os provimentos judiciais favoreçam ao autor, mas, substancialmente, sejam nocivos à sociedade [...]".[27]

A questão ainda comporta intenso debate. De todo modo, uma hipotética ampliação dos poderes do representante do Ministério Público enquanto recorrente incondicional em quaisquer ações, inclusive na LAP, não pode se afastar da observância dos preceitos atinentes às funções institucionais do órgão, inscritas no art. 129 da Constituição, sobretudo em face do que prevê o seu inciso IX, ao proibir a atuação do Ministério Público enquanto representante judicial ou consultor jurídico de entidades públicas.[28]

---

26 ZAVASCKI, Teori Albino. *Processo coletivo*: tutela de direitos coletivos e tutela coletiva de direitos. 5ª ed. rev., atual. e ampl. São Paulo: Ed. RT, 2011.

27 MANCUSO, Rodolfo de Camargo. *Ação popular*. 8ª ed. São Paulo: Ed. RT, 2015. p. 332.

28 Segundo o art. 129 da CF/1988, são funções institucionais do Ministério Público: "I – promover, privativamente, a ação penal pública, na forma da lei; II – zelar pelo efetivo respeito dos Poderes Públicos e dos serviços de relevância pública aos direitos assegurados nesta Constituição, promovendo as medidas necessárias a sua garantia; III – promover o inquérito civil e a ação civil pública, para a proteção do patrimônio público e social, do meio ambiente e de outros interesses difusos e coletivos; IV – promover a ação de inconstitucionalidade ou representação para fins de intervenção da União e dos Estados, nos casos previstos nesta Constituição; V – defender judicialmente os direitos e interesses das populações indígenas; VI – expedir notificações nos procedimentos administrativos de sua competência, requisitando informações e documentos para instruí-los, na forma da lei complementar respectiva; VII – exercer o controle externo da atividade policial, na forma da lei complementar mencionada no artigo anterior; VIII – requisitar diligências investigatórias e a instauração de inquérito policial, indicados os fundamentos jurídicos de suas manifestações processuais; IX – exercer outras funções que lhe forem conferidas, desde que compatíveis com sua finalidade, sendo-lhe vedada a representação judicial e a consultoria jurídica de entidades públicas".

4. Anotações relevantes

Com a finalidade de resguardar o patrimônio público, a remessa obrigatória de acordo com o art. 19 da Lei nº 4.717/1965, a Lei de Ação Popular (LAP), tem como necessária a submissão da sentença a uma nova apreciação judicial. Portanto, se a sentença concluir pela carência da ação ou pela improcedência do pedido, o Estado-juiz automaticamente deve submeter aquele *decisum* à instância superior, que o reexaminará e verificará, em apreciação coletiva, se houve acerto quanto ao pronunciamento em primeiro grau.

Assim como expresso no vigente Código de Processo Civil (art. 496), a importância do duplo grau de jurisdição não se refere apenas à improcedência ou carência da ação, mas também em casos de sentenças procedentes ou parcialmente procedentes. Assim como a LAP tem a finalidade de proteger o interesse coletivo e, portanto, público, observou-se que a remessa obrigatória ou necessária em sentenças parcialmente procedentes tem a mesma característica, mesmo que isso signifique majorar a condenação imposta à Fazenda Pública.

No que se refere à polêmica de participação do Ministério Público em sede de recurso apenas em caso de procedência da ação, coaduna-se que tal impedimento expresso no art. 6º, § 4º, da Lei nº 4.717/1965 trata-se de uma afronta aos princípios constitucionais. Ademais, a função precípua do MP é defender a lei e a ordem jurídica, protegendo o interesse da comunidade.

Bibliografia

ABDO, Helena Najjar. In: COSTA, Susana Henriques da (Coord.). *Comentários à Lei da Ação Civil Pública e Lei de Ação Popular*. São Paulo: Quartier Latin, 2006.

ALMEIDA, Gregório Assagra de. *Manual das ações constitucionais*. Belo Horizonte: Del Rey, 2007.

COUTINHO, Adriano Athayde. *Remessa necessária sob o prisma do processo civil constitucional*. 2013. 86 fl. Dissertação (Mestrado em Direito Processual Civil) – Universidade Federal do Espírito Santo, Vitória, 2013. Disponível em: [http://repositorio.ufes.br/bitstream/10/2737/1/tese_6549_DissertaRemessaAdriano-BDUFES.pdf]. Acesso em: 09.11.2018.

CUNHA, Leonardo Carneiro da; DIDIER JR., Fredie. Da remessa necessária no CPC/2015. In: BRANCO, Janaína Soares Noleto Castelo; Lara Dourado Mapurunga (coord.). *Processos nos tribunais e meios de impugnação das decisões no CPC*: estudos em homenagem à Professora Juliana Cristine Diniz Campos. Fortaleza: Mucuripe, 2018. pp. 56-77.

GOMES JUNIOR, Luiz Manoel. *Ação popular*: aspectos polêmicos. 2ª ed. Rio de Janeiro: Forense, 2004.

MANCUSO, Rodolfo de Camargo. *Ação popular*. 8ª ed. São Paulo: Ed. RT, 2015.

MASCARENHAS, Caio Gama. Inconstitucionalidade da dispensa econômica de remessa necessária do CPC/2015: interesse público, razoabilidade e pacto federativo. *Revista Eletrônica de Direito Processual*, Rio de Janeiro, ano 12, v. 19, nº 3, pp. 138-171, set.-dez. 2018.

NERY JR., Nelson; NERY, Rosa Maria de Andrade. *Código de Processo Civil comentado.* 16ª ed. rev., atual. e ampl. São Paulo: Ed. RT, 2016.

SILVA, José Afonso da. *Ação popular constitucional.* 2ª ed. São Paulo: Ed. RT, 2007.

SOUZA, Emerson Cortezia de. *A remessa obrigatória nas ações coletivas.* 2008. 148 fl. Dissertação (Mestrado em Direito) – Universidade de Ribeirão Preto, Ribeirão Preto, p. 102. Disponível em: [https://www.unaerp.br/documentos/391-emerson-cortezia-de-souza/file]. Acesso em: 07.11.2018.

ZAVASCKI, Teori Albino. *Processo coletivo*: tutela de direitos coletivos e tutela coletiva de direitos. 5ª ed. rev., atual. e ampl. São Paulo: Ed. RT, 2011.

Art. 20. Para os fins desta lei, consideram-se entidades autárquicas:

a) o serviço estatal descentralizado com personalidade jurídica, custeado mediante orçamento próprio, independente do orçamento geral;

b) as pessoas jurídicas especialmente instituídas por lei, para a execução de serviços de interesse público ou social, custeados por tributos de qualquer natureza ou por outros recursos oriundos do Tesouro Público;

c) as entidades de direito público ou privado a que a lei tiver atribuído competência para receber e aplicar contribuições parafiscais.

Luiz Manoel Gomes Junior

Sumário: 1. A necessidade de ajuizamento da demanda contra as entidades públicas. **2.** Entidades equiparadas aos entes públicos.

1. A necessidade de ajuizamento da demanda contra as entidades públicas

Como indicado nos comentários aos arts. 1º e 6º da Lei de Ação Popular, houve a clara opção do legislador no sentido de incluir as pessoas jurídicas de direito público responsáveis pelo ato impugnado no polo passivo, ao menos o início do processo, com as mais diversas opções previstas no § 3º do art. 6º (contestar a ação, ficar inerte ou atuar ao lado do autor popular).

Assim, tem-se presente hipótese de litisconsórcio de natureza necessária, dado que é indispensável a sua formação,[1] mas não unitário,[2] pois desnecessário que haja uma decisão uniforme para todas as partes, salvo no tocante à validade ou invalidade (nulidade, ou não) do ato impugnado, ao menos como regra geral.

No art. 21 da Lei de Ação Popular, há uma disciplina legal que equipara as autarquias a outras espécies de entidades, mas apenas para fins de ser possível questionar seus atos com fundamento nesse referido dispositivo normativo (Lei de Ação Popular).

1 "Art. 114. O litisconsórcio será necessário por disposição de lei ou quando, pela natureza da relação jurídica controvertida, a eficácia da sentença depender da citação de todos que devam ser litisconsortes."

2 "Art. 116. O litisconsórcio será unitário quando, pela natureza da relação jurídica, o juiz tiver de decidir o mérito de modo uniforme para todos os litisconsortes."

Mas o que são as autarquias? O primeiro ponto é que elas não atuam por delegação, mas em nome próprio, nos limites da lei que as criou. Têm natureza jurídica de direito público interno, visando determinados fins. Ausente ainda subordinação ou hierarquia com o ente que a instituiu, existindo apenas uma vinculação, que autoriza exclusivamente a correção dos atos praticados além da autorização legalmente concedida.

Para fins de ação popular, relevante destacar que as autarquias respondem individualmente por suas obrigações e pelos atos praticados, não havendo uma vinculação com o ente que as criou. Contudo, temos que a entidade matriz deva sempre responder subsidiariamente, sob pena de permitir que prejuízos ou ilegalidades fiquem sem ressarcimento.

Outros pontos dignos de destaque são que as autarquias são serviços públicos descentralizados, personalizados e com autonomia, mas sem qualquer integração com a estrutura do Poder Executivo, pertencendo à Administração Indireta do Estado, do mesmo modo que outras entidades (fundações, empresas públicas e sociedades de economia mista). O controle, como adiantado, é

> "[...] finalístico, atenuado, normalmente de legalidade e excepcionalmente de mérito, visando unicamente a mantê-las dentro de suas finalidades institucionais, enquadradas no plano global da Administração a que se vinculam e fiéis às suas normas regulamentares. É um controle de orientação e correção superiores, só apreciando os atos internos e a conduta funcional de seus dirigentes em condições especialíssimas, autorizadas por lei [...]".[3]

O fato de os dirigentes das autarquias serem escolhidos pelo Chefe do Poder Executivo não afasta as conclusões apontadas, ainda que seja um fato que obviamente retira a autonomia almejada pelo sistema legal.

Em resumo, são estas as características das autarquias.

2. Entidades equiparadas aos entes públicos

Ainda que ausente um ou outro elemento essencial, para fins de ajuizamento de uma ação popular, o legislador equiparou as autarquias às seguintes entidades:

a) o serviço estatal descentralizado com personalidade jurídica, custeado mediante orçamento próprio, independentemente do orçamento geral;

3 MEIRELLES, Hely Lopes. *Direito municipal brasileiro.* São Paulo: Malheiros, 2000. pp. 301, 303-304 e 306.

b) as pessoas jurídicas especialmente instituídas por lei, para a execução de serviços de interesse público ou social custeados por tributos de qualquer natureza ou por outros recursos oriundos do Tesouro Público; e

c) as entidades de direito público ou privado a que a lei tiver atribuído competência para receber e aplicar contribuições parafiscais.

A nota comum entre as três hipóteses é que as mencionadas entidades tenham recebido, gerenciado ou aplicado recursos públicos, mesmo consideradas as contribuições parafiscais, de forma direta ou indireta.

A título de exemplo:

> "1. O Sebrae possui natureza de entidade paraestatal, constituído na forma de serviço social autônomo mantido por contribuições parafiscais, sujeitando-se ao controle do bom uso de seus recursos pela via da ação popular. Tal equiparação legal, porém, não tem o condão de conferir à Justiça Federal a competência para processar e julgar o feito".[4]

No mesmo sentido:

> "Embora se considere, para os fins da Lei da Ação Popular (Lei nº 4.717/65, art. 20, alínea 'c'), ser o Sebrae equiparado a autarquia, é certo que, para a determinação da competência da Justiça Federal, nos moldes preconizados pela Constituição Federal, deve-se levar em consideração a efetiva natureza jurídica da entidade".[5]

Mesmo no Supremo Tribunal Federal há precedente admitindo o uso da ação popular na espécie:

> "Entendeu-se que a alínea f (*sic*) do art. 20 da Lei nº 4.717/65 (Lei da Ação Popular), ao considerar como autarquia as entidades de direito privado que recebam e apliquem contribuições parafiscais, como é o caso do Sebrae, não instituiu regra de competência, mas apenas incluiu o patrimônio de tais entidades no rol de proteção abrangido pela ação popular".[6]

Por tal motivo, a título de exemplo, no Estado de São Paulo, os atos da Sociedade Anônima de Capital Fechado, Desenvolve SP – Agência de Fomento do Estado de São Paulo S.A., podem ser sindicatos em sede de ação popular, pois ela é equiparada a uma autarquia, visto que suas atividades são custeadas

---

4 STJ, REsp 530.206/SC, 1ª Turma, rel. Min. José Delgado, unânime, j. 06.11.2003, *DJ* 19.12.2003.

5 STJ, REsp 413.860/SC, 2ª Turma, rel. Min. Franciulli Netto, unânime, j. 16.10.2003, *DJ* 19.12.2003.

6 STF, RE 366.168/SC, rel. Min. Sepúlveda Pertence, j. 03.02.2004.

com o recebimento de tributos. Os atos dos Institutos de Previdência Municipal ou Estadual, independentemente da natureza jurídica prevista em lei, também podem ser analisados nessa via processual.

Com a equiparação, o legislador almejou afastar qualquer discussão sobre a possibilidade de utilização da ação popular.

Como regra geral, havendo a administração de recursos públicos, direta ou indiretamente, possível o controle com a utilização da via da ação popular.

Bibliografia

BARBOSA MOREIRA, José Carlos. Ação popular do direito brasileiro como instrumento de tutela jurisdicional dos chamados interesses difusos. In: GRINOVER, Ada Pellegrini *et al*. (coord.). *Processo coletivo*: do surgimento à atualidade. São Paulo: Ed. RT, 2014.

COSTA, Susana Henriques da (coord.). *Comentários à Lei de Ação Civil Pública e Lei de Ação Popular*. São Paulo: Quartier Latin, 2006.

GOMES JUNIOR, Luiz Manoel. *Ação popular*: aspectos polêmicos. 2ª ed. Rio de Janeiro: Forense, 2004.

GOMES JUNIOR, Luiz Manoel; SANTOS FILHO, Ronaldo Fenelon (coord.). *Ação popular*: aspectos relevantes e controvertidos. São Paulo: RCS Editora, 2006.

MANCUSO, Rodolfo de Camargo. *Ação popular*. 8ª ed. São Paulo: Ed. RT, 2015.

MEIRELLES, Hely Lopes. *Direito municipal brasileiro*. São Paulo: Malheiros, 2000.

MEIRELLES, Hely Lopes. *Mandado de segurança, ação popular, ação civil pública, mandado de injunção,* habeas data*, ação direta de inconstitucionalidade, ação declaratório de constitucionalidade e arguição de descumprimento de preceito fundamental*. 23ª ed. atual. por Arnoldo Wald e Gilmar Ferreira Mendes. São Paulo: Malheiros, 2001.

Art. 21. A ação prevista nesta lei prescreve em 5 (cinco) anos.

Ana Cláudia de Pinho Godinho
Luana Pedrosa de Figueiredo Cruz

Sumário: 1. Prescrição e Segurança Jurídica. **2.** Decadência. **3.** Prescrição e Decadência na ação popular. **4.** Aplicação do prazo prescricional de 5 anos nos pedidos de indenização por dano moral – atos de improbidade administrativa. **5.** Prescrição na execução de sentença proferida em sede de ação popular

1. Prescrição e Segurança Jurídica

O Código Civil de 2002 trata de forma criteriosa os institutos da prescrição (arts. 186 a 206) e da decadência (arts. 207 a 211). A prescrição é a extinção do direito de uma pessoa de exigir de outra uma prestação, ou seja, provoca a extinção da pretensão, quando não exercida no prazo definido na lei. Fica comprometido o direito de exigir em juízo a prestação inadimplida.

Maria Helena Diniz[1] afirma que:

> "(...) a violação do direito subjetivo cria para o seu titular a pretensão, ou seja, o poder de fazer valer em juízo, por meio de uma ação a prestação devida, o cumprimento da norma legal ou contratual infringida ou a reparação do mal causado, dentro de um prazo legal (arts. 205 e 206 do CC). O titular da pretensão jurídica terá prazo para propor ação, que se inicia no momento em que sofrer violação do seu direito subjetivo. Se o titular deixar escoar tal lapso temporal, sua inércia dará origem a uma sansão adveniente, que é a prescrição".

Assim, "a prescrição tem por objeto a pretensão à prestação devida em virtude de um descumprimento legal ou obrigacional, que gera o direito para obter tutela jurisdicional".[2]

Nesse sentido, o art. 189 do Código Civil prevê: "Violado o direito, nasce para o titular a pretensão, a qual se extingue, pela prescrição, nos prazos a que aludem os arts. 205 e 206".

Na prescrição, o direito subjetivo, embora destituído da pretensão, mantém-se, ainda que de maneira precária, porque não está mais amparado pelo direito de forçar o seu cumprimento pelas vias jurisdicionais. Tanto que, se o devedor se dispuser a cumpri-lo, o pagamento será válido e eficaz.

---

1 DINIZ, Maria Helena. *Curso de direito civil brasileiro*: teoria geral do direito civil. 28ª ed. São Paulo: Saraiva, 2011. v. I, p. 426.

2 Idem, p. 427.

Para haver prescrição é necessário que existam:

> "a) o direito material da parte a uma prestação a ser cumprida, a seu tempo, através de ação ou omissão do devedor; b) ocorra violação do direito material por parte do obrigado, que resulta no inadimplemento da prestação devida; c) surja, como consequência da violação do direito subjetivo, a pretensão, ou seja, o poder de exigir a prestação pelas vias judiciais; d) se confirme a inércia do titular da pretensão em fazê-la exercitar durante o prazo extintivo fixado em lei".[3]

Portanto, "a prescrição pode ser alegada em qualquer grau de jurisdição, tanto com ajuizamento de uma demanda autônoma, como na resposta do réu, pela parte a quem aproveita".[4]

O que deve ficar claro é que prescrição tem total relação com a segurança jurídica, característica essencial de um estado democrático de direito, pois a eternizaçã da pretensão jurídica em nada contribui para a pacificação social.

Conforme Pontes de Miranda, "os prazos de prescrição servem à paz social e à segurança jurídica. Não destroem o direito; que é; não cancelam, não apagam as pretensões; apenas encobrindo a eficácia da pretensão atendem à conveniência de que não perdure por demasiado tempo a exigibilidade ou a acionabilidade".

Também parece ser esse o entendimento do Supremo Tribunal Federal, pois

> "A prescrição decorre do princípio da segurança jurídica, que confere estabilidade às relações jurídicas. Logo, não poderia a relação jurídica perdurar por tempo indeterminado, em razão da inércia de uma das partes" (STF – RE nº 654.733-AC, rel. Min. Alexandre de Moraes, j. 20.04.2020) – destaques nossos.
>
> "Conforme já afirmei no julgamento do RE 852.475 (tema 897 da repercussão geral: prescritibilidade da pretensão de ressarcimento ao erário em face de agentes públicos por ato de improbidade administrativa), ***a prescritibilidade é a regra no Estado Democrático de Direito***. E como toda regra tem exceção, é certo que apenas a Constituição da República pode prever hipóteses de imprescritibilidade, porque somente ao constituinte cabe afastar um dos alicerces do Estado de Direito, que é a segurança das relações sociais. "A prescrição, na condição de limitador temporal do direito de ação, consiste em um mecanismo de previsibilidade do direito. "(...). "Nessa linha de raciocínio, como ficaria o exercício dos princípios do contraditório e da ampla defesa diante de ações que poderiam ser eternamente propostas pelo Estado? "***Com todas as vênias, não se pode admitir***

3 GOMES JUNIOR, Luiz Manoel; FERREIRA, Jussara Suzi Assis Borges Nasser; CHUEIRI, Miriam Fecchio. Aspectos da prescrição na ação popular e a regra do art. 37, § 5º, da CF. *Revista de Processo*, v. 189, p. 109, 2010.

4 Idem, p. 118.

> ***imprescritibilidade implícita, que mitigue outros valores estruturantes do Estado Democrático de Direito"*** (STF – RE nº 654.733-AC, rel. Min. Alexandre de Moraes, j. 20.04.2020 – trecho do voto do Min. Gilmar Mendes) – destaques nossos.

O que se pode obervar, é que, mesmo em temas sensíveis e que trouxeram certa divergência, em um ponto os julgadores concordam, que a prescrição tem relação indissociável do Estado Democrático de Direito, e sua exceção tem que estar expressamente prevista em lei.

2. Decadência

A decadência é o instituto que faz perecer o próprio direito, atingindo-o na essência. É aqui que entendemos estar a precisão da análise de Agnelo Amorim, pois, ao contrário, de boa parte da doutrina, ele usa critérios científicos para a distinção, e não casuístico, isso porque, na ciência, um instituto não pode ser definido por sua consequência prática, por seu efeito.

Exatamente por isso o Autor preferiu, explicar a questão da prescrição e decadência a partir da classificação das ações, diferenciando aquelas cuja natureza as sujeita a um prazo prescricional, daquelas cuja natureza as sujeita a uma prazo decadencial. Exatamente por isso que ele tem grande segurança em afirmar que algumas ações, não podem, por sua natureza, ser imprescritíveis[5].

Maria Helena Diniz traz uma explicação bastante lúcida sobre a decadência quando a conceitua como:

> "(...) a extinção do direito pela inação do seu titular que deixa escoar o prazo legal ou voluntariamente fixado para seu exercício. O objeto da decadência é o direito que, por determinação legal ou por vontade humana unilateral ou bilateral, está subordinado à condição de exercício em certo espaço de tempo, sob pena de caducidade".[6]

Há, portanto, conforme se observa, direitos que têm prazo predeterminado para seu exercício. O transcurso desse prazo, aliado à inércia do seu titular, caracteriza a decadência, ou seja, é a perda de um direito potestativo, pela falta de seu exercício no período de tempo determinado em lei ou pela vontade das próprias partes.

---

5 A respeito do tema, uma das coautoras desse texto já se manifestou, quando, ao comentar o art. 23 da Lei de Improbidade Administrativa, se insurge quanto a tese fixada pelo Supremo Tribunal Federal, de que ações de ressarcimento ao erário seriam imprescritíveis.

6 DINIZ, Maria Helena. *Curso de direito civil brasileiro*: teoria geral do direito civil. 28 ed. São Paulo: Saraiva, 2011. v. I, p. 450.

Na doutrina nacional, não se pode tratar do tema prescrição e decadência sem antes fazer a necessária referência ao texto de Agnelo Amorim Filho, que após primorosa análise, e com bases cientificas muito sólidas, chega á conclusão de que "se se trata de ação condenatória, o prazo é de prescrição da ação; e se se trata de ação constitutiva, o prazo é de decadência do direito exercitado por meio dela[7]."

No item seguinte, traremos algumas reflexões a respeito do tema, em especial, no que tange a natureza do prazo a que se refere o artigo em comento.

3. Prescrição e decadência na ação popular

O art. 21 da Lei nº 4.717/1965, Lei de Ação Popular, determina o prazo de cinco anos para a prescrição. Assim, o prazo prescricional para a impugnação do ato administrativo, tido como ilegal e lesivo ao erário, é de cinco anos, contados da sua produção de efeitos, ou seja, a partir da prática do ato ou do primeiro ato que dê publicidade ao evento.

É importante observar, inclusive, que o entendimento do Superior Tribunal de Justiça[8] é no sentido de que a prescrição deverá ser sempre reconhecida, quando transcorrido lapso temporal superior a 5 anos, contados da data da ocorrência do ato que se pretende anular.

> "1. O ato que concedeu o Certificado de Entidade Beneficente de Assistência Social em favor da Liga das Senhoras Católicas de Curitiba foi publicado no Diário Oficial da União em 26.01.2009, através da Resolução nº 3 do Conselho Nacional de Assistência Social. Entretanto, a Ação Popular foi proposta em 08.02.2014, quando transcorrido lapso temporal superior a 05 (cinco) anos, de forma a impe-

---

7 Antes disso, o autor traz uma justificativa acerca das bases que o fizeram chegar a tal conclusão: quando a lei, visando à paz social, entende de fixar prazos para o exercício de alguns direitos potestativos (seja exercício por meio de simples declaração de vontade, como o direito de preempção ou preferência; seja exercício por meio de ação, como o direito de promover a anulação do casamento), o decurso do prazo sem o exercício do direito implica na extinção deste, pois, a não ser assim, não haveria razão para a fixação do prazo. Tal consequência (a extinção do direito) tem uma explicação perfeitamente lógica: É que (ao contrário do que ocorre com os direitos suscetíveis de lesão) nos direitos potestativos subordinados a prazo o que causa intranquilidade social não é, propriamente, a existência da ação, mas a existência do direito, tanto que há direitos desta classe ligados a prazo, embora não sejam exercitáveis por meio de ação."
Critério científico para distinguir a prescrição da decadência e para identificar as ações imprescritíveis, RT 774 – Outubro de 1997 – 86.º ano, pp. 725 e ss. Artigo originalmente publicado na Revista dos Tribunais 300, de outubro de 1960, pp. 7 e ss.

8 RECURSO ESPECIAL Nº 1.691.336 - PR (2017/0198788-0). RELATOR: MINISTRO HERMAN BENJAMIN

> dir a análise da ação por incidência da prescrição na espécie. 2. Ao assim decidir, o acórdão não destoou da jurisprudência do STJ, de **que não é possível afastar o reconhecimento da prescrição de fundo de direito se decorridos mais de 5 anos entre o ato administrativo que se busca anular e a propositura da ação**." (grifo nosso)

Susana Henriques da Costa afirma que "o termo inicial para o cômputo do prazo prescricional, que, na ausência de previsão legal deve ser fixado a partir da prática do ato ou do primeiro ato que dê publicidade ao evento".[9]

Há divergência doutrinária, se o prazo previsto na lei seria de prescrição ou decadência. Segundo Susana Henriques da Costa,

> "(...) a decadência, portanto é uma resultante do não exercício do direito pelo decurso do tempo, permitindo cristalizar situações cuja modificação seria capaz de causar perturbação social. Por isto, a prescrição interrompe-se; a decadência não se interrompe. E o direito de defesa do patrimônio público por meio da ação popular não é suscetível de interrupção. Passados cinco anos do ato lesivo, a ação popular, como direito que pode ser exercitado por qualquer cidadão, simplesmente extingue-se, caduca ou decai".[10]

Para José Afonso da Silva, o prazo do art. 21 é prescricional,[11] porém, não há uma discussão muito ampla acerca da sua natureza, de modo que se presume estar o autor se referindo puramente ao texto legal e à prescrição, sem ingressar na celeuma doutrinária. Fato é que esse prazo de 5 anos, ainda que se entenda ser ele decadencial, impede o exercício do direito previsto na referida lei, ainda que por meio da ação popular.

Não é o objetivo, aqui, travar a discussão doutrinária ampla sobre a natureza do prazo. De início, até pensamos que quando a lei prevê a prescrição, até poderia querer se referir a um prazo decadencial, pois perde o autor o direito à ação popular, sendo o prazo, portanto, decadencial. Percorridos os cinco anos, não se pode discutir o direito por meio da ação popular, mas talvez haja a possibilidade de tutela de ao menos parte desses direitos por outros meios.

Ao final do prazo de cinco anos, perece o direito de o autor propor ação popular, o que não impede que outras medidas judiciais protetivas de direitos

---

9 COSTA, Susana Henriques da (coord.). Comentários à Lei de Ação Civil Pública e Lei de Ação Popular. São Paulo: Quartier Latin, 2006. p. 309.

10 COSTA, Susana Henriques da (coord.). **Comentários à Lei de Ação Civil Pública e Lei de Ação Popular.** São Paulo: Quartier Latin, 2006. pp. 308-309.

11 SILVA, José Afonso da. *Ação popular constitucional*. 2ª ***ed.*** São Paulo: Malheiros, 2007. p. 267.

transindividuais possam ser adotadas. Perece o direito ao exercício da ação popular, podendo-se, ainda, questionar a lesividade e a legalidade por outra via.

Susana Henriques da Costa afirma que: "(...) findo o prazo quinquenal perece o direito do autor popular para a utilização desta ação constitucional, o que não obsta que outras medidas judiciais protetivas de direitos transindividuais possam ser adotadas depois do prazo de cinco anos".[12]

Nesse sentido, o art. 21 da Lei nº 4.717/1965 disciplina o prazo para o ajuizamento da ação popular, e não do direito que pode ser analisado nesse tipo de demanda. Portanto, trata a lei do prazo para questionar o ato lesivo por esse meio em particular.

4. Aplicação do prazo prescricional de 5 anos nos pedidos de indenização por dano moral – atos de improbidade administrativa

É sabido que a Lei da Ação Popular forma, juntamente com a Lei da Ação Civil Pública, Código de Defesa do Consumidor, e Lei de Improbidade Administrativa, um microssistema de ações coletivas. Nesse sentido, sempre que omissão uma das leis a respeito de determinado tema, deverá a lacuna ser suprida pela referência de outra lei do mesmo microssistema, como é o caso que passaremos a discutir.

Cabe aqui, portanto, abrir um parênteses para a menção da tese fixada pelo Supremo Tribunal Federal, no que tange a imprescritibilidade da ação de ressarcimento por ato doloso de improbidade administrativa.

Em recente decisão relatada pelo Ministro Alexandre de Moraes (vencido na votação final, tendo sido designado outro relator para o acórdão), o Supremo Tribunal Federal assim se pronunciou:

> "Administrativo. Recurso extraordinário. Ação civil pública. Ato de improbidade administrativa. Pretensão de ressarcimento ao erário. Prescritibilidade (art. 37, § 5º, da Constituição Federal). Repercussão geral configurada. 1. Possui repercussão geral a controvérsia relativa à prescritibilidade da pretensão de ressarcimento ao erário, em face de agentes públicos, em decorrência de suposto ato de improbidade administrativa. 2. Repercussão geral reconhecida".[13]

Por maioria de votos, de que são imprescritíveis as ações de ressarcimento de danos ao erário decorrentes de ato doloso de improbidade administrativa.

---

12 COSTA, Susana Henriques da (coord.). Comentários à Lei de Ação Civil Pública e Lei de Ação Popular. São Paulo: Quartier Latin, 2006. p. 309.

13 STF, RE 852.475/SP, rel. Min. Alexandre de Moraes, j. 19.05.2016, *DJe* 08.08.2018.

A observação que se faz é exatamente em razão da intersecção entre as duas ações, no que diz respeito ao mesmo ato, que poderá ser tutelado por mais de um meio. O que se conclui é que não se pode discutir a prática de improbidade administrativa em ação popular, e a exceção que o Supremo Tribunal Federal concedeu para a imprescritibilidade é nos casos de ação de reparação de danos ao erário decorrentes de ato doloso de improbidade administrativa.

Ao nosso ver, isso ratifica o entendimento de que a exceção de imprescritibilidade na linha decidida pelo Supremo Tribunal Federal nunca será aplicada na ação popular, pois numa demanda popular não será discutido ato doloso de improbidade administrativa, tendo em vista o cidadão não ter legitimidade para propor ação de improbidade.[14]

Além disso, há de se compreender que esse prazo prescricional de 5 anos da ação popular, por outro lado, também é aplicável, na ação de improbidade administrativa, no que diz respeito às ações de indenização (quando o pedido é exclusivamente de indenização por danos morais).

Independentemente do que se entende quanto à fixação da tese quando do julgamento do RE 852475, há de se considerar que o ressarcimento é decorrente da comprovação de dano material, assim, requer-se ressarcimento ao erário, quando for o caso, após a eventual comprovação da ocorrência de dano material. *Quando o dano alegado é de natureza moral, não há de se falar em ressarcimento e sim em indenização*, razão pela qual, ainda que se entendesse serem imprescritíveis as ações de ressarcimento, não se poderia aplicar a mesma tese quando o pedido feito é de indenização por dano moral.

Pedidos de natureza diversa deverão ter tratamentos diversos o que, a propósito, é o entendimento do Supremo Tribunal Federal. Em decisão de Relatoria da Min. Carmen Lúcia, na qual ratificou o entendimento do Tribunal de Origem, restou claro o posicionamento da Corte Suprema sobre o tema, nos seguintes termos:

> "No entanto, a natureza da pretensão de reparação por danos morais coletivos, em se tratando de ato de improbidade administrativa, não possui o caráter ressarcitório patrimonial como se vislumbra no ressarcimento de dano patrimonial.
>
> "Logo, embora não haja prazo definido na legislação específica quanto ao prazo prescricional para a pretensão de dano moral coletivo decorrente de ato de improbidade administrativa, não há qualquer óbice à aplicação analógica das disposições constante da Lei de Ação Popular. (...)

---

14 Art. 17 da Lei 8.429/1992: "A ação principal, que terá o rito ordinário, será proposta pelo Ministério Público ou pela pessoa jurídica interessada, dentro de trinta dias da efetivação da medida cautelar".

> "Nem se diga pela inaplicabilidade do prazo prescricional previsto na Lei de Ação Popular ao caso concreto, tendo em vista a ausência de tratamento normativo específico. É que se deve dar uma interpretação analógica ao sistema. Esta é a regra do artigo 4º do Decreto-lei nº 4.657/42, Lei de Introdução às Normas do Direito Brasileiro, que dispõe que quando a lei for omissa, o juiz decidirá o caso de acordo com a analogia, os costumes e os princípios gerais de direito.
>
> "Para superar-se a lacuna existente na Lei da Ação Civil Pública, deve-se partir da analogia, a qual consiste em aplicar a hipótese não prevista especialmente em lei, disposição relativa a caso semelhante.
>
> "E, para a hipótese em comento, a disposição que mais se assemelha à hipótese, é a da Ação Popular (Lei nº 4.717/65), pois que em seu art. 21, dispõe que a ação prevista nesta lei prescreve em 05 (cinco) anos." (ARE 1152927. Relator(a): Min. CÁRMEN LÚCIA. Julgamento: 12/03/2019. Publicação: 14/03/2019).

Assim, é flagrante que, quanto ao pedido de indenização (e aqui se dê o nome correto à natureza a pretensão) por danos morais, decorrente de ato que seja caracterizado como de improbidade, deverá prevalecer a regra do art. 21 da Lei da Ação Popular, que é a aplicação do prazo prescricional de 5 anos.

Por fim, relevante apontar para decisão muito recente, proferida pela Corte Especial do Superior Tribunal de Justiça, no âmbito de Agravo Interno contra decisão monocrática da Relatora, Ministra Maria Thereza de Assis Moura, que havia inadmitido Recurso Extraordinário nos seguintes termos:[15]

> PROCESSO CIVIL E ADMINISTRATIVO. AGRAVO REGIMENTAL NO RECURSO ESPECIAL. RESSARCIMENTO AO ERÁRIO. IMPRESCRITIBILIDADE. REPERCUSSÃO GERAL RECONHECIDA. SOBRESTAMENTO. DESNECESSIDADE. USURPAÇÃO DA COMPETÊNCIA DO STF. NÃO OCORRÊNCIA. LITISCONSÓRCIO PASSIVO.
> AFASTAMENTO. SÚMULA 7/STJ. DIVERGÊNCIA JURISPRUDENCIAL. NÃO COMPROVAÇÃO.
> 1. O fato de tramitar recurso extraordinário em que se discute controvérsia relevante para a solução da presente controvérsia não implica prejudicialidade externa, nem impõe a suspensão do recurso especial, nos termos da jurisprudência pacificada no âmbito desta Corte.
> 2. É inaplicável o prazo de prescrição previsto na Lei de Ação Popular (art. 21 da Lei nº 4717/65) às pretensões de ressarcimento ao erário, em razão da imprescritibilidade das ações de ressarcimento ao erário estabelecida pelo § 5º do art. 37 da CF/88. Ausência de usurpação da competência do Supremo Tribunal Federal.

Após manejo do Agravo Interno, a questão foi a julgamento da Corte Especial, que retomou o debate do mérito, resultando em julgamento por maio-

15 AgInt no RE nos EDcl no AgRg no RECURSO ESPECIAL Nº 1.159.598 - SP (2009/0202530-4)

ria, para o fim de rejeitar o Recurso Extraordinário interposto, sob o fundamento de fundo de que deveria ser aplicada a regra da imprescritibilidade fixada pelo Supremo Tribunal Federal.

A despeito da decisão do Superior Tribunal de Justiça, com a devida vênia, entendemos mais acertado o posicionamento firmado nos votos divergentes[16] O Ministro Napoleão Nunes Maia Filho, assim exarou em seu voto-vista:

> A Ação Popular, de tão valioso préstimo democrático e jurídico, não veicula pretensão reconhecedora da prática de atos de improbidade, vez que se dirige à regulação do ressarcimento de danos decorrentes de lesão ao Erário, inclusive com expressa previsão de prescrição, no seu art. 21
> (...)
> Afinal, a Ação Popular Constitucional volta-se à correção de um ato administrativo ilegal, buscando a sua desconstituição e o ressarcimento dos danos causados, consoante o art. 11 da Lei nº 4.717.1965. Não possui, contudo, caráter sancionador, de maneira que não é o instrumento hábil para a verificação da eventual prática de ato de improbidade - até porque o rito da Ação Popular Constitucional, mais simplificado, não é cercado por todas as garantias, a exemplo da defesa prévia, previstas na Lei nº 8.429/1992

Com a ressalva de que não foi o posicionamento vencedor, ao menos até o presente momento, concordamos com o Eminente Ministro, pois há de se diferenciar o tanto o pedido quanto o fundamento, pois, além de o Supremo Tribunal Federal ter fixado a imprescritibilidade apenas para o atos dolosos de improbidade, há de se considerar que a natureza dos pedidos é diversa, da mesma forma que a legitimidade para propositura da ação.

5. Prescrição na execução de sentença proferida em sede de ação popular

Rodolfo de Camargo Mancuso[17] afirma que:

> "(...) a execução popular pode ser ajuizada desde a publicação do acórdão que conclua pela procedência da ação (art. 16, LAP) – ou antes, se a sentença de procedência de primeiro grau restou irrecorrida – até o término do prazo de cinco anos, contado a partir do trânsito dessa sentença ou acórdão, para aqueles que defendem a aplicação da prescrição para esta execução. E ainda afirma que a

16 Na data de fechamento do presente texto, 16.12.2020, estava pendente

17 MANCUSO, Rodolfo de Camargo. *Ação popular*. 8ª ed. São Paulo: Revista dos Tribunais, 2015. p. 392.

> LAP silencia sobre eventual prescrição da execução, mas como indica que, para se propor a ação popular, o prazo é de cinco anos (art. 21), é de se aplicar a Súmula do STF 150: 'Prescreve a execução no mesmo prazo de prescrição da ação'".

No mesmo sentido, José Afonso da Silva[18] entende que "a prescrição na execução popular deve ser o mesmo da demanda do conhecimento, cinco anos, nos termos do art. 21 da lei".

No que diz respeito à prescrição na execução popular, essa discussão, em tese, não faz sentido, pois o Ministério Público é obrigado a executar as ações populares. E presume-se que a instituição não deixe de cumprir o seu dever legal.

Assim, caso o Ministério Público deixe prescrever a ação, poderá haver uma responsabilização funcional do promotor. O próprio sistema obriga o Ministério Público a recorrer. Portanto, a execução será obrigatoriamente realizada pelo Ministério Público.

Todavia, há de se considerar que a execução da decisão deva, assim como em demais casos, seguir o prazo prescricional para o exercício do direito previsto na mesma lei, não podendo ultrapassar cinco anos.

Bibliografia

AMORIM FILHO, Agnelo. Critério científico para distinguir a prescrição da decadência e para identificar as ações imprescritíveis, RT 774 – Outubro de 1997 – 86º ano, pp. 725 e ss. Artigo originalmente publicado na Revista dos Tribunais RT 300, de outubro de 1960.

COSTA, Susana Henriques da (coord.). *Comentários à Lei de Ação Civil Pública e Lei de Ação Popular*. São Paulo: Quartier Latin, 2006.

DINIZ, Maria Helena. *Curso de direito civil brasileiro*: teoria geral do direito civil. 28 ed. São Paulo: Saraiva, 2011. v. I, p. 426.

GOMES JUNIOR, Luiz Manoel; FERREIRA, Jussara Suzi Assis Borges Nasser; CHUEIRI, Miriam Fecchio. Aspectos da prescrição na ação popular e a regra do art. 37, § 5º, da CF. *Revista de Processo*, v. 189, p. 109, 2010.

MANCUSO, Rodolfo de Camargo. *Ação popular*. 8ª ed. São Paulo: Ed. RT, 2015. p. 392.

SILVA, José Afonso da. *Ação popular constitucional*. 2ª ***ed.*** São Paulo: Malheiros, 2007. p. 267.

18 SILVA, José Afonso da. *Ação popular constitucional*. 2ª ***ed.*** São Paulo: Malheiros, 2007. p. 267.

Art. 22. Aplicam-se à ação popular as regras do Código de Processo Civil, naquilo em que não contrariem os dispositivos desta lei, nem a natureza específica da ação (grifos nossos).

Maria Laura Vargas Cabral

Sumário: 1. Noções gerais. **2.** Legitimidade do autor popular. **3.** Instrução da petição inicial. **4.** Citação por edital. **5.** Contestação. **6.** Normas referentes às despesas e custas. **7.** Desistência da ação. **8.** Efeitos da sentença. **9.** Recursos. **9.1.** Recurso ordinário constitucional. **9.2.** Reexame necessário. Bibliografia.

1. Noções gerais

É de pontuar que o Código de Processo Civil possui o condão de lei regente ao processo no que tange à jurisdição civil, e diferente não seria sua aplicação subsidiária à ação popular.

No entanto, pertinente se faz mencionar que a ação popular possui requisitos e peculiaridades próprias.

Nas palavras de Mancuso:[1]

> "Ocorre que a ação popular apresenta certas peculiaridades, *v.g.*, o fato de lobrigar questões de ordem pública indisponíveis; fato de sempre envolver ato ou omissão de autoridade, servidores, e mesmo de terceiros; a circunstância de apresentar um polo passivo subjetivamente completo, abrangendo autoridades e agentes públicos de mais de um nível de governo e até de mais de um Poder; o fato de seu objeto, por vezes, concernir a mais de um Estado da Federação, ou a mais de um nível do governo. Singularidades essas que, tomadas em conjunto, induziram o legislador a regular a competência para essa ação através de certos critérios especiais, por vezes derrogatórias das regras do CPC".

Considera-se, portanto, que grande parte das disposições procedimentais constantes do Código de Processo Civil é aplicável à referida ação constitucional, e um tanto quanto repetitivo seria apontar cada uma das disposições compatíveis. Portanto, cuida-se o comentário em questão de tratar das especificidades da Lei de Ação Popular de modo a demonstrar alguns pontuais dispositivos no Código de Processo Civil que são incompatíveis, logo, não aplicáveis à legislação referida.

No tocante às incompatibilidades do Código de Processo Civil à Lei de Ação Popular (Lei nº 4.717/1965), podemos destacar diversas delas.

---

1 MANCUSO, Rodolfo de Camargo. *Ação popular*. 8ª ed. São Paulo: Ed. RT, 2015. p. 339.

2. Legitimidade do autor popular

Em regra, o art. 18 do CPC menciona a impossibilidade de o indivíduo pleitear direito alheio, porém na ação popular permissivo é o autor da ação postular direito da coletividade, o que o inclui de maneira cabal, portanto, a legitimidade de qualquer cidadão requerer direito via ação popular torna-se legitimidade ordinária.

LEI Nº 13.105/2015	LEI Nº 4.717/1965
Art. 18. Ninguém poderá pleitear direito alheio em nome próprio, salvo quando autorizado pelo ordenamento jurídico. Parágrafo único. Havendo substituição processual, o substituído poderá intervir como assistente litisconsorcial.	Art. 1º Qualquer cidadão será parte legítima para pleitear a anulação ou a declaração de nulidade de atos lesivos ao patrimônio da União, do Distrito Federal, dos Estados, dos Municípios, de entidades autárquicas, de sociedades de economia mista (Constituição, art. 141, § 38), de sociedades mútuas de seguro nas quais a União represente os segurados ausentes, de empresas públicas, de serviços sociais autônomos, de instituições ou fundações para cuja criação ou custeio o tesouro público haja concorrido ou concorra com mais de cinqüenta por cento do patrimônio ou da receita ânua, de empresas incorporadas ao patrimônio da União, do Distrito Federal, dos Estados e dos Municípios, e de quaisquer pessoas jurídicas ou entidades subvencionadas pelos cofres públicos.

Nas palavras de Gregório Assagra de Almeida, a ação popular é colocada à disposição do cidadão como decorrência de seu direito político de participação direta na fiscalização dos poderes públicos, para o controle jurisdicional dos atos ou omissões ilegais ou lesivos,[2] o que torna, portanto, o cidadão parte legítima para ingressar como autor na ação popular.

Cabe mencionar, no entanto, que peculiaridade própria no bojo da Lei de Ação Popular é a configuração da capacidade processual, disciplinada pelo

2 ALMEIDA, Gregório Assagra de. *Direito processual coletivo brasileiro*: um novo ramo do direito processual (princípios, regras interpretativas e a problemática de sua interpretação e aplicação). São Paulo: Saraiva, 2003. p. 389.

Código de Processo Civil, mas que não é o único fator determinante para a legitimidade na ação popular, dependendo-se também da configuração da condição de cidadania do autor.

Em suma, somente tem legitimidade ativa para ingressar com a ação popular o cidadão brasileiro nato ou naturalizado, com uma maior amplitude em termos de entendimento do que seja o pleno gozo de seus direitos políticos[3], devendo-se provar a condição de cidadão por meio de documento eleitoral ou outro correspondente.

LEI Nº 13.105/2015	**LEI Nº 4.717/1965**
Art. 70. Toda pessoa que se encontre no exercício de seus direitos tem capacidade para estar em juízo.	Art. 1º *Qualquer cidadão* será parte legítima para pleitear [...] 3º A prova da cidadania, para ingresso em juízo, será feita com o título eleitoral, ou com documento que a ele corresponda.

Nas palavras de Mancuso:[4]

> "É dizer, o exercício da ação popular pede a concomitância da dupla condição de brasileiro e eleitor. Compreende-se que assim seja, porque é ao entrar no gozo dos direitos políticos que o brasileiro passa a fruir da condição de fiscalizar os representantes que elege para o Parlamento, e, por extensão, todos os demais agentes encarregados da gestão da coisa pública, cuja conduta deve pautar-se pelas diretrizes estabelecidas no art. 37 da CF".

3. Instrução da petição inicial

Tem-se no diploma legal processual civil que a petição inicial deve estar devidamente instruída com todos os documentos pertinentes à configuração de fato constitutivo de seu direito, de modo a corroborar as alegações contidas na peça processual, sob pena de não mais fazê-lo, exceto se se tratar de fato superveniente. No entanto, tal disposição não encontra guarida na Lei de Ação Popular, visto que a própria legislação dispõe de regramento próprio que possibilita que o autor requisite na inicial os documentos nos quais não obteve acesso (*vide* art. 7º, LAP), o que faz com que o art. 434 do CPC/2015 não se aplique às ações populares.

3 Ver os comentários ao art. 1º.

4 MANCUSO, Rodolfo de Camargo. *Ação popular*. 8ª ed. São Paulo: Ed. RT, 2015. p. 181.

LEI Nº 13.105/2015	LEI Nº 4.717/1965
Art. 434. Incumbe à parte instruir a petição inicial ou a contestação com os documentos destinados a provar suas alegações.	Art. 7º A ação obedecerá ao procedimento ordinário, previsto no Código de Processo Civil, observadas as seguintes normas modificativas: I – Ao despachar a inicial, o juiz ordenará: [...] b) a requisição, às entidades indicadas na petição inicial, dos documentos que tiverem sido referidos pelo autor (art. 1º, § 6º), bem como a de outros que se lhe afigurem necessários ao esclarecimento dos fatos, ficando prazos de 15 (quinze) a 30 (trinta) dias para o atendimento.

4. Citação por edital

Tratando-se da citação, a Lei de Ação Popular dispõe do elemento facilitador de citação ao autor da ação, facultando-lhe independentemente de desconhecimento da localização do réu/benefício o pedido de citação editalícia.

Portanto, diferentemente do que preconiza o Código de Processo Civil, a citação por edital na ação popular pode se configurar como primeira opção para o ato de citação, ao menos em princípio[5].

LEI Nº 13.105/2015	LEI Nº 4.717/1965
Art. 256. A citação por edital será feita: I – quando desconhecido ou incerto o citando; II – quando ignorado, incerto ou inacessível o lugar em que se encontrar o citando; III – nos casos expressos em lei.	Art. 7º [...] II – Quando o autor o preferir, a citação dos beneficiários far-se-á por edital com o prazo de 30 (trinta) dias, afixado na sede do juízo e publicado três vezes no jornal oficial do Distrito Federal, ou da Capital do Estado ou Território em que seja ajuizada a ação. A publicação será gratuita e deverá iniciar-se no máximo 3 (três) dias após a entrega, na repartição competente, sob protocolo, de uma via autenticada do mandado.

5 Ver os comentários ao art. 7º.

Inegável que tal disposição ainda gera grandes repercussões dentro do sistema processual brasileiro, e inclusive há quem defenda que a possibilidade de citação editalícia por mera discricionariedade do autor da ação popular fere essencialmente o direito ao contraditório, sendo somente admitida a citação por edital se presente alguma das situações dispostas no CPC.

5. Contestação

No que tange à contestação, peculiaridades resguardam a ação popular e a diferem das determinações do CPC: inicialmente, no tocante ao prazo para apresentação da contestação, e *a posteriori,* tratando-se da concessão de prazo para contestar dos litisconsortes.

Acerca do prazo para contestação, a Lei de Ação Popular dispõe de prazo próprio, sendo 20 dias prorrogáveis por igual período, ao passo que, em razão da disposição expressa na legislação, dispensa-se a incidência do CPC que dispõe de prazo de 15 dias. Ambos são em dias úteis.

LEI Nº 13.105/2015	**LEI Nº 4.717/1965**
Art. 335. O réu poderá oferecer contestação, por petição, no prazo de 15 (quinze) dias, cujo termo inicial será a data:	Art. 7º A ação obedecerá ao procedimento ordinário, previsto no Código de Processo Civil, observadas as seguintes normas modificativas: § 2º [...] IV – O prazo de contestação é de 20 (vinte) dias, prorrogáveis por mais 20 (vinte), a requerimento do interessado, se particularmente difícil a produção de prova documental, e será comum a todos os interessados, correndo da entrega em cartório do mandado cumprido, ou, quando for o caso, do decurso do prazo assinado em edital.

Além do exposto, acerca da contestação tem-se o fato de que a Lei nº 4.717/1965 define prazo comum para contestação aos litisconsortes, em contramão do que dispõe o art. 229 do CPC/2015, que atribui prazos sucessivos.

LEI Nº 13.105/2015	LEI Nº 4.717/1965
Art. 335. O réu poderá oferecer contestação, por petição, no prazo de 15 (quinze) dias, cujo termo inicial será a data: § 1º No caso de litisconsórcio passivo, ocorrendo a hipótese do art. 334, § 6º, o termo inicial previsto no inciso II será, para cada um dos réus, a data de apresentação de seu respectivo pedido de cancelamento da audiência.	Art. 7º A ação obedecerá ao procedimento ordinário, previsto no Código de Processo Civil, observadas as seguintes normas modificativas: § 2º [...] IV – O prazo de contestação é de 20 (vinte) dias, prorrogáveis por mais 20 (vinte), a requerimento do interessado, se particularmente difícil a produção de prova documental, **e será comum a todos os interessados**, correndo da entrega em cartório do mandado cumprido, ou, quando for o caso, do decurso do prazo assinado em edital.

Ainda acerca da contestação, faz-se cabível apontar os efeitos da inércia do réu, ou ausência de apresentação de defesa – contestação.

Por inteligência do CPC/2015, ao réu que não contestar a ação aplica-se o instituto da revelia, no entanto a contestação poderá ser dispensável, ou facultada, nos casos aplicáveis às pessoas jurídicas de direito público ou privado, cujo ato seja objeto de impugnação, o que configura que a elas não se aplicam os efeitos da revelia.

LEI Nº 13.105/2015	LEI Nº 4.717/1965
Art. 344. Se o réu não contestar a ação, será considerado revel e presumir-se-ão verdadeiras as alegações de fato formuladas pelo autor.	Art. 6º A ação será proposta contra as pessoas públicas ou privadas e as entidades referidas no art. 1º, contra as autoridades, funcionários ou administradores que houverem autorizado, aprovado, ratificado ou praticado o ato impugnado, ou que, por omissas, tiverem dado oportunidade à lesão, e contra os beneficiários diretos do mesmo. § 3º A pessoa jurídica de direito público ou de direito privado, cujo ato seja objeto de impugnação, *poderá abster-se de contestar o pedido*, ou poderá atuar ao lado do autor, desde que isso se afigure útil ao interesse público, a juízo do respectivo representante legal ou dirigente.

6. Normas referentes às despesas e custas

Previstas no art. 82 do CPC/2015, tais normas não guardam relação com o disposto na Lei de Ação Popular. Em breve compulsar das legislações em estudo, tem-se que, no tocante à ação popular, as custas, o preparo e as despesas devem ser pagos ao final da ação, porém, pelo que dispõe o CPC/2015, as custas, as despesas e os preparos devem ser antecipados.

LEI Nº 13.105/2015	LEI Nº 4.717/1965
Art. 82. Salvo as disposições concernentes à gratuidade da justiça, incumbe às partes prover as despesas dos atos que realizarem ou requererem no processo, antecipando-lhes o pagamento, desde o início até a sentença final ou, na execução, até a plena satisfação do direito reconhecido no título. § 2º A sentença condenará o vencido a pagar ao vencedor as despesas que antecipou.	Art. 10. As partes só pagarão custas e preparo a final. Art. 12. A sentença incluirá sempre, na condenação dos réus, o pagamento, ao autor, das custas e demais despesas, judiciais e extrajudiciais, diretamente relacionadas com a ação e comprovadas, bem como o dos honorários de advogado.

Ressalta-se que, por inteligência do art. 5º, LXXIII, da Constituição Federal de 1988, há a possibilidade de isenção de custas independentemente do deferimento da gratuidade de justiça, condicionando à condenação a esse título a comprovação de má-fé do autor.

> "Art. 5º Todos são iguais perante a lei, sem distinção de qualquer natureza garantindo-se aos brasileiros e aos estrangeiros residentes no país a inviolabilidade do direito à vida, à liberdade, à igualdade, à segurança e à propriedade, nos termos seguintes: [...] LXXIII – qualquer cidadão é parte legítima para propor ação popular que vise a anular ato lesivo ao patrimônio público ou de entidade de que o Estado participe, à moralidade administrativa, ao meio ambiente e ao patrimônio histórico e cultural, ficando o autor, *salvo comprovada má-fé*, isento de custas judiciais e do ônus da sucumbência".

Relevante é mencionar que por despesas e custas abarcam-se todos os atos necessários à tramitação e manutenção da ação popular, o que inclui a prova pericial.

Para Rodolfo de Camargo Mancuso, o correto seria *"a previsão orçamentária de uma dotação para atender ao custo financeiro das perícias nas ações de tipo coletivo (ação popular e civil pública)".*

No entanto, a redação do art. 10 da Lei de Ação Popular, ao dispor sobre o pagamento de custas e despesas processuais ao final *pelas partes*, merece ser lida como tal incumbência dada somente ao réu. Isso, pois o STJ entende que a isenção tratada pela Constituição Federal estender-se-ia apenas ao autor, e, sendo o réu vencido na ação popular, independentemente da configuração de má-fé, aplicar-se-ia a obrigatoriedade de condenação em todas as despesas processuais.

> "Processual civil. Recurso especial. Preparo. Lei nº 7.347/85. 1. Diz o artigo 18 da Lei nº 7.347/85: 'Nas ações de que trata esta lei, não haverá adiantamento de custas, emolumentos, honorários periciais e quaisquer outras despesas, nem condenação da associação autora, salvo comprovada má-fé, em honorários de advogado custas e despesas processuais'.
> "2. A jurisprudência desta Casa tem oferecido uma interpretação restritiva ao privilégio processual, limitando-o ao autor da ação, tal como ocorre na ação popular. Na verdade, não se mostra razoável estender o benefício àqueles que se encontram no polo passivo da relação processual. Seria fora de propósito, no caso concreto, dar incentivo àquele que é condenado por improbidade administrativa, causando danos à sociedade.
> "3. Recurso especial conhecido em parte e improvido" (REsp 193.815/SP, Recurso Especial 1998/0081209-1, rel. Min. Castro Meira, *DJ* 19.09.2005, p. 240).
> "Ação popular. Energia elétrica. Honorários periciais. Isenção. *In casu*, cuida-se de ação popular ajuizada na origem contra a companhia de energia elétrica e outros com o intuito de que seja declarada a ilegalidade de faturamento de contrato de fornecimento de energia elétrica destinada à iluminação pública, ou seja, iluminação de vias internas de condomínios fechados. Consta dos autos que, já na fase da sentença de mérito, entendeu-se haver necessidade de produção de prova pericial para solucionar o mérito e o tribunal *a quo* manteve o mesmo entendimento da sentença, condenando o autor da ação e o réu a antecipar os honorários periciais. No REsp, discute-se a determinação de antecipar os honorários periciais em ação popular, visto ser aplicável o art. 18 da Lei nº 7.347/1985 – Lei de Ação Civil Pública (até mesmo porque essa lei baseou-se na Lei nº 4.717/1965). Para o Ministro Relator tem razão o recorrente (autor) ao insurgir-se contra o adiantamento dos honorários periciais diante da vedação expressa do citado artigo, que afirma não haver adiantamento de custas, emolumentos, honorários periciais e quaisquer outras despesas, bem como na condenação em honorários de advogado, custas e despesas processuais, salvo quando comprovada a má-fé. Ressaltou ainda que não se pode conhecer da alegada violação do art. 5º da CF/1988 por ser inviável a análise de matéria constitucional neste Superior Tribunal, sendo aplicável, por analogia, o óbice da Súmula 284-STF. Com esse entendimento, a Turma conheceu parcialmente do recurso e, nessa parte, deu-lhe provimento. Precedentes citados: AgRg no Ag 1.103.385/MG, *DJe* 08.05.2009, e REsp 858.498/SP, *DJ* 04.10.2006" (REsp 1.225.103/MG, 2ª Turma, rel. Min. Mauro Campbell Marques, j. 21.06.2011).

Outro ponto importante acerca da isenção das custas processuais dadas ao autor é a configuração da má-fé para que se obste tal isenção. No entanto, merece destacar que o art. 80 do CPC elenca os atos nos quais o autor se apresentaria enquanto litigante de má-fé, impondo a estas condenações em decorrência de tal prática (art. 81, CPC/2015).

No entanto, o art. 13 da Lei de Ação Popular majora a referida sanção no caso previsto no inciso V do art. 80. Leia-se: em casos de lide temerária, o autor deve ser condenado à multa disposta no art. 81 do CPC ao décuplo das custas processuais.

LEI Nº 13.105/2015	LEI Nº 4.717/1965
Art. 81. De ofício ou a requerimento, o juiz condenará o litigante de má-fé a pagar multa, que deverá ser superior a um por cento e inferior a dez por cento do valor corrigido da causa, a indenizar a parte contrária pelos prejuízos que esta sofreu e a arcar com os honorários advocatícios e com todas as despesas que efetuou.	Art. 13. A sentença que, apreciando o fundamento de direito do pedido, julgar a lide manifestamente temerária, condenará o autor ao pagamento do décuplo das custas.

7. Desistência da ação

Outra especificidade da Lei de Ação Popular cuida sobre a desistência da ação e essencialmente se difere do disposto no CPC/2015, merecendo, portanto, dizer que a utilização do dispositivo processual civil contraria a legislação específica.

Para o Código de Processo Civil, a desistência da ação é causa de extinção do processo sem julgamento do mérito.

Já na ação popular tem-se que a desistência da ação não gera automaticamente a extinção do processo, mas pode incidir em sucessão da parte com o prosseguimento da ação a partir da habilitação de qualquer outro cidadão, ou mesmo do representante do Ministério Público.

LEI Nº 13.105/2015	LEI Nº 4.717/1965
Art. 485. O juiz não resolverá o mérito quando: VIII – homologar a desistência da ação;	Art. 9º Se o autor desistir da ação ou der motivo à absolvição da instância, serão publicados editais nos prazos e condições previstos no art. 7º, inciso II, ficando assegurado a qualquer cidadão, bem como ao representante do Ministério Público, dentro do prazo de 90 (noventa) dias da última publicação feita, promover o prosseguimento da ação.

Cabe esclarecer que ao Ministério Público não assiste propor nem aditar a pretensão inicial. Sua função é o acompanhamento e eventual prosseguimento da ação, que, aliás, são obrigatórios, mas sem a possibilidade de iniciá-la.

Nesse ponto, o importante magistério de Rodolfo Mancuso:[6]

> "As atividades do Ministério Público na ação popular, de fato, são múltiplas, como resulta da leitura dos seguintes dispositivos da Lei nº 4.717/65: § 4º do art. 6º; § 1º do art. 7º; arts. 9º e 16; § 2º do art. 19. A interpretação sistemática conduz a este rol de atribuições do Ministério Público nessa ação: a) oficiante necessário, enquanto fiscal da lei (*custos legis*); b) órgão ativador e agilizador da prova; c) sucessor processual do autor".

8. Efeitos da sentença

Tratando-se de ação de interesse coletivo, que visa proteger os entes pertencentes da sociedade e coibir os atos lesivos à Administração Pública e ao erário, os efeitos da sentença atingem todos os indivíduos, possuindo então o chamado efeito *erga omnes*, ou seja, afeta diretamente direitos de terceiros – coletividade –, o que se difere substancialmente do que preconiza o Código de Processo Civil, em que a sentença proferida faz coisa julgada *inter partes*, ou seja, somente recairá sobre litigantes, não sendo extensiva a terceiros.

6 MANCUSO, Rodolfo de Camargo. *Ação popular*. 8ª ed. São Paulo: Ed. RT, 2015.

LEI Nº 13.105/2015	LEI Nº 4.717/1965
Art. 506. A sentença faz coisa julgada às partes entre as quais é dada, não prejudicando terceiros.	Art. 18. A sentença terá eficácia de coisa julgada oponível "erga omnes", exceto no caso de haver sido a ação julgada improcedente por deficiência de prova; neste caso, qualquer cidadão poderá intentar outra ação com idêntico fundamento, valendo-se de nova prova.

Sobre o momento de proferir a sentença, tem-se outro divisor entre a impossibilidade de aplicação do CPC/2015 no tocante às ações populares. Isso, a partir da disposição do CPC que o juiz contaria com o prazo de 30 dias para proferir o provimento decisório – sem disposição de nenhuma sanção em caso de descumprimento.

Já na Lei de Ação Popular, além do prazo reduzido para proferir sentença, de 15 dias, o magistrado que não observar o prazo estará sujeito à privação da participação em processos de promoção tanto por antiguidade quanto por merecimento.

LEI Nº 13.105/2015	LEI Nº 4.717/1965
Art. 226. O juiz proferirá: III – as sentenças no prazo de 30 (trinta) dias.	Art. 7º A ação obedecerá ao procedimento ordinário, previsto no Código de Processo Civil, observadas as seguintes normas modificativas: VI – A sentença, quando não prolatada em audiência de instrução e julgamento, deverá ser proferida dentro de 15 (quinze) dias do recebimento dos autos pelo juiz. Parágrafo único. O proferimento da sentença além do prazo estabelecido privará o juiz da inclusão em lista de merecimento para promoção, durante 2 (dois) anos, e acarretará a perda, para efeito de promoção por antigüidade, de tantos dias quantos forem os do retardamento, salvo motivo justo, declinado nos autos e comprovado perante o órgão disciplinar competente.

9. Recursos

No que diz respeito aos recursos disciplinados nos arts. 994 a 1.043 do CPC/2015, destaca-se:

A Lei nº 4.717/1965 diz que a sentença é o ato do juiz que deverá pôr termo ao processo da ação popular, no entanto, nada menciona acerca dos recursos cabíveis, razão pela qual as disposições do Código de Processo Civil devem suprir a lacuna existente, valendo-se de tal norma com aplicação subsidiária. (Destaca-se que a apelação e o agravo de instrumento são expressamente previstos no § 1º do art. 19 da Lei nº 4.717/1965.)

No entanto, especificidade da Lei da Ação Popular é a ressalva da possibilidade de interposição de recurso, por qualquer cidadão e pelo Ministério Público, das sentenças e decisões contrárias ao autor da ação (§ 2º do art. 19).

9.1. Recurso ordinário constitucional

Em que pese a aplicação subsidiária dos recursos dispostos no Código de Processo Civil, merece ressalva o recurso ordinário constitucional, uma vez que ele não se aplica às ações populares.

Tal alegação se justifica a partir de mero compulsar dos dispositivos legais, que atestam não estar a ação popular elencada no rol do art. 105, II, como objeto de causa de admissibilidade de recurso ordinário constitucional.

LEI 13.105/2015	CONSTITUIÇÃO FEDERAL/1988
Art. 994. São cabíveis os seguintes recursos: V – recurso ordinário;	Art. 102. Compete ao Supremo Tribunal Federal, precipuamente, a guarda da Constituição, cabendo-lhe: II – julgar, em recurso ordinário: a) o *habeas corpus*, o mandado de segurança, o *habeas data* e o mandado de injunção decididos em única instância pelos Tribunais Superiores, se denegatória a decisão; b) o crime político; Art. 105. Compete ao Superior Tribunal de Justiça: II – julgar, em recurso ordinário: a) os *habeas corpus* decididos em única ou última instância pelos Tribunais Regionais Federais ou pelos tribunais dos Estados, do Distrito Federal e Territórios, quando a decisão for denegatória; b) os mandados de segurança decididos em única instância pelos Tribunais Regionais Federais ou pelos tribunais dos Estados, do Distrito Federal e Territórios, quando denegatória a decisão; c) as causas em que forem partes Estado estrangeiro ou organismo internacional, de um lado, e, do outro, Município ou pessoa residente ou domiciliada no País;

9.2 Reexame necessário

A Lei de Ação Popular, no bojo do art. 19, determina o reexame necessário como requisito de eficácia da sentença nos casos de carência ou improcedência da ação, configurando que só terá *status* de definitiva a sentença (somente produzirá efeitos) após a confirmação pelo juízo superior, diferindo-se do disposto no Código de Processo Civil.

LEI Nº 13.105/2015	LEI Nº 4.717/1965
Art. 496. Está sujeita ao duplo grau de jurisdição, não produzindo efeito senão depois de confirmada pelo tribunal, a sentença: I – proferida contra a União, os Estados, o Distrito Federal, os Municípios e suas respectivas autarquias e fundações de direito público; II – que julgar procedentes, no todo ou em parte, os embargos à execução fiscal. § 3º Não se aplica o disposto neste artigo quando a condenação ou o proveito econômico obtido na causa for de valor certo e líquido inferior a: I – 1.000 (mil) salários mínimos para a União e as respectivas autarquias e fundações de direito público; II – 500 (quinhentos) salários mínimos para os Estados, o Distrito Federal, as respectivas autarquias e fundações de direito público e os Municípios que constituam capitais dos Estados; III – 100 (cem) salários mínimos para todos os demais Municípios e respectivas autarquias e fundações de direito público.	Art. 19. A sentença que concluir pela carência ou pela improcedência da ação está sujeita ao duplo grau de jurisdição, não produzindo efeito senão depois de confirmada pelo tribunal; da que julgar a ação procedente caberá apelação, com efeito suspensivo.

Nas palavras de Luiz Manoel Gomes Junior:[7] "Admitindo-se que não há remessa obrigatória, à míngua de apresentação dos recursos voluntários, a sentença já transitaria em julgado imediatamente, sem necessidade de qualquer retificação".

Conforme preceitua a jurisprudência do Egrégio STJ, *in verbis*:

> "Agravo interno no recurso especial. Processual civil. Ação coletiva. Direitos difusos dos consumidores. Remessa necessária. Aplicação analógica do art. 19 da Lei nº 4.717/1965. Possibilidade. Agravo desprovido. 1. Nos termos da jurisprudência desta Corte Superior, é aplicável o reexame necessário nas hipóteses de ação civil pública, independentemente da presença de pessoa de direito público no polo passivo, porém não se aplica aos litígios que versem exclusivamente sobre direitos individuais homogêneos. 1.1. Por conseguinte, levando-se em consideração que a hipótese dos autos cuida de direitos difusos de consumidores, torna-se imperioso o reconhecimento da possibilidade de aplicação analógica do art. 19 da Lei nº 4.717/1965, devendo os autos retornar à origem para que se analisem as questões que foram julgadas improcedentes pelo magistrado de primeiro grau e não foram objeto de recurso voluntário pelas partes. 2. Agravo interno desprovido. Vistos, relatados e discutidos estes autos, acordam os Ministros da Terceira Turma do Superior Tribunal de Justiça, na conformidade dos votos e das notas taquigráficas a seguir, por unanimidade, negar provimento ao agravo, nos termos do voto do Sr. Ministro Relator. Os Srs. Ministros Moura Ribeiro, Nancy Andrighi, Paulo de Tarso Sanseverino e Ricardo Villas Bôas Cueva votaram com o Sr. Ministro Relator".

Em resumo e de grande relevância, o CPC/2015 estabelece situações em que será dispensado o duplo grau de jurisdição, pautado pelo proveito econômico da demanda, dispositivo este que também não encontra correspondência na Lei de Ação Popular, sendo, portanto, que, em casos de carência ou sentença de improcedência, incide o reexame necessário.

Bibliografia

ALMEIDA, Gregório Assagra de. *Direito processual coletivo brasileiro*: um novo ramo do direito processual (princípios, regras interpretativas e a problemática de sua interpretação e aplicação). São Paulo: Saraiva, 2003.

GOMES JUNIOR, Luiz Manoel. *Ação popular*: aspectos polêmicos: Lei de Responsabilidade Fiscal, improbidade administrativa, danos causados por liminares e outros pontos relevantes. Rio de Janeiro: Forense, 2004.

7 GOMES JUNIOR, Luiz Manoel. *Ação popular*: aspectos polêmicos: Lei de Responsabilidade Fiscal, improbidade administrativa, danos causados por liminares e outros pontos relevantes. Rio de Janeiro: Forense, 2004. p. 174.

MANCUSO, Rodolfo de Camargo. *Ação popular*. 8ª ed. São Paulo: Ed. RT, 2015.

SILVA, José Afonso da. *Ação popular constitucional*: doutrina e processo. 2ª ed. São Paulo: Malheiros, 2007.

SILVA, José Afonso da. *Curso de direito constitucional positivo*. São Paulo: Malheiros, 2018.